A APRENDIZAGEM E O ENSINO DE CIÊNCIAS

P893a Pozo, Juan Ignacio.
       A aprendizagem e o ensino de ciências : do conhecimento cotidiano ao conhecimento científico / Juan Ignacio Pozo, Miguel Ángel Gómez Crespo; tradução Naila Freitas. – 5. ed. – Porto Alegre : Artmed, 2009.
       296 p. ; 25 cm.

       ISBN 978-85-363-1988-9

       1. Ciências – Questões gerais de didática e método. I. Gómez Crespo, Miguel Ángel.

CDU 5:37.02

Catalogação na publicação: Renata de Souza Borges CRB-10/1922

JUAN IGNACIO POZO
Faculdade de Psicologia
Universidade Autônoma de Madrid

MIGUEL ÁNGEL GÓMEZ CRESPO
I.E.S Victoria Kent
Torrejón de Ardoz, Madrid

A APRENDIZAGEM E O ENSINO DE CIÊNCIAS
DO CONHECIMENTO COTIDIANO AO CONHECIMENTO CIENTÍFICO

5ª EDIÇÃO

Tradução
Naila Freitas

Consultoria, supervisão e revisão técnica desta edição
Jutta Reuwsaat Justo
Mestre e Doutoranda em Educação pela UFRGS.
Professora do Curso de Pedagogia da Universidade Luterana do Brasil.

artmed®

2009

Obra originalmente publicada sob o título
Aprender y enseñar ciencia: del conocimiento cotidiano al conocimiento científico
ISBN 84-7112-440-8

© Ediciones Morata, S. L., 2006

Capa
Hey bro design

Preparação do original
Maria Edith Amorin Pacheco

Leitura final
Marcelo Viana Soares

Supervisão editorial
Carla Rosa Araujo

Projeto e editoração
Armazém Digital® Editoração Eletrônica – Roberto Carlos Moreira Vieira

Reservados todos os direitos de publicação, em língua portuguesa, à
ARTMED® EDITORA S.A.
Av. Jerônimo de Ornelas, 670 - Santana
90040-340 Porto Alegre RS
Fone (51) 3027-7000 Fax (51) 3027-7070

É proibida a duplicação ou reprodução deste volume, no todo ou em parte,
sob quaisquer formas ou por quaisquer meios (eletrônico, mecânico, gravação,
fotocópia, distribuição na Web e outros), sem permissão expressa da Editora.

SÃO PAULO
Av. Angélica, 1091 - Higienópolis
01227-100 São Paulo SP
Fone (11) 3665-1100 Fax (11) 3667-1333

SAC 0800 703-3444

IMPRESSO NO BRASIL
PRINTED IN BRAZIL
Impresso sob demanda na Meta Brasil a pedido de Grupo A Educação.

À Puy e María José, que nos deram todo
o tempo e o espaço de que precisamos para escrever
este livro, além de doses consideráveis
de apoio e compreensão.

E à Beatriz, Marta e Ada, que, por sua vez,
tentaram preencher todo esse tempo e espaço, desenhando
cada rascunho que encontravam ou escrevendo diretamente
por nós no computador. Graças a elas esta obra foi muito
mais lenta e reflexiva do que estava previsto, mas,
principalmente, está cheia do eco de suas vozes, seus
desenhos e suas concepções alternativas.

APRESENTAÇÃO

Os romancistas e fabuladores costumam dizer que todo romance é autobiográfico, uma vez que neles estão rabiscados muitos retratos de vida e memória do autor. Na verdade, o mesmo poderia ser dito de um livro como este, que é um resumo não apenas de 10 anos de pesquisa sobre a aprendizagem e o ensino de ciências, mas também a história dos aprendizados de seus autores, que desenham duas trajetórias cruzadas, porém convergentes. Partindo de interesses e de preocupações diversas, de linguagens nem sempre compartilhadas, de urgências e de ritmos de trabalho diferentes, um psicólogo e professor de psicologia e um químico e professor de ciências, ou vice-versa, tentaram ao longo destes anos encontrar problemas comuns à pesquisa psicológica e à didática e, sobretudo, *construir um olhar* comum sobre ambos. Assim, a obra que o leitor – seja ele professor de ciências, psicólogo ou estudante de uma ou de outra disciplina – tem em suas mãos é uma tentativa de abordar o aprendizado e o ensino da ciência a partir de uma perspectiva que seja ao mesmo tempo psicológica e didática, entendendo não só que ambos os olhares são complementares, mas que eles se exigem mutuamente.

Desse ponto de vista, não se trata apenas da didática da ciência exijir uma fundamentação psicológica, ou da psicologia da educação poder encontrar problemas relevantes para sua pesquisa no âmbito da aprendizagem da ciência. Na verdade, somente um processo de construção mútua tornará possíveis ambas as disciplinas, por meio de uma análise das mudanças didáticas a partir da psicologia das pessoas, professores e alunos que estão envolvidos nessas mudanças, e que, ao mesmo tempo, conceberá esses processos psicológicos como o produto de uma intervenção educacional dirigida ao ensino de certos conteúdos e à consecução de certas metas. Essa tentativa de construir simultaneamente uma *Didática da ciência* e uma *Psicologia da ciência*, na perspectiva biográfica que mencionamos no começo, traduziu-se não só em um trabalho interdisciplinar, mas acima de tudo interpessoal, um aprendizado cooperativo em que, pouco a pouco, fomos incorporando esse olhar do outro até torná-lo próprio. Por outro lado, por ser coerente com o modelo de aprendizado e mudança conceitual que vamos propor mais adiante, esse esforço esteve regido pela necessidade de integrar esses olhares em um só olhar, mas sem perder a própria identidade de cada um deles.

Este trabalho de integração apoiou-se, como foi dito, em vários anos de pesquisa conjunta, centrada principalmente na aprendizagem e no ensino da química nos ensinos fundamental e médio. Essas pesquisas foram subvencionadas pelo CIDE (Centro de Investigações e Documentação Educacional) em diversas convocatórias, em algumas das quais colaborou Angeles Sanz. A última destas pesquisas foi dedicada ao estudo da *Mudança conceitual em química: processos de aprendizagem e modelos de ensino*, e financiada pelas Ajudas à Pesquisa Educacional de 1994, e desse trabalho se nutre, em grande medida, este livro, especialmente nos Capítulos 4, 5 e 6.

Igualmente, este trabalho foi possível graças à concessão de várias ajudas do DGICYT (Departamento Governamental de Investigações Científicas e Tecnológicas) dentro do Programa de Promoção Geral do Conhecimento, a última das quais (PB94-0188), dirigida por Juan Ignacio Pozo, permitiu não apenas que dispuséssemos de material bibliográfico atualizado e recursos técnicos imprescindíveis para redigir este livro, mas, principalmente, que tivéssemos outro cenário de reflexão e discussão sobre a mudança conceitual. Imersos nesse cenário, junto com as demais pessoas que compõem esta equipe de pesquisa, especialmente María del Puy Pérez Echeverría e Mar Mateos, vivenciamos na própria pele as vicissitudes da mudança conceitual, da qual algumas das ideias deste livro são devedoras.

Estas ideias são produto, também, de outros aprendizados, das cuidadosas observações de Nora Scheuer, sempre pontual na hora de duvidar, ou da contribuição dos alunos de Doutorado – provenientes das mais diversas disciplinas do saber – que, com sua experiência e, mais uma vez, com seus olhares cruzados, enriqueceram nossa forma de ver e sentir a mudança conceitual. Da mesma maneira, a redação deste livro não teria sido possível sem a concessão, por parte do Ministério de Educação e Cultura, de uma licença de estudos para Miguel Ángel Gómez Crespo, durante o ano letivo 1997/1998, que permitiu que ele não só pensasse e escrevesse estas páginas, mas também que pudesse discuti-las com María Jesús Martín e Marisa Gutiérrez, cujos comentários e sugestões foram muito úteis. Finalmente, Florentina Gómez Morata, com seu delicado uso do castelhano e sua minuciosa leitura do original, ajudou-nos a expressar nossas ideias com maior precisão.

A partir destas *ajudas pedagógicas*, pessoais ou institucionais, tentamos concretizar uma proposta baseada não apenas em nossas próprias pesquisas e nas publicações que elas geraram, mas também nas contribuições recentes ao estudo do ensino e aprendizagem da ciência. Trata-se não tanto de resumir ou descrever essas contribuições, mas, sobretudo, de interpretá-las, de situá-las em um marco teórico – um dos possíveis, sem dúvida – que possa dar-lhes sentido. Assim, a Parte I do livro é uma tentativa de fundamentar as principais dificuldades que se enfrentam na aprendizagem e no ensino da ciência ou, o que vem a ser a mesma coisa, tentamos responder a pergunta que abre o capítulo: *Por que os alunos não aprendem a ciência que lhes é ensinada?* Diante da nostalgia ou do reflexo condicionado do "retorno ao básico" como resposta para a notória crise da educação científica, especialmente no período dos anos finais do ensino fundamental e do ensino médio,[*] o livro propõe enfrentar as mudanças que ocorreram em nossa cultura escolar, as quais também devem implicar uma mudança nas metas e nos conteúdos da educação científica.

---

[*] N. de R.T. Os autores exploram o ensino de Ciências na *Educación Secundaria* (12 aos 18 anos) espanhola. Em alguns momentos fazem referência à *Educación Secundaria Obrigatoria* (dos 12 aos 16 anos), em outros ao *Bachillerato* (17 aos 18 anos) ou ainda à *Educación Secundaria* envolvendo os dois níveis. Optamos em fazer a tradução desses níveis de ensino ao sistema educacional brasileiro (anos finais do ensino fundamental e/ou ensino médio), considerando tanto as idades quanto as semelhanças ou diferenças existentes entre os currículos espanhol e brasileiro.

Para aprofundar essa proposta, são analisadas em detalhe as principais dificuldades de aprendizagem em cada um dos conteúdos do currículo de ciências. O Capítulo 2 aborda a aprendizagem de atitudes e está centrado naquilo que geralmente é o inimigo público número um do ensino da ciência, principalmente nos anos finais do ensino fundamental e do ensino médio: a falta de motivação dos alunos. No Capítulo 3, analisamos a aprendizagem e o ensino de procedimentos, dedicando especial atenção às formas de pensamento científico e à solução de problemas. O Capítulo 4 está dedicado ao que tem sido o núcleo da pesquisa recente neste âmbito: as dificuldades de compreensão de conceitos científicos e a necessidade de promover uma mudança conceitual nos alunos. Indo além dos já abundantes catálogos sobre "concepções alternativas" dos alunos, nesse capítulo é proposto um modelo interpretativo dessas concepções e são sugeridas vias de intervenção para chegar à mudança conceitual, cuja concretização vai depender da forma em que forem concebidas as relações entre os conhecimentos cotidianos e os científicos no currículo de ciências, objeto do Capítulo 5. Frente à ideia simples, mas muito difundida, de que o objetivo deve ser fazer com que o aluno abandone suas concepções alternativas substituindo-as por conhecimentos científicos, são analisadas outras formas de interação entre essas ideias, para acabar defendendo a necessidade de integrar ambas as formas de conhecimento.

A Parte II está dedicada a desenvolver o modelo proposto no âmbito da Química (Capítulo 6) e da Física (Capítulo 7). Seguindo a ideia da mútua construção entre psicologia da ciência e didática da ciência, estes dois capítulos, longe de serem mera ilustração ou exemplificação desse modelo, são, na verdade, o núcleo, o motor, do seu desenvolvimento. Embora a ordem dos capítulos possa levar a pensar outra coisa, não se trata de aplicar um modelo preexistente à análise de certos conteúdos; ao contrário, trata-se de um modelo construído a partir da análise desses conteúdos, o que faz com que, realmente, esta Parte II seja essencial para compreender o sentido dos capítulos anteriores, especialmente os Capítulos 4 e 5. Finalmente, a Parte III consta de apenas um capítulo, o 8, em que se analisa a evolução recente dos enfoques sobre didática da ciência e sua relação com as análises desenvolvidas em capítulos anteriores. Mais do que pretender apresentar uma proposta redentora para o ensino da ciência, a salvação *urbi et orbe* para os abundantes pecados e penitências que sofre, o que se tenta é mostrar a necessidade de adequar as metas, os conteúdos e os métodos durante o desenvolvimento dessas propostas. Não acreditamos que a renovação didática deva ir em busca do *Santo Graal* do construtivismo, mas, sim, de alcançar um equilíbrio entre os componentes do currículo para, com isto, reduzir a frustração de quem ensina e de quem aprende.

SUMÁRIO

Apresentação vii

PARTE I
Como os alunos aprendem ciências

1 Por que os alunos não aprendem a ciência que lhes é ensinada? 14

2 Mudando as atitudes dos alunos perante a ciência:
o problema da (falta de) motivação 29

3 A aquisição de procedimentos: aprendendo a aprender e a fazer ciência 46

4 A aprendizagem de conceitos científicos: da aprendizagem
significativa à mudança conceitual 77

5 Do conhecimento cotidiano ao conhecimento científico:
para além da mudança conceitual 118

PARTE II
A aprendizagem da química e da física

6 A aprendizagem da química 138

7 A aprendizagem da física 189

PARTE III
O ensino de ciências

8 Enfoques para o ensino de ciências 244

Referências 284
Índice onomástico 292
Índice remissivo 295

PARTE I
Como os alunos aprendem ciências

1
POR QUE OS ALUNOS NÃO APRENDEM A CIÊNCIA QUE LHES É ENSINADA?

Uma deliciosa sátira de Harold Benjamin, intitulada "O currículo dentes-de-sabre", publicada em 1939, nos faz voltar às primeiras disciplinas do currículo: formar os jovens na arte de capturar peixes, caçar cavalos lanudos com garrote e assustar com fogo os tigres dentes-de-sabre. A questão era: o que aconteceria com estas veneráveis disciplinas quando alguém inventasse a vara de pescar, os cavalos lanudos mudassem para terras mais altas e fossem substituídos por antílopes, mais velozes, e os tigres morressem e seu lugar fosse ocupado por alguns ursos? Elas não deveriam ser aposentadas ou substituídas por estudos mais pertinentes?

"Não seja tolo" disseram os sábios anciãos, mostrando seus sorrisos mais benevolentes. "Não ensinamos a capturar peixes com a finalidade de capturar peixes: ensinamos para desenvolver uma agilidade geral que nunca poderá ser obtida com uma mera instrução. Não ensinamos a caçar cavalos com garrote para caçar cavalos: ensinamos para desenvolver uma força geral no aprendizado, que ele nunca iria obter de uma coisa tão prosaica e especializada como caçar antílopes com rede. Não ensinamos a assustar tigres com a finalidade de assustar tigres: ensinamos com o propósito de dar essa nobre coragem que se aplica a todos os níveis da vida e que nunca poderia surgir de uma atividade tão básica como matar ursos." Todos os radicais ficaram sem palavras diante desta declaração; todos exceto o mais radical de todos. Estava perplexo, é verdade, mas era tão radical que ainda fez um último protesto. "Mas, mas contudo", sugeriu, "vocês devem admitir que os tempos mudaram. Vocês não poderiam dignar-se a experimentar estas outras atividades mais modernas? Afinal de contas, talvez elas tenham algum valor educativo." Até os companheiros radicais desse homem pensaram que ele tinha ido longe demais. Os sábios anciãos estavam indignados. O sorriso sumiu de seus rostos. "Se você tivesse alguma educação", disseram em tom grave, "saberia que a essência da verdadeira educação é a atemporalidade. É algo que permanece mesmo quando mudam as condições, como uma rocha firmemente afincada no meio de uma tumultuosa torrente. É preciso saber que há verdades eternas e que o currículo dentes-de-sabre é uma delas!".

Guy Claxton,
Educar mentes curiosas

A CRISE DA EDUCAÇÃO CIENTÍFICA

Espalha-se entre os professores de ciências, especialmente nos anos finais do ensino fundamental e do ensino médio, uma crescente sensação de desassossego, de frustração, ao comprovar o limitado sucesso de seus esforços docentes. Aparentemente, os alunos aprendem cada vez menos e têm menos interesse pelo que aprendem. Essa crise da educação científica, que se manifesta não só nas salas de aula, mas também nos resultados da pesquisa em didática das ciências, da qual falaremos em breve, é atribuída por muitos às mudanças educacionais introduzidas nos últimos anos nos currículos de ciências, no marco geral da Reforma Educativa.* Contudo, as causas parecem mais profundas e remotas. De fato, em certo sentido esta crise não é nova, uma vez que faz parte, inclusive, das nossas próprias origens, dos nossos mitos. Assim, segundo narra o *Gênese*, após criar pacientemente o céu e a terra e todo seu cortejo, a luz e as trevas e todas as criaturas que neles habitam, incluídos o homem e a mulher, Deus advertiu Adão e Eva dos perigos de ir à árvore da ciência do bem e do mal, dos riscos de tentar compreender o porquê desse céu e dessa terra, dessa luz e dessas trevas em que habitavam; mas eles não o escutaram e, em vez da suposta maçã, na verdade o que provaram foi o fruto amargo do conhecimento, que está na origem de nossa expulsão do Paraíso, que é, de fato, nosso verdadeiro pecado original, pelo qual fomos expulsos daquele mundo prazeroso e devemos vagar por este outro mundo, nem sempre tão prazeroso, no qual, entre outras coisas, abundam os alunos que resistem tenazmente, talvez por medo do pecado e de suas dores eternas, a comer da frondosa árvore da ciência, que com tanto esforço seus professores, tentadoramente, oferecem.

Será por medo do pecado ou por outras razões mais mundanas que tentaremos ir desentranhando nas próximas páginas, mas a verdade é que os alunos se mantêm muito afastados da tentação da árvore da ciência, e quando provam seus suculentos frutos não parecem desfrutar muito deles. Assim é percebido e vivenciado por muitos professores de ciências em seu trabalho cotidiano, e é isso que mostram inúmeras pesquisas: a maioria dos alunos não aprendem a ciência que lhes é ensinada. Alguns dados e exemplos incluídos no Quadro 1.1 bastarão para ilustrar isso.

Qualquer professor pode encontrar exemplos dessas ideias em seu trabalho cotidiano, se utilizar as tarefas de avaliação adequadas. Embora tradicionalmente tenham sido recolhidos apenas como exemplos divertidos ou chocantes, besteiras conceituais dignas das correspondentes antologias, parece – segundo indicam pesquisas recentes, que analisaremos em detalhe no Capítulo 4 – que é necessário considerar esses exemplos com muita seriedade se queremos melhorar a educação científica. Não se tratam de respostas anedóticas e casuais dadas por alunos especialmente distraídos ou descuidados. Mais do que respostas excepcionais são, em muitos casos, a regra, a forma como os alunos habitualmente entendem os fenômenos científicos. Mas também se tratam, com frequência, de concepções muito persistentes, que praticamente não se modificam após muitos anos de instrução científica. Por exemplo, em uma pesquisa recente comprovamos as dificuldades trazidas pela concepção descontínua da matéria, a ideia de que ela está constituída por partículas que interagem entre si, separadas por um espaço vazio. Como esperávamos, a partir de estudos anteriores (Pozo, Gómez Crespo e Sanz, 1993; Stavy, 1995), apenas entre 10 e 30% das respostas dos alunos adolescentes de diferentes séries assumem a ideia de vazio entre as

---
* N. de R.T. Em 1990, a Espanha promulgou a LOGSE (Lei de Ordenação Geral do Sistema Educativo), promovendo uma profunda reforma na educação desse país.

> **QUADRO 1.1**
> **Algumas dificuldades que os alunos encontram na compreensão de conceitos da Área de Ciências da Natureza**
>
> **Geologia**
> - Considerar que a formação de uma rocha e um fóssil que aparece em sua superfície não são processos sincronizados. Para muitos alunos, a rocha existia antes do fóssil (Pedrinaci, 1996).
> - O relevo terrestre e as montanhas são vistos como estruturas muito estáveis, que mudam pouco ou muito pouco, exceto pela erosão (Pedrinaci, 1996).
>
> **Biologia**
> - Para muitos alunos, a adaptação biológica é baseada na ideia de os organismos efetuarem conscientemente mudanças físicas como resposta a mudanças ambientais, de tal maneira que o mecanismo evolutivo seria baseado em uma mistura de necessidade, uso e falta de uso (De Manuel e Grau, 1996).
> - Alguns alunos pensam que o tamanho dos organismos é determinado pelo tamanho de suas células (De Manuel e Grau, 1996).
>
> **Física**
> - O movimento implica uma causa e, quando necessário, esta causa está localizada dentro do corpo como força interna que vai se consumindo até que o objeto pare (Varela, 1996).
> - O termo energia é interpretado como sinônimo de combustível, como algo "quase" material, que está armazenado e pode ser consumido e desaparecer (Hierrezuelo e Montero, 1991).
>
> **Química**
> - O modelo corpuscular da matéria é muito pouco utilizado para explicar suas propriedades e, quando se utiliza, são atribuídas às partículas, propriedades do mundo macroscópico (Gómez Crespo, 1996).
> - Em muitas ocasiões não se diferencia mudança física de mudança química e podem aparecer interpretações do processo de dissolução em termos de reações, e estas podem ser interpretadas como se fossem uma dissolução ou uma mudança de estado (Gómez Crespo, 1996).
>
> Pozo e Gómez Crespo, 1997b.

partículas. Mas acontece que, entre os alunos universitários dos últimos anos de química, apenas 15% das respostas aceitam a concepção descontínua (Pozo e Gómez Crespo, 1997a). De fato, essas dificuldades de compreensão podem chegar a ocorrer inclusive entre os próprios professores de ciências e, com alguma frequência, nos livros didáticos que os alunos estudam (por exemplo, Bacas, 1997).

No Capítulo 4, vamos estudar em detalhe essas dificuldades conceituais na aprendizagem da ciência e tentaremos compreender melhor suas causas e possíveis soluções a partir dos recentes estudos em psicologia cognitiva da aprendizagem. Mas os alunos não encontram somente dificuldades conceituais; também enfrentam problemas no uso de estratégias de raciocínio e solução de problemas próprios do trabalho científico. O Quadro 1.2 resume algumas das dificuldades mais comuns no domínio daquilo que podemos chamar de conteúdos *procedimentais* do currículo de ciências, o que eles precisam aprender a fazer com seus conhecimentos científicos.

Muitas vezes, os alunos não conseguem adquirir as habilidades necessárias, seja para elaborar um gráfico a partir de alguns dados ou para observar corretamente através de um microscópio, mas outras vezes o problema é que eles sabem fazer as coisas, mas não entendem o que estão fazendo e, portanto, não conseguem explicá-las nem aplicá-las em novas situações. Esse é um déficit muito comum. Mesmo quando os professores acreditam que seus alunos aprenderam algo – e de fato comprovam esse aprendizado por meio de uma avaliação –, o que foi aprendido

> **QUADRO 1.2**
> **Algumas dificuldades na aprendizagem de procedimentos no caso dos problemas quantitativos**
>
> 1. *Fraca generalização* dos procedimentos adquiridos para outros contextos novos. Assim que o formato ou o conteúdo conceitual do problema muda, os alunos sentem-se incapazes de aplicar a essa nova situação os algoritmos aprendidos. O verdadeiro problema dos alunos é saber do que trata o problema (da regra de três, do equilíbrio químico, etc.).
> 2. O *fraco significado* do resultado obtido para os alunos. De modo geral, aparecem sobrepostos dois problemas, o de ciências e o de matemática, de maneira que muitas vezes este mascara aquele. Os alunos limitam-se a encontrar a "fórmula" matemática e chegar a um resultado numérico, esquecendo o problema de ciências. Aplicam cegamente um algoritmo ou um modelo de "problema", sem compreender o que estão fazendo.
> 3. *Fraco controle metacognitivo* alcançado pelos alunos sobre seus próprios processos de solução. O trabalho fica reduzido à identificação do tipo de exercício e a seguir de forma algorítmica os passos que já foram seguidos em outros exercícios similares na busca da solução "correta" (normalmente única). O aluno olha somente para o processo algorítmico, está interessado apenas no resultado (que é o que geralmente é avaliado). Assim, a *técnica* impõe-se sobre a *estratégia* e o problema passa a ser um simples exercício rotineiro.
> 4. O *fraco interesse* que esses problemas despertam nos alunos, quando são utilizados de forma massiva e descontextualizada, diminuindo a motivação dos alunos para o aprendizado da ciência.
>
> Pozo e Gómez Crespo, 1996.

se dilui ou se torna difuso rapidamente quando se trata de aplicar esse conhecimento a um problema ou situação nova, ou assim que se pede ao aluno uma explicação sobre o que ele está fazendo.

Essas dificuldades tornam-se evidentes principalmente na resolução de problemas, que os alunos tendem a enfrentar de um modo repetitivo, como simples exercícios rotineiros, em vez de encará-los como tarefas abertas que exigem reflexão e tomada de decisões (Caballer e Oñorbe, 1997; Pozo e Gómez Crespo, 1994). No Capítulo 3, vamos analisar em detalhe essas dificuldades de aprendizagem e suas possíveis soluções, mas não há dúvida de que boa parte delas é consequência das próprias práticas escolares de solução de problemas, que tendem a estar mais centradas em tarefas rotineiras ou delimitadas, com escasso significado científico ("qual será a velocidade alcançada aos 43 segundos por um projétil que, partindo do repouso, está submetido a uma aceleração constante de $2m/s^2$?"), do que em verdadeiros problemas com conteúdo *científico* ("por que os dias são mais longos no verão do que no inverno?").

Essa perda de sentido do conhecimento científico não só limita sua utilidade ou aplicabilidade por parte dos alunos, mas também seu interesse ou relevância. De fato, como consequência do ensino recebido os alunos adotam atitudes inadequadas ou mesmo incompatíveis com os próprios fins da ciência, que se traduzem sobretudo em uma falta de motivação ou interesse pela aprendizagem desta disciplina, além de uma escassa valorização de seus saberes, uma vez que, como mostravam Giordan e De Vecchi (1987), muitas vezes tendem a acreditar em formas de conhecimento (como a astrologia ou a quiromancia) que são muito pouco compatíveis com o discurso científico. O Quadro 1.3 resume alguns dos problemas *comportamentais* que os alunos tendem a mostrar que, no mínimo, desviam-se daqueles que caberia esperar de uma instrução científica adequada.

> **QUADRO 1.3**
> **Algumas atitudes e crenças inadequadas mantidas pelos alunos com respeito à natureza da ciência e sua aprendizagem**
>
> - Aprender ciência consiste em repetir da melhor maneira possível aquilo que o professor explica durante a aula.
> - Para aprender ciência é melhor não tentar encontrar suas próprias respostas, mas aceitar o que o professor e o livro didático dizem, porque isso está baseado no conhecimento científico.
> - O conhecimento científico é muito útil para trabalhar no laboratório, para pesquisar e para inventar coisas novas, mas não serve praticamente para nada na vida cotidiana.
> - A ciência proporciona um conhecimento verdadeiro e aceito por todos.
> - Quando sobre o mesmo fato há duas teorias, é porque uma delas é falsa: a ciência vai acabar demostrando qual delas é a verdadeira.
> - O conhecimento científico é sempre neutro e objetivo.
> - Os cientistas são pessoas muito inteligentes, mas um pouco estranhas, e vivem trancados em seus laboratórios.
> - O conhecimento científico está na origem de todos os descobrimentos tecnológicos e vai acabar substituindo todas as outras formas do saber.
> - O conhecimento científico sempre traz consigo uma melhora na forma de vida das pessoas.

Além dessa falta de interesse, os alunos tendem a assumir atitudes inadequadas com respeito ao trabalho científico, assumindo posições passivas, esperando respostas em vez de dá-las, e muito menos são capazes de fazer eles mesmos as perguntas; também tendem a conceber os experimentos como "demonstrações" e não como pesquisas; a assumir que o trabalho intelectual é uma atividade individual e não de cooperação e busca conjunta; a considerar a ciência como um conhecimento neutro, desligado de suas repercussões sociais; a assumir a superioridade do conhecimento científico com respeito a outras formas de saber culturalmente mais "primitivas", etc.

Essa imagem da ciência, que na verdade não corresponde ao que os cientistas realmente fazem, apesar de estar também muito presente nos meios de comunicação social – um cientista é sempre alguém vestido com um avental branco manipulando aparelhos em um laboratório –, é mantida e reforçada por meio da atividade cotidiana na sala de aula, mesmo que isso nem sempre seja feito de maneira explícita. No próximo capítulo, vamos analisar com mais detalhes como podemos interpretar esta defasagem entre as atitudes supostamente buscadas e as obtidas nos alunos, com especial ênfase no eterno problema da motivação ou, para ser exatos, da falta de motivação dos alunos pela aprendizagem da ciência. De qualquer modo, a aprendizagem de atitudes é muito mais relevante e complexa do que com frequência se admite (ver, por exemplo, Koballa, 1995; Simpson et al., 1994).

Portanto, a educação científica também deveria promover e modificar certas atitudes nos alunos, algo que normalmente não consegue, em parte porque os professores de ciências não costumam considerar que a educação em atitudes faça parte de seus objetivos e conteúdos essenciais – apesar de, paradoxalmente, as atitudes dos alunos nas salas de aula geralmente serem um dos elementos mais incômodos e agressivos para o trabalho de muitos professores.

De fato, a deterioração do clima educacional nas salas de aula e nas escolas, especialmente nos anos finais do ensino fundamental e do ensino médio, e o desajuste crescente entre as metas dos professores e as dos alunos são alguns dos sintomas mais presentes e inquietantes desta *crise da educação científica*, cujos riscos mais visíveis acabamos de esboçar. Talvez os alunos nunca tenham entendido muito bem o processo de dissolução ou o princípio de conservação da energia, e, talvez, nunca tenham sido capazes de fazer uma pesquisa, mas pelo menos tentavam e faziam um esforço maior para fingir que estavam aprendendo. Essa deterioração da educação científica se traduz, também, em uma suposta queda dos níveis de aprendizagem dos alunos, em uma considerável desorientação entre os professores diante da multiplicação das demandas educacionais que precisam enfrentar (novas disciplinas, novos métodos, alunos diversificados, etc.) e, em geral, uma defasagem crescente entre as demandas formativas dos alunos, especialmente a partir da adolescência, e a oferta educacional que recebem.

Com as coisas dessa forma, não é de se estranhar que âmbitos acadêmicos, profissionais e até políticos peçam *um retorno ao básico*, aos conteúdos e formatos tradicionais da educação científica, *ao currículo dentes-de-sabre*, como uma espécie de reflexo condicionado diante da confusa ameaça composta pelos ingredientes que acabamos de descrever, vagamente associados aos ares de mudança e à Reforma Educacional e suas novas propostas curriculares de orientação *construtivista*. É compreensível que nesta situação de perplexidade se pretenda recorrer a fórmulas conhecidas, a formatos educacionais amplamente utilizados, e que, sem dúvida, durante décadas cumpriram de forma mais ou menos adequada sua função social. Contudo, a saudade do passado não deve impedir que percebamos as enormes mudanças culturais que estão ocorrendo e que tornam inviável um retorno – ou a permanência – desses formatos educacionais tradicionais. Um dos problemas de defender o "retorno ao básico" é que ainda não fomos a lugar algum do qual tenhamos que voltar. As dificuldades que os professores de ciências vivem cotidianamente nas salas de aula quase nunca são consequência da aplicação de novas propostas curriculares com uma orientação construtivista, senão que, na maior parte dos casos, ocorrem devido à tentativa de manter um tipo de educação científica que em seus conteúdos, em suas atividades de aprendizagem, em seus critérios de avaliação e, sobretudo, em suas metas está muito próxima dessa tradição à qual, supostamente, se quer voltar.

Do nosso ponto de vista (argumentado com mais detalhe em Pozo, 1997b), o problema é justamente que o currículo de ciências praticamente não mudou, enquanto a sociedade à qual vai dirigido esse ensino da ciência e as demandas formativas dos alunos mudaram. O desajuste entre a ciência que é ensinada (em seus formatos, conteúdos, metas, etc.) e os próprios alunos é cada vez maior, refletindo uma autêntica crise na *cultura educacional*, que requer adotar não apenas novos métodos, mas, sobretudo, novas metas, uma nova cultura educacional que, de forma vaga e imprecisa, podemos vincular ao chamado *construtivismo*. Não vamos analisar aqui as diversas formas de conceber a construção do conhecimento, o que elas têm em comum e o que as diferencia, dado que há fontes recentes nas quais essa análise é feita de maneira detalhada (Carretero, 1993; Coll, 1996; Monereo, 1995; Pozo, 1996b; Rodrigo e Arnay, 1997). Contudo, tentaremos sim justificar como este enfoque é bastante mais adequado do que os formatos tradicionais para a forma como o conhecimento científico é elaborado na própria evolução das disciplinas, é aprendido do ponto de vista psicológico e é distribuído e divulgado na nova sociedade da informação e do conhecimento, no limiar do século XXI. A nova cultura da aprendizagem que se abre neste horizonte do século XXI é dificilmente compatível com formatos escolares e metas educacionais que praticamente não mudaram desde que as instituições escolares foram constituídas no século XIX.

A CONSTRUÇÃO DO CONHECIMENTO COMO NOVA CULTURA EDUCACIONAL

A ideia básica do chamado enfoque construtivista é que aprender e ensinar, longe de serem meros processos de repetição e acumulação de conhecimentos, implicam transformar a mente de quem aprende, que deve *reconstruir* em nível pessoal os produtos e processos culturais com o fim de se apropriar deles. Essa ideia não é, evidentemente, nova, uma vez que, de fato, tem uma longa história cultural e filosófica (Pozo, 1996a). Porém, devido às mudanças ocorridas na forma de produzir, organizar e distribuir os conhecimentos em nossa sociedade, entre eles os científicos, é novidade sim a necessidade de estender essa forma de aprender e ensinar para quase todos os âmbitos formativos e, é claro, para o ensino das ciências. As razões deste impulso construtivista podem ser encontradas em diversos níveis de análise que pressionam na mesma direção, embora com notáveis diferenças. Encontramos uma primeira explicação para isso no nível *epistemológico*, estudando como se gera ou elabora o conhecimento científico.

A elaboração do conhecimento científico

Durante muito tempo se concebeu que o conhecimento científico surgia de "escutar a voz da Natureza da maneira adequada", segundo disse Claxton (1991). Tudo o que era preciso fazer para descobrir uma Lei ou um Princípio era observar e coletar dados da maneira adequada e deles surgiria, inevitavelmente, a verdade científica. Essa imagem da ciência como um processo de descobrimento de leis cuidadosamente enterradas sob a aparência da realidade ainda continua, em grande medida, vigente nos meios de comunicação e, inclusive, nas salas aula. De fato, ainda se continua ensinando que o conhecimento científico é baseado na aplicação rigorosa do "método científico", que deve começar pela observação dos fatos, do qual devem ser extraídas as leis e os princípios.

Essa concepção *positivista*, segundo a qual a ciência é uma coleção de fatos objetivos governados por leis que podem ser extraídas diretamente observando esses fatos com uma metodologia adequada, foi superada – entre os filósofos e historiadores da ciência, mas não necessariamente nas salas de aula, como veremos no Capítulo 8 – por novas concepções epistemológicas, segundo as quais o conhecimento científico nunca se extrai da realidade, mas vem da mente dos cientistas, que elaboram modelos e teorias na tentativa de dar sentido a essa realidade. Superada a "glaciação positivista", hoje parece ser um fato assumido que a ciência não é um discurso sobre "o real", mas um processo socialmente definido de elaboração de modelos para interpretar a realidade. As teorias científicas não são saberes absolutos ou positivos, mas aproximações relativas, construções sociais que, longe de "descobrir" a estrutura do mundo ou da natureza, constroem ou modelam essa estrutura. Não é a voz cristalina da Natureza o que um cientista escuta quando faz uma experiência; o que ele escuta é o diálogo entre sua teoria e a parte da realidade interrogada por meio de certos métodos ou instrumentos. No melhor dos casos, escutamos o eco da realidade, mas nunca podemos escutar diretamente a voz da Natureza.

Da mesma maneira, os conceitos e as leis que compõem as teorias científicas *não estão* na realidade, senão que são parte dessas mesmas teorias. Vladimir Nabokov ironizava sobre a fé realista, segundo a qual se "a alizarina existiu no carvão sem que soubéssemos, as coisas devem existir independentemente de nossos conhecimentos". A ideia de que os átomos, os fótons ou a energia estão aí, fora de nós, *existem realmente* e estão esperando que alguém os descubra, é frontalmente oposta aos pressupostos epistemológicos do construtivismo. Porém, apesar disso, é implícita ou explicitamente assumida por muitos professores e, evidentemente, por quase todos os alunos. Isso os leva a confundir os modelos com a realidade que eles representam, atribuindo, por exemplo, propriedades macroscópicas às partículas microscópicas constituintes da matéria, transformando a energia em uma substância e a força em um movimento perceptível, como veremos em detalhe na Parte II do livro (Capítulos 6 e 7).

Nem sequer o velho "clichê" da ciência empírica, dedicada a descobrir as leis que governam a natureza por meio da realização de experimentos, é verdadeiro hoje em dia. Boa parte da ciência de ponta, de fronteira, é baseada, cada vez mais, no paradigma da *simulação*, mais do que no experimento em si, o que supõe uma importante revolução na forma de fazer ciência e de concebê-la (Wagensberg, 1993). A astrofísica, mas também as ciências cognitivas, não "descobrem" como são as coisas indagando na realidade, senão que *constroem* modelos e, a partir deles, simulam certos fenômenos, comprovando seu grau de ajuste ao que conhecemos da realidade. Aprender ciência deve ser, portanto, um exercício de comparar e diferenciar modelos, não de adquirir saberes absolutos e verdadeiros. A chamada mudança conceitual, necessária para que o aluno progrida dos seus conhecimentos intuitivos aos científicos, requer pensar *nos* – e não só *com os* – diversos modelos e teorias a partir dos quais é possível interpretar a realidade, como veremos no Capítulo 5.

Por outro lado, a ciência é um *processo* e não apenas um produto acumulado em forma de teorias ou modelos, e é necessário levar para os alunos esse caráter dinâmico e perecedouro dos saberes científicos (Duchsl, 1994), conseguindo que percebam sua transitoriedade e sua natureza histórica e cultural, que compreendam as relações entre o desenvolvimento da ciência, a produção tecnológica e a organização social, entendendo, portanto, o compromisso da ciência com a sociedade, em vez da neutralidade e *objetividade* do suposto saber positivo da ciência. Ensinar ciências não deve ter como meta apresentar aos alunos os produtos da ciência como saberes acabados, definitivos (a matéria é descontínua, a energia não se consome, mas se conserva, é a Terra que gira em volta do Sol e não o contrário), nos quais, como assinala ironicamente Claxton (1991), eles devem crer com fé cega, uma vez que se abrirem bem os olhos todos os indícios disponíveis indicam justamente o contrário: a matéria é contínua, o Sol é que gira, a energia (assim como a paciência do aluno) se gasta... Pelo contrário, a ciência deve ser ensinada como um saber histórico e provisório, tentando fazer com que os alunos participem, de algum modo, no processo de elaboração do conhecimento científico, com suas dúvidas e incertezas, e isso também requer deles uma forma de abordar o aprendizado como um processo construtivo, de busca de significados e de interpretação, em vez de reduzir a aprendizagem a um processo repetitivo ou de reprodução de conhecimentos *pré-cozidos*, prontos para o consumo.

A aprendizagem como processo construtivo

De fato, esses pressupostos epistemológicos e a concepção da ciência como processo de construção de modelos e teorias também exigem, no plano *psicológico*, adotar um enfoque construtivista no ensino das ciências. Superada, aqui também, a glaciação condutista, paralela à anterior, não é mais possível conceber a aprendizagem como uma atividade apenas de reprodução ou cumulativa. Nosso sistema cognitivo possui características muito específicas que condicionam nossa forma de aprender (Pozo, 1996a). Frente a outras espécies, que dispõem, em um alto grau, de condutas geneticamente programadas para se adaptar a ambientes muito estáveis, os seres humanos precisam se adaptar a condições muito mais variáveis e imprevisíveis, em grande medida devido à própria intervenção da cultura, e, portanto, precisam dispor de mecanismos de adaptação mais flexíveis, que não podem estar pré-programados. Em resumo, nós precisamos de processos de aprendizagem muito potentes.

A prolongada imaturidade da espécie humana permite que nos adaptemos lentamente às demandas culturais (Bruner, 1972, 1997), graças ao efeito amplificador dos processos de aprendizagem sobre nosso sistema cognitivo, que de fato tem uma arquitetura surpreendentemente limitada. Assim, diferentemente, por exemplo, do computador em que escrevemos estas linhas, nós, as pessoas, temos uma capacidade de trabalho simultâneo muito limitada, ou *memória de trabalho*, dado que podemos absorver ou ativar muito pouca informação ao mesmo tempo. Caso tenha dúvidas, o leitor pode tentar realizar uma fácil operação de multiplicação com o único apoio de seus recursos cognitivos, por exemplo, multiplicar 27 vezes 14. Perceberá que está surpreendentemente limitado, não devido à complexidade da operação (com a ajuda de lápis e papel é muito simples), mas devido à escassa capacidade de processamento simultâneo da mente humana, que

nos permite estar atentos a muito poucas coisas *novas* de cada vez. Essa capacidade limitada pode, contudo, ser notavelmente ampliada por meio do aprendizado, que nos permite reconhecer situações que já havíamos enfrentado antes ou automatizar conhecimentos e habilidades, reservando essas escassas capacidades para o que há de realmente novo em uma situação (para mais detalhes dos processos envolvidos, ver Pozo, 1996a).

Além da memória de trabalho muito limitada, há outra diferença essencial entre o funcionamento cognitivo humano e o de um computador no que se refere ao aprendizado. Nossa memória permanente não é nunca uma reprodução fiel do mundo, nossas recordações não são cópias do passado, mas reconstruções desse passado a partir do presente. Assim, a recuperação do que aprendemos tem um caráter *dinâmico e construtivo*: diferentemente de um computador, somos muito limitados na recuperação de informação literal, mas muito dotados para a interpretação dessa informação. Se o leitor tentar lembrar literalmente a frase que acaba de ler, provavelmente isso lhe será impossível, mas queremos pensar que não terá problemas para lembrar seu significado, interpretando o que acaba de ler em suas próprias palavras, que certamente não serão exatamente iguais às de outro leitor e, é claro, não serão uma *cópia* literal do texto que acabou de ler.

Na verdade, o aprendizado e o esquecimento não são processos opostos. Um sistema cognitivo que faz cópias literais de toda a informação, como um computador, é um sistema que não esquece e, portanto, que também não é capaz de aprender. De fato, com suas limitações na memória de trabalho e na recuperação literal da informação, o sistema humano de aprendizado e memória é o dispositivo de aprendizagem mais complexo que conhecemos. Os computadores conseguem superar o rendimento humano em muitas tarefas, mas é difícil imaginar um computador que aprenda *tão bem* quanto um aluno – embora, talvez, muitos professores assumam, quando ensinam, que seus alunos aprendem *tão mal* quanto um computador, uma vez que, paradoxalmente, a aprendizagem escolar tende a exigir dos alunos aquilo para o que eles estão menos dotados: repetir ou reproduzir as coisas com exatidão. Aprender não é fazer *fotocópias* mentais do mundo, assim como ensinar não é enviar um fax para a mente do aluno, esperando que ela reproduza uma cópia no dia da prova, para que o professor a compare com o original enviado por ele anteriormente. Esta é, talvez, a tese central do construtivismo psicológico, o que todo modelo ou postura baseada nesse enfoque tem em comum: o conhecimento nunca é uma cópia da realidade que representa. Mas existem muitas formas diferentes de interpretar os processos psicológicos envolvidos nessa construção e, portanto, longe de ser um modelo único, existem diferentes alternativas teóricas que compartilham esses pressupostos comuns, com implicações bem diferenciadas para o currículo de ciências (uma análise de diferentes teorias cognitivas de aprendizagem pode ser encontrada em Pozo, 1989). Essas formas diferentes de conceber a aprendizagem não são, realmente, incompatíveis ou contraditórias; elas estão relacionadas com as diferentes metas da educação, que mudam não só devido a novas colocações epistemológicas ou psicológicas, mas principalmente pelo aparecimento de novas demandas educacionais e por mudanças na organização e distribuição social do conhecimento.

As novas demandas educacionais na sociedade da informação e do conhecimento

Há outras razões ainda mais importantes do que as mencionadas até agora para exigir esta mudança *cultural* na forma de aprender e ensinar. Um sistema educacional, mediante o estabelecimento dos conteúdos das diferentes disciplinas que compõem o currículo, tem como função formativa essencial fazer com que os futuros cidadãos interiorizem, assimilem a cultura em que vivem, em um sentido amplo, compartilhando as produções artísticas, científicas, técnicas, etc. próprias dessa cultura e compreendendo seu sentido histórico, mas, também, desenvolvendo as capacidades necessárias para acessar esses produtos culturais, desfrutar deles e, na medida do possível, renová-los. Mas essa formação cultural ocorre no marco de uma *cultura da aprendizagem*, que evolui com a própria sociedade.

As formas de aprender e ensinar são uma parte da cultura que todos devemos aprender e sofrem modificações com a própria evolução da educação e dos conhecimentos que devem ser ensinados. A primeira forma regrada de aprendizagem, a primeira escola historicamente conhecida, as "casas de tabuinhas" aparecidas na Suméria há uns 5 mil anos, estava vinculada ao ensino do primeiro sistema de lectoescritura conhecido, e daí surge a primeira metáfora cultural do aprendizado, que ainda perdura entre nós ("aprender é escrever em uma tábula rasa", as tabuinhas de cera virgem nas quais os sumérios escreviam). Desde então, cada revolução cultural nas tecnologias da informação e, como consequência disso, na organização e distribuição social do saber trouxe consigo uma revolução paralela na cultura da aprendizagem, a mais recente das quais ainda não terminou: as novas tecnologias da informação, unidas a outras mudanças sociais e culturais, estão abrindo espaço para uma nova cultura da aprendizagem, que transcende o marco da cultura impressa e deve condicionar os fins sociais da educação e, especialmente, as metas dos anos finais dos ensinos fundamental e médio.

De modo resumido, poderíamos caracterizar esta nova cultura de aprendizagem que se aproxima por três traços essenciais: estamos diante da sociedade da informação, do conhecimento múltiplo e do aprendizado contínuo (Pozo, 1996a). Na *sociedade da informação* a escola não é mais a primeira fonte– às vezes, sequer é a principal – de conhecimento para os alunos em muitos domínios. Atualmente, são muito poucos os "furos" informativos reservados à escola. Os alunos, como todos nós, são bombardeados por diversas fontes que chegam, inclusive, a produzir uma saturação informativa; nem sequer precisam procurar pela informação: é ela que, em formatos quase sempre mais ágeis e atraentes do que os utilizados na escola, procura por eles. Consequentemente, quando os alunos vão estudar a extinção dos dinossauros, os movimentos dos planetas ou a circulação do sangue no corpo humano, geralmente já possuem informação proveniente do cinema, da televisão ou de outros meios de comunicação, mas é uma informação superficial, fragmentada e, às vezes, deformada. Os alunos da educação científica precisam não tanto de mais informação (embora possam precisar também disso), mas sobretudo de capacidade para organizá-la e interpretá-la, para lhe dar sentido. E, de maneira muito especial, como futuros cidadãos, mais do que tudo, vão precisar de capacidade para buscar, selecionar e interpretar a informação. A escola não pode mais proporcionar toda a informação relevante, porque esta é muito mais móvel e flexível do que a própria escola; o que ela pode fazer é formar os alunos para que possam ter acesso a ela e dar-lhe sentido, proporcionando capacidades de aprendizagem que permitam uma assimilação crítica da informação.

Até certo ponto – como consequência dessa multiplicação informativa, mas também de mudanças culturais mais profundas –, vivemos também em uma *sociedade de conhecimento múltiplo e descentralizado*. Acompanhando as reflexões de Ceruti (1991), a evolução do conhecimento científico segue um processo de descentralização progressiva dos nossos saberes. Ela começa com Copérnico, que nos faz perder o centro do Universo, continua com Darwin, que nos faz perder o centro do nosso planeta, ao nos transformar em uma espécie ou ramo que é, mais ou menos, produto do acaso na árvore genealógica da matéria orgânica, e se completa com Einstein e a física contemporânea, que nos faz perder nossas coordenadas espaço-temporais mais queridas, situando-nos no vértice do caos e da anti-matéria, nos buracos negros e todos esses mistérios que a cada dia nos diminuem mais. Praticamente não restam saberes ou pontos de vista absolutos que, como futuros cidadãos, os alunos devam assumir; o que devem, na verdade, é aprender a conviver com a diversidade de perspectivas, com a relatividade das teorias, com a existência de interpretações múltiplas de toda informação. E devem aprender a construir seu próprio julgamento ou ponto de vista a partir de tudo isso. Não é mais apenas a ciência, conforme já apontamos, que perdeu sua fé realista: a literatura e a arte do final do século XX também não adotam uma postura realista, segundo a qual o conhecimento ou a representação artística refletem a realidade, senão que reinterpretam ou recriam essa realidade. A ciência do século XX se caracteriza pela perda da certeza, inclusive aquelas que eram, antes, chamadas "ciências exatas", que cada vez mais estão, também, permeadas de incertezas. Sendo assim, já não se trata de a educação proporcionar aos alunos conhecimentos como se fossem verdades acabadas, mas que os ajude a construir seu próprio ponto de vista, sua verdade particular a partir de tantas verdades parciais.

Em contrapartida, boa parte dos conhecimentos que podem ser proporcionados hoje aos alunos não só são relativos, mas têm data de vencimento. Neste ritmo de mudanças tecnológicas e científicas em que vivemos, ninguém pode prever o que precisarão saber os cidadãos dentro de 10 ou 15 anos para poder enfrentar as demandas sociais. O que podemos garantir é que terão de continuar aprendendo depois do ensino médio, porque também vivemos na *sociedade do aprendizado contínuo*.

A educação obrigatória e pós-obrigatória cada vez se prolonga mais e, além disso, devido à mobilidade profissional e ao aparecimento de novos e imprevisíveis perfis laborais, cada vez é mais necessária uma formação profissional permanente. O sistema educacional não pode proporcionar formação específica para cada uma dessas necessidades. O que é possível fazer é formar os futuros cidadãos para que eles sejam aprendizes mais flexíveis, eficientes e autônomos, dotando-os de capacidades de aprendizagem e não só de conhecimentos ou saberes específicos, que geralmente são menos duradouros.

Assim, "aprender a aprender" constitui uma das demandas essenciais que o sistema educacional deve satisfazer, como apontam diversos estudos sobre as necessidades educacionais no próximo século.[1] O currículo de ciências é uma das vias por meio das quais os alunos devem aprender a aprender, adquirir estratégias e capacidades que permitam transformar, reelaborar e, em resumo, reconstruir os conhecimentos que recebem (Pérez Cabaní, 1997; Pozo e Monereo, 1999; Pozo, Postigo e Gómez Crespo, 1995). Longe de nós pretendermos uma volta aos "velhos conteúdos" – que, como assinalamos antes, na verdade nunca abandonamos – pode resolver a crise da educação científica; é necessário renovar não apenas esses conteúdos, mas também as metas para as quais eles estão dirigidos, concebendo-os não tanto como um fim em si – saberes absolutos ou positivos, ao velho estilo –, mas como meios necessários para que os alunos atinjam certas capacidades e formas de pensamento que não seriam possíveis sem o ensino da ciência.

AS NOVAS METAS DA EDUCAÇÃO CIENTÍFICA: DA SELEÇÃO À FORMAÇÃO

Diante da ideia, que possivelmente é compartilhada por muitos professores, de que a educação científica deve ter metas fixas, imutáveis, que consistam na transmissão do saber científico estabelecido e, portanto, alheias às vicissitudes sociais, qualquer análise da evolução dos currículos de ciências mostra que eles evoluem – em seus fins e, consequentemente, em seus conteúdos e em seus métodos – junto com a sociedade da qual fazem parte e à qual estão dirigidos (para uma análise dessa evolução histórica das metas da educação científica, ver Bybee e DeBoer, 1994). De fato, as mudanças que acabamos de comentar na produção, na distribuição e na aquisição social do conhecimento, unidas a outras mudanças não menos importantes nos mercados de trabalho, estão levando a uma prolongação e extensão da educação obrigatória, que deve ter consequências importantes

---

[1] Ver, por exemplo, o Livro Branco da Comissão Europeia *Ensinar e aprender. Em direção à sociedade do conhecimento* (Ed. Santillana, 1997) no qual, longe de reclamar um olhar para o passado, aposta-se em uma profunda renovação e flexibilização dos sistemas educacionais para enfrentar as demandas formativas do próximo século.

no que se refere aos seus fins ou metas educacionais (Pozo, no prelo). A extensão da educação obrigatória* até os 16 anos, junto com o caráter abrangente, ou não diferenciador, desta etapa inicial da educação secundária, traz consigo a necessidade de atender alunos com capacidades e condições iniciais diferentes, assim como estabelecer metas educacionais dirigidas tanto a promover os alunos para níveis educacionais superiores quanto para proporcionar-lhes uma bagagem cultural e científica de caráter geral, que deverá ser aprofundada e se tornar mais especializada para aqueles alunos que chegarem ao ensino pós-obrigatório.

Portanto, as metas da educação secundária obrigatória e pós-obrigatória devem ser, até certo ponto, diferentes. Nesse sentido, trata-se de uma etapa de transição entre duas *culturas educacionais* bem diferenciadas, dirigidas a metas diversas, uma vez que cumprem funções sociais diferentes. Das duas funções que todo sistema educacional ou de instrução costuma cumprir, a educação primária está, necessariamente, mais dirigida à *formação* do que à *seleção* dos alunos. Os conteúdos nessa etapa eram fixados, e ainda são, pensando mais nas necessidades formativas de todos os cidadãos do que no estabelecimento de níveis mínimos exigidos para o acesso a etapas educacionais superiores. Pelo contrário, na educação superior a *seleção* dos alunos de acordo com esses níveis estabelecidos frequentemente prima sobre os critérios formativos. Embora ambas as funções, formação e seleção, não precisem estar necessariamente reunidas, há, sem dúvida, uma primazia de uma ou de outra nas diferentes etapas educacionais, e não é ousado dizer que no ensino médio tradicionalmente o critério seletivo tem tido prioridade sobre o formativo.

Na Espanha houve uma longa tradição educacional durante a qual a educação secundária foi basicamente um período de preparação ou seleção para ingressar na universidade (para superar o exame de "seleção"), mais do que uma etapa com metas formativas que se justificassem por si mesmas. De fato, entre os professores de ciências está muito estendida essa crença seletiva, segundo a qual não só é normal, mas quase necessário, que boa parte dos alunos fracasse em ciências. Por exemplo, em uma pesquisa sobre a forma como os professores de ciências concebem a avaliação, Alonso, Gil e Martínez Torregrosa (1995) descobriram que quase 90% dos professores de física e química estão convencidos de que na sua disciplina uma avaliação adequada é aquela que "reprova" metade dos alunos. Se a maioria dos alunos é aprovada, tendem a pensar que essa avaliação foi mal projetada. Essa tradição seletiva é, contudo, dificilmente compatível com as próprias metas de um ensino secundário obrigatório e, em um sentido mais geral, com as novas necessidades formativas que devem ser exigidas ao sistema educacional em nossa sociedade. Na medida em que um sistema educacional se estende, chega a mais camadas da população e se prolonga mais no tempo, sua função seletiva decresce ou, pelo menos, fica postergada (com respeito às mudanças ocorridas devido à generalização da educação secundária em nossas sa-

---

* N. de R.T. Na Espanha, a escolaridade obrigatória compreende a *educación primaria* (de 6 a 11 anos) e a *educación secundaria obrigatoria* (de 12 a 16 anos). Depois do ensino secundário obrigatório, o sistema educativo disponibiliza estudos ainda em nível secundário pós-obrigatório. O estudante pode optar em cursar os ciclos de formação profissional de grau médio ou o bachillerato. O bachillerato (dos 17 aos 18 anos) pretende preparar tanto para a universidade, quanto para a formação profissional de grau superior (não universitária).
No Brasil, a obrigatoriedade do ensino se restringe ao ensino fundamental: anos iniciais (dos 6 aos 10 anos) e anos finais (dos 11 aos 14 anos). O Ensino médio (dos 15 aos 17 anos), apesar de ser considerado uma etapa da educação básica, não é obrigatório.

las de aula, ver Gimeno Sacristán, 1996). Hoje em dia, sequer ingressar na universidade e obter um título superior é realmente seletivo, se considerarmos a massificação que encontramos em nossas salas de aula e o nível de desemprego entre os universitários. Frente à função eminentemente seletiva do ensino médio tradicional, é preciso buscar novas metas educacionais para o ensino médio, dirigidas mais a desenvolver capacidades nos alunos que permitam enfrentar as mudanças culturais que estão ocorrendo não só na vida social, mas, sobretudo, nos perfis profissionais e laborais e na própria organização e distribuição social do conhecimento que descrevíamos anteriormente.

Por isso, uma *volta ao básico*, às formas e aos conteúdos do tradicional currículo *seletivo* para o ensino das ciências, longe de melhorar a educação científica, provavelmente não faria mais do que piorar as coisas, ao acrescentar uma defasagem entre o que se pretende – as metas educacionais –, o que se ensina – os conteúdos – e o que se aprende – o que aprendem os alunos (Duchsl e Hamilton, 1992). Não basta pretendermos ensinar muitas coisas, todas muito relevantes, nem sequer ensiná-las realmente. A eficácia da educação científica deverá ser medida pelo que conseguimos que os alunos realmente aprendam. E para isso é necessário que as metas, os conteúdos e os métodos de ensino da ciência levem em consideração não apenas o saber disciplinar que deve ser ensinado, mas também as características dos alunos a quem esse ensino vai dirigido e as demandas sociais e educacionais que esse ensino deve satisfazer. Se esses três aspectos são analisados de modo conjunto, como tentamos fazer brevemente na seção anterior, ao definir essa nova cultura da aprendizagem (uma análise mais extensa dessas novas demandas de aprendizagem pode ser encontrada em Pozo, 1996a), é preciso convir que a educação científica, para se justificar em nossa sociedade, deve ter metas que estejam além da seleção dos alunos, ou considerar o ensino da ciência como um fim em si; e isso condicionará seriamente os conteúdos e os métodos desse ensino.

Quais devem ser os fins da educação científica, especialmente nesse período crítico do ensino médio? Jiménez Aleixandre e Sanmartí (1997) estabelecem cinco metas ou finalidades que parecem claramente possíveis de assumir:

a) A aprendizagem de conceitos e a construção de modelos.
b) O desenvolvimento de habilidades cognitivas e de raciocínio científico.
c) O desenvolvimento de habilidades experimentais e de resolução de problemas.
d) O desenvolvimento de atitudes e valores.
e) A construção de uma imagem da ciência.

Ao traduzir essas metas em conteúdos concretos do ensino da ciência, *por meio* dos quais seriam desenvolvidas nos alunos as *capacidades* correspondentes a essas finalidades, encontraríamos três tipos de conteúdos, que correspondem aos três tipos de dificuldades de aprendizagem identificados em páginas anteriores (ver Quadro 1.4).

A finalidade de conseguir "a aprendizagem de conceitos e a construção de modelos" vai requerer a superação das dificuldades de compreensão e envolve trabalhar os conteúdos conceituais,* dos mais específicos e simples (os fatos ou dados) aos conceitos disciplinares específicos até alcançar os princípios estruturais das ciências (sobre cujo aprendizado tratará o Capítulo 4). "O desenvolvimento de habilidades cognitivas e de raciocínio científico" e de "habi-

---

* N. de R.T. No original em espanhol, encontra-se "contenidos verbales". No Brasil, os Parâmetros Curriculares Nacionais denominam esse tipo de conteúdo como "conceitual". Portanto, optamos pela tradução do termo conforme adotado no Brasil.

QUADRO 1.4

Tipos de conteúdos no currículo. Os mais específicos devem ser instrumentais para acessar os conteúdos mais gerais, que devem constituir a verdadeira meta do currículo de ciências

Tipos de conteúdos	Mais específicos	⟵⟶		Mais gerais
Conceituais	Fatos/dados		Conceitos	Princípios
Procedimentais	Técnicas			Estratégias
Atitudinais	Atitudes		Normas	Valores

lidades experimentais e de resolução de problemas" vai requerer que os *conteúdos procedimentais* ocupem um lugar relevante no ensino das ciências, e teriam como objetivo não só transmitir aos alunos os saberes científicos, mas também torná-los partícipes, na medida do possível, dos próprios processos de construção e apropriação do conhecimento científico, o que envolve, também, superar limitações específicas no aprendizado tanto de técnicas ou destrezas como, principalmente, de estratégias de pensamento e aprendizagem, como veremos no Capítulo 3. Por sua vez, "o desenvolvimento de atitudes e valores" vai exigir que os *conteúdos atitudinais* sejam reconhecidos explicitamente como uma parte constitutiva do ensino das ciências, que deve promover não apenas atitudes ou condutas específicas, mas também normas que regulem essas condutas e, sobretudo, valores mais gerais que, como veremos no próximo capítulo, permitam sustentar e interiorizar nos alunos essas formas de comportamento e de aproximação ao conhecimento.

Por último, a finalidade de promover "uma imagem da ciência", como assinalam Jiménez Aleixandre e Sanmartí (1997), é, de certa maneira, transversal a todas as anteriores e deve ser desenvolvida por meio de todos os conteúdos mencionados – conceituais, procedimentais e atitudinais –, ajudando os alunos não só a identificar as características do conhecimento científico, mas, principalmente, a diferenciar e valorar esse saber em comparação com outros tipos de discurso e de conhecimento social. Como mostravam as informações recolhidas por Giordan e De Vecchi (1987), a que fizemos referência anteriormente, um dos dados mais reveladores do escasso sucesso da educação científica é que os alunos praticamente não diferenciam o discurso científico de outras formas de conhecimento com caráter paracientífico ou metacientífico. Talvez não seja estranho que em uma sociedade governada, teoricamente, pela racionalização as pessoas acreditem em extraterrestres, horóscopos e curandeiros, mas pelo menos do ponto de vista da educação científica seria relevante que os alunos compreendessem que essas crenças são de uma natureza diferente daquela do discurso científico, que constituem uma forma diferente de conhecer o mundo, e que saibam valorizar as vantagens, mas também os inconvenientes, da ciência como forma de aproximar-se ao conhecimento do mundo. Por isso, construir uma imagem da ciência requer não apenas conhecer os fatos, conceitos e princípios que caracterizam a ciência, ou a forma como o discurso científico analisa, estuda e interroga a realidade, mas também adotar uma determinada *atitude* nessa aproximação e adotar certos *valores* em sua análise, o que traz dificuldades específicas de aprendizagem, das quais nos ocuparemos a seguir.

2
MUDANDO AS ATITUDES DOS ALUNOS PERANTE A CIÊNCIA
O problema da (falta de) motivação

Teria sido muito mais fácil aceitar o modelo se Linus [Pauling] pelo menos tivesse mostrado um pouco de humildade! Mesmo que dissesse besteiras, por causa de sua inesgotável segurança em si mesmo, seus hipnotizados estudantes jamais saberiam. Muitos de seus colegas esperavam calados que ele cometesse um erro importante.

J. D. Watson,
A dupla hélice

Mas os momentos mais fascinantes da escola eram quando o professor falava dos bichos. As aranhas-de-água inventavam o submarino. As formigas cuidavam de um rebanho que dava leite e açúcar e cultivavam cogumelos. Havia um pássaro na Austrália que coloria seu ninho com uma espécie de óleo que fabricava com pigmentos vegetais. Nunca vou esquecer. Chamava-se satin-azul. O macho colocava uma orquídea no novo ninho para atrair a fêmea.

Manuel Rivas,
A língua das borboletas

Dos três tipos de conteúdo que, segundo temos visto, devem articular o currículo de ciências para atingir as metas da educação científica, as *atitudes* são, possivelmente, o mais difícil de abordar para muitos professores, acostumados e preparados para ensinar aos alunos as leis da dinâmica, como se ajusta uma equação química ou quais são as partes da célula, mas menos preparados e dispostos para ensinar seus alunos a comportarem-se durante a aula, a cooperar e ajudar seus colegas ou, inclusive, a descobrir o interesse pela ciência como forma de conhecer o mundo que nos rodeia. De fato, habitualmente, nos currículos de ciências, a partir dos anos finais do ensino fundamental e do ensino médio a formação em atitudes praticamente não teve relevância se comparada com o treinamento em habilidades ou, principalmente, com o ensino de conteúdos conceituais. Para comprovar isso, basta observar o escasso peso das atitudes na avaliação, pelo menos explicitamente. O que geralmente se avalia é o conhecimento conceitual e, em menor medida, o procedimental, mas as atitudes dos alunos praticamente não são levadas em conta, talvez porque se encaixam mal no tradicional formato de *prova*. Isso é congruente com as metas tradicionais, basicamente seletivas, da educação científica, que é dirigida à transmissão de conhecimentos conceituais, ao ensino do *corpus* conceitual das disciplinas, deixando relegados outros aspectos formativos mais gerais (não em vão, embora passe despercebido para muitos professores, até agora se falava de "*ensino* secundário" e agora se começa a falar de "*educação* secundária").

As atitudes praticamente não têm sido objeto, portanto, de ensino explícito. E, contudo, as *atitudes dos alunos*, sua forma de se comportar na sala de aula e fora dela, seus valores, são alguns dos elementos que mais incomodam os professores em seu trabalho cotidiano, um dos sinais mais evidentes e incômodos dessa crise da educação que mencionávamos no capítulo anterior. Ainda que não sejam ensinadas de modo deliberado, ou talvez justamente *porque* não são ensinadas, as atitudes constituem uma das principais dificuldades para o ensino e o aprendizado das ciências. Quando se pergunta a professores de ciências pelos problemas que mais os inquietam em seu trabalho docente, raramente citam como primeira preocupação que os alunos não consigam diferenciar entre peso e massa, ou que não sejam capazes de fazer cálculos proporcionais; o que geralmente mencionam é a falta de disciplina ou, simplesmente, a falta de educação dos alunos, o pouco valor que concedem ao conhecimento e, sobretudo, a falta de interesse pela ciência e pela aprendizagem.

Que os alunos não sejam capazes de fazer cálculos estequiométricos depois de estarem trabalhando nisso durante semanas é frustrante, mas que nem sequer tentem fazê-los e que fiquem fazendo piadas ou lançando papéis enquanto se explica como devem fazer é arrasador. O problema é que essas atitudes dificilmente vão mudar, aproximando-se mais daquilo que os professores esperam deles, se não houver um propósito educacional, deliberado e intencional de mudá-las. Muitas dessas atitudes, valores e formas de comportamento têm sua origem em âmbitos diferentes ao da escola, assim como ocorre com muitos dos conhecimentos prévios dos alunos. Mas, frequentemente, essa conduta é reforçada, mantida e, inclusive, gerada – de maneira informal – nas salas de aula. Na verdade, as atitudes sempre estiveram presentes no currículo, mas não de um modo explícito. Poderíamos dizer que habitualmente os alunos aprendem condutas – muitas vezes indesejáveis –, mas nós, os professores, não as ensinamos deliberadamente, senão que o fazemos de modo implícito. A forma de organizar as atividades de ensino/aprendizado seleciona e reforça certas atitudes nos alunos, mas na maior parte dos casos não há um propósito explícito de ensiná-las. Contudo, mudar isso que os alunos trazem consigo, que é incompatível com o conhecimento científico ou com sua aprendizagem, requer tornar explícito o currículo de atitudes. E, para isso, é necessário refletir sobre ele e conhecer mais sobre a natureza das atitudes como conteúdo de aprendizagem, saber os tipos de conteúdos atitudinais que os alunos devem aprender e a forma como podemos ajudá-los a mudar de conduta.

A NATUREZA DAS ATITUDES COMO CONTEÚDO EDUCACIONAL: DAS ATITUDES E NORMAS AOS VALORES

Acabamos de destacar um dos traços mais característicos do aprendizado das atitudes: sua natureza essencialmente implícita, entendendo como tal o fato de que são subjacentes a tudo quanto fazemos mas, com muita frequência, não chegamos a tomar consciência delas. Qualquer um de nós pode lamentar a passividade dos nossos alunos e sua pouca disposição para colaborar, sem que percebamos que esses mesmos traços poderiam definir também *nossa atitude* perante a solução de muitos dos problemas que enfrenta a realidade educacional da qual fazemos parte e para a qual contribuímos diariamente. O caráter implícito de boa parte das nossas atitudes se deve a que elas são adquiridas, de fato, mediante processos de *aprendizagem implícita*, que, embora desempenhem um papel essencial em todos os nossos aprendizados (Pozo, 1996a), cumprem uma função essencial na formação de atitudes, como veremos mais adiante. A esse caráter implícito somam-se outros traços, como sua generalidade, onipresença ou estabilidade, que fazem das atitudes um conteúdo educacional particularmente difuso e fugidio.

De fato, recorrendo a uma metáfora proposta em outro texto (Pozo, 1999a), poderíamos dizer que, comparadas com os outros conteúdos do currículo – os conteúdos e os procedimentos –, as atitudes têm uma natureza *gasosa*. Enquanto os conteúdos conceituais são mais *sólidos* (geralmente têm forma própria, específica, entidade acadêmica ou epistemológica, independente do recipiente em que estiverem contidos e, assim como os sólidos, são facilmente perceptíveis, ou mais facilmente tangíveis, é possível cortá-los, empilhá-los, juntá-los, separá-los, o que torna mais fácil sequenciá-los e avaliá-los), as atitudes são como os gases, inapreensíveis, mesmo que não percebamos, elas estão em todas partes – e, por isso, não é possível cortá-las, nem separá-las facilmente –, mas não estão em nenhuma, por isso são muito difíceis de perceber (ou avaliar). Como os gases, as atitudes tendem a ser onipresentes, mas ausentes dos nossos sentidos, a se misturar umas com outras, a filtrar-se por todas as fendas do currículo. Não faz sentido sequenciar atitudes como são sequenciados os conceitos – neste mês, solidariedade, no próximo, espírito crítico, no seguinte, tolerância, etc. – nem avaliá-las em data fixa (na terça-feira, prova de solidariedade). As atitudes, na medida em que, como os gases, são dificilmente fragmentáveis, exigem um trabalho mais contínuo, mais de longo prazo. Uma mudança de atitude é menos perceptível, mas, quando ocorre, seus resultados são mais duradouros e transferíveis (como os gases, difundem-se, ocupam todo o espaço, não permanecem quietos e separados como os sólidos, aparentemente imóveis sobre a mesa). Os procedimentos estariam no meio do caminho entre os anteriores, comportariam-se como *líquidos* (tendem a se misturar, mas não tanto quanto os gases/atitudes, adotam a forma dos recipientes, mas conservando muitas de suas propriedades específicas, podem separar-se ou fragmentar-se mediante certas técnicas, etc.).

Deste caráter das atitudes derivam-se algumas implicações específicas no que se refere ao seu ensino, que aqui apenas podemos esboçar (veja, para mais detalhes, Sarabia, 1992; Pozo, 1996a, 1999a). Em primeiro lugar, são os conteúdos mais gerais, mais transversais. De fato, um dos problemas da mudança de atitudes é que, devido ao seu caráter difuso e onipresente, elas filtram-se ou escapam por todos os vãos do currículo e, por isso, estão em todas as partes, mas, com frequência, não estão explicitamente em nenhuma, não são responsabilidade de nenhuma disciplina concreta. Assim, o conteúdo mais volátil também é o que requer maior consenso, não só entre os professores da área de ciências da natureza, mas, principalmente, entre as diferentes áreas.

Mas a transversalidade ou generalidade dos conteúdos atitudinais não se manifesta apenas entre disciplinas, senão também dentro de cada disciplina e, portanto, esses conteúdos não podem ser sequenciados nem fragmentados como aqueles que são mais tradicionais. Sua inclusão no currículo deve ser baseada em um tratamento continuado, em ter presente em todo momento, como objetivo educacional, a necessidade de desenvolver nos alunos certos valores, mais do que a realização de atividades pontuais para "ensinar" certas atitudes, embora estas possam ser necessárias. De fato, enquanto o objetivo da educação em atitudes deve ser, como nos outros conteúdos, promover mudanças o mais estáveis e gerais possíveis, seu sucesso vai requerer a concretização desses propósitos (como, por exemplo, promover tolerância, cooperação, interesse pela ciência, curiosidade e espírito de indagação, rigor e precisão, defesa do meio ambiente, etc.) em formas e normas de conduta que ajudem professores e alunos a perceberem essas atitudes que geralmente são tão intangíveis.

De fato, ao falar dos conteúdos atitudinais normalmente se costuma diferenciar entre três componentes ou níveis de análise com diverso grau de generalidade: as atitudes, as normas e os valores (Echebarría, 1991; Eiser, 1994; Sarabia, 1992). As atitudes propriamente ditas (ou seu componente comportamental) referem-se a regras ou padrões de conduta, disposição para comportar-se de modo consistente. O conhecimento das *normas* (ou o componente cognitivo) estaria constituído pelas ideias ou crenças sobre como é preciso comportar-se. E, finalmente, os *valores* (ou dimensão afetiva) seriam referidos ao grau em que foram interiorizados ou assumidos os princípios que regem o funcionamento dessas normas. O valor de respeito à saúde leva a estabelecer como norma a proibição de fumar em lugares públicos, mas nem sempre as condutas dos alunos (e dos professores) acatam ou respeitam essas normas. O objetivo da educação em atitudes deveria ser, mais uma vez, conseguir mudanças nos aspectos mais gerais, nas capacidades autônomas – neste caso, mudar os valores –, fazer com que os alunos interiorizem como valores certas normas e formas de comportamento, em vez de mantê-las por meio de procedimentos coercitivos. Para isso, é necessário que os diversos componentes das atitudes estejam equilibrados, de maneira que a conduta se atenha às normas conhecidas e valorizadas. Quando uma norma não é compartilhada, não se transforma em valor e, portanto, não é respeitada a não ser na presença de uma autoridade (basta pensar no que faz a maioria dos motoristas diante da norma de "não dirigir a mais de 120km/h"). Trata-se de uma moral heterônoma, mantida por uma disciplina externa e, portanto, não interiorizada.

O objetivo da educação deve ser, em todos os âmbitos e também neste, fomentar o desenvolvimento de capacidades autônomas, mas isso deve ser feito *por meio* de conteúdos concretos (Pozo, 1999a), neste caso, mediante a promoção de certas condutas regidas por normas. A educação em valores não se consegue tanto mediante discursos éticos ou morais como trabalhando a partir de atitudes e condutas concretas. Hoje em dia, ninguém discutiria que os alunos devem ser solidários, críticos, respeitosos com o meio ambiente, etc. O problema é traduzir esses valores em normas e padrões de conduta compartilhados por todos ou, pelo menos, consensuais. O que entendemos por ser solidário? Um aluno que ajuda seu colega a resolver um problema é solidário? E se faz isso no dia da prova, continua sendo solidário ou agora recebe outro qualificativo não tão bondoso e, com ele, certas amostras de não-solidariedade por parte do professor? *Quando* é preciso ser solidário? Apenas discutir sobre valores pode levar a estabelecer um "catecismo leigo", cheio de valores politicamente corretos, mas que não se traduz em atitudes concretas ou, o que pode ser ainda pior, que com diferentes professores se traduz em atitudes diferentes, de maneira que, no final, o aluno não aprende a assumir certos valores gerais, mas a comportar-se de modo diferente perante esses diferentes professores e, com isto, dificilmente irá traduzir essas atitudes em valores.

Entre as metas explícitas de todo currículo de ciências deve estar a de promover nos alunos certos valores relacionados com a natureza da ciência e suas implicações sociais, mas também outros relacionados com a atividade do aluno na sala de aula, suas relações com seus colegas e seus professores e, fora da escola, relacionados com a sociedade e com a forma de resolver os problemas que a vida social apresenta. É necessário considerar explicitamente o ensino dessas atitudes, porque os mecanismos pelos quais elas são adquiridas e mudadas são diferentes daqueles que dão início ao aprendizado de outros conteúdos mais tradicionais no currículo de ciências, como os conceitos ou as habilidades.

A APRENDIZAGEM E A MUDANÇA DE ATITUDES NO ENSINO

As atitudes e os valores não são adquiridos como outros conteúdos do aprendizado. Embora seja possível ensinar e aprender a dimensão cognitiva das atitudes e das normas como ocorre com qualquer outro conteúdo conceitual, aceitá-las afetiva e comportamentalmente, transformá-las em valores e atitudes propriamente ditos requer mecanismos de aprendizagem específicos (Pozo, 1996a). É óbvio que o mecanismo mais simples para controlar a conduta dos alunos é fazer com que essa conduta seja contingente ou relevante para que eles obtenham reforços e castigos. A distribuição de prêmios e castigos é, sem dúvida, um mecanismo eficaz para controlar a conduta dos alunos; porém, como veremos mais adiante, ao tratarmos o problema da motivação, é um sistema que por si só é limitado para conseguir mudanças estáveis e duradouras nas atitudes dos alunos. Deve ser acompanhado por outros mecanismos específicos de aprendizagem social.

Um dos mais importantes é a *modelagem*, ou aprendizagem por imitação de um modelo. Pela exposição a modelos adquirimos muitas inclinações e aversões, muitos preconceitos e muitas pautas de conduta. Os alunos tendem a adotar, em seu aprendizado, atitudes congruentes com os modelos que receberam. Enquanto um aluno dificilmente *imitará* a compreensão que seu professor tem da entropia (embora possa imitar as palavras que ele utiliza para expressá-la) ou sua forma de resolver as equações de segundo grau, o modelo pode ser um mecanismo suficiente para estabelecer certas atitudes, que se manifestam em pautas de conduta simples. Quando uma criança imita uma conduta violenta a que foi exposta pela televisão, não copia exatamente a sequência de movimentos do lutador de caratê, mas a tendência a resolver os conflitos agredindo aqueles que se opõem aos seus propósitos. Da mesma maneira, o aluno, durante a aula de ciências, pode imitar o professor na forma de resolver uma dúvida ou planejar uma pesquisa – indagando por sua conta ou indo em busca da autoridade do livro para evitar problemas –, no valor concedido aos diversos tipos de conhecimento – o importante é o resultado final ou a forma como se resolve o problema – ou na forma de tratar um colega que tem dificuldades com uma tarefa – ajudá-lo ou deixá-lo livrado à sua sorte.

Essa modelagem, ou aprendizado por imitação, costuma ser um processo de aprendizagem que é mais implícito do que explícito (Pozo, 1996a), durante o qual muitas vezes nem o professor nem o aluno percebem que o aprendizado está acontecendo. Por isso, é especialmente importante que os professores adquiram consciência não só das atitudes que desejam em seus alunos, mas também daquelas que, muitas vezes inconscientemente, expressam em suas condutas. Este deveria ser um primeiro passo na elaboração de qualquer currículo de atitudes (Pozo, 1999a). Queixamo-nos de que os alunos são passivos, mas praticamente não lhes deixamos espaços de participação autônoma; de que eles não têm sensibilidade aos problemas sociais, científicos e tecnológicos que os rodeiam, mas a ciência é ensinada como uma realidade própria, um conjunto de conhecimentos formais que formam uma torre de cristal isolada do ruído mundano. Lamentamos que eles se limitem a repetir como papagaios tudo quanto dizemos, mas não valorizamos suas próprias ideias ou então consideramos que elas não passam de "erros conceituais". Embora não seja o que desejam, muitos professores, por sua conduta na sala de aula, estão transmitindo atitudes que *contagiam* os alunos e, por isso, é conveniente controlar melhor quais são os modelos que estamos oferecendo a eles. Mais adiante, ao exemplificar as dificuldades da mudança de atitudes no problema da motivação, voltaremos a este ponto.

Contudo, a aquisição de atitudes, mesmo quando se apoia na modelagem, requer também, uma vez que envolve mais elementos afetivos e representativos, um envolvimento pessoal maior, ou uma *identificação* com o modelo. Não vamos reproduzir qualquer modelo que tenhamos observado, senão, mais provavelmente, aqueles com os quais nos identificamos, nos quais acreditamos ou por meio dos quais queremos compartilhar uma identidade comum. Os adolescentes são especialmente sensíveis a essa necessidade de possuir uma identidade social, uma vez que seu RG social ainda está sendo constituído, na linha das mudanças que ocorrem na sociedade em que vivem. De fato, os valores adolescentes geralmente são um reflexo bastante fiel dos valores da sociedade adulta na qual eles querem entrar (para confirmar isso, basta ver a avaliação desses valores em nossa história recente em Martín Serrano, 1994).

Qualquer processo de influência social – e a aquisição de atitudes é isso – envolve, sempre, a identidade das pessoas que dele participam, como mostraram com muita clareza Moscovici, Mugny e Pérez (1991). Este pertencimento a um grupo social de referência (aos taxistas, aos construtivistas, aos físicos, aos preguiçosos ou aos espertos) geralmente envolve, além da identificação, processos de *conformismo* diante da pressão grupal, de modo que a pessoa tende, para manter sua identidade, a adequar-se às normas e atitudes impostas pelo grupo majoritário com o qual se identifica. O conformismo com a maioria é um dos dados mais assustadores (e preocupantes) oferecidos pela pesquisa em psicologia social e envolve fases sucessivas de:

a) aceitação da norma;
b) conformismo com a norma;
c) interiorização, ou transformação da norma em valor;
d) relatividade da norma (Echebarría, 1991; Sarabia, 1992).

A atitude formada será mais estável e duradoura quanto mais longe tiver avançado esse processo de conformismo. Se a norma não for interiorizada, ou transformada em valor, será mantida somente quando na presença dessa pressão externa, mas não se tornará autônoma (o aluno que valoriza o rigor e a precisão somente porque o professor exige isso, ou que evita cometer erros de ortografia porque sabe que são malvistos em uma prova).

Os processos de influência e identificação social que formam nossas atitudes são complexos demais para que possamos abordá-los aqui, como mostram as análises de Moscovici, Mugny e Pérez (1987; também Echebarría, 1991). E são especialmente importantes quando a questão não é mais formar uma atitude nos alunos, mas mudar as atitudes que eles já têm. Assim como em outros âmbitos da aprendizagem da ciência, aqui também é possível dizer que os alunos têm atitudes prévias, condutas e valores já estabelecidos, que a educação científica, para conseguir suas metas – até certo ponto esquematizadas no capítulo anterior –, deve conseguir mudar. A *mudança de atitude* implica pôr em marcha processos complexos de aprendizagem, nos quais não é suficiente, à luz da pesquisa recente sobre mudança de atitudes (Echebarría, 1991; Sarabia, 1992; também em Pozo, 1996a), a persuasão mediante discursos éticos ou morais. Pelo contrário, é preciso sobretudo um exercício continuado ou repetitivo de condutas que consolidem esses valores nos alunos. A educação em valores deve confiar principalmente na mudança de conduta, mais do que na persuasão.

De fato, com a mudança de atitudes ocorre o mesmo que com outros aprendizados. Durante muito tempo se acreditou que bastava expor um modelo (fosse de conduta ou teórico) e persuadir ou convencer o aluno de suas virtudes. A ideia de que expor o aluno ao conhecimento ou à conduta correta era suficiente para que ele a assimilasse ou reproduzisse foi contestada pela pesquisa recente, que mostra o importante papel do conflito, tanto na mudança conceitual (como veremos mais adiante, no Capítulo 4) como na própria mudança de atitude. Embora os modelos ajudem a promover e consolidar atitudes nos alunos, mudar isso parece requerer situar o aluno em situações de *conflito sociocognitivo*, nas quais suas atitudes e condutas habituais gerem conflitos que exijam solução (Echebarría, 1991; Moscovici, Mugny e Pérez, 1991).

Ao caracterizar as atitudes como conteúdo educacional algumas páginas atrás, assinalamos que os três componentes de uma atitude (comportamental, cognitivo e afetivo) devem guardar um certo equilíbrio para que essa atitude seja duradoura e transferível. A introdução de conflitos ou inconsistências desestabiliza as atitudes e fomenta a mudança, uma vez que esses desequilíbrios são, em geral, desagradáveis quando percebidos. Há diversos tipos de conflito sociocognitivo que podem ser introduzidos nas atitudes para promover mudança (Kelman, 1978; Sarabia, 1992; Pozo, 1996a). Para o que agora nos interessa, vamos resumir esses conflitos em dois tipos: os que se baseiam em desajustes sociais e os que provocam desequilíbrios internos, cognitivos.

Um primeiro tipo de conflito que poderíamos considerar sociocognitivo é o que ocorre entre as próprias atitudes e o grupo de referência. Dado que as pessoas tendem a adequar-se diante da pressão grupal, quando percebemos que o grupo com o qual nos identificamos mantém atitudes diferentes das nossas é mais fácil que modifiquemos nossas atitudes. Uma forma de modificar as atitudes de certos alunos – por exemplo, um aluno que não colabora – pode ser tentar mudar sua filiação grupal, designando-o para outro grupo com atitudes, pelo menos até certo ponto, divergentes das suas, um grupo no qual todos cooperam. Um segundo tipo de conflito, de caráter sociocognitivo, é o que pode surgir entre os diferentes componentes de uma atitude (comportamentais, cognitivos e afetivos). Este fenômeno recebe o nome de *dissonância cognitiva* (Festinger, 1957). Contra aquilo que supõem as teorias da persuasão para a mudança de atitude, quando percebo que minha conduta (fumar como um viciado) vai de encontro às minhas crenças e preferências (fumar faz mal à minha saúde e à daqueles que me rodeiam), em vez de mudar minha conduta frequentemente terei de mudar minhas crenças e valores, convencendo-me de que depende da dose ou de que faz mal somente a partir de uma certa idade e de que vou largar o cigarro quando chegar o momento. Em outras palavras, o aluno que se comporta de modo diferente de como pensa e gostaria tende a modificar suas crenças e gostos para torná-los adequados à sua conduta. Se um aluno individualista for obrigado a cooperar, ou um intolerante a atuar como moderador das discussões, sua mudança de atitude estará sendo favorecida. De fato, o fenômeno da dissonância permite explicar algumas atitudes sociais aparentemente paradoxais (quem vive perto das centrais nucleares têm atitudes menos desfavoráveis com respeito aos riscos que elas representam, aqueles que fumam percebem e concebem menos os danos do tabaco do que quem não fuma, enquanto aqueles que *deixaram de fumar* tendem a ser os mais violentos antitabagistas, etc.). Contudo, esses desequilíbrios devem ser promovidos com cautela. Por um lado, é importante que o aluno perceba que adota essa conduta como uma opção autônoma e não porque é obrigado, uma vez que a atribuição interna do conflito parece ser um dos motores da mudança de atitude (Echebarría, 1991). E, por outro lado, deve possuir os conhecimentos e as habilidades necessárias para mantê-la, dado que, caso contrário, o fracasso percebido pode dificultar ainda mais a mudança de atitude. Assim, um aluno *tímido* pode modificar sua atitude retraída se for induzido a participar em público, com a condição de que o ajudemos a adquirir as habilidades sociais e os procedimentos necessários para expressar-se com êxito e não o deixemos sozinho diante do perigo.

Portanto, tal como veremos ao tratar da mudança conceitual, nos Capítulos 4 e 5, o conflito pode ser uma condição necessária, mas não suficiente, para a mudança de atitude, uma vez que não produzirá automaticamente uma mudança na direção desejada, senão que estará condicionado pela reinterpretação que o aluno faça desse conflito, ou seja, pela reflexão e tomada de consciência que ele tenha sobre sua própria conduta. Também aqui se impôs progressivamente uma concepção construtivista (Koballa, 1995; Simpson et al., 1994), segundo a qual o sujeito constrói ou reconstrói suas atitudes a partir da forma como percebe e racionaliza suas próprias ações. Mais adiante veremos claramente um exemplo deste enfoque na forma como são analisados e promovidos os processos motivacionais como uma mudança de atitude. De qualquer modo, se queremos ajudar os alunos a construir outras atitudes, que sejam mais de acordo com nosso ideal educacional, refletindo e tomando consciência dos valores subjacentes às suas ações, antes precisamos ser capazes de refletir e tomar consciência das atitudes deles, quais são as que queremos promover e quais as que estamos promovendo realmente por meio da nossa prática docente. E enquanto muitos professores de ciências sabem bastante claramente quais são os conteúdos conceituais mais importantes de sua disciplina, os conteúdos atitudinais do currículo de ciências não costumam ser explicitados com tanta clareza, ou seja, convém que nos detenhamos um pouco neles.

OS CONTEÚDOS ATITUDINAIS NO ENSINO DA CIÊNCIA

Tradicionalmente, o ensino da ciência tentou promover nos alunos uma *atitude científica*, ou seja, tem tentado que eles adotem, como forma de aproximar-se dos problemas, os métodos de indagação e experimentação normalmente atribuídos à ciência. São muitos os que acreditam, contudo, que essa atitude de indagação e curiosidade já existe nas crianças, de fato, desde que elas são muito pequenas e, portanto, tudo o que é preciso fazer é mantê-la viva e enriquecê-la com o ensino de métodos adequados de aproximação à realidade. Mas, em uma contradição aparente, são também cada vez mais os que duvidam da relevância dessa "atitude científica" para abordar os problemas e as situações cotidianas (Claxton, 1991; Pozo e Gómez Crespo, 1994) e, para eles, seria duvidosa a utilidade de adotar os procedimentos próprios da ciência como receita para ajudar a resolver esses problemas cotidianos. De fato, reduzir a "atitude científica" à aplicação cega de alguns procedimentos preestabelecidos é o oposto do espírito de curiosidade, indagação e autonomia que deve caracterizar a prática científica. Ensinar o mal chamado "método científico", em vez de promover hábitos próprios da atividade científica, costuma afogar as verdadeiras atitudes científicas que os alunos possam manifestar timidamente. Há, inclusive, vozes crescentes – como veremos no próximo capítulo – que duvidam inclusive de que esses procedimentos existam como tais, que exista algo como um "método científico" que possa ser adotado, como atitude ou modo de abordagem, por alguém.

Seja como for, parece que orientar o ensino da ciência a promover nos alunos "atitudes científicas" é ter uma visão bastante limitada das próprias metas e implicações da educação científica. Diversos autores elaboraram taxonomias ou classificações das atitudes que podem ser promovidas por meio da educação científica e que mostram a forte influência que essa educação pode ter na conduta e nos valores dos alunos, não só nas aulas de ciências, mas em seu comportamento cotidiano dentro e fora da sala de aula (veja, por exemplo, Vázquez e Manassero, 1995). De nossa parte, e sem ânimo de oferecer uma análise exaustiva, de acordo com os objetivos deste livro podemos diferenciar, em função de seu objeto, três tipos de atitudes que devem ser promovidas entre os alunos (ver Quadro 2.1): com respeito à ciência, com respeito à aprendizagem da ciência e com respeito às implicações sociais da ciência.

As atitudes *com respeito à ciência* estariam vagamente vinculadas com o desenvolvimento da "atitude científica" nos currículos de ciência tradicionais. A questão seria promover nos alunos hábitos e formas de se aproximar dos problemas condizentes com a natureza da ciência como construção social do conhecimento, tal como é concebida hoje. Deveriam ser promovidos o rigor, a atitude crítica e reflexiva, fugindo tanto do empirismo ingênuo quanto da especulação pura, fomentando uma concepção relativista e histórica do conhecimento científico em vez de uma visão positivista e estática, concebendo, em resumo, a ciência mais como uma forma de fazer perguntas do que como uma resposta já dada.

Claxton (1991) já ironizou suficientemente sobre as limitações que o desenvolvimento deste catecismo *científico* encontra na prática, e não precisamos voltar sobre isso. Acreditamos que a única via para que tenha êxito é, justamente, a relatividade dos valores da ciência, por um lado concebendo esse sucesso como uma aproximação progressiva e não como um fim em si mesmo, de modo que o importante seja aproximar o aluno desses valores e não o sucesso como tal (critério que, por outro lado, pode ajudar muito na sua avaliação). Outra forma de relativizar as atitudes com respeito à ciência é diferenciá-las das atitudes requeridas por outras formas de conhecimento não menos relevantes social e intelectualmente, como a religião, a arte, o esporte ou as ciências sociais. Comparar a abordagem científica de determinados problemas com outras formas de abordagem pode ajudar a compreender melhor a natureza da ciência como processo e produto social, mas também ajuda a aceitar suas limitações. É importante que o aluno valorize a abordagem científica de um problema e que identifique sua diferença com outros discursos sociais não científicos – evitando

QUADRO 2.1
Três tipos de atitudes que devem ser promovidas entre os alunos com o ensino da ciência

Atitudes com respeito à ciência	
Interesse por aprendê-la	Motivação intrínseca
	Motivação extrínseca
Atitudes específicas (conteúdos)	Gosto pelo rigor e precisão no trabalho
	Respeito pelo meio ambiente
	Sensibilidade pela ordem e limpeza do material de trabalho
	Atitude crítica frente aos problemas apresentados pelo desenvolvimento da ciência

Atitudes com respeito à aprendizagem da ciência	
Relacionadas com o aprendizado	Enfoque superficial (repetitivo)
	Enfoque profundo (busca de significado)
Relacionadas com o autoconceito	Conduta
	Intelectual
	Social
Relacionadas com os colegas	Cooperativa em oposição à competitiva
	Solidariedade em oposição ao individualismo
Relacionadas com o professor	Modelo de atitudes

Atitudes com respeito às implicações sociais da ciência	
Na sala de aula e fora dela	Valorização crítica dos usos e abusos da ciência
	Desenvolvimento de hábitos de conduta e consumo
	Reconhecimento da relação entre o desenvolvimento da ciência e a mudança social
	Reconhecimento e aceitação de diferentes pautas de conduta nos seres humanos

que, como mostravam Giordan e De Vecchi (1987), a maior parte das pessoas conceda valor científico aos horóscopos –, mas também é importante que ele não superestime o valor da ciência, compreendendo suas limitações e seu caráter complementar com respeito a outras formas de conhecimento que não são derivadas do saber científico, como o conhecimento estético, ético, religioso, etc. (Eisner, 1985). Um pôr do sol ou as estrelas "tremeluzindo azuis ao longe" são fenômenos físicos dignos de estudo, mas também são mais do que fenômenos físicos.

Junto com a promoção dessas atitudes relativizadas com respeito ao saber científico como construção social, a educação científica deve fomentar, e de fato fomenta, determinadas atitudes *com respeito à aprendizagem da ciência*, que apesar de estarem até certo ponto vinculadas com as anteriores, constituem, de fato, um objetivo diferente. Trata-se não só de que o aluno conceba a ciência como um processo construtivo, mas de que realmente tente aprendê-la de um modo construtivo, adotando um enfoque profundo em vez de superficial, aprendendo na busca do significado e do sentido, e não só repetindo; trata-se, também, de que o aluno se interesse pela ciência, que a valorize como algo cuja compreensão é digna de esforço e que gere um autoconceito positivo com respeito à ciência, que acredite que é capaz de aprendê-la, que, em resumo, *tenha motivação* para aprender ciência e não só para aprovar a disciplina (sobre isto voltaremos imediatamente), que assuma a ciência como uma opção possível em seu futuro acadêmico e pessoal; também são adquiridas atitudes com respeito aos colegas no aprendizado da ciência, se há que cooperar ou competir com eles, ajudá-los quando enfrentam dificuldades ou deixar que as resolvam sozinhos. Finalmente, por que não, também são adquiridas atitudes para com o professor, que, como víamos umas páginas atrás, serve como modelo de muitas destas atitudes: como resolver uma dúvida, apoiar ou não o colega, quais são os limites da ciência... em muitas ocasiões, o professor é o espelho de outras atitudes, que o aluno aprenderá por meio da conduta muitas vezes não deliberada do professor.

Muitas dessas atitudes com respeito à aprendizagem de ciências não serão específicas da disciplina, mas podem estar relacionadas com outras disciplinas. Outras, pelo contrário, serão específicas das aulas de ciências. De qualquer maneira, as atitudes que o aluno adote com respeito ao aprendizado da ciência dependerão estreitamente de como ele está aprendendo, ou seja, do tipo de atividades de aprendizagem/ensino em que ele estará envolvido. Se essas atividades forem organizadas para o trabalho individual, dificilmente aprenderá a cooperar; se forem avaliadas por meio de provas que exijam a repetição cega de informação, dificilmente vai adquirir uma atitude de busca de significado, etc. O importante é que, considerando a "resistência ao esquecimento" de cada resultado de aprendizagem (Pozo, 1996a), quando o aluno esqueceu boa parte dos conhecimentos conceituais e procedimentais que aprendeu dessa maneira, com certeza ainda irá perdurar nele uma boa parte das atitudes por meio das quais adquiriu esses conhecimentos já esquecidos. Como em tantos outros âmbitos, na aprendizagem as *formas* costumam perdurar muito mais do que os *conteúdos*. Ou, em outras palavras, a forma de aprender ciências pode influenciar mais no futuro acadêmico e pessoal do aluno que os próprios "conteúdos" aprendidos.

Mas a educação científica também afeta as atitudes dos alunos na vida social fora da sala de aula e os seus aprendizados. As atitudes *com respeito às implicações sociais da ciência*, habitualmente canalizadas pelas relações entre ciência, tecnologia e sociedade, exigem que o aluno adote posições com respeito aos usos sociais da ciência e suas consequências, valorizando problemas como a relação entre ciência e mudança social, com suas implicações não apenas ideológicas (É possível o desenvolvimento sustentável? O avanço tecnológico justifica o desaparecimento de costumes e tradições culturais? Os cientistas são responsáveis pelos usos sociais de seus conhecimentos? Os conhecimentos científicos são um bem público ou privado?), mas também em hábitos de conduta e/ou consumo (uso de energias alternativas, reciclagem de resíduos, hábitos de alimentação equilibrados, drogas e tabagismo, etc.). Além disso, boa parte das atitudes adquiridas dentro da sala de aula (cooperação/competição, individualismo/solidariedade, etc.) também têm continuidade fora dela.

Mais uma vez, a aquisição destas e de outras atitudes relacionadas não depende tanto da persuasão por meio de um discurso ético, mas da reelaboração que o aluno faça dos diversos componentes – comportamentais, cognitivos e afetivos – das atitudes mantidas por ele e pelas pessoas próximas a ele – colegas e professores – nas atividades de aprendizagem/ensino da ciência. Trata-se, portanto, de um processo complexo de interação social, não de uma influência meramente mimética ou unidirecional. Talvez a melhor forma de compreender a natureza complexa deste processo, que não podemos desenvolver com plenitude para cada uma das atitudes que acabamos de mencionar, seja ilustrar com um exemplo a forma como ocorre a mudança de conduta. Para isso, tomaremos uma das atitudes mencionadas, cuja mudança constitui, sem dúvida, um dos problemas e, ao mesmo tempo, um dos requisitos fundamentais para superar essa crise da educação científica que mencionamos no capítulo anterior. Quando se trata de identificar os supostos culpados da falta de aprendizagem da ciência, sobretudo nos anos finais do ensino fundamental e no ensino médio, a maioria dos professores adotaria como suspeito número um a motivação ou, para sermos mais precisos, a falta de motivação de seus alunos, sem dúvida o inimigo público número um do ensino da ciência.

COMO MOTIVAR OS ALUNOS PARA QUE APRENDAM CIÊNCIAS?

Para muitos professores dos anos finais dos ensinos fundamental e médio, este é o principal problema que enfrentam. Os alunos não estão interessados na ciência, não querem se esforçar nem estudar e, por conseguinte, dado que aprender ciência é um trabalho intelectual complexo e exigente, fracassam. Não há dúvida de que esse é um diagnóstico certeiro, uma vez que a motivação é um dos problemas mais graves do aprendizado em quase todas as áreas, não apenas em ciências. Durante a educação obrigatória, coincidindo com a adolescência, é quando os alunos, devido ao seu próprio desenvolvimento pessoal, começam a fixar suas próprias metas, a estabelecer suas preferências e a adotar atitudes que nem sempre favorecem o aprendizado. A pesquisa psicológica mostrou a importância da motivação na aprendizagem. Sem motivação não há aprendizagem escolar. Dado que o aprendizado, pelo menos o explícito e intencional, requer continuidade, prática e esforço, é necessário ter motivos para se esforçar, é necessário (na etimologia da palavra motivação) *mobilizar-se para* o aprendizado. Os alunos adolescentes têm motivos para se esforçar em aprender ciência? A motivação é um problema somente dos alunos? São eles que não têm motivos para aprender ou é o próprio ensino que não os mobiliza para aprender?

Para entender o problema da motivação é necessário ir um pouco além do modelo a partir do qual os professores costumam interpretar as dificuldades de aprendizado dos alunos. Neste modelo, a motivação é uma responsabilidade *que cabe apenas* aos alunos, devido à sua falta de interesse pelo conhecimento, pelo esforço intelectual ou pela educação em geral, à que dão muito pouco valor. Embora esses traços possam ser válidos em alguns casos, a motivação deve ser concebida de maneira mais complexa, não só como uma das causas da aprendizagem deficiente da ciência, mas também como uma de suas primeiras consequências. Os alunos não aprendem porque não estão motivados, mas, por sua vez, não estão motivados porque não aprendem. A motivação não é mais uma responsabilidade somente dos alunos (embora também continue sendo deles), mas também um resultado da educação que recebem e, em nosso caso, de como lhes é ensinada a ciência.

É frequente ouvir entre os professores, de fato, que os alunos "não estão motivados", mas, tal como sugere Claxton (1984), seria mais adequado pensar na motivação em termos "newtonianos", ou seja, que o problema não é que os alunos não se movimentem, senão que é preciso mudar "sua quantidade de movimento".

Segundo a mecânica newtoniana, um objeto em repouso requer a ação de uma força para se pôr em movimento, da mesma maneira que um objeto em movimento requer uma força para se deter. Em ambos os casos há uma cômoda inércia pressionando no sentido de manter o estado atual, de não mudar. É o que acontece com muitos alunos – como ocorre com todos nós – que se deixam levar pela inércia de não mudar. Normalmente não é que não estejam motivados, que não se movimentem em absoluto; o que ocorre é que se mobilizam para coisas diferentes e em direções diferentes daquelas que pretendem seus professores. Nesse sentido, Claxton (1984) diz que motivar é mudar as prioridades de uma pessoa, suas atitudes perante a aprendizagem. Não podemos pensar de antemão que os alunos estão interessados em aprender ciência. Um dos objetivos da educação científica deve ser, justamente, despertar neles esse interesse.

Mas como é possível gerar esse interesse nos alunos sem renunciar a ensinar ciência como tal? Em que consiste a motivação e como se fomenta? Na pesquisa psicológica, tradicionalmente se considerou que a motivação ao enfrentar uma tarefa é resultado da interação entre dois fatores: *a expectativa de êxito em uma tarefa e o valor concedido a esse êxito*. Mesmo que o problema da motivação seja mais complexo e diverso do que essa equação reflete, em nosso caso serve para sugerir alguns modos como os professores podem ajudar os alunos a encontrar motivação (uma análise detalhada do problema da motivação pode ser encontrada em Alonso Tapia, 1997; Huertas, 1997; ou, como um fator a mais do aprendizado, em interação com outros, em Pozo, 1996a).

Começando pelo *valor* concedido a uma tarefa, é claro que, se para o aluno o estudo das ciências não tem nenhum valor, ele irá se esforçar muito pouco e, portanto, praticamente não vai aprender. Que valor ou interesse pode ter a ciência para o aluno? Em primeiro lugar, pode estudar ciências porque isso vai lhe dar acesso a coisas que realmente valoriza, alheias àquilo que está aprendendo (aprovação, uma bicicleta, uma viagem para Londres, etc.). Trata-se de uma motivação *extrínseca*, o interesse por estudar ciências é externo ao próprio conhecimento científico. O que faz com que o aluno se esforce não é a ciência, mas as consequências de ser aprovado ou não. Neste caso, o aluno orienta-se para ser aprovado (ou, inclusive, para obter a melhor nota) mais do que para compreender e dar sentido ao que está estudando. Quer ser aprovado mais do que quer aprender, e para isso vai estudar o que lhe for pedido, sem levar em consideração seus próprios gostos e interesses.

Mobilizar o aluno por razões extrínsecas requer um sistema de recompensas e castigos, alheio àquilo que se aprende, que seja eficaz. De fato, assim trabalhavam as clássicas teorias condutistas de aprendizagem, que resolviam o problema da motivação de seus aprendizes, fossem eles ratos ou pombos, de maneira sumária. Antes de começar a tarefa da aprendizagem eram privados de uma necessidade básica: por exemplo, levando-os a pesar 80% de seu peso normal; depois, associavam a entrega de comida com a execução de certas condutas por parte do animal. Com isso, tinham certeza de que os ratos ou pombos teriam pelo menos 20% de motivos para aprender o que lhes era exigido, fosse apertar um botão, correr por um labirinto ou morder os barrotes da jaula. É claro que os prêmios e castigos que mobilizam os alunos são mais sutis e complexos, uma vez que eles não respondem a uma necessidade primária, mas a um desejo socialmente definido (aprovação, reconhecimento social, autoestima, etc.).

Não há dúvida de que os sistemas de prêmios e castigos funcionam, são uma forma eficaz de mobilizar o aprendizado para obter certos resultados. Contudo, incentivar a aprendizagem externamente tem certas limitações, que fazem com que sua eficácia decresça consideravelmente em certas condições. Um primeiro problema é que um sistema de motivação extrínseca aos resultados da aprendizagem depende totalmente de manter os prêmios e castigos. Se o rato deixa de receber comida, rapidamente sua taxa de resposta decresce até que a conduta, finalmente, extingue-se. A retirada do prêmio ou do castigo produz uma extinção da conduta aprendida: já não há motivos para apertar o botão, estudar biologia ou elaborar mapas conceituais.

Se a conduta aprendida por meio de motivação extrínseca for relevante e eficaz, será utilizada em muitos contextos depois de aprendida (por exemplo, escrever em um computador ou falar inglês), e os resultados serão duradouros. Mas se, como ocorre com frequência nas aulas de ciências, o que se aprende (seja a meiose, o equilíbrio químico ou as funções logarítmicas) não é percebido pelo aluno como algo de interesse ou significativo, esse aprendizado será muito efêmero (pouco além da prova, se chegar a tanto) e, portanto, será muito pouco eficaz. Às vezes, não só não se consegue repassar as aprendizagens desejadas (que os alunos entendam a meiose), senão que, inclusive, são obtidos resultados indesejáveis bastante mais duradouros (como detestar para sempre as ciências naturais e seus ocultos conceitos), na forma de atitudes que, depois, serão muito difíceis de modificar.

Dado que uma das metas básicas da educação científica nos anos finais dos ensinos fundamental e no ensino médio – dentro de sua orientação formativa e não seletiva, como vimos no capítulo anterior – deve ser criar um interesse pela ciência como forma de abordar os problemas que nos rodeiam, o remédio pode ser, neste caso, pior do que a doença: talvez se consiga uma aprendizagem muito superficial e efêmera de alguns conhecimentos científicos ao preço de provocar uma aversão profunda e duradoura com respeito a esses mesmos conhecimentos e seu aprendizado.

Além disso, há um segundo problema com o uso de sistemas motivacionais extrínsecos, especialmente agudo quando se trabalha com alunos adolescentes. Consiste em encontrar prêmios e castigos que funcionem. Tradicionalmente, em um sistema educacional mais seletivo, em que a superação de níveis educacionais facilitava o acesso a melhores níveis culturais e socioeconômicos, o sistema para manter a motivação dos alunos era a administração cuidadosa da aprovação e da reprovação. Contudo, hoje em dia, este sistema seletivo é muito menos eficaz. A reprovação, que continua sendo um castigo para alguns alunos, deixa muitos outros – cada vez mais – indiferentes. Quando os professores se queixam, com razão, de que seus alunos não estão motivados para a ciência, e até de que estão cada vez menos motivados (talvez isso com não tanta razão), o que percebem é que os sistemas de recompensas e castigos que antes promoviam a aprendizagem deixaram de funcionar. Como consequência do desajuste crescente entre a escola e as necessidades sociais de formação em nossa sociedade, dos quais falamos no capítulo anterior, alguns alunos valorizam cada vez menos o sucesso ou fracasso escolar como algo que mereça algum esforço.

Dado que esta foi a motivação que tradicionalmente manteve a aprendizagem escolar, quando decai torna-se ainda mais evidente a ausência de outros motivos, vinculados ao próprio interesse pela aprendizagem da ciência, que seriam os únicos que poderiam garantir que os alunos continuariam interessados pela ciência depois de serem aprovados, o que deve constituir, sem dúvida, uma das metas fundamentais da educação científica obrigatória. Se tudo o que o aluno procura na ciência é a aprovação (ou a nota máxima); uma vez que tenha conseguido seu objetivo irá esquecer comodamente tudo quanto tenha aprendido. A verdadeira motivação pela ciência é descobrir o interesse, o *valor* de aproximar-se do mundo, indagando sobre sua estrutura e natureza, descobrir o interesse de fazer-se perguntas e procurar as próprias respostas. Neste caso, o valor de aprender é intrínseco àquilo que se aprende, e não alheio a isso.

Este segundo tipo de motivação, a motivação *intrínseca*, surgiria quando o que leva o aluno a esforçar-se é compreender o que estuda, dar-lhe significado. Neste caso, ele vai dedicar mais esforço a aprender do que a ser aprovado. Esse é o tipo de motivação que predomina em contextos de instrução informal, em que há menos pressão social para aprender (jogar tênis, dançar samba, navegar pelas redes cibernéticas) e, portanto, cada um pode desenvolver mais seus próprios gostos e preferências. Aprender para obter a satisfação pessoal de compreender ou dominar alguma coisa significa que a meta ou o que mobiliza para a aprendizagem é, justamente, aprender, e não obter alguma coisa "em troca da" aprendizagem. Quando o que motiva o aprendizado é *o desejo de aprender*, seus efeitos sobre os resultados obtidos parecem ser mais sólidos e consistentes do que quando a aprendizagem é impulsada por motivos mais externos (Alonso Tapia, 1997; Huertas, 1997).

Parece que há certas diferenças individuais no "estilo motivacional", de modo que, enquanto alguns aprendizes orientam-se mais para o sucesso, outros preocupam-se mais em aprender (Alonso Tapia, 1997; Rogers, 1982; Stevenson e Palmer, 1994). Assim, em diversos estudos dedicados a analisar os efeitos de diferentes estilos motivacionais sobre o ensino da ciência, foram diferenciados quatro modelos motivacionais ou tipos de alunos que são encontrados nas salas de aula de ciências e cujas características são apresentadas no Quadro 2.2: o *curioso*, o *consciencioso*, o *sociável* e o que *busca o êxito* (Bacas e Martín-Díaz, 1992).

A aprendizagem repetitiva ou associativa, pelo menos quando ocorre de maneira explícita, tende a ser baseada em sistemas motivacionais extrínsecos. Os motivos intrínsecos ou o desejo de aprender estão tipicamente mais vinculados com um aprendizado construtivo, à procura do significado e do sentido daquilo que fazemos (Novak e Gowin, 1984), do que ao aprendizado associativo, no qual unimos peças de informação que nos foram proporcionadas ou apresentadas sem que nos perguntemos sobre seu significado. Parece, então, que a motivação intrínseca requer que o aluno sinta uma ampla margem de autonomia em seu aprendizado e na definição de suas metas, e que sinta que faz parte de uma comunidade de aprendizagem, na qual outras pessoas compartilham e interiorizam os mesmos valores (Alonso Tapia, 1995). Por isso, é pouco frequente que essa motivação intrínseca ocorra durante os anos finais do ensino fundamental e no ensino médio, a não ser que se faça uma intervenção instrutiva adequada.

Mas como se pode fomentar este interesse intrínseco, pela ciência em si, por meio da instrução? Retomando a feliz frase de Claxton (1984) segundo a qual "motivar é mudar as prioridades de uma pessoa", seria questão de partir dos interesses e preferências dos alunos para gerar outros novos. Para isso, o ensino deve tomar como ponto de partida os interesses dos alunos, buscar a conexão com seu mundo cotidiano com a finalidade de transcendê-lo, de ir além, e introduzi-los, quase sem

> **QUADRO 2.2**
> **Diferentes estilos de alunos em função de sua motivação para as ciências**
>
> **Aluno curioso**
> - Tem grande interesse em aprender sobre novos acontecimentos ou fenômenos científicos, inclusive sobre aqueles que não aparecem nos livros didáticos
> - Tem inclinação para examinar, explorar e manipular a informação
> - Obtém satisfação como consequência dessa exploração e manipulação
> - Procura complexidade nas atividades escolares
>
>   Prefere: Seguir sua própria iniciativa, investigar, descobrir, trabalhar de forma prática, utilizar livros de referência, etc.
>   Rejeita: O ensino tradicional e as instruções claras e precisas
>
> **Aluno consciencioso**
> - Deseja fazer aquilo que é certo e evitar o que é errado. Sente obrigação nas atividades escolares
> - Tem incapacidade de saber quando cumpriu perfeitamente com suas obrigações
> - Precisa de suporte exterior (elogios e reconhecimento do professor)
> - Desenvolve sentimentos de culpa perante qualquer incapacidade
> - Tem falta de confiança em si mesmo ou intolerância diante dos erros cometidos
>
>   Prefere: Instruções claras e precisas, ensino tradicional, avaliação por parte do professor, etc.
>   Rejeita: Utilizar livros de referência
>
> **Aluno sociável**
> - Necessita construir e manter boas relações de amizade com os colegas
> - Tem muito boa disposição para ajudar seus colegas em todas as atividades escolares
> - Não teme "falhar" em situações escolares orientadas ao sucesso acadêmico
> - Concede mais importância às relações de amizade do que às atividades e aos fatores escolares
>
>   Prefere: Seguir sua iniciativa, ensino por descobrimento, trabalho prático e em grupos pequenos
>   Rejeita: O ensino tradicional, a avaliação, o trabalho individual
>
> **Aluno que busca êxito**
> - Prefere as situações competitivas
> - Precisa obter sucesso nessas situações
> - Tem necessidade de conseguir estima e prestígio por parte do professor e dos colegas como consequência de suas vitórias
>
>   Prefere: O ensino por descoberta e seguir sua própria iniciativa
>
> Bacas e Martín-Díaz, 1992

que eles percebam, na tarefa científica. Não se deve supor que, para aprender ciência, os alunos devem ter desde o começo as atitudes e os motivos dos cientistas; na verdade, é preciso projetar um ensino que gere essas atitudes e os motivos. Diversos autores (para uma revisão, ver Alonso Tapia, 1997; Huertas, 1997) destacam que essas estratégias didáticas de motivação devem estar baseadas na identificação de centros de interesse, no trabalho cooperativo, na autonomia e na participação ativa dos alunos, etc., envolvendo mudanças substanciais na própria organização das atividades escolares, mostrando que a motivação não é algo que está ou não está no aluno, mas que é resultado da interação social na sala de aula.

Contudo, outra forma de melhorar a motivação, além de mudar o valor das tarefas, voltando à equação estabelecida algumas páginas atrás, é aumentar a expectativa de êxito dos alunos nas tarefas. Como dizíamos antes, a motivação não apenas é causa, mas também consequência da aprendizagem. Sem aprendizagem também não há motivação. Se, apesar de se esforçar, o aluno tem a expectativa de que não vai ser aprovado ou de que não vai aprender nada (dependendo de suas metas), dificilmente vai se esforçar. Dado que a valoração que o aluno faz de sua expectativa de êxito dependerá muito da avaliação que recebe do professor, essa avaliação acaba sendo um dos motores fundamentais da motivação. Uma avaliação que ajude o aluno a compreender o porquê de não aprender, quais são suas dificuldades de aprendizagem e que o ajude a controlar seu próprio aprendizado será um fator essencial de sua motivação. Se o aluno recebe pistas sobre o que tem de fazer da próxima vez para ser mais bem sucedido, em vez de simplesmente uma nota sem comentários, será mais provável que venha a se esforçar no futuro. É importante, a partir desse valor informativo e reflexivo da avaliação, que o aluno atribua seus fracassos a fatores modificáveis, que ele possa controlar (a estratégia de estudo seguida, o esforço realizado, seus conhecimentos, etc.), e não a fatores incontroláveis ou alheios a si próprio (a sorte, a dificuldade da disciplina, sua capacidade intelectual, etc.).

Contudo, além de ajudar o aluno a interpretar melhor seus sucessos e fracassos, um professor pode incentivar a motivação de seus alunos também de uma forma mais simples e direta, tornando mais provável o êxito ao adequar as tarefas às verdadeiras capacidades e disposições de seus alunos. Por mais ajuda que receba e por mais que valorize o êxito na tarefa, é pouco provável que o leitor se sinta motivado a quebrar o recorde do momento em bicicleta. Mas talvez sinta, isso sim, que está suficientemente motivado para participar em uma corrida popular. Mas adequar as tarefas às capacidades e aos conhecimentos prévios dos alunos requer saber quais são as limitações nessas capacidades e conhecimentos, o que pode ser outra causa das dificuldades de aprendizagem dos alunos. Assim, vemos que a motivação, entendida como um processo de mudança de atitudes, está estreitamente vinculada com outras dificuldades de aprendizagem. Uma das formas mais diretas de fazer com que aumente o interesse dos alunos pelo aprendizado da ciência é conseguir que aprendam mais nas aulas de ciências e, para isso, também é necessário considerar as dificuldades específicas colocadas pelo aprendizado de procedimentos e conceitos científicos, que serão os objetivos dos próximos capítulos.

3
A AQUISIÇÃO DE PROCEDIMENTOS
Aprendendo a aprender e a fazer ciência

Resultado: pois nenhuma bala, e Pilarín é boba". Isso, ou alguma coisa parecida, foi o que escrevi no caderno. E fui direto de castigo. Duas palmadas e fiquei sem ir almoçar em casa; por culpa da tal Pilarín, a menina essa. Eu pensei que, vai ver, tinha mesmo errado. Mas não, repassei com os dedos, e não. Deixe ver: duas balas que deu para a sua irmãzinha, mais uma bala que deu para o seu priminho, somam três balas. E se tinha três balas e deu três balas, então não sobrou nenhuma bala para Pilarín; e era mais boba que uma anta... Porque se tivesse dado uma para cada um, ainda teria sobrado outra para ela... Mas o problema não dizia nada disso; vai ver, o que acontecia é que faltavam dados.

Andrés Sopeña,
O florido jardim

Um néscio preceptor me ensinou os logaritmos em uma idade precoce, e eu, por minha vez, tinha lido que houve um calculador indiano que era capaz de, em exatamente dois segundos, encontrar a décima sétima raiz de, por exemplo, 3529471145760 2751323018973420558661 71392 (não tenho certeza de que esse seja o número exato; de qualquer maneira, a raiz era 212). Esses eram os monstros que floresciam em meu delírio, e a única maneira de evitar que eles invadissem minha cabeça até me expulsar de mim mesmo consistia em arrancar o coração deles.

Vladimir Nabokov,
Fala, memória

Se as atitudes não tiveram um lugar central nos currículos de ciência, os procedimentos também não foram seu objetivo principal. Tradicionalmente, o ensino da ciência esteve dirigido principalmente a transmitir o *corpus* conceitual das disciplinas, os principais modelos e teorias gerados pela ciência para interpretar a natureza e seu funcionamento. O conhecimento científico, tal como é ensinado nas salas de aula, continua sendo sobretudo um conhecimento conceitual. Não em vão o verbo que melhor define o que os professores *fazem* durante a aula continua sendo o verbo *explicar* (e os que definem o que fazem os alunos são, no melhor dos casos, *escutar* e *copiar*). Embora seja verdade que boa parte do ensino da ciência, especialmente no que se refere à Física, esteve dedicado a treinar os alunos em algoritmos e técnicas de quantificação, geralmente esses conteúdos foram tratados como se fossem mais um conteúdo conceitual, no qual a questão fundamental continua sendo *explicar* aos alunos o que devem fazer e não proporcionar a eles uma ajuda específica para que aprendam a fazê-lo. Contudo, no marco das mudanças educacionais que assinalávamos no Capítulo 1, tanto a definição social de professores e alunos quanto sua atividade profissional estão mudando, e com essas mudanças o que é preciso fazer nas aulas torna-se mais complicado.

Por um lado, as concepções atuais sobre a natureza e a epistemologia da ciência (Duchsl, 1994; Giere, 1988; Thagard, 1992) colocam, cada vez mais, o acento em que o conhecimento científico também é um *processo* histórico e social, uma forma socialmente construída de conhecer e, portanto, afirmam que a ciência não pode ser ensinada sem essa dimensão processual ou procedimental. As novas necessidades formativas geradas pela sociedade da aprendizagem, às quais fizemos referência no Capítulo 1, também fazem com que *aprender a aprender* seja, em nível global, uma das metas essenciais da educação, devendo ser desenvolvida em todas as áreas e níveis.

Em uma sociedade em que os conhecimentos e as demandas formativas mudam com tanta rapidez, é essencial que os futuros cidadãos sejam aprendizes eficazes e flexíveis, que contem com procedimentos e capacidades de aprendizagem que lhes permitam adaptar-se a essas novas demandas. E, como tem mostrado a pesquisa nesta área, a aquisição dessas capacidades somente é possível se elas forem desenvolvidas a partir de cada uma das áreas do currículo, em vez de serem tratadas como habilidades gerais, descontextualizadas (Pérez Cabaní, 1997; Pérez Echeverría e Pozo, 1994). Da mesma maneira, a pesquisa recente sobre ensino e aprendizagem de ciências mostra as dificuldades e limitações dos alunos no domínio dos procedimentos científicos e em seu próprio aprendizado, colocando, também, a partir de uma perspectiva didática, a necessidade de incluir esse tema como um conteúdo essencial dos currículos de ciências na educação obrigatória.

Por tudo isso, hoje em dia o ensino de ciências precisa adotar como um de seus objetivos prioritários a prática de ajudar os alunos a aprender e a fazer ciência, ou, em outras palavras, ensinar aos alunos procedimentos para a aprendizagem de ciências. Não se trata de que até agora esses procedimentos tenham estado fora das aulas de ciências, mas de que na maior parte dos casos não recebiam um tratamento didático específico. De fato, boa parte do ensino da ciência sempre esteve centrado na "solução de problemas", essencialmente de caráter quantitativo, apesar de que as atividades de aprendizagem, e mesmo de avaliação dessas tarefas, serem muito similares às utilizadas com os conteúdos conceituais tradicionais. Assim como se explicavam os princípios da mecânica newtoniana, explicava-se a forma como deviam ser resolvidos os problemas, ou até o próprio "método científico" como forma de "extrair" essas leis da confusa trama de fatos que é a natureza. Vale a pena, portanto, deter-nos nas características que identificam os procedimentos como conteúdos educacionais.

A NATUREZA DOS PROCEDIMENTOS COMO CONTEÚDOS DE APRENDIZAGEM

Por sua própria natureza como conteúdos de aprendizagem, os procedimentos possuem características específicas que são convenientes considerar, caso se queira ensiná-los corretamente (Pozo, 1996a). Os procedimentos não se aprendem nem se ensinam como os outros conteúdos e, portanto, o que professores e alunos precisam *fazer* para conseguir superar as dificuldades no seu aprendizado é diferente do tradicional explicar e escutar. De fato, o conhecimento procedimental tem, do ponto de vista psicológico, uma natureza diferente daquela do conhecimento declarativo ou verbal. O Quadro 3.1 resume algumas dessas diferenças a partir da distinção estabelecida por Anderson (1983) entre *saber dizer*, ou conhecimento declarativo, e *saber fazer*, ou conhecimento procedimental. Muitos professores, e até mesmo muitos alunos, estão convencidos de que as dificuldades no saber fazer ocorrem devido à incapacidade de aplicar o que se sabe dizer e, por essa razão, a teoria sempre deve preceder a prática, que não seria outra coisa senão a aplicação do que foi previamente aprendido. Contudo, a moderna psicologia cognitiva da aprendizagem mostrou que são, na verdade, dois tipos de conhecimento, adquiridos por meio de processos diferentes e, até certo ponto, independentes (para uma análise detalhada desses processos, ver Pozo, 1989, 1996a).

A ideia básica dessa distinção é que as pessoas dispõem de duas formas diferentes, e nem sempre relacionadas, de conhecer o mundo. Por um lado, sabemos *dizer* coisas sobre a realidade física e social; por outro, sabemos *fazer* coisas que afetam essas mesmas realidades. Apesar de que ambos os tipos de conhecimento deveriam, em muitos casos, coincidir, mas em alguns isso não ocorre. Numerosos estudos mostraram, por exemplo, que os alunos não sabem transformar seus conhecimentos científicos descritivos e conceituais em ações ou predições eficazes. E ao contrário, às vezes executamos ações que teríamos muita dificuldade para descrever ou definir. No aprendizado cotidiano realizamos diariamente numerosas ações que seríamos incapazes de descrever (tente o leitor *dizer* o que faz para amarrar os sapatos ou o que faz para vocalizar o *r* ou o *t*). Da mesma maneira, no contexto escolar os professores dispõem de recursos e pautas de ação na sala de aula que dificilmente conseguem verbalizar. Podemos diferenciar com facilidade quando um texto está bem argumentado, mas seria muito mais difícil, para nós, dizer com detalhe em quais critérios baseamos nosso julgamento.

A distinção estabelecida por Anderson (1983) permite dar um significado psicológico preciso a esta divergência entre o que podemos dizer e o que podemos fazer. Seriam dois tipos de conhecimento diferentes que, além disso, em muitos casos seriam adquiridos por vias diferentes. Como mostra o Quadro 3.1, o conhecimento declarativo é facilmente verbalizado, pode ser adquirido por exposição verbal e geralmente é consciente. Por outro lado, nem sempre somos capazes de verbalizar o conhecimento procedimen-

QUADRO 3.1

Diferenças entre conhecimento declarativo e conhecimento procedimental a partir de Anderson (1983)

	Conhecimento declarativo	Conhecimento procedimental
Consiste em	Saber o que	Saber como
É	Fácil de verbalizar	Difícil de verbalizar
Se possui	Tudo ou nada	Em parte
Se adquire	De uma vez	Gradualmente
Se adquire	Por exposição (ensino receptivo)	Por prática/exercício (ensino por descoberta)
Processamento	Essencialmente controlado	Essencialmente automático

tal, ele é adquirido mais eficazmente por meio da ação e às vezes ocorre de maneira automática, sem que sejamos conscientes dele. O conhecimento procedimental é mais difícil de avaliar do que o conhecimento conceitual, uma vez que sempre se domina gradualmente e, portanto, é mais difícil discriminar entre os diferentes níveis de domínio alcançado.

Contudo, esta caracterização global dos procedimentos – entendidos nos novos currículos como "sequências de ações dirigidas a atingir uma meta", segundo Coll e Valls (1992) – admite muitos matizes quando começamos a diferenciar entre tipos de procedimentos. Sob a ampla definição que acabamos de dar é possível incluir, de fato, diversas sequências de atividades que os alunos deveriam aprender, que iriam da mais simples técnica de medição de temperatura até a formulação de hipóteses sobre a queda dos corpos ou o contraste de modelos sobre a origem do universo. De fato, os diferentes tipos de procedimentos podem ser situados ao longo de um *continuum* de generalidade e complexidade que iria das simples *técnicas* e destrezas até as *estratégias* de aprendizagem e raciocínio. Enquanto a técnica seria uma rotina automatizada devido à prática repetida, as estratégias envolvem um planejamento e uma tomada de decisão sobre os passos que serão seguidos. O exemplo do aprendizado de procedimentos na atividade física e no esporte ilustra muito bem essa diferença. Enquanto as técnicas seriam as rotinas motoras que os esportistas aprendem mediante processos de automatização, as estratégias envolveriam um uso intencional dessas técnicas com a finalidade de alcançar determinadas metas e tipicamente seriam realizadas pelo treinador. As estratégias seriam compostas, portanto, de técnicas e envolveriam usá-las deliberadamente em função dos objetivos da tarefa.

A Figura 3.1 pode ajudar a compreender não só as diferenças entre técnicas e estratégias na aprendizagem de procedimentos, mas também os elementos componentes de uma estratégia (para uma exposição mais detalhada, ver Monereo et al., 1994; Nisbet e Shucksmith, 1986; Pozo, 1996a; Pozo e Postigo, 1994). Em primeiro lugar, as estratégias seriam compostas por técnicas. A execução de uma estratégia (por exemplo, formular e comprovar uma hipótese sobre a influência da massa na velocidade de queda de um objeto ou, voltando ao claro exemplo do esporte, preparar uma jogada coletiva para um lançamento de três pontos no basquete) requer dominar técnicas mais simples (de isolar variáveis a dominar os instrumentos para medir a massa e a velocidade, ou registrar por escrito o que foi observado, ou técnicas individuais de rotação, bloqueio e lançamento para a cesta). De fato, o uso eficaz de uma estratégia depende, em grande medida, do domínio das técnicas que dela fazem parte. Por isso, como veremos mais adiante, o ensino de estratégias não só não é contraposto a um bom domínio de técnicas ou rotinas automatizadas pelos alunos senão que, pelo contrário, deve apoiar-se nisso.

Por outro lado, tal como mostra a Figura 3.1, o uso de uma estratégia requer outros componentes cognitivos. As estratégias precisam dispor de recursos cognitivos para exercer o controle além da execução dessas técnicas, assim como um certo grau de reflexão consciente ou *metaconhecimento*, necessário sobretudo para três tarefas essenciais:

a) seleção e planejamento dos procedimentos mais eficazes em cada caso;
b) controle de sua execução;
c) avaliação do êxito ou fracasso obtido com a aplicação da estratégia.

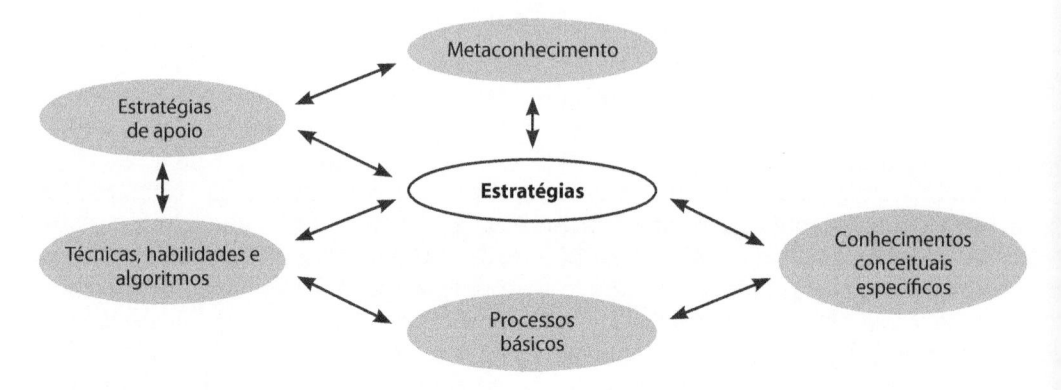

Figura 3.1
Componentes necessários para o uso de uma estratégia.
Pozo, 1996a

As estratégias são diferentes das técnicas em que envolvem uma atividade deliberada e controlada por parte do aluno (Monereo et al., 1994; Pozo, 1996a; Pozo e Postigo, 1994). Nas quatro fases que normalmente são reconhecidas na execução de uma estratégia de aprendizagem ou solução de problemas (fixar metas, escolher uma sequência de ação, aplicá-la e avaliar se as metas foram atingidas), o aluno deve exercer um controle consciente da aplicação da estratégia. Ao contrário, em uma aplicação rotineira ou meramente técnica, ou não existe controle consciente ou ele é exercido fora do aluno, por parte do professor, que tradicionalmente é quem estabelece as metas, escolhe as sequências de ação e avalia os resultados. Neste caso, o aluno limita-se a aplicar a técnica ou rotina correspondente. Nos Capítulos 6 e 7, o leitor encontrará numerosos exemplos de trabalhos de química ou de física que, dependendo da forma como forem expostos aos alunos, exigem deles um domínio meramente técnico de uma série de rotinas ou um planejamento realmente estratégico. Como veremos a seguir, o aprendizado de estratégias requer transferir o controle das tarefas para os alunos, modificando notavelmente a função didática do professor (Monereo et al., 1994; Pozo, 1996a).

Contudo, além desses componentes essenciais há outros conhecimentos ou processos psicológicos necessários para utilizar uma estratégia. Dificilmente é possível aplicar uma estratégia em um domínio dado sem alguns *conhecimentos temáticos específicos* sobre a área em que essa estratégia deverá ser aplicada. Esses conhecimentos incluirão não apenas informação verbal, mas também um conhecimento conceitual ou uma compreensão dessa área. Quanto maior for nossa compreensão sobre esse domínio, quanto mais elaborados e explícitos forem nossos conceitos, em vez de termos como motivação difusas teorias implícitas, mais provável será que a estratégia tenha sucesso. De fato, esse conhecimento conceitual específico é um fator determinante da eficácia no uso de estratégias de raciocínio e aprendizagem (Pérez Echeverría e Pozo, 1994). Assim, por exemplo, as estratégias de "controle de variáveis" no raciocínio científico não se aprendem independentemente do conteúdo ao qual se aplicam. Os físicos conseguem aplicá-las corretamente em tarefas de física, mas apresentam sérias lacunas ao utilizá-las em domínios sociais, enquanto com os historiadores ocorre o contrário (Pozo, 1987; Pozo e Carretero, 1989, 1992). Essa é a razão pela qual as estratégias devem ser ensinadas de modo específico em cada domínio – ou disciplina – em vez de como capacidades ou habilidades gerais.

Outro componente importante são as chamadas *estratégias de apoio*, que se caracterizariam por serem focadas nos processos auxiliares que apoiam o aprendizado, melhorando as condições materiais e psicológicas em que ele ocorre (proporcionando condições ambientais mais favoráveis, estimulando a motivação e a autoestima, apoiando a atenção e a concentração, proporcionando pistas para a recuperação do que já está aprendido, etc.). Assim, uma mudança comportamental e motivacional na aprendizagem da ciência, tal como foi descrita no capítulo anterior, com uma orientação maior para a motivação intrínseca e o desejo de aprender, é uma condição essencial para que o aluno se envolva em uma aprendizagem autônoma e tome decisões estratégicas a respeito de seu aprendizado. Finalmente, apesar de talvez ser o passo inicial, são necessários alguns *processos básicos,* cujo desenvolvimento ou progresso tornará possível a aquisição de determinados conhecimentos necessários para a aplicação de uma estratégia ou para o uso de certas técnicas ou habilidades. Aprender ciência requer pôr em marcha um conjunto complexo de processos cognitivos que não são possíveis, como veremos mais adiante, sem um determinado desenvolvimento cognitivo.

Em resumo, como síntese da Figura 3.1 podemos considerar que uma estratégia é o uso deliberado e planejado de uma sequência composta de procedimentos, dirigida a alcançar uma meta estabelecida. Nesse sentido, o domínio estratégico de uma tarefa vai exigir que previamente haja um domínio técnico, sem o qual a estratégia não será possível. Assim, a diferença entre técnica e estratégia será funcional ou, dito em outras palavras, um mesmo procedimento – seja realizar uma medição, desenhar um gráfico ou comprovar uma hipótese – pode ser realizado de modo rotineiro ou de modo estratégico, dependendo das condições de aprendizado estabelecidas pela tarefa que o aluno enfrenta.

Entre essas condições didáticas que influenciam na forma – rotineira ou estratégica – em que os alunos aprendem a usar os procedimentos relacionados com o conhecimento científico, um dos fatores mais importantes é o tipo de tarefas de aprendizado/ensino que eles normalmente enfrentam nas aulas de ciências. Se essas tarefas costumam ter um caráter rotineiro, se envolvem a *prática repetitiva* de um procedimento previamente ensinado (uma vez explicada a regra de três, resolver dez "problemas" aplicando o conhecimento adquirido), se consistem em *exercícios*, a tendência dos alunos será utilizar simples técnicas treinadas para resolvê-los, uma vez que esse tipo de tarefa praticamente não requer planejamento nem controle, apenas repetição cega. Pelo contrário, se as tarefas tendem a variar em aspectos relevantes, se resultam surpreendentes e até certo ponto imprevisíveis, se envolvem uma *prática reflexiva*, exigindo que o aluno planeje, selecione e reflita sobre sua própria atividade de aprendizagem, dado que as tarefas envolvem situações novas que exigem, também, novos planejamentos, se as tarefas constituem verdadeiros *problemas*, em resumo, para resolvê-las, os alunos terão que habituar-se a enfrentá-las de um modo estratégico. Voltando ao exemplo do esporte, o futebol, o ciclismo ou as corridas de fundo têm um alto componente estratégico, uma vez que as condições de aplicação das destrezas adquiridas são sempre diferentes, pois existe um oponente que as modifica diretamente. Ao contrário, o salto em altura, o halterofilismo ou as corridas de velocidade são especialidades essencialmente técnicas, porque nelas é possível aplicar as destrezas adquiridas praticamente sem variações ou mudanças. No Capítulo 7, o leitor pode encontrar outros exemplos não tão mundanos, nesse caso centrados em tarefas de cinemática.

Do ponto de vista do ensino da ciência, poderíamos, portanto, estabelecer um paralelismo entre o tipo de procedimento utilizado pelo aluno (técnica ou estratégia) e o tipo de tarefa escolar que ele enfrenta (exercício ou problema). Em outras palavras, enquanto as técnicas serviriam para enfrentar exercícios, tarefas rotineiras sempre iguais, as estratégias seriam necessárias para resolver problemas, se entendemos por problema uma situação relativamente aberta em que sabemos onde estamos e onde queremos ir, mas não exatamente como chegar lá (Pérez Echeverría e Pozo, 1994). Calcular a área de um polígono a partir de uma fórmula é um exercício, calculá-la sem a fórmula é um problema; dirigir o carro é um exercício, girar a chave da ignição e o carro não ligar é um problema; trabalhar com o tratamento de texto habitual para uma tarefa também habitual (escrever esse texto) é um exercício, propor-se uma tarefa nova (inserir uma figura ou transformar o texto em tabelas) pode chegar a ser um problema.

Uma tarefa é meramente repetitiva (exercício) ou nova (problema) em função não só de suas próprias características, mas dos conhecimentos da pessoa que a enfrenta. O que para o professor pode ser um simples exercício (medir a densidade de um líquido), para o aluno pode ser um verdadeiro problema (e vice-versa). Por isso, não é possível definir em termos absolutos se uma tarefa é um exercício ou um problema, mas há uma série de critérios que podemos considerar ao elaborar as tarefas de aprendizado/ensino – e também as de avaliação – para diferenciar os exercícios dos problemas (ver Quadro 3.2).

A ideia fundamental por trás desses critérios é que o aluno tenderá a perceber as tarefas mais como problemas na medida em que elas forem imprevisíveis e novas. É a mudança, o rompimento com a rotina, que dificulta o cômodo exercício do hábito adquirido. Se queremos que os alunos aceitem as tarefas como verdadeiros problemas é preciso evitar essa sensação tão comum para eles de que "se hoje é quinta-feira e esta aula é de física, então o problema é de movimento uniforme". A realização das atividades e tarefas em contextos muito definidos e limitados – por exemplo, como ilustração ou aplicação dos conceitos explicados em um tema dado – faz com que os alunos realizem de modo mecânico as atividades, sem muito problema ou, de fato, sem nenhum problema. Não precisam refletir sobre o que estão fazendo, porque fazem "o de sempre" esta semana e na aula de física: "problemas" de movimento uniforme. Na última seção deste capítulo voltaremos a falar sobre as características que devem ter os diferentes tipos de problemas para promover a aprendizagem de estratégias. Mas antes disso, devemos especificar com mais detalhe as características que deve reunir a instrução em estratégias para conseguir seu objetivo dentro do currículo de ciências.

AQUISIÇÃO DE PROCEDIMENTOS: DA TÉCNICA À ESTRATÉGIA

Como assinalamos antes, o interesse em diferenciar entre diversos tipos de conteúdos no currículo de ciências responde à necessidade de dar a cada um desses conteúdos um tratamento diferenciado, específico, que atenda às suas próprias

> **QUADRO 3.2**
> **Alguns critérios para fazer com que as tarefas escolares sejam apresentadas como problemas e não como simples exercícios**
>
> **Ao propor o problema**
> 1. Propor tarefas abertas que admitam várias vias possíveis de solução e, inclusive, várias soluções possíveis, evitando as tarefas limitadas.
> 2. Modificar o formato ou a definição dos problemas, evitando que o aluno identifique uma forma de apresentação com um tipo de problema.
> 3. Diversificar os contextos em que se propõe a aplicação da mesma estratégia, fazendo com que o aluno trabalhe os mesmos tipos de problemas em diferentes momentos do currículo e perante conteúdos conceituais diferentes.
> 4. Propor as tarefas não só com um formato acadêmico, mas também em cenários cotidianos e significativos para o aluno, procurando que ele estabeleça conexões entre ambos os tipos de situações.
> 5. Adequar a definição do problema, as perguntas e a informação proporcionada aos objetivos da tarefa, utilizando, em diferentes momentos, formatos mais ou menos abertos, em função desses mesmos objetivos.
> 6. Utilizar os problemas com finalidades diversas durante o desenvolvimento ou sequência didática de um tema, evitando que as tarefas práticas apareçam como ilustração, demonstração ou exemplificação de conteúdos previamente apresentados ao aluno.
>
> **Durante a solução do problema**
> 7. Habituar o aluno a tomar suas próprias decisões sobre o processo de solução, assim como a que reflita sobre o processo, concedendo-lhe uma autonomia crescente nesse processo de tomada de decisões.
> 8. Estimular a cooperação entre os alunos na realização das tarefas, mas também incentivar a discussão e os pontos de vista diversos, que obriguem a explorar o espaço do problema, para confrontar as soluções ou vias de solução alternativas.
> 9. Proporcionar aos alunos a informação de que eles precisam durante o processo de solução, desempenhando uma função de apoio, dirigida basicamente a fazer perguntas ou a fomentar nos alunos o hábito de que eles mesmos se perguntem, mais do que a responder as perguntas deles.
>
> **Na avaliação**
> 10. Avaliar mais os processos de solução seguidos pelo aluno do que a correção final da resposta obtida. Ou seja, avaliar mais do que corrigir.
> 11. Valorizar especialmente o grau em que esse processo de solução envolve um planejamento prévio, uma reflexão durante a realização da tarefa e uma autoavaliação, por parte do aluno, do processo seguido.
> 12. Valorizar a reflexão e a profundidade das soluções alcançadas pelos alunos e não a rapidez com que são obtidas.
>
> Pozo e Postigo, 1994

características. Assim como no capítulo anterior víamos que atitudes, normas e valores são adquiridos e promovidos mediante processos específicos, nos quais a modelagem, a influência social e o conflito sociocognitivo desempenham um papel central, as próprias características dos procedimentos – técnicas ou estratégias – que acabamos de destacar requerem também o planejamento de atividades de aprendizagem e ensino específicas. Dado que não podemos entrar, aqui, em um debate entre as diversas formas de conceber a aquisição de procedimentos em contextos educacionais (ver, para análises mais detalhadas, Coll e Valls, 1992; Monereo et al., 1994; Pérez Cabaní, 1997; Pozo e Monereo, 1999; Valls, 1993), vamos tentar apresentar uma visão sucinta, integradora, a partir dessas posturas.

Em geral, a aquisição de procedimentos parece seguir uma sequência que vai do estabelecimento de um conhecimento técnico, em forma de rotinas mais ou menos automatizadas usadas em situações de exercício, até a utilização estratégica dessas técnicas em novas combinações para enfrentar problemas realmente novos. Concretamente, é possível identificar quatro fases principais na aquisição de um procedimento, da técnica à estratégia, que são apresentadas no Quadro 3.3 (uma análise mais detalhada dessas fases pode ser encontrada em Pozo, 1996a). Enquanto as duas primeiras fases estariam dirigidas a promover o uso técnico do procedimento, as duas últimas fomentariam sua aplicação no marco de estratégias mais amplas. Obviamente, embora essas quatro fases respondam a uma sequência de construção e, portanto, deveriam orientar o sequenciamento dos conteúdos procedimentais no currículo de ciências, não devem ser entendidas como fases sucessivas; deve existir uma certa sobreposição e, inclusive, um contínuo ir e vir entre elas, na medida em que forem detectadas deficiências no processo de aprendizagem.

A primeira fase de treinamento técnico geralmente começa com *a apresentação de algumas instruções e/ou um modelo* de ação. As instruções servirão não só para estabelecer o objetivo da atividade (a meta para a qual se orienta o procedimento, segundo a definição), mas principalmente para especificar em detalhe a sequência de passos ou ações que devem ser realizadas. Podem ser apresentadas verbalmente, como uma lista de instruções e/ou por meio de um modelo de como executar a ação desenvolvido pelo próprio professor ou apoiado em material audiovisual. Quanto mais complexa for a sequência de ações que deve ser realizada, mais conveniente será apoiar as instruções em uma aprendizagem por modelo. De qualquer modo, seja por meio de instruções ou de modelo ou, ainda melhor, utilizando-se ambos, nesta primeira fase de treinamento deve-se *decompor* a técnica nas unidades mínimas que a compõem, atraindo a atenção sobre os elementos relevantes em cada passo e sobre a ordem sequencial em si. Isso requer, por parte do professor ou treinador, não apenas fazer uma análise

QUADRO 3.3
Fases no treinamento procedimental: da técnica à estratégia

Treinamento	Fase	Consiste em
Técnico	Declarativa ou de instrução	Proporcionar instruções detalhadas da sequência de ações que deve ser realizada
	Automatização ou consolidação	Proporcionar a prática repetitiva necessária para que o aluno automatize a sequência de ações que deve realizar, supervisionando sua execução
Estratégico	Generalização ou transferência do conhecimento	Colocar o aluno para enfrentar situações cada vez mais novas e abertas, de maneira que ele seja obrigado a tomar cada vez mais decisões
	Transferência do controle	Promover no aluno a autonomia no planejamento, na supervisão e na avaliação da aplicação de seus procedimentos

da tarefa em questão, decompondo-a em movimentos ou sequências de ações, mas também saber quais são os conhecimentos (ou procedimentos) prévios que os aprendizes já possuem.

O objetivo básico desta primeira fase do ensino de um procedimento é, portanto, esmiuçar a sequência de ações que o aluno deve realizar – ou seja para descrever experiências que lhe permitam contrastar diversas explicações sobre a flutuação dos corpos ou para representar os dados em um gráfico – em seus elementos componentes, instruindo explicitamente sobre seu uso. Portanto, esta estratégia didática situa-se muito longe dos supostos do ensino por descoberta, mesmo do descobrimento guiado, uma vez que assume que o professor é quem deve proporcionar ao aluno os componentes técnicos das estratégias, reservando a geração de soluções próprias por parte do aluno para fases posteriores da instrução procedimental. Assume-se que, quando se trata de técnicas complexas e trabalhosas, como são a maior parte das utilizadas na aprendizagem da ciência, o aluno dificilmente vai produzir suas próprias soluções, senão que é melhor instruí-lo diretamente em certos procedimentos que, em muitos casos, são produto de uma longa construção cultural, igual ao que acontece quando é preciso aprender a usar um processador de textos, a programar um aparelho de vídeo, a conduzir um carro ou, inclusive, a fazer uma torta de batatas. De início seguimos estritamente os passos estabelecidos nas instruções, e somente quando dominamos bem a técnica estamos em condições de inventar soluções próprias para os problemas que encontramos ou mesmo para aqueles que nós mesmos vamos criando.

Para que as instruções proporcionadas nesta primeira fase sejam eficazes, devem cumprir certas condições:

a) tomar como unidades mínimas componentes, procedimentos ou habilidades já dominados pelos aprendizes (as instruções não devem dizer "resolver a equação", "representar os dados obtidos em um gráfico" ou "extrair a ideia principal do texto" se os alunos não conhecem técnicas concretas para fazer essas operações; será necessário decompor cada uma dessas técnicas nos elementos que, por sua vez, compõem cada uma delas);
b) a quantidade de elementos que compõem a sequência não deve ser excessiva, para não ultrapassar a capacidade de atenção ou a memória de trabalho do aluno, que certamente é limitada, segundo mostrou a psicologia cognitiva (Baddeley, 1994; ou, no marco da aprendizagem, Pozo, 1996a);
c) deve atrair a atenção sobre os traços relevantes de cada passo ou elemento da sequência (as pistas para saber quando se deve passar ao passo seguinte, se a técnica foi aplicada corretamente; por exemplo: uma vez ajustados nos dois lados da equação os átomos de todos os elementos, é possível equilibrar a carga elétrica);
d) devem constituir globalmente um esquema ou programa de ação congruente com aprendizagens anteriores (ou seja, assimilável nos programas procedimentais previamente aprendidos), fazendo com que o aprendiz perceba, além de cada elemento individual da sequência, a "lógica" geral do programa, o que está sendo feito e por quê.

Os erros mais comuns nesta primeira fase de instrução geralmente ocorrem justamente por não respeitar essas regras. Assim, em muitos casos os passos que é preciso dar estão mal explicitados ou ordenados, ou excedem nossa capacidade de atenção nesse momento, por não terem considerado nossos conhecimentos e disposições prévias, ou não fica claro quando foram aplicados corretamente para passar ao passo seguinte, etc. Exemplos típicos desses erros podem ser os manuais que acompanham boa parte dos eletrodomésticos, como aparelho de vídeo, rádio-relógio, etc. (Norman, 1988, faz uma excelente análise das dificuldades enfrentadas para aprender a usar esses aparelhos, devido, entre outras coisas, ao seu inadequado projeto instrutivo).

Supondo que as instruções sejam adequadas, a segunda fase, a mais crucial no treinamento técnico, envolve *a automatização da técnica* mediante a prática repetida. Os alunos devem pôr em prática, repetidamente, a sequência, sempre sob a supervisão do professor. A função desta fase é *condensar e automatizar* a sequência de ações em uma técnica ou rotina treinada. Por um lado, trata-se de "compor" ou condensar em uma ação todos os passos que anteriormente eram decompostos ou separados como instruções, de maneira que, como consequência da prática repetida, o aprendiz acabe executando-os como uma única ação, e não como uma série de ações consecutivas. Essa condensação, ou fusão de várias ações em uma só, supõe uma importante economia de recursos cognitivos e torna possível o uso dessa sequência combinada com outras (Pozo, 1996a).

Contudo, além de se condensar, a técnica torna-se automática, passa de executar-se de modo controlado, deliberado, a realizar-se de modo automático, sem que sequer sejamos conscientes dos passos que estamos dando. As rotinas automatizadas aplicam-se, em sua maior parte, no "piloto automático". É o que ocorre quando já sabemos dirigir, utilizar um processador de textos ou, inclusive, controlar uma sala de aula. Daí que com muita frequência saibamos fazer coisas que não sabemos mais dizer, porque a representação verbal, declarativa, que inicialmente tivemos em forma de instruções ou modelo, acaba sendo esquecida ou é muito difícil recuperá-la devido à falta de uso. Nesses casos, a execução controlada da técnica costuma ser menos eficaz do que sua realização automática, uma vez que a automatização traz importantes benefícios cognitivos para um sistema de capacidades limitadas como o nosso: permite fazer as coisas mais rapidamente, com menos erros e, sobretudo, liberando recursos cognitivos para fazer outras muitas tarefas ao mesmo tempo, o que permite usar as técnicas para alcançar outras metas deliberadas, ou seja, combiná-las como parte de uma estratégia. Tradicionalmente, este treinamento técnico, entendido como a transformação de certas tarefas em *rotinas sobre-aprendidas*, tem sido uma parte essencial – talvez muito essencial – do ensino da ciência, especialmente da física e da química. Contudo, muitas vezes essa automatização foi considerada como um fim em si, mais do que como um meio, um recurso instrumental que deve ser utilizado com mesura para alcançar outras metas mais relevantes.

A função do professor durante esta fase é muito diferente da anterior e de seu tradicional papel de "explicar": trata-se aqui de supervisionar o exercício da prática, corrigindo erros técnicos e proporcionando não só reforços, mas sobretudo informação para corrigir os erros cometidos. Dado que esse processo é lento e gradual, é importante proporcionar ao aluno a quantidade de prática necessária e supervisionar sua execução. De fato, o erro mais frequente consiste em, justamente, não programar uma prática suficiente – uma vez que consome muito tempo – e limitar-se a "explicar" ao aluno o que deve fazer, com alguns exemplos ou modelos – fase de instruções –, deixando a prática como trabalho pessoal do aluno fora da sala de aula. Com isto não se garante uma prática suficiente e, além do mais, mesmo no caso dessa prática ser utilizada, não é possível garantir que tenha sido realizada pelo aluno (e não por sua mãe, seu avô ou seu irmão mais velho, em uma estranha manifestação de solidariedade familiar) e não haverá uma supervisão que assegure que os erros de aplicação sejam corrigidos. Conceder um maior peso aos conteúdos procedimentais no currículo de ciências envolve, de modo inevitável, conceder-lhes, também, mais tempo nas aulas de ciências.

Quando o aluno já dispõe de certas técnicas suficientemente dominadas para uma tarefa, pode começar a usá-las dentro de um plano estratégico. Essa é a função da terceira e da quarta fases do treinamento procedimental, que, de fato, podem ser aplicadas conjuntamente. *A aplicação dos procedimentos aprendidos em novas tarefas e contextos* implicará uma progressiva *reflexão sobre os êxitos e fracassos* nessa aplicação. A função dessa descontextualização ou uso cada vez mais variado das técnicas aprendidas é não apenas facilitar sua transferência ou uso em situações novas – o que em si já é muito importante, uma vez que, como vimos no Capítulo 1, esta costuma ser uma das dificuldades mais comuns na aprendizagem de procedimentos –, mas principalmente promover nos alunos uma reflexão consciente sobre seu uso, permitir que possam ir tomando consciência das melhores condições para sua aplicação, das dificuldades que apresenta e dos resultados que produz.

Em resumo, trata-se de, ao usar as técnicas perante verdadeiros problemas e não só com exercícios repetitivos, os alunos começarem a assumir por si mesmos aquelas fases na aplicação de uma estratégia que, como víamos na seção anterior, requerem tomar decisões e uma reflexão consciente, em forma de planejamento, supervisão ou controle e avaliação da execução. É necessário que o aluno enfrente tarefas cada vez mais abertas e, ao mesmo tempo, fique cada vez mais "sozinho diante do problema", para que comece a assumir o controle estratégico. Em outras palavras, trata-se de o professor, que nas primeiras fases do treinamento procedimental é quem assume as decisões de planejamento, supervisão e avaliação, *transferir progressivamente o controle* das tarefas para os próprios alunos, fazendo que, aquilo que eles anteriormente só eram capazes de conseguir com sua ajuda, agora consigam fazê-lo por si mesmos.

O objetivo, portanto, seria intervir na *zona de desenvolvimento próximal* do aluno, seguindo a terminologia de Vygotsky (1978). Em poucos casos aparece tão claramente, como no treinamento de estratégias, a ideia de que a função última de todo professor – e seu verdadeiro sucesso educacional – consiste em tornar-se cada vez mais desnecessário, porque o aluno vai conseguindo fazer sozinho o que antes somente conseguia fazer com ajuda do professor. Essa é a ideia última que deve guiar a educação, de acordo com o princípio de transferência do controle, como um processo de interiorização da cultura.

A sequência de construção do conhecimento procedimental que acabamos de descrever não deve ser tomada como algo rígido ou inflexível, de aplicação linear, uma vez que, como assinalamos anteriormente, as fases mencionadas possivelmente sobrepõem-se e reconstroem-se umas sobre outras. Não é preciso esperar até que uma técnica esteja completamente dominada para começar a integrá-la no conhecimento estratégico. A prática repetida, os exercícios, tampouco devem carecer de significado, senão que as diferentes fases podem e devem sobrepor-se. É basicamente um critério para o sequenciamento, útil tanto no planejamento das próprias situações de aprendizagem/ensino como na organização dos conteúdos no currículo da área de ciências (Pozo e Gómez Crespo, 1996). Pode, inclusive, ser útil para analisar a orientação procedimental diferenciada que devem ter os ensinos fundamental e o médio (Pozo e Postigo, 1994). De qualquer maneira, acreditamos que proporciona orientações úteis para ensinar aos alunos as estratégias necessárias para aprender ciências. Mas, quais são essas estratégias ou, em um sentido geral, esses procedimentos? Se queremos ajudar os alunos não só a aprender e fazer ciência mas, segundo acabamos de ver, a *compreender* o que estão fazendo e aprendendo, se queremos transferir para eles esse controle e esse conhecimento, será necessário que nós mesmos compreendamos melhor quais procedimentos devem ser aprendidos para fazer ciência e aprendê-la e, em resumo, que tenhamos uma ideia mais precisa de qual é a estrutura procedimental do currículo de ciências.

A ESTRUTURA PROCEDIMENTAL DO CURRÍCULO DE CIÊNCIAS

Assim como ocorria no caso dos conteúdos atitudinais, um dos problemas que os professores de ciências costumam ter ao abordar os procedimentos é a dificuldade para diferenciá-los e organizá-los no currículo. De fato, esse não parece ser um problema exclusivamente dos professores. Não é preciso ser muito analítico para observar que os programas elaborados pelas administrações para a área de ciências da natureza, e também para outras áreas (Pozo e Postigo, 1997), são organizados em torno de blocos temáticos de caráter conceitual, ficando, às vezes, os procedimentos como uma mera lista escassamente organizada, o que torna mais difícil fazer seu sequenciamento no currículo. É como se o procedimento desempenhasse, de fato, um papel secundário, acompanhando e facilitando as aprendizagens conceituais, mas sem ter uma estrutura própria, uma vez que, frequentemente, as próprias disciplinas científicas (física, química, biologia, etc.) proporcionam uma estrutura conceitual, mas não possuem critérios claros para organizar os procedimentos necessários para seu aprendizado (Pozo e Gómez Crespo, 1996) e, no melhor dos casos, é corriqueiro confundir os procedimentos para aprender ciência com os próprios processos de elaboração do conhecimento científico (Wellington, 1989).

Por isso, é preciso dispor de critérios para estruturar os procedimentos necessários para aprender ciências, de forma que seu ensino possa ter uma continuidade. O Quadro 3.4 mostra uma proposta de organização dos procedimentos baseada na funcionalidade para as atividades de aprendizagem (uma justificativa detalhada dos critérios em que se baseia essa classificação pode ser encontrada em Pozo e Postigo, 1994, e um desenvolvimento mais completo para a área de ciências, em Pozo, Postigo e Gómez Crespo, 1995). Segundo os critérios estabelecidos nesta classificação (outras propostas de classificação de procedimentos podem ser encontradas em Monereo et al., 1994; Valls, 1993; ou, especificamente para a área de ciências, em Juandó et al., 1997; Lawson, 1994), é possível diferenciar entre procedimentos para *adquirir* nova informação (de observação, manejo e seleção de fontes de informação, etc.); para *elaborar ou interpretar* os dados coletados, traduzindo-os a um formato, modelo ou linguagem conhecida (por exemplo, traduzindo o enunciado de um problema para a linguagem algébrica ou para uma formulação química, representando em um gráfico uma informação numérica ou interpretando uma situação cotidiana, como a ebulição, a partir de

QUADRO 3.4
Classificação dos conteúdos procedimentais

1. Aquisição da informação	a)	Observação
	b)	Seleção de informação
	c)	Busca e captação da informação
	d)	Revisão e memorização da informação
2. Interpretação da informação	a)	Decodificação ou tradução da informação
	b)	Uso de modelos para interpretar situações
3. Análise da informação e realização de inferências	a)	Análise e comparação da informação
	b)	Estratégias de raciocínio
	c)	Atividades de investigação ou solução de problemas
4. Compreensão e organização conceitual da informação	a)	Compreensão do discurso (escrito/oral)
	b)	Estabelecimento de relações conceituais
	c)	Organização conceitual
5. Comunicação da informação	a)	Expressão oral
	b)	Expressão escrita
	c)	Outros tipos de expressão

Pozo e Postigo, 1994

um modelo teórico, como a teoria cinética). O aluno também deve aprender a *analisar e fazer inferências* a partir desses dados (por exemplo, predizer a evolução de um ecossistema, planejar e realizar um experimento extraindo dele as correspondentes conclusões ou comparar as implicações de diversas teorias sobre a queda dos objetos); também deve *compreender e organizar* conceitualmente a informação que recebe (por exemplo, fazendo classificações e taxonomias das plantas, estabelecendo relações entre as propriedades dos minerais e seu aproveitamento ou compreendendo os textos escolares com os que costuma aprender); finalmente, mas não menos importante, o aluno deve saber *comunicar* seus conhecimentos (dominando tanto os recursos de expressão oral e escrita como a representação gráfica e numérica da informação).

Essa classificação dos tipos de procedimentos mereceria uma análise mais detalhada, que não podemos fazer aqui. Mas podemos assinalar quais são os procedimentos mais importantes para a aprendizagem das ciências e quais suas principais características, exemplificando, inclusive, com algumas atividades na sala de aula que podem servir para fomentar seu uso em contextos de problema mais do que de simples exercício. O objetivo seria analisar a importância relativa de cada um desses tipos de procedimentos na área de ciências da natureza do currículo do ensino médio, com a finalidade de identificar a estrutura procedimental desta área, ou seja, os procedimentos que identificam as ciências da natureza como área do currículo frente a outras áreas.[1]

---

[1] A análise dos conteúdos procedimentais do currículo de ciências apresentada nesta página está baseada nos conteúdos estabelecidos no DCB (Desenho Curricular Base) para a área de Ciências da Natureza em Educação Secundária do MEC (Real Decreto 1345/1991 de 6 de setembro de 1991, anexo, p. 39). Apesar de existirem outras propostas posteriores, a estrutura básica dos conteúdos procedimentais na area de ciências foi mantida.

Nos conteúdos de ciências da natureza dos anos finais do ensino fundamental e do ensino médio estão especificados um total de 154 procedimentos diferentes que os alunos devem adquirir. Esses procedimentos não estão distribuídos de maneira equilibrada entre as cinco categorias procedimentais que compõem a taxonomia proposta. De fato, como mostra a Figura 3.2, mais de 70% dos procedimentos estão centrados em duas categorias: análise e interpretação da informação. Em compensação, há menor presença de procedimentos dedicados à aquisição de informação e, principalmente, à compreensão e à comunicação dessa informação. Portanto, os eixos procedimentais estabelecidos nesta área são os de interpretação e de análise da informação e, ocupando um lugar muito secundário, aparecem a aquisição, a compreensão e a comunicação da informação.

Se analisarmos com mais detalhe a estrutura interna de cada uma dessas categorias, entre os procedimentos de *interpretação da informação* (ver Figura 3.3) exige-se do aluno principalmente que utilize modelos para interpretar uma situação (por exemplo, "identificar as forças que intervêm em diferentes situações da

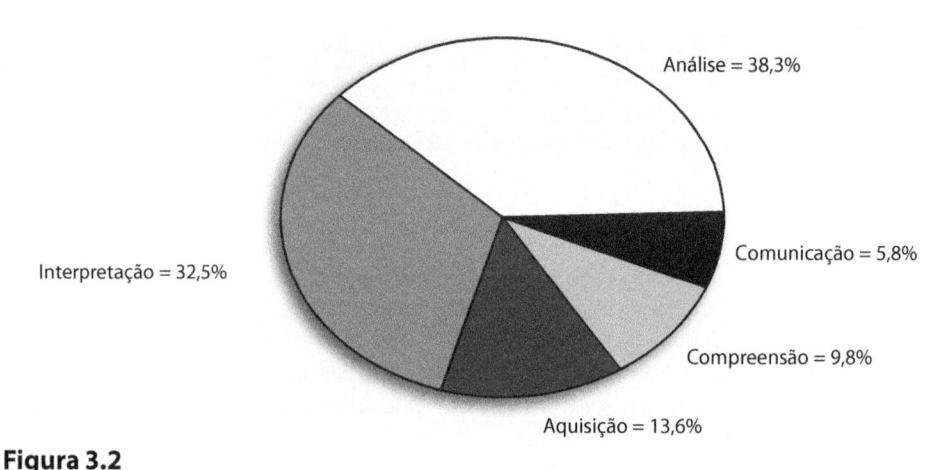

Figura 3.2
Procedimentos nos conteúdos de ciências da natureza nos anos finais do ensino fundamental e do ensino médio.

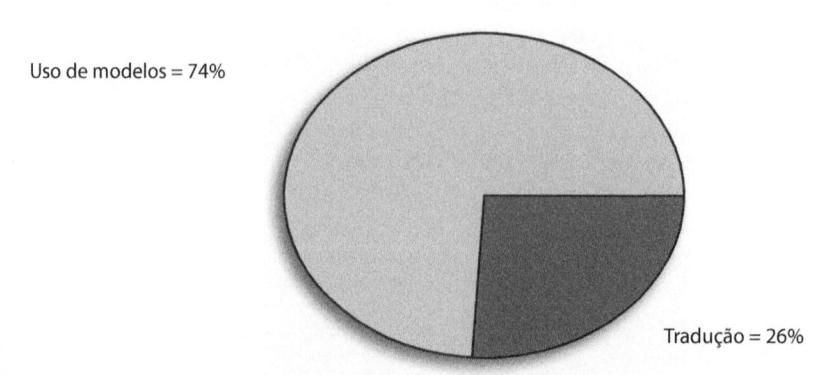

Figura 3.3
Procedimentos relacionados com a interpretação da informação nos conteúdos de ciências da natureza nos anos finais do ensino fundamental e do ensino médio.

vida cotidiana"). Concretamente, é pedido que ele aplique um modelo a uma situação de maneira autônoma (51,4% dos casos de utilização de um modelo), seguido pela aplicação de um modelo aprendido a uma situação de maneira mais dirigida, por meio das indicações do professor ou do livro didático (29,7%) e da recepção e compreensão de um modelo aplicado pelo livro ou o aplicado pelo professor a uma situação (18,9%), com uma significativa ausência da formulação ou busca de modelos alternativos por parte do aluno para interpretar uma situação dada. Em resumo, a interpretação requerida consiste basicamente em utilizar um modelo científico dado (por exemplo, a estrutura atômica da matéria, a teoria da seleção natural ou a lei da gravitação universal), procurando exemplos e situações de aplicação desse modelo a contextos escolares e, sobretudo, não escolares. Trata-se de fazer com que o aluno reflita sobre seus conhecimentos, tanto pessoais quando escolares, por meio da sua aplicação à análise de um fenômeno próximo.

Seguindo com os procedimentos de interpretação, também se requer, embora em menor medida, traduzir a informação de um código para outro código ou para uma linguagem diferente (por exemplo, escrever uma equação química a partir do enunciado de um problema), assim como reelaborá-la dentro do mesmo código (por exemplo, fazer a conversão de metros para quilômetros ou relacionar quilos com litros para uma determinada substância). As mudanças de código estão relacionadas não apenas com a quantificação (linguagem numérica), mas também com o uso de linguagens científicas, como sistemas de representação do conhecimento (por exemplo, equações químicas, fórmulas algébricas, etc.), enquanto as mudanças dentro da mesma linguagem ou código requerem que sejam feitas de operações (por exemplo, trocas de escala, ajustes de equações, etc.), dentro de cada um desses códigos.

Quanto aos procedimentos de *análise da informação*, que como se deve lembrar eram os mais frequentes nesta área, estão centrados principalmente (ver Figura 3.4) em atividades de investigação e solução de problemas (66% do total dos procedimentos de análise). O perigo reside em que este tipo de atividades, que são concebidas como uma busca aberta de respostas a partir de certas hipóteses, possam chegar a se transformar em exer-

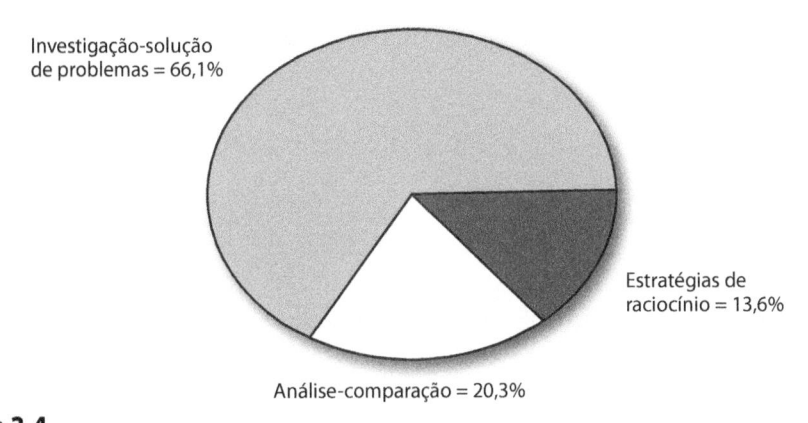

Figura 3.4
Procedimentos de análise nos conteúdos de ciências da natureza para os anos finais do ensino fundamental e do ensino médio.

cícios de demonstração (a comprovação empírica de uma resposta já dada, a *prova* da sua certeza). Este perigo é real e aparece inclusive nas próprias propostas curriculares para a área de ciências (Pozo, Postigo e Gómez Crespo, 1995). Apesar de haver uma participação das diversas fases (planejamento, projeto, formulação de hipótese), na maior parte dos casos o que se requer do aluno é a execução ou realização de uma experiência (46,2%), destacando também uma total ausência da fase de reflexão sobre o processo seguido na realização da experiência; em outras palavras, com muita frequência o aluno é orientado a fazer "experiências" em ausência das fases prévias (planejamento, formulação de hipóteses, etc.) e das posteriores (comprovação de hipóteses e resultados), mostrando uma tendência a interpretar a pesquisa científica como uma mera execução ou "demonstração" de modelos previamente instruídos mediante experiências, com um espírito bastante afastado do que corresponde à verdadeira investigação científica. Por outro lado, é significativo que não se inclua nesta área nenhuma referência ao metaconhecimento ou à reflexão sobre o processo de solução seguido, um componente essencial da solução de problemas e da pesquisa como atividade educativa, conforme já apontamos em seções anteriores.

Quanto aos procedimentos menos frequentes na área de ciências da natureza nos anos finais do ensino fundamental e no ensino médio (e possivelmente também na mentalidade dos professores que devem ministrá-la), os de *aquisição da informação* são, em geral, bastante escassos, e praticamente o único que aparece é a observação (76,2% do total de procedimentos de aquisição). Seleção e busca de informação quase não aparecem (4,8 e 19% respectivamente). Três de cada quatro procedimentos de observação envolvem o uso de técnicas ou recursos complementares específicos das ciências, e somente um de cada quatro é baseado na observação direta (ver Figura 3.5). Os demais procedimentos de aquisição de informação, relacionados com a seleção, a busca ou a revisão da informação, mesmo sendo atividades muito habituais nas salas de aula, estão praticamente ausentes.

Os procedimentos para *compreensão e organização conceitual* da informação são ainda menos frequentes (9,8% do total) e concentram-se de modo quase exclusivo no estabelecimento de relações

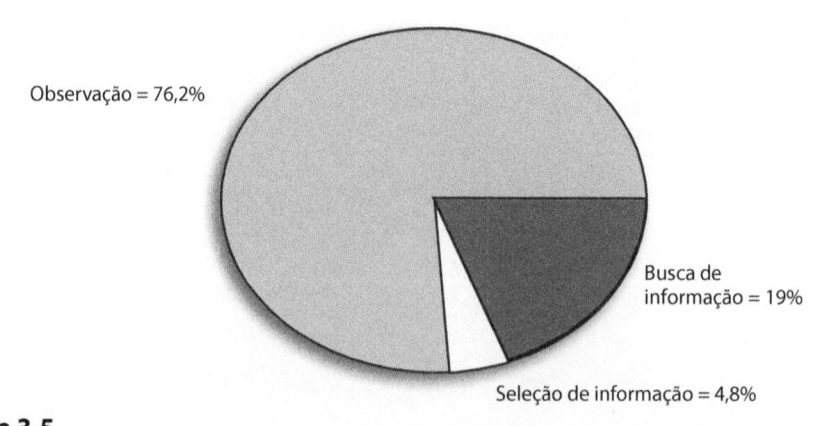

Figura 3.5
Procedimentos para a aquisição de informação nos conteúdos de ciências da natureza dos anos finais do ensino fundamental e do ensino médio.

conceituais (80%), com uma atenção menor para a organização conceitual dos conhecimentos do aluno (20%) e uma total ausência de procedimentos relacionados com a própria compreensão do discurso oral ou escrito, que, contudo, constituem a experiência cotidiana do aluno para o aprendizado das ciências: escutar o seu professor e ler textos. Quanto aos procedimentos de organização conceitual dos conhecimentos, estão reduzidos exclusivamente ao domínio da classificação, mas não incluem outras técnicas de organização conceitual mais complexas e necessárias, como a elaboração de mapas conceituais, de redes semânticas, etc.

Finalmente, os procedimentos para a *comunicação da informação* praticamente não estão presentes no currículo de ciências da natureza dos anos finais do ensino fundamental e do ensino médio (5,8% do total). Os poucos que existem estão agrupados principalmente na expressão escrita, à frente da oral ou de outras formas. E, entre os diversos aspectos da expressão escrita, estão focados na própria utilização de recursos e técnicas de expressão (resumos, relatórios) para a elaboração da escrita (80%) e na análise de adequação do texto (20%), sem considerar outros aspectos, como o planejamento ou a diferenciação entre diversos tipos de textos escritos. O mesmo acontece com os outros dois tipos de expressão (oral e gráfica) no que se refere a esse aspecto, ou seja, estão focados somente na execução ou realização.

A partir da análise anterior, podemos extrair algumas conclusões sobre a estrutura procedimental do currículo de ciências, pelo menos nos anos finais do ensino fundamental e ensino médio. Os procedimentos que têm mais peso nesse currículo são aqueles que estão ligados aos processos de *fazer ciência*, ou seja, os mais próximos ao próprio trabalho que os cientistas realizam (utilizar modelos para interpretar a realidade e investigar a adequação empírica desses modelos). Embora essa predominância seja consequência da própria natureza epistemológica da área, e como tal será justificada, é mais questionável a escassa presença de outros procedimentos mais próximos à necessidade de *aprender ciência* por parte dos alunos (buscar e selecionar informação, compreender textos, organizar conhecimentos, saber expressá-los, etc.). Em outras palavras, os procedimentos estão centrados mais na metodologia da ciência do que nos processos por meio dos quais ela é aprendida. Existe o perigo de não diferenciar suficientemente entre os processos para fazer ciência e os processos para aprendê-la, que é a verdadeira tarefa que os alunos devem enfrentar (Pozo, Postigo e Gómez Crespo, 1995; Wellington, 1989). Ao aprender ciência, os alunos devem utilizar procedimentos que estejam próximos aos que utiliza um cientista em suas pesquisas (formular e comprovar hipóteses, medir, contrastar modelos, etc.), mas também devem utilizar outros procedimentos específicos já não da ciência, mas da aprendizagem escolar, para ler e compreender os textos científicos, decodificar os gráficos, comunicar suas ideias e conhecimentos, etc. Esses procedimentos gerais também devem receber um tratamento específico no currículo de ciências caso se queira que os alunos consigam utilizá-los em seu aprendizado (Juandó et al., 1997; Pozo e Gómez Crespo, 1996; Pozo e Postigo, 1997).

O perigo de que o ensino de procedimentos em ciências fique reduzido a uma emulação simples do trabalho dos cientistas aumenta devido a uma segunda tendência observada nas análises anteriores. Os procedimentos tendem a aparecer mais como aplicação técnica do que como estratégias, apesar dessa distinção muitas vezes nem sequer chegar a ser explicitada nas propostas curriculares. Insiste-se na aplicação de modelos, na execução de experiências, etc., mais do que na geração de modelos por parte dos alunos, na reflexão sobre esses modelos, no planejamento e na elaboração de experiências, etc. Existe o risco de se interpretar que o ensino de procedimentos serve, nesta área, para "aplicar" ou "demonstrar" conhecimentos mais do que para gerá-los ou construí-los.

A escassa referência a processos metacognitivos, de autoavaliação e reflexão por parte do aluno, aumenta o perigo de reduzir os problemas a exercícios, as estratégias a rotinas técnicas, o saber fazer ao saber repetir. E esse perigo é mais significativo na medida em que não apenas reflete a estrutura procedimental dos currículos da área, mas que coincide basicamente com a forma como os professores tendem a entender a solução de problemas em ciências (Ramírez, Gil e Martínez Torregrosa, 1994).

A SOLUÇÃO DE PROBLEMAS NO ENSINO DA CIÊNCIA

No trabalho na sala de aula, todos esses procedimentos são integrados em atividades mais amplas que, de modo geral, envolvem a utilização de vários procedimentos e nas quais podem estar refletidas as características procedimentais do currículo de ciências e os perigos que dele se derivam. Entre essas atividades, talvez o exemplo mais importante seja a chamada *solução de problemas*. Embora no contexto escolar exista uma certa confusão sobre o significado do conceito de problema, que muitas vezes mascara sob este nome atividades que são meros exercícios, os problemas na área de ciências acabaram sendo um dos recursos didáticos mais utilizados para adquirir e consolidar os diferentes conhecimentos. Centrando-nos no contexto escolar e nos problemas que se apresentam nas aulas de ciências, considerando a forma como são trabalhados na sala de aula e seus objetivos educacionais, propusemos uma classificação para este tipo de atividade em *problemas qualitativos*, *problemas quantitativos* e *pequenas pesquisas* (Pozo e Gómez Crespo, 1994). Mais adiante, ao falar dos procedimentos para fazer e aprender química e física (ver os Capítulos 6 e 7), retomaremos essa classificação, propondo mais exemplos de cada um desses tipos de problemas.

Os *problemas qualitativos*, cujas características estão resumidas no Quadro 3.5, são problemas abertos, nos quais se deve predizer ou explicar um fato, analisar situações cotidianas e científicas e interpretá-las a partir dos conhecimentos pessoais e/ou do marco conceitual que a ciência proporciona. São problemas que o aluno pode resolver por meio de raciocínios teóricos, sem necessidade de recorrer a cálculos numéricos ou manipulações experimentais. Esses problemas são úteis para que o aluno relacione os modelos científicos com os fenômenos que eles explicam, ajudando a detectar suas ideias e interpretações. Para isso, é necessário que os alunos façam predições, ajudando o professor a reconhecer e determinar os parâmetros do problema, incitando-os a que proponham modelos, provocando-os para que surjam novas ideias e fomentando o debate na sala de aula. No exemplo do Quadro 3.5, é necessário que os alunos encontrem um modelo que permita interpretar o fenômeno que foi apresentado – por exemplo, em função de propriedades macroscópicas ou da teoria corpuscular. Contudo, é preciso considerar que se o enunciado, o professor ou o contexto induzem de algum modo o modelo ou o tipo de análise que deve ser realizada, provavelmente deixará de ser um problema para se transformar em um exercício, em que o aluno se limita a aplicar a teoria estabelecida *a priori*. Esses problemas são mais relevantes quando são apresentados

QUADRO 3.5
Características dos problemas qualitativos

Problemas qualitativos

Exemplo: Explique racionalmente por que a roupa seca mas rapidamente nos dias em que há vento do que nos dias em que não há.

Objetivos: Estabelecer relações entre os conteúdos científicos e os fenômenos que estudam. Fazer com que o aluno reflita sobre seus conhecimentos pessoais e escolares por meio da sua aplicação e pela análise de um fenômeno próximo.

Vantagens
- Bom instrumento para que o aluno trabalhe conceitos científicos, seja consciente de suas ideias e discuta com seus colegas. Ajuda que ele expresse suas ideias e reflita sobre elas.
- Úteis para trabalhar problemas nos quais é difícil manejar experimentalmente as variáveis existentes.
- São úteis para introduzir o aluno em um âmbito de reflexão ou em um tema novo.
- Ajudam a conhecer ideias e interpretações dos alunos.
- Atividades com alto valor formativo, especialmente quando são trabalhadas e discutidas em grupo.

Inconvenientes
- Os que são derivados dos manejos dos grupos.
- Problemas muito abertos com enunciados que, às vezes, são muito ambíguos, que podem ser resolvidos a partir de muitos pontos de vista. Às vezes, os alunos "têm um branco" e não sabem como abordá-los.

Dificuldades para o aluno
- Dificuldade para expressar suas ideias.
- Respondem com a primeira ideia que lhes vem à cabeça, sem raciocinar se é ou não adequada.
- As do trabalho com as ideias prévias.

Algumas sugestões didáticas
- Estimular para que o aluno faça predições, busque novas ideias e proponha modelos interpretativos.
- Escolher situações cotidianas próximas dos alunos, com um certo grau de mistério, ajuda a conectar com seus interesses e motiva a aprendizagem.
- Fomentar a discussão, a troca de ideias e o trabalho em grupo.
- Fomentar a diversidade de níveis de resposta.
- Definir claramente os objetivos do problema antes de propô-lo.
- Ajudar o aluno de maneira gradual na resolução (delimitando o problema por meio de novas perguntas, ajudando-o a reconhecer a pergunta, sugerindo analogias, proporcionando informação complementar que permita avaliar as hipóteses que vão surgindo, etc.)

de modo aberto, mesmo que isso implique maiores dificuldades didáticas, do que quando são "delimitados", reduzindo-os a uma mera aplicação ou exemplificação dentro de um contexto já delimitado (Pozo e Gómez Crespo, 1996).

Os *problemas quantitativos*, cujas características são apresentadas no Quadro 3.6, são os mais adequados para trabalhar as habilidades que envolvem manejo das linguagens matemáticas e algébricas. São problemas nos quais o aluno deve manipular dados numéricos e trabalhar com eles para chegar a uma solução, mesmo que ela possa não ser quantitativa. Este tipo de problema é o mais frequentemente utilizado nas aulas de ciências, especialmente no caso da física e da química (Pozo e Gómez Crespo, 1994). Geralmente, são utilizados para treinar o aluno em técnicas de trabalho quantitativo (interpretar a informação de tabelas ou gráficos, fazer trocas de unidades, manejar fórmulas, estabelecer relações entre diversas magnitudes, etc.) que o ajudem a compreender os modelos científicos e proporcionem instrumentos úteis para enfrentar problemas mais complexos. Assim, o papel do professor na sala de aula estaria dirigido fundamentalmente a ajudar o aluno a estabelecer as relações entre os modelos teóricos, os modelos matemáticos e os casos práticos e ajudá-lo a estabelecer sequências detalhadas de ações e gerar estratégias a partir dessas sequências. No exemplo do Quadro 3.6, o aluno deve identificar as diferentes magnitudes que intervêm e encontrar um modelo teórico que permita explicar o problema, conectando-o com um modelo matemático que o ajude a estabelecer a relação entre as magnitudes conhecidas e a incógnita. Da mesma

---

QUADRO 3.6
Características dos problemas quantitativos

Problemas quantitativos

Exemplo: Em uma tormenta observamos que o tempo transcorrido desde que se vê o raio até que se ouve a trovoada é de 10 segundos. A quantos quilômetros do observador está a tormenta, sabendo que a velocidade do som no ar é de 340m/s?

Objetivos: Treinar o aluno em técnicas de trabalho quantitativo que o ajudem a compreender os modelos científicos e dotá-lo de instrumentos para que enfrente problemas mais complexos.

Vantagens	Algumas sugestões didáticas
– São um meio de treinar os alunos em técnicas e algoritmos que permitam abordar problemas mais complexos. Facilitam a compreensão das leis da natureza.	
Inconvenientes	
– Geralmente são baseados em atividades muito delimitadas e dirigidas pelo professor (fórmulas e algoritmos). – O problema matemático e o científico sobrepõem-se. – Utilização massiva e indiscriminada, confusão entre exercício e problema.	– Abrir mais as atividades. – Ajudar a distinguir entre a solução científica e a matemática. – Alternar e combinar exercícios e problemas.
Dificuldades para o aluno	
– As dificuldades matemáticas, que muitas vezes mascaram o problema da ciência. – Dificuldades associadas à estratégia de resolução (desenho, reconhecimento e expressão verbal, etc.). – Dificuldades para extrair informação de um texto ou de outras fontes e para discriminar entre as relevantes e as irrelevantes.	– Graduar as distintas dificuldades. – Fomentar a reflexão sobre a estratégia seguida. Valorar, além dos resultados numéricos, a estratégia seguida. – Fomentar o trabalho que envolve interpretação de dados e comunicação de resultados.

Pozo e Gómez Crespo, 1994

maneira, deve levar em consideração em quais unidades está expressa cada magnitude, verificar se são compatíveis entre si e efetuar as trocas/conversões oportunas (neste caso, com uma tradução intracódigo, ou dentro do mesmo sistema de unidades, de metros para quilômetros).

Este tipo de problema quantitativo apresenta diversas dificuldades de aprendizagem (Pozo e Gómez Crespo, 1996), entre as quais se destaca o fato de que geralmente aparecem sobrepostos o problema científico e o problema matemático, de maneira que, em muitas ocasiões, este mascara aquele. Assim, os alunos limitam-se a substituir valores em uma expressão matemática e a consignar o resultado numérico obtido, esquecendo o problema científico que há por trás. Isso faz com que a tarefa se transforme em um simples exercício matemático no qual, a partir de uma "fórmula", os alunos realizam algumas operações, reduzindo a estratégia de resolução a identificar o "tipo de exercício" e aplicar de forma algorítmica os passos que foram seguidos em exercícios similares. O problema científico ficou reduzido a um exercício matemático. O papel do professor, neste caso, é fundamental para conseguir que a quantificação não seja um fim, mas um meio de aproximar-se do problema científico. Para isso, é necessário ajudar o aluno a delimitar ambos os domínios (o científico e o matemático), ajudando-o a reconhecer os conceitos utilizados e a interpretar os resultados numéricos dentro do marco teórico. Igualmente, pode ser útil expor novamente esse mesmo problema com um enunciado mais aberto, com a finalidade de evitar que fique reduzido a um simples exercício.

As *pequenas pesquisas* são atividades em que o aluno deve obter as respostas para um problema por meio de um trabalho prático, tanto no laboratório escolar como fora dele. Estas tarefas, cujas características estão resumidas no Quadro 3.7, têm como objetivo aproximar o aluno, mesmo que seja de uma forma muito simplificada, do trabalho científico mediante a observação e a formulação de hipóteses, ao mesmo tempo em que potencializam diversos procedimentos de trabalho (estratégias de busca, análise de dados, etc.). Da mesma maneira, são úteis para estabelecer conexões entre os conceitos teóricos e suas aplicações práticas, enquanto ajudam na transferência dos conhecimentos escolares para contextos mais cotidianos. Um exemplo deste tipo de atividade é o que mostra o Quadro 3.7. A partir do enunciado do exemplo é possível formular diferentes hipóteses (os objetos pequenos demoram mais a cair, os objetos grandes caem antes, etc.), que devem ser explicadas (por que você pensa isso?) e que, diferentemente dos problemas qualitativos, podem ser comprovadas experimentalmente. A dificuldade do problema está em estabelecer as variáveis relevantes e em escolher objetos adequados para realizar a experiência. O inconveniente desse tipo de atividade é que pode acabar se transformando em mero exercício guiado por um conjunto de instruções que o aluno se limita a seguir, em exemplo para ilustrar um princípio ou uma lei física ou em reprodução de experimentos tradicionais. A pesquisa transforma-se e perverte-se em demonstração. Para evitá-lo é necessário expor ao aluno verdadeiros problemas, para os quais ele tenha que encontrar uma solução. Neste caso, o professor pode ajudar a definir o problema, criar dúvidas e formular perguntas que ajudem a ativar seus conhecimentos e a encontrar uma estratégia de resolução, fomentando a reflexão sobre o que foi observado e sobre suas consequências.

Os três tipos de problemas que acabamos de apresentar têm um objetivo comum, que é introduzir o aluno nos procedimentos para *fazer* ciência. Por isso, concluiremos este capítulo aprofundando mais nas dificuldades dos alunos ao utili-

QUADRO 3.7
Características das pequenas pesquisas

Pequenas pesquisas

Exemplo: Todos sabemos que quando soltamos um corpo ele é atraído pela terra e cai livremente até o solo. Contudo, o que não sabemos muito bem é se todos os corpos caem juntos. Por exemplo, se deixamos cair dois corpos, um grande e outro pequeno, qual chegará antes ao chão? Desenhe um experimento que permita responder a essa pergunta e determinar quais fatores influenciam na queda.

Objetivos: Aproximar o aluno, de modo simplificado, à pesquisa científica por meio da observação e da formulação de hipóteses (não se pretende que ele seja um cientista). Fomentar certas atitudes (indagação, reflexão sobre o que foi observado, etc.) e o uso de procedimentos (estratégia de busca, sistematização e análise de dados, etc.) úteis para um possível trabalho científico e para a compreensão e a interação com o mundo que o rodeia.

Vantagens	Algumas sugestões didáticas
– Com limitações, são uma boa aproximação ao trabalho científico e um instrumento no ensino da resolução de problemas. – Relacionam conceitos teóricos e aplicações práticas, ajudando a transferir os conhecimentos escolares para âmbitos mais cotidianos. **Inconvenientes (como problemas)** – São apenas uma aproximação fictícia e forçada do método científico. – Muitas vezes, por trás dos trabalhos práticos realizados no laboratório, se esconde uma simples ilustração ou demonstração de uma lei científica. – Muitas atividades que pretendem ensinar o método científico não passam de um algoritmo por meio do qual o professor proporciona as instruções necessárias. – Muitas vezes, somente é avaliado o resultado, não o processo. **Dificuldades para os alunos** – As tarefas podem resultar abertas ou ambíguas demais para muitos alunos, que pedem instruções mais precisas para transformá-las em um exercício.	– Promover a elaboração de estratégias por parte do aluno e a reflexão sobre seu trabalho. – Trabalhar os diferentes procedimentos envolvidos e incluir procedimentos de obtenção e organização da informação, junto com a elaboração de relatórios, etc. – Na evolução, levar em consideração a possível diversidade de respostas e de níveis de respostas. – O professor pode ajudar proporcionando informação ou formulando perguntas que ajudem a limitar a tarefa sem permitir que chegue a ser um exercício.

Pozo e Gómez Crespo, 1994

zar os procedimentos para *fazer* ciência, ou seja, suas dificuldades para utilizar o pensamento científico, uma vez que ele nos ajudará a compreender melhor a natureza das estratégias envolvidas em seu uso e a forma como podemos ajudar os alunos a adquiri-las.

OS ALUNOS PODEM UTILIZAR O PENSAMENTO CIENTÍFICO? – O PENSAMENTO FORMAL E A APRENDIZAGEM DA CIÊNCIA

Dado que uma das metas fundamentais de qualquer currículo de ciências "para todos" é promover nos alunos formas de pensamento próximas às que são usadas pelos cientistas, é necessário que questionemos quais são as dificuldades deles quando se trata de desenvolver ou adquirir essas formas de pensamento, em termos de procedimentos, e como poderia a educação científica favorecer essa aquisição. A este respeito, os dados da pesquisa psicológica são, no mínimo, paradoxais. Enquanto os estudos com pré-escolares mostram que desde idades muito precoces as crianças podem agir como pequenos cientistas, explorando a natureza e experimentando com ela, inclusive tendo "ideias maravilhosas" (Duckworth, 1987; também Benlloch, 1992; Kamii e DeVries, 1983), as coisas parecem complicar-se à medida que os alunos vão crescendo e, de fato, quando chegamos à adolescência parece haver um consenso sobre as sérias limitações que os alunos têm para usar formas de pensamento próximas às da ciência (Carretero, 1985; Claxton, 1991; Kuhn, Amsel e O'Loughlin, 1988; Pozo, 1987; Pozo et al., 1991; Wellington, 1989). Ambos os casos parecem verdadeiros: desde idades muito precoces as crianças podem iniciar atividades de exploração "científica", realizando tarefas próprias do pensamento científico em condições muito restritas, como formular e comprovar hipóteses. Mas, ao mesmo tempo, os adolescentes e os adultos continuam mostrando sérias restrições na aplicação dessas formas de pensamento quando as exigências da tarefa aumentam, seja pelos conceitos científicos envolvidos, pela quantidade de informação presente ou pela forma abstrata ou descontextualizada em que geralmente se apresenta uma boa parte do conhecimento científico nas salas de aula. Não há dúvida de que a ciência é uma atividade intelectual muito complexa, que requer capacidades intelectuais muito desenvolvidas para poder compreendê-la. Embora seja possível encontrar precursores cognitivos dessas capacidades em uma idade muito precoce, parece que o ensino desempenha um papel central em seu desenvolvimento, embora, pelo visto, com um sucesso limitado. Os adolescentes estão em condições de utilizar realmente essas capacidades? Quais são, de fato, as capacidades intelectuais requeridas para compreender a ciência? O ensino de procedimentos pode favorecer seu desenvolvimento?

Apesar de ter havido, e ainda há, tentativas diversas visando conceitualizar, em termos de processos psicológicos, o uso do pensamento científico e seu ensino (por exemplo, Halpern, 1992; Langley et al., 1987; Millar e Lubben, 1996), sem dúvida, a teoria mais elaborada sobre os fundamentos psicológicos da compreensão da ciência continua sendo a teoria do desenvolvimento cognitivo de Jean Piaget. A pergunta básica que ele tentou responder é em que consiste a inteligência e como ela evolui com a idade. Em sua teoria, a inteligência passa por quatro fases ou *estados* qualitativamente diferentes, os quais estão reunidos no Quadro 3.8. Cada estágio seria caracterizado não só por maior inteligência, mas sobretudo por uma inteligência *diferente* e progressivamente mais complexa. Apesar de as idades correspondentes a cada um destes estágios serem meramente orientativas e aproximadas, os três últimos estágios são correspondentes, *grosso modo*, às etapas do ensino obrigatório.*

Aqui, vamos nos centrar no período do pensamento formal, por ser o que corresponde à adolescência e o mais estreitamente vinculado com a aprendizagem da ciência (um resumo sobre os estágios an-

---

* N. de R.T. No Brasil, o ensino obrigatório corresponde apenas ao ensino fundamental (6-14 anos), portanto, inclui o final do estágio pré-operacional, todo o estágio operatório concreto e o início do estágio das operações formais.

QUADRO 3.8
Estágios no desenvolvimento cognitivo

Idade	Estágio	Características	Principais aquisições
0-2 anos	Sensório-motor	Inteligência em ações e percepções	Permanência do objeto
2-7 anos	Pré-operacional	Egocentrismo cognitivo e predominância da percepção sobre a conceitualização	Desenvolvimento da linguagem e da comunicação
7-11 anos	Operações concretas	Formação de conceitos e categorias além da percepção	Classificações e seriações
12-15 anos	Operações formais	Estruturais e funcionais	Pensamento abstrato e científico

teriores pode ser encontrado em Flavell, 1985). Na verdade, podemos considerar o pensamento formal piagetiano como uma descrição psicológica do pensamento científico, consistente em uma análise dos processos e das estruturas necessárias para enfrentar a realidade com a mentalidade de um cientista. Deixando de lado as estruturas lógicas subjacentes ao pensamento formal, dada sua escassa aplicabilidade a situações escolares, podemos estabelecer suas características funcionais, que seriam os traços que diferenciam a abordagem científica de um problema de outras formas de pensamento.

O Quadro 3.9 apresenta essas características, comparando-as com as da etapa imediatamente anterior. O pensamento concreto, como seu próprio nome indica, estaria centrado na realidade imediata. Embora a criança que é capaz de usar as operações concretas já possa ir além das aparências perceptivas por meio da conceitualização, seu pensamento continua ligado ao concreto, ao real, mais do que ao possível. Já as operações intelectuais próprias do pensamento formal transcendem o real, o "aqui e agora", para ir em busca, no mesmo nível de análise, do potencial ou do possível. As operações formais, como descrição psicológica do pensamento científico, não diriam respeito tanto à realidade próxima como a todas as realidades possíveis. No pensamento formal, *o real* passa a ser *um subconjunto do possível*. A ciência não se refere nunca a uma realidade concreta, mesmo que possa ser aplicada a essa realidade, mas principalmente ao possível e ao necessário. Tenta estabelecer certas leis necessárias em vez de se ocupar apenas da realidade contingente, como faria uma pessoa que utilizasse um pensamento concreto. As leis da mecânica precisam explicar tanto o movimento dos objetos mais próximos, perceptíveis aqui e agora, quanto o comportamento dos mais longínquos planetas ou das sondas espaciais que se deslocam no vazio. O pensamento concreto, ao contrário, opera somente sobre a realidade imediata.

Desta primeira diferença surge uma segunda muito importante. Se as operações formais não trabalham com objetos do mundo real, mas com dimensões e variáveis possíveis, irão operar não com objetos físicos, mas com operações – concretas, é claro – previamente realizadas com esses objetos. As operações formais serão operações de segunda ordem, ou "operações sobre operações". Isso significa que as operações formais são baseadas

QUADRO 3.9
Características funcionais do pensamento formal frente às do pensamento concreto

Pensamento concreto	Pensamento formal
- Centrado na realidade - Baseado nos objetos realmente apresentados - Incapaz de formular e comprovar hipóteses	- Referente ao possível, não ao real - Caráter proposicional: baseado em algum tipo de linguagem - Natureza hipotética dedutiva: formulação e comprovação

em alguma linguagem ou sistema de símbolos, por meio do qual se representam os objetos, mais do que nos próprios objetos. A matemática, a álgebra, ou a linguagem química são bons exemplos desses sistemas de simbolização, mas também o são todos os sistemas de conceitos, cujas conexões ou sintaxes constituem o núcleo explicativo das ciências. Este chamado *caráter proposicional* supõe que o pensamento formal se apoia em um código – ou linguagem – simbólico, o qual sem seu domínio será muito difícil, ou mesmo impossível, compreender a ciência, uma vez que estaremos limitados a raciocinar sobre objetos reais e não sobre sistemas simbólicos. A seleção natural, a energia ou mesmo o átomo não são objetos do mundo, mas construções conceituais, representações que tentam simular ou modelar o mundo.

As duas características anteriores tornam possível a linha funcional mais importante do pensamento formal: *sua natureza hipotético-dedutiva*. Ao superar a realidade imediata, as operações formais permitem não só procurar explicações para os fatos que estão além da realidade aparente, mas também submetê-las a comprovações sistemáticas. Esses dois processos, a formulação e a comprovação de hipóteses, estão estreitamente vinculados e diferenciam o pensamento formal de outros tipos de pensamento mais elementares, nos quais a pessoa pode procurar certas explicações para os fatos, mas elas não passam de conjecturas ou suposições, uma vez que não são submetidas a comprovação. Na ciência, essa comprovação é feita por experimentação baseada no controle de variáveis ou por meio de avaliação de casos ou situações percebidas, e representa uma característica essencial, que também diferencia o pensamento científico de outras formas abstratas de pensamento (religioso, filosófico, etc.).

A partir dessas características gerais, toda forma de pensamento ou conhecimento que exija imaginar outras possibilidades além do real ou imediato e trabalhar com elas como modelos hipotéticos representados em uma linguagem formalizada vai exigir, segundo Piaget, já ter desenvolvido esse pensamento formal. Concretamente, Inhelder e Piaget (1955) sugerem oito *esquemas formais*, oito estruturas de pensamento formal que seriam necessárias para pôr em marcha a maior parte dos processos da ciência e, é claro, a maioria dos procedimentos requeridos para aprender e fazer ciência. Esses oito esquemas seriam os seguintes:

1. *As operações combinatórias* que tornam possível, dada uma série de variáveis ou proposições, esgotar todas as combinações possíveis entre elas para conseguir um determinado efeito. Operações desse tipo seriam as combinações, as variações e as permutações, mas

também seria necessário o uso desse esquema em tarefas científicas que envolvam a procura de uma determinada combinação, como o controle de variáveis.
2. *As proporções* permitem quantificar as relações entre duas magnitudes, sejam a parte e o todo ou duas partes entre si. Estariam conectadas com numerosos conceitos e leis não apenas da matemática, mas também de diferentes áreas da ciência.
3. *A coordenação de dois sistemas de referência* seria um esquema necessário para compreender todas as tarefas ou situações nas quais exista mais de um sistema variável que possa determinar o efeito observado.
4. *A noção de equilíbrio mecânico*, que implica a compreensão do princípio de igualdade entre duas ações opostas dentro de um sistema dado, requer a compensação operatória – ou seja, mental, não real – entre o estado atual do sistema e seu estado virtual ou possível se certas ações forem realizadas nele.
5. *A noção de probabilidade,* vinculada à compreensão do acaso e, portanto, da causalidade está relacionada tanto com as noções de proporção quanto com os esquemas combinatórios, e seria útil não apenas para a solução de problemas matemáticos, mas também para a compreensão de fenômenos científicos não determinísticos.
6. *A noção de correlação* estaria vinculada tanto à proporção quanto à probabilidade e seria necessária para determinar a existência de uma relação causal "diante de uma distribuição parcialmente fortuita". Seria necessária para a análise de dados e para a experimentação científica em tarefas complexas ou diante de fenômenos probabilísticos.
7. *As compensações multiplicativas* requereriam o cálculo da proporção inversa de duas variáveis para a obtenção de um determinado efeito. Este esquema supõe o uso da proporção e permite ter acesso a conceitos tais como a conservação do volume ou a compreensão do princípio de Arquimedes, além de outras muitas leis científicas que implicam uma relação proporcional inversa entre duas variáveis.
8. *As formas de conservação que vão além da experiência,* vinculadas com a noção de equilíbrio mecânico, implicariam o estabelecimento de leis da conservação sobre elementos não observáveis. Frente às conservações próprias do pensamento concreto, que contam com um apoio perceptivo, estas conservações não observáveis não têm nenhum apoio perceptivo. A conservação da energia ou do movimento retilíneo uniforme seriam conceitos cuja compreensão exigiria a aplicação deste esquema.

Inhelder e Piaget (1955) supunham, de acordo com seu modelo estrutural, que a capacidade ou competência para operar com estes oito esquemas seria adquirida de um modo solidário ou simultâneo, embora a atualização dessa competência ou a atuação com cada um dos esquemas poderia depender também de certas condições de experiência pessoal ou educacional nas quais elas fossem úteis para a construção de noções específicas. Neste sentido, os esquemas, como operações formais, seriam solidários não apenas de suas características gerais, descritas na seção anterior, mas também de uma série de supostos sobre sua natureza e funcionamento que possuem sérias implicações para o projeto curricular na adolescência (ver Carretero, 1985).

O domínio dos esquemas formais não só irá determinar a capacidade de utilizar os procedimentos da ciência (raciocínio proporcional, controle de variáveis, etc.), senão que também seria requisito essencial para compreender as noções fundamentais da ciência, que se baseiam em esquemas ou estruturas conceituais de equilíbrio, conservação, etc. De fato, a partir da teoria de Piaget, tentou-se analisar a compreensão de diversos conceitos científicos em função do tipo de esquema de pensamento utilizado pelos alunos (Shayer e Adey, 1981). Como veremos nos próximos capítulos, a compreensão da maior parte dos conceitos científicos incluídos no currículo de ciências, pelo menos a partir do ensino médio, fica limitada se não forem aplicadas estruturas conceituais próximas destes esquemas formais enunciados por Inhelder e Piaget (1955).

A mesma coisa ocorre com os conteúdos procedimentais do currículo de ciências. O pensamento científico requer utilizar esquemas de pensamento formal, em termos piagetianos. As Figuras 3.6 e 3.7 representam exemplos que ilustram as características do pensamento formal piagetiano em comparação com as formas de pensamento concreto em tarefas científicas.

Mas será que os alunos estão capacitados para utilizar estas formas de pensamento? Será que são capazes de isolar variáveis e raciocinar em um experimento para obter conclusões? Na teoria de Piaget sobre o pensamento formal (Inhelder e Piaget, 1955), ele assumia que o pensamento formal se desenvolve a partir dos

TAREFA DO PÊNDULO

Com o objetivo de analisar o uso que os alunos fazem do pensamento formal, é possível utilizar a seguinte tarefa, uma das que Inhelder e Piaget (1995) utilizaram em sua já clássica pesquisa sobre pensamento formal (mais informações sobre a interpretação da tarefa podem ser encontradas em Carretero, 1985). A tarefa consiste em perguntar aos alunos quais são, em sua opinião, os *fatores que afetam a oscilação de um pêndulo*. Mostra-se a eles um pêndulo e pede-se o seguinte:

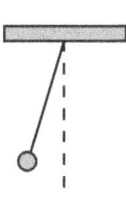

1. Diga quais são, em sua opinião, os fatores que fazem com que o pêndulo oscile um maior número de vezes em um período dado (por exemplo, meio minuto).
2. Explique por que você acredita nisso.
3. Realize as provas adequadas para comprovar o que você pensa, suas hipóteses.
4. Uma vez realizadas essas provas, revise suas hipóteses em função dos resultados obtidos.

As respostas obtidas, em função dos resultados, são as seguintes:

Estágio	Características
Pré-operatório	Os alunos centram-se na ação de dar impulso ao pêndulo, são incapazes de diferenciar entre sua própria atividade e o movimento real do pêndulo
Concreto	São capazes de ordenar e seriar as variáveis (pesos, longitudes, etc.), mas ainda são incapazes de dissociar os diferentes fatores
Formal inicial	São capazes de raciocinar concretamente dissociando fatores que foram previamente estabelecidos para eles
Formal avançado	Têm capacidade de variar sistematicamente os diversos fatores e discriminar variáveis

Figura 3.6
Respostas típicas dos alunos em função de seu estágio evolutivo diante do problema da oscilação do pêndulo.

TAREFA DAS JARRAS

Outro esquema do pensamento formal é o raciocínio proporcional, que pode ser estudado por meio de uma tarefa proposta por Noelting (1980) em que é apresentado um conjunto de jarras que contêm suco de laranja (sombreado) ou água (não sombreado). É pedido ao aluno que diga *qual das misturas terá mais gosto de suco*.

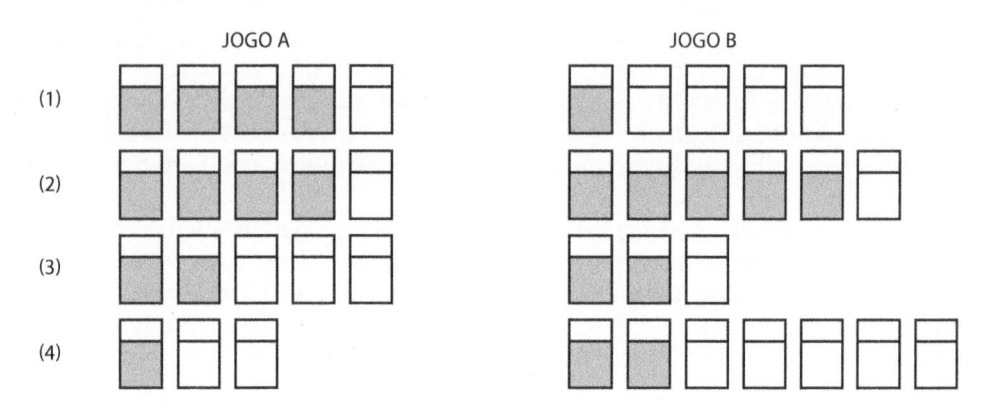

Na tarefa são contempladas todas as relações numéricas possíveis entre as misturas. Em cada item é preciso comparar duas proporções ou razões (*a/b*) e (*c/d*), onde *a* e *c* representam unidades de suco e *b* e *d* representam unidades de água. Assim, o item (1) tem que comparar duas misturas (4/1) frente a (1/4).

A seguir mostram-se as características que correspondem a cada estágio evolutivo.

Estágio	Características
Estágio IIa	Podem estabelecer relações entre pares nos quais a razão é a unidade; por exemplo, (3/3) e (2/2). Utilizam as regras qualitativas e aditivas.
Estágio IIb	Podem fazer deduções a partir de dados nos quais intervém uma razão constante, mas somente se esta razão é um número inteiro; por exemplo (4/2) e (2/1).
Estágio IIIa	Comparam pares utilizando regras de correspondência; por exemplo, os pares (4/2) e (5/3) são iguais se for extraída de um deles a unidade (1/1). A mesma coisa ocorrerá com os pares (2/1) e (5/3).
Estágio IIIb	Podem utilizar corretamente o cálculo proporcional estabelecendo relações entre diferentes magnitudes.

Figura 3.7
Respostas típicas dos alunos em uma tarefa de raciocínio proporcional em função de seu estágio evolutivo.

11-12 anos e que o processo se completaria no final da adolescência, de modo que, em condições normais de escolarização, a maior parte dos adolescentes maiores de 15 anos e os adultos seriam capazes de utilizar espontaneamente formas de pensamento formal. Por outro lado, dado que o pensamento formal está baseado no desenvolvimento de estruturas lógicas de caráter geral que são subjacentes ao uso de cada um dos esquemas ou operações formais (como, por exemplo, o controle de variáveis, a combinatória e o uso de proporções), constituiria um "sistema de conjunto", ou, em outras palavras, um modo de pensar homogêneo ou inteligência geral, em vez de um conjunto de habilidades específicas. Consequentemente, uma vez que tivesse construído essas estruturas lógicas, o aluno estaria capacitado para resolver qualquer tarefa que exija o uso das operações formais, independentemente de qual for o esquema operatório envolvido.

Por outro lado, dado seu caráter proposicional, responderia à estrutura das relações lógicas e não aos conteúdos concretos das tarefas. Segundo isto, o que determinaria a complexidade de uma tarefa não seria seu conteúdo, mas a estrutura lógica das operações necessárias para resolvê-la, a necessidade ou não de utilizar algum dos esquemas formais. Portanto, o pensamento formal ou científico deveria ser adquirido de um modo geral, e não separadamente em cada uma das áreas do currículo ou domínios do conhecimento.

Por tudo isso, do ponto de vista da teoria de Piaget, um objetivo da educação deveria ser fomentar o desenvolvimento do pensamento formal como um dos modos de promover a passagem de uma inteligência adolescente – ou de transição das operações concretas para as formais – para uma inteligência adulta, plenamente formal. Por isso, a educação científica deveria ter seu foco na potencialização de formas mais complexas de pensamento, ou em promover o desenvolvimento do pensamento formal, em vez de proporcionar muitos conhecimentos novos específicos. Seria uma estratégia didática que iria do geral ao específico, das estruturas gerais aos conhecimentos específicos, e não ao contrário. Os conteúdos conceituais específicos (energia, fotossíntese, erosão, etc.) estariam subordinados ao desenvolvimento das formas gerais de pensamento formal que tornaram possível sua compreensão por parte dos alunos.

Contudo, embora a teoria de Piaget continue sendo, hoje em dia, a tentativa mais sistemática de investigação psicológica sobre o pensamento científico, ainda não completamente superada (Bliss, 1993), as pesquisas realizadas nas últimas décadas questionam alguns dos seus supostos e implicações para o currículo de ciências (para uma revisão e crítica dessas pesquisas, ver Carretero, 1985; Pozo e Carretero, 1987; Garcia Madruga e Corral, 1997). Assim, a pesquisa mostra que a porcentagem de sujeitos que resolvem formalmente tarefas científicas está em torno de 50%, no melhor dos casos. Além disso, dificuldade no uso do pensamento formal não é uma característica "adolescente" (o que confirmaria a impressão de muitos professores), senão que afeta quase por igual adolescentes e adultos (universitários e professores incluídos). Esta falta de generalização no uso do pensamento formal une-se a outro dado: a inconsistência no uso do pensamento formal pelo mesmo sujeito quando passa de um conteúdo para outro.

Resumindo o que parece ser o ponto de vista mais aceito, pode-se dizer que o pensamento formal não é uma capacidade tão geral, mas parece depender bastante do conteúdo a que é aplicado. Podemos dizer que ele é uma condição *necessária, mas não suficiente*, para resolver tarefas científicas (Pozo e Carretero, 1987). O que mais é necessário? Em um estudo que comparava a resolução de uma tarefa de Física por físicos, historiadores e alunos adolescentes (Pozo, 1987; Pozo e Carretero, 1992), comprovamos que o que diferenciava os físicos dos historiadores eram os conceitos que utilizavam para entender as tarefas. Enquanto os físicos utilizavam conceitos próprios da Física – ainda que nem sempre! –, os historiadores, assim como os adolescentes, tendiam a recorrer a ideias ou conceitos alternativos, cientificamente "errôneos" e bastante generalizados. Pareciam mostrar uma "mecânica intuitiva" bastante afastada da mecânica newtoniana contida nos livros que uns e outros haviam estudado. Contudo, em uma tarefa de conteúdo histórico, com esses mesmos sujeitos, ocorria o contrário: eram os físicos que ficavam mais próximos dos adolescentes (Pozo e Carretero, 1989). O desenvolvimento do pensamento formal, entendido como o domínio dos processos do pensamento científico, não necessariamente garante, contrariando o suposto piagetiano, a compreensão dos conceitos científicos básicos nem, em resumo, a aplicação correta desses processos de pensamento, em forma de procedimentos ou sequências de ação. Ao contrário do que se podia supor, uma concepção formalista da ciência, como a de Piaget, ou mesmo uma concepção indutivista ou positivista, como a de muitos científicos e professores de ciências que assumem que dominar a "metodologia" da ciência é o único requisito para aprender ciência (Wagensberg, 1993), esse aprendizado requer não apenas mudanças nos procedimentos ou formas de pensamento, mas também nas *concepções*, nas ideias e nos conceitos utilizados pelos alunos para interpretar os fenômenos que estudam. E essas mudanças não são um resultado automático da aplicação de determinados procedimentos, mas também requerem um ensino específico.

Este é um dado bastante conhecido na pesquisa recente sobre o ensino da ciência, devido às numerosas investigações que foram desenvolvidas sobre as ideias prévias ou concepções alternativas dos alunos perante muitos e diversos fenômenos científicos. Além de mudar as atitudes e os procedimentos, o ensino da ciência deve promover uma verdadeira *mudança conceitual* nos alunos, o que, mais uma vez, requer estratégias de aprendizagem e ensino específicas. Segundo um velho ditado, estudar a aprendizagem é como pretender que um grupo de cegos conheça como é um elefante. Somente por meio de aproximações sucessivas eles irão formando representações parciais: um deles tocará uma pata, outro a tromba, outro uma presa; cada um terá sua própria ideia do animal, e somente quando as juntarem obterão uma *visão* aproximada do elefante. A mesma coisa ocorre conosco em relação à aprendizagem da ciência: há muitas partes específicas que é necessário juntar para termos uma visão conjunta, e devemos aceitar que, assim como os cegos e o elefante, somente integrando os diversos componentes da aprendizagem da ciência chegaremos perto de entender suas verdadeiras dimensões. Mas é verdade que, para ser um elefante, a aprendizagem da ciência acabou sendo um elefante bastante complicado.

4

A APRENDIZAGEM DE CONCEITOS CIENTÍFICOS
Da aprendizagem significativa à mudança conceitual

Se um hotentote deseja que o vento acalme, pega uma de suas peles mais grossas e pendura no extremo de uma vara, na crença de que, ao soprar embaixo da pele, o vento perderá toda sua força e acalmará.

James G. Frazer,
O ramo dourado

O elétron é uma teoria que nós utilizamos; é tão útil para compreender o funcionamento da natureza que quase poderíamos dizer que é um objeto real.

A. P. Feynman,
Você está brincando, Sr. Feynman?

Uma nova teoria não se impõe porque os cientistas se convencem dela, mas porque os que continuam abraçando as ideias antigas vão morrendo pouco a pouco e são substituídos por uma nova geração que assimila as novas ideias desde o começo.

Max Plank

Apesar de os conteúdos que temos analisado nos capítulos anteriores estarem adquirindo um peso crescente nas novas propostas para o ensino da ciência, elas continuam sendo, em sua maioria, articuladas em torno dos conteúdos conceituais, que permanecem como eixo central da maior parte dos currículos de ciências, não só daqueles que poderíamos chamar de tradicionais, mas, inclusive, em boa parte das propostas renovadoras mais recentes. Durante um certo tempo, os projetos renovadores no ensino da ciência estiveram dirigidos a promover os procedimentos ou processos da ciência (ver, para uma resenha dessa evolução, Caamaño, 1994). Os dados recentes da pesquisa didática, que mencionamos no fim do capítulo anterior, no entanto, mostram que o uso desses procedimentos é eficaz somente quando se dispõe de conhecimentos conceituais adequados. Mas, segundo tentaremos mostrar neste capítulo, são muitas as pesquisas que mostram que os alunos não possuem esse tipo de conhecimento conceitual, o que levou a reorientar as propostas de pesquisa e inovação didática para a busca da compreensão dos núcleos conceituais básicos da ciência.

Contudo, essas propostas renovadoras, apoiadas em inúmeros dados, assumem que essa compreensão é realmente difícil para os alunos e, portanto, requer estratégias didáticas especificamente projetadas para isso. O principal problema que essa compreensão enfrenta, como veremos ao longo deste capítulo, é a presença entre os alunos de fortes concepções alternativas aos conceitos científicos que lhes são ensinados, as quais são muito difíceis de modificar e, em alguns casos, sobrevivem a longos anos de instrução científica. Conforme comentávamos na introdução, algumas delas sobrevivem, de uma forma ou de outra, inclusive entre os próprios especialistas na área. Portanto, ainda que sejam um conteúdo *tradicional* na educação científica, os conhecimentos conceituais também requerem uma análise das dificuldades que sua aprendizagem traz, para ajudar-nos a encontrar formas de superá-las.

OS CONTEÚDOS CONCEITUAIS NO CURRÍCULO: DOS DADOS AOS CONCEITOS

Apesar de, como acabamos de assinalar, os conteúdos conceituais quase sempre terem desempenhado um papel central como eixo estruturador – e possivelmente continuarão desempenhando –, há diversas formas de entender esses conteúdos conceituais ou, caso se prefira, diferentes tipos de conteúdos conceituais, que suscitam diferentes formas de desenvolver o currículo de ciências, tanto em sua organização quanto nas próprias atividades de ensino, de aprendizagem e de avaliação que compõem o trabalho diário nas salas de aula. De fato, partindo de uma distinção já estabelecida nos currículos (Coll, 1986), podemos diferenciar entre três tipos principais de conteúdos conceituais: os dados, os conceitos e os princípios. Um *dado* ou um fato é uma informação que afirma ou declara algo sobre o mundo. A aprendizagem da ciência requer conhecer muitos dados e fatos concretos, alguns dos quais são apresentados no Quadro 4.1. Alguns desses dados necessários para aprender ciência devem ser ensinados nas salas de aula, mas outros são de conhecimento *público*, resultado, como veremos, da interação cotidiana com os objetos. Não é preciso ensinar às crianças que os objetos que não têm um apoio caem: é um fato que elas conhecem desde uma idade surpreendentemente precoce, desde o berço (Carey e Spelke, 1994).

Porém, uma coisa é ter um dado, conhecer algo como um fato, e outra é dar-lhe sentido ou significado. Compreender um dado requer utilizar *conceitos*, ou seja, relacioná-los dentro de uma rede de significados que explique por que ocorrem

---

QUADRO 4.1
Alguns exemplos de fatos ou dados que podem ser aprendidos nas aulas de ciências

- As rochas são formadas por minerais
- O símbolo do cobre é Cu
- As células nutrem-se, relacionam-se e reproduzem-se
- A teoria da evolução foi proposta por Darwin
- A temperatura de ebulição da água a uma pressão de 1 atmosfera é de 100°C
- A densidade da água pura é de $1g/cm^3$
- O gelo derrete
- O álcool evapora à temperatura ambiente
- Uma distância de 1 quilômetro equivale a 1.000 metros
- A aceleração que um corpo experimenta é diretamente proporcional à resultante das forças que atuam sobre ele

e que consequências eles têm. Os bebês sabem que os objetos soltos caem, mas outra coisa é que saibam interpretar esse fato. Conhecer um dado permite, no melhor dos casos, reproduzi-lo (um número de telefone ou a massa atômica do cádmio) ou predizê-lo (o objeto vai cair ou vai parar, essas nuvens são um presságio de chuva para esta tarde), mas não lhe dar sentido ou o interpretar. Por que a massa não tem influência na velocidade com que os objetos caem? Por que a água evapora? Por que a massa atômica do cobre é maior que a do hidrogênio?

Responder a essas perguntas requer conhecer outros fatos e, sobretudo, outros conceitos, o que faz com que interpretar ou compreender um dado seja mais difícil do que o conhecer. Os fatos ou os dados devem ser aprendidos literalmente, de um modo reprodutivo; não é necessário compreendê-los e, de fato, frequentemente quando são adquiridos conteúdos factuais não há nada que compreender ou não se está disposto ou capacitado para fazer o esforço de compreendê-los. Em geral, o aprendizado factual de conteúdos, como os que são expostos no Quadro 4.1, consiste na aquisição de informação verbal literal (por exemplo, nomes, vocabulários, etc.) ou de informação numérica (por exemplo, aprender a tabuada de multiplicação, saber "de cor", sem necessidade de fazer o cálculo, qual é o quadrado de 23 ou a raiz cúbica de 32). Alguns destes dados podem ter um significado, podem ser compreendidos. Por exemplo, podemos entender por que existem o dia e a noite se formos capazes de estabelecer certas relações entre os movimentos de rotação e translação da Terra; porém, é mais complexo compreender por que os dias e as noites têm diferente duração dependendo da época do ano e do lugar do planeta em que estejamos. Contudo, este é um dado que muita gente conhece sem necessidade de aprender ciência. A ciência proporciona alguns dados novos, às vezes muitos, inclusive demais, mas sobretudo deve proporcionar marcos conceituais para interpretar não apenas esses dados novos, mas também a informação factual que os alunos possuem sem necessidade de estudar ciências, os quais, na sociedade da informação e do conhecimento à qual fazíamos referência no Capítulo 1, são cada vez mais abundantes.

Portanto, pretender que os alunos aprendam a ciência como um conjunto de dados ou como um sistema de conceitos implica formas completamente diferentes de orientar o ensino dela e, por conseguinte, atividades de ensino, aprendizagem e avaliação também completamente diferentes (Pozo, 1992). Como veremos um pouco mais adiante, na verdade ambos os tipos de conhecimento conceitual podem ser considerados complementares, mas seu peso no currículo não pode ser equivalente. Em geral, levando em consideração as metas que apresentávamos para a educação científica no Capítulo 1, o ensino dos conteúdos conceituais tende a estar orientado, hoje em dia, mais para a compreensão do que para a mera acumulação de dados. Mas dentro dessa aprendizagem de conceitos é possível estabelecer, por sua vez, uma diferença entre os *princípios* ou conceitos estruturais de uma disciplina e os conceitos específicos. Os princípios seriam conceitos muito gerais, com um grande nível de abstração, que geralmente são subjacentes à organização conceitual de uma área, embora nem sempre sejam suficientemente explícitos. Sem necessidade de remontar-nos aos *Principia mathematica* de Newton, conceitos tais como os de conservação e equilíbrio são algo mais que conceitos específicos, pontuais, que podem ser objeto de estudo em uma unidade ou bloco de unidades concretas. São princípios que atravessam todos os conteúdos dessas disciplinas e cuja compreensão plena deve ser um dos objetivos essenciais de incluí-los no ensino médio (como tentaremos mostrar no próximo capítulo e, com mais detalhe, nos Capítulos 6 e 7). Dificilmente é possível compreender noções mais específicas sem dominar esses princípios, de maneira que uma das metas últimas seria a assimilação ou construção, por parte dos alunos, desses princípios ou conceitos estruturais, aos quais eles devem ter acesso *pela via* dos conteúdos conceituais específicos das disciplinas, que constituem a lista habitual de conteúdos relativos a conceitos (por exemplo, densidade, energia, combustão, dilatação, etc.). Estes conceitos específicos podem receber um tratamento curricular mais localizado.

Os fatos, os conceitos específicos e os princípios envolvem um gradiente crescente de generalização, de tal maneira que os conteúdos mais específicos deveriam ser o meio para ter acesso aos conteúdos mais gerais, que constituiriam propriamente as capacidades que precisam ser desenvolvidas (Pozo, 1999a). Em outras palavras, os diferentes tipos de conteúdos conceituais desempenhariam uma função diferente no currículo e, de algum modo, seriam mutuamente necessários. A meta final deveria ser conseguir uma compreensão dos conteúdos mais abstratos e gerais (neste caso, os princípios), mas isso somente é possível *por meio* dos conteúdos mais específicos, dos conceitos e dados. O verdadeiro sentido ou significado dos dados e dos conceitos deriva desses princípios, mas eles, por sua vez, só podem ser alcançados com a aprendizagem de dados e conceitos, dos quais nos ocuparemos a seguir. De fato, a própria ideia de relegar o estudo "memorístico" de dados incomoda muitos professores, que não concebem a ciência sem o conjunto de dados nos quais se apoia. Os alunos têm de aprender dados? E, se for assim, como? E para quê?

OS ALUNOS PRECISAM APRENDER DADOS?

Esta é uma pergunta relevante para muitos professores, que observam como certos fatos e dados, muito queridos por eles, parecem estar sendo relegados à caixa dos conteúdos obsoletos diante da crescente busca de significado de todos os conhecimentos. Quando, em palavras de Garcia Márquez, éramos jovens e indocumentados, todos nós tivemos de aprender, ou pelo menos estudar, intermináveis listas, ladainhas de fórmulas e símbolos químicos, mas também afluentes pela direita e pela esquerda, capitais de países remotos, a maior parte dos quais não existem mais. O que aconteceu com aquele saber verbal? Não tem mais sentido na nossa sociedade? Não estão sendo relegados certos conteúdos básicos para conseguir outros objetivos, como a construção de certos conteúdos conceituais por parte dos alunos, que são dificilmente alcançáveis?

Toda decisão sobre seleção e organização de conteúdos no currículo deve ser tomada em função das metas para as quais esse currículo for dirigido. De nossa parte, tal como argumentamos no Capítulo 1, acreditamos que é preciso situar a educação científica no contexto de uma sociedade em que *sobra* informação e *faltam* marcos conceituais para interpretá-la, de modo que a transmissão de dados não deveria constituir um fim principal da educação científica, que deveria estar dirigida, na verdade, a dar sentido ao mundo que nos rodeia, a compreender as leis e os princípios que o regem. Há, contudo, quem advogue um *retorno ao básico* na educação, ancorado, em muitos casos, no ensino de dados. Argumenta-se, inclusive, que mesmo que os alunos não possam dar sentido a muitos desses dados no momento de aprendê-los, se conseguirem retê-los poderão compreendê-los no futuro. No entanto, se atendermos aos princípios da aprendizagem e da memória, além da nossa própria experiência pessoal, temos de convir que a maior parte dos dados que, quando éramos jovens e indocumentados, aprendemos sem compreendê-los, felizmente foram esquecidos com o passar do tempo. Uma vez que muitos desses dados ou fatos que um dia aprendemos nunca mais *foram usados* para interpretar ou prever, nossa tendência é esquecê-los (Pozo, 1996a). As leis do esquecimento são, em geral, pouco condescendentes com a aprendizagem factual. Se os alunos têm dificuldades para compreender os conceitos básicos da ciência, têm ainda mais dificuldades para lembrar os dados que não compreendem.

Contudo, embora a transmissão de dados ou de mera informação verbal não seja mais um dos fins essenciais da educação científica, isso não significa que não é necessário ensinar dados. De fato, não é possível ensinar ciência sem dados. O que ocorre é que isso nunca deve ser um fim em si; os dados devem ser um meio, uma via para ter acesso a outras formas de conhecimento conceitual, mais próximas da compreensão. Os dados não se justificam em si mesmos se não promovem condutas ou conhecimentos significativos, mas em muitos casos são necessários para facilitar esse aprendizado mais significativo. Voltando ao argumento anterior, a aprendizagem de dados é necessária quando eles são *funcionais*, quando servem para facilitar outros aprendizados mais significativos. Vamos examinar um exemplo simples. A aprendizagem verbal da multiplicação deve ter como meta a compreensão do conceito (a multiplicação como soma de parcelas iguais), mas para poder operar eficazmente com a multiplicação é preciso, também, adquirir dados (a tabuada de multiplicação). Não tem sentido que as crianças aprendam a multiplicar sem compreender o que estão fazendo, mas também não poderão aprender a multiplicar eficazmente sem conhecer os dados relevantes, ou seja, sem aprender de maneira repetitiva, também mal chamada de memorística, a tabuada de multiplicação. Mas a aprendizagem de dados não é, neste caso, uma finalidade em si, senão que deve estar subordinada ao uso que poderá ser feito deles. Assim, a decisão de "até onde" os alunos devem aprender a tabuada de multiplicação (até 10 x 10? 15 x 15? 33 x 33?) deve estar baseada em critérios funcionais. Poderíamos desenvolver um argumento parecido em torno do ensino da tabela periódica na Química. Não deve ser um fim em si, senão que os alunos deverão aprender aqueles símbolos que os ajudem em aprendizados posteriores.

Em nossa opinião, a seleção de conteúdos factuais deve estar subordinada à compreensão e ao uso funcional do conhecimento, e nunca constituir um fim em si. Essa funcionalidade é determinada, em muitos casos, pelo grau em que facilitam a posterior compreensão de conceitos. Mas, às vezes, também o ensino factual de informação verbal está justificado, mesmo que não se apoie na compreensão. Por exemplo, seria insensato supor que somente os alunos que compreenderem adequadamente o funcionamento do sistema imunológico deveriam aprender as condutas que previnem o contágio da AIDS. Ou que apenas aqueles que entendem a balbúrdia química do *efeito estufa* devem aprender quais hábitos e condutas podem ajudar a contê-lo. Nesses e em outros casos, é necessário que os alunos aprendam esses dados, mesmo que não possam interpretá-los (assim como todos nós aprendemos a utilizar um micro-ondas sem entender seu funcionamento). Mas esta não deve ser a meta principal da educação científica, sem perverter sua essência. Como assinala

Claxton (1991), ensinar os conhecimentos científicos como dados, como fatos sem significado para o aluno, axiomas ou princípios não entendidos nem discutidos ("a matéria está composta por átomos separados entre si por um espaço vazio", "o vento é ar em movimento"), transforma a aprendizagem da ciência em uma questão de *fé*, e os alunos em crentes ou, mais frequentemente, em apóstatas, condenados ao *inferno* da reprovação; isso quando não ficam no *limbo* da falta de compreensão. De fato, se os dados ajudam a adquirir conceitos, estes, por sua vez, são a forma mais eficaz de reter dados. Quando a gente compreende dá um sentido às coisas, os dados deixam de ser arbitrários e, portanto, são mais fáceis de reter. Assim ocorre em todos os campos de aprendizagem. Quem *entende* de futebol, música clássica, informática, termodinâmica ou macramê também retém muito mais dados, que o neófito esquece ou nem sequer percebe. A melhor forma de aprender os fatos da ciência é compreendê-los. O problema é que compreender algo é bastante mais difícil do que repeti-lo e, por conseguinte, ensinar conceitos é mais complexo do que ensinar dados.

A COMPREENSÃO DE CONCEITOS: APRENDIZAGEM SIGNIFICATIVA E CONHECIMENTOS PRÉVIOS

Um traço característico da aprendizagem de fatos ou dados, tal como já vimos, é que o aluno deve fazer uma cópia mais ou menos literal ou exata da informação proporcionada e armazená-la em sua memória. De nada vale que aprendamos de cor um número de telefone se erramos em um ou dois números. Este caráter reprodutivo da aprendizagem de dados e fatos faz com que o processo fundamental seja a repetição. Este processo de cega repetição será insuficiente, por outro lado, para conseguir que o aluno adquira conceitos. Uma pessoa adquire um conceito quando é capaz de dotar de significado um material ou uma informação que lhe é apresentada, ou seja, quando "compreende" esse material; e compreender seria equivalente, mais ou menos, a traduzir algo para as suas próprias palavras. Vamos imaginar que estamos ouvindo uma pessoa falar em um idioma estrangeiro que conhecemos muito pouco; vamos poder dizer que entendemos algo quando conseguirmos traduzi-lo para o nosso próprio idioma; talvez sejamos capazes de repetir literalmente algumas frases nesse outro idioma, som a som, como um gravador, mas não por isso estaremos entendendo o que a pessoa disse. A mesma coisa ocorre com o aluno na sala de aula; ele tem seus próprios modelos ou representações da realidade, e vamos poder dizer que entendeu o conceito de evaporação ou o de seleção natural quando conseguirmos que faça a relação com essas representações prévias, que "traduza" para as suas próprias palavras e sua própria realidade.

Um problema muito comum em nossas salas de aula é que os professores "explicam" ou ensinam "conceitos" (a energia cinética, a ligação covalente, a fotossíntese ou a densidade) que os alunos na verdade aprendem como uma lista de dados que se limitam a memorizar ou reproduzir, no melhor dos casos. Isso ocorre porque a compreensão exige mais do aluno que a mera repetição. Compreender requer pôr em marcha processos cognitivos mais complexos do que repetir. O Quadro 4.2 tenta resumir as principais diferenças entre a aprendizagem de fatos e de conceitos, ou, dito de outro modo, entre a aprendizagem de informação verbal repetitiva e a significativa.

Apesar de as diferenças entre ambos os tipos de conhecimento conceitual serem mais sutis (Pozo, 1992, 1996a), para o tema que aqui nos ocupa bastaria des-

QUADRO 4.2
Diferenças entre fatos e conceitos como conteúdos da aprendizagem

	Fato	Conceito
Consiste em	Cópia literal	Relação com conhecimentos anteriores
É aprendido	Por revisão (repetição)	Por compreensão (significado)
É adquirido	De uma vez	Gradualmente
É esquecido	Rapidamente sem revisão	Lenta e gradualmente

Pozo, 1992

tacar que os fatos e os dados são aprendidos de modo literal, consistem em uma reprodução exata, na qual o aprendizado não contribui com nada além do esforço de repetir, enquanto os conceitos são aprendidos estabelecendo relações com os conhecimentos prévios que se possui. Assim, a aquisição de fatos e dados tem um caráter de tudo ou nada. Ou o aluno sabe qual é o símbolo químico do cádmio ou não sabe. Em compensação, sobre os conceitos não se sabe "tudo ou nada", senão que é possível entendê-los em diferentes níveis. Enquanto o aprendizado de fatos somente admite diferenças "quantitativas" ("sabe" ou "não sabe"), o aprendizado de conceitos é caracterizado pelos matizes qualitativos (não se trata tanto de saber se o aluno compreende ou não, mas de "como" compreende). Esta será uma característica muito importante da aprendizagem de conceitos a ser considerada na avaliação. Se é necessário expor atividades diferenciadas para ensinar fatos e conceitos (ver Garcia Madruga, 1990; Pozo, 1992), igualmente importante é diferenciar, na avaliação, quando o aluno aprendeu algo como um fato e quando como um conceito. De modo muito resumido, o Quadro 4.3 sugere algumas precauções que podem ser tomadas na avaliação para impedir que a aprendizagem de conceitos seja tratada como uma aprendizagem de fatos.

A maior parte dessas ideias está dirigida a avaliar a aprendizagem conceitual com critérios abertos ou flexíveis, em vez de fazê-lo em termos de respostas corretas ou incorretas. O aprendizado de fatos ou de dados é um processo que não admite graus intermediários; se não estão dadas as condições adequadas (de motivação, prática e quantidade restrita de material), não se aprende. Por outro lado, o processo de compreensão é gradual; é praticamente impossível conseguir uma compreensão ótima (similar à que teria um especialista) na primeira vez em que nos deparamos com um problema (por exemplo, entender como funciona um micro-ondas ou como ocorre a combustão). Se dirigirmos nossos esforços para a compreensão e não apenas para o aprendizado de dados (por exemplo, quanto tempo é preciso cozinhar o macarrão ou as verduras ou quais substâncias são inflamáveis e quais não), pouco a pouco vamos compreendendo que tipo de materiais podemos usar com o micro-ondas e como devemos usá-los, ou quais precauções devemos ter ao aquecer um líquido determinado. Cada novo ensaio ou tentativa pode nos proporcionar uma nova compreensão do fenômeno um pouco mágico do cozimento no micro-ondas ou nos ajudar a entender que, no caso da combustão do álcool, é melhor não fazer nenhum ensaio. Este caráter

> **QUADRO 4.3**
> **Alguns critérios para diferenciar entre fatos e conceitos durante o processo de avaliação**
>
> - Evitar perguntas e tarefas que permitam respostas reprodutivas, ou seja, evitar que a resposta "correta" apareça literalmente incluída nos materiais e atividades de aprendizagem.
> - Na avaliação, procurar situações e tarefas novas, pelo menos em algum aspecto, exigindo do aluno que generalize seus conhecimentos para uma nova situação.
> - Avaliar no começo das sessões ou dos blocos temáticos os conhecimentos prévios dos alunos, ativando suas ideias e trabalhando a partir delas.
> - Valorizar as ideias pessoais dos alunos, promovendo o uso espontâneo de sua terminologia, treinando-os em parafrasear ou explicar as coisas com suas próprias palavras.
> - Valorizar as interpretações e conceitualizações dos alunos que se afastam ou desviam da ideia aceita. Esta valorização deve ser feita não apenas antes, mas também depois da instrução.
> - Utilizar técnicas "indiretas" (classificação, resolução de problemas, etc.) que tornem inútil a repetição literal e acostumar os alunos a que se aventurem a usar seu conhecimento para resolver enigmas, problemas e dúvidas, em vez de encontrar a solução fora deles mesmos (no professor, no livro, etc.).
>
> Pozo, 1992

gradual da compreensão tem consequências importantes para a seleção e para o sequenciamento dos conteúdos conceituais no currículo. Se, por exemplo, o aluno estuda a combustão no ensino fundamental e no ensino médio a estuda novamente, é preciso estabelecer níveis de exigência diferentes em uma e em outra etapa educacionais. Mesmo que em ambos os casos estude o mesmo conceito e ocorra uma aproximação desejável entre ambos, os conteúdos não podem nem devem ser os mesmos.

Finalmente, os fatos e os conceitos não diferem somente na maneira como são aprendidos, mas também na maneira como são esquecidos. Como assinalávamos antes, o que aprendemos como dado tende a ser esquecido facilmente, assim que deixamos de revisar ou praticar. Esquecemos o número de telefone do restaurante assim que deixamos de frequentá-lo, ou o símbolo químico do laurêncio assim que alguém deixa de nos perguntar insistentemente por ele. Em compensação, esquecemos aquilo que compreendemos de maneira bem diferente. Talvez com o tempo uma parte vá se apagando e nossa compreensão se torne difusa e deformada, mas considerando os princípios que regem a memória ou a recuperação do conhecimento aprendido, o esquecimento não é tão repentino nem tão total quanto na aprendizagem de dados (Pozo, 1996a).

Todas essas características fazem com que a aprendizagem de conceitos seja mais eficaz e duradoura do que a aprendizagem de dados, mas também a tornam mais exigente. Seus resultados são melhores, mas as condições para que se ponha em marcha também são mais difíceis. Como mostrou Ausubel em sua teoria sobre a aprendizagem significativa (Ausubel, Novak e Hanesian, 1978), devem ser cumpridas certas condições para que ocorra a compreensão (ver Figura 4.1)[1].

---

[1] A teoria de Ausubel sobre a aprendizagem significativa pode ser encontrada, desenvolvida por extenso, em Ausubel, Novak e Hanesian (1978) ou em Novak (1977). Apresentações mais resumidas e críticas podem ser encontradas em Garcia Madruga (1990) e em Pozo (1969). Aplicações dessa teoria no eTnsino da ciência são encontradas em Gutiérrez (1987) e em Moreira e Novak (1988). Finalmente, para uma teoria mais atual e complexa da compreensão, veja Kintsch (1998).

```
                    Condições da
                 aprendizagem construtiva
                         |
          ┌──────────────┴──────────────┐
          ▼                             ▼
   Relativas ao material         Relativas ao aprendiz
          |                             |
     ┌────┴────┐                   ┌────┴────┐
     ▼         ▼                   ▼         ▼
Organização  Vocabulário e    Conhecimentos  Predisposição
  interna    terminologia        prévios     favorável para
(estrutura   adaptados ao      sobre o tema  a compreensão
 lógica e       aluno
conceitual
 explícita)
                                              |
                                          Busca do
                                         ┌────┴────┐
                                         ▼         ▼
                                    Significado  Sentido
                                         └────┬────┘
                                              ▼
                                        do que se aprende
```

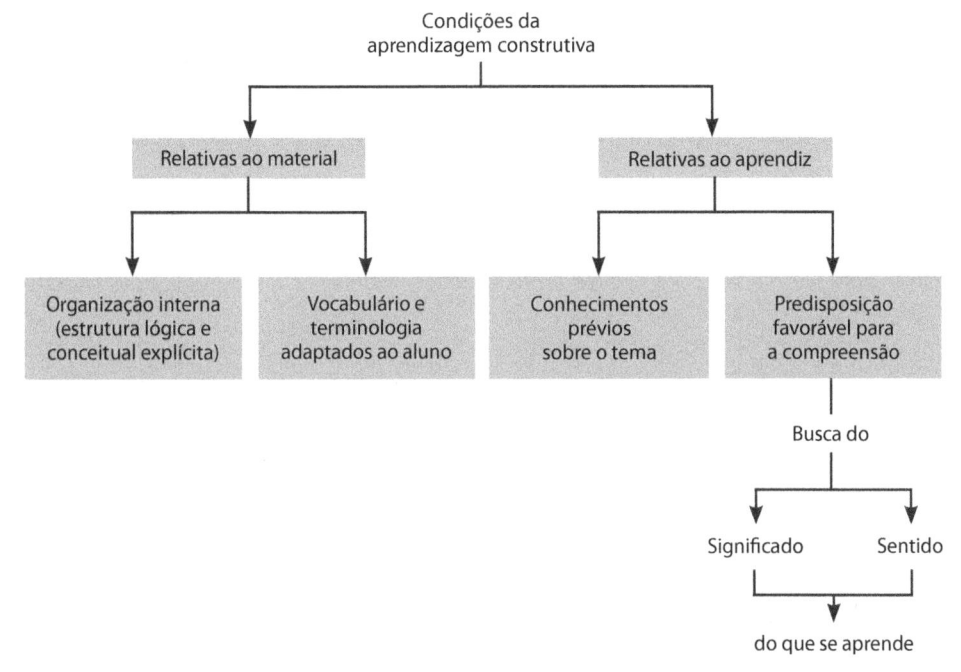

Figura 4.1
Condições ou requisitos para que ocorra uma aprendizagem construtiva.
Ausubel, Novak e Hanesian, 1978

Começando pelas características que o material de aprendizagem deve ter para que possa ser compreendido, a principal exigência é que tenha uma organização conceitual interna, ou seja, que não constitua uma lista arbitrária de elementos justapostos. Quando aprendemos um número de telefone, não existe uma *relação lógica* entre um número e o seguinte, pois a relação entre eles é arbitrária ou casual. Por isso, não é muito sensato perguntar-se por que uma pessoa tem esse número de telefone e não outro. Não há nada para compreender em um número de telefone, é algo arbitrário. A mesma coisa ocorre com alguns materiais de aprendizagem, que embora possam ter uma certa lógica interna (por exemplo, as instruções para programar o vídeo ou para usar um processador de textos), são apresentados como uma mera lista de ações, sem que se explicite a lógica que as rege. Enquanto a limitação mais importante do aprendizado repetitivo de dados seria a quantidade de material apresentado, as restrições para a compreensão dependem mais da organização interna desse material. Só poderão ser compreendidos aqueles materiais que estejam internamente organizados de forma que cada elemento de informação tenha uma conexão lógica ou conceitual com outros elementos, como, por exemplo, a relação entre os símbolos químicos e as iniciais dos nomes em espanhol ou latim; ou, em um nível superior de significado, a organização da tabela periódica não como uma lista arbitrária de elementos, mas como um mapa da estrutura atômica da matéria.

Além de requerer que o material de aprendizagem tenha uma estrutura conceitual explícita, convém que *a terminologia e o vocabulário empregado* não sejam excessivamente novos nem difíceis para o aprendizado. Mas, sobretudo, o material não apenas deve estar organizado em si; ele deve estar organizado para *alunos*, cujos conhecimentos prévios e motivação devem ser levados em consideração. Para que um aprendiz compreenda um material, convém que tenha uma *atitude* favorável à compreensão, o que, como vimos no Capítulo 2, será mais provável se aquilo que mobiliza ou impulsiona o aprendizado do aluno é a motivação intrínseca ou o desejo de aprender, e não a motivação extrínseca ou a busca de recompensas. Em geral, a compreensão requer uma prática mais contínua e, em resumo, mais recursos cognitivos, mais esforço do que simplesmente repassar o material (Alonso Tapia, 1995; Novak e Gowin, 1984; Pozo, 1996a). Compreender algo requer maior envolvimento pessoal, maior compromisso com o aprendizado, do que seguir cegamente alguns passos marcados, obedecendo o mandato de algumas instruções.

O aluno que tenta compreender a explicação de seu professor ou o significado de um dado obtido ao pesquisar a oscilação do pêndulo, tal como vimos no capítulo anterior, tanto quanto o leitor que tenta compreender o sentido deste parágrafo ou deste livro, está realmente *construindo* seu próprio livro ou seu próprio parágrafo, sua própria compreensão da explicação ou do pêndulo, que em algum sentido, por mínimo que seja, será diferente de qualquer outra compreensão alcançada por outra pessoa ou, inclusive, pelo próprio aluno ou leitor em outro momento, porque toda tentativa de dar significado apoia-se não apenas nos materiais de aprendizagem, mas nos *conhecimentos prévios* ativados para dar sentido a esses materiais. Esta é outra condição para que ocorra um aprendizado significativo segundo Ausubel. Nada melhor para ilustrá-lo do que tomar um texto retirado de uma obra de "divulgação científica" bastante conhecida, a *História do tempo*, de Stephen Hawking (1988, p. 158), em que o autor pretende explicar a teoria do *big-bang* sobre a origem do universo:

> Em torno de 100 segundos depois do *big-bang*, a temperatura teria caído para mil milhões de graus, que é a temperatura no interior das estrelas mais quentes. Nesta temperatura, prótons e nêutrons já não teriam energia suficiente para vencer a atração da interação nuclear forte, e teriam começado a combinar-se, juntando-se, para produzir os núcleos de átomos de deutério (hidrogênio pesado), que contêm um próton e um nêutron. Os núcleos de deutério teriam se combinado, então, com mais prótons e nêutrons para formar núcleos de hélio, que contêm dois prótons e nêutrons e também pequenas quantidades de dois elementos mais pesados, lítio e berílio.

Apesar da tentativa de divulgação – e de que, sem dúvida, o texto possui uma lógica interna –, é óbvio que sem consideráveis conhecimentos prévios sobre química e astrofísica, e mesmo com eles, o texto pode ser tão obscuro e denso quanto um buraco negro. Para que haja aprendizado significativo é necessário que o aprendiz possa relacionar o material de aprendizagem com a estrutura de conhecimentos de que já dispõe. Dessa forma, a compreensão de uma explicação ou do texto anterior – seu significado – não depende somente do autor ou do texto em si, mas também do *leitor*, do aluno, de seus conhecimentos conceituais prévios. Cada leitor *constrói* seu próprio livro, assim como cada espectador constrói seu próprio filme ou cada aluno constrói sua própria física, sua própria química ou sua própria biologia.

Portanto, sempre que uma pessoa tenta compreender algo – seja um aluno que tenta compreender a transformação de um líquido em um gás ou seu professor perguntando-se por que esse mesmo aluno não compreende a natureza corpuscular da matéria – precisa ativar uma ideia ou conhecimento prévio que sirva para organizar essa situação e dar-lhe sentido. Contudo, a ativação de conhecimentos prévios, mesmo sendo necessária para a compreensão, não garante um aprendizado adequado dos novos conceitos apresentados. O objetivo do aprendizado significativo é que, na interação entre os materiais de aprendizagem (o texto, a explicação, a experiência, etc.) e os conhecimentos prévios ativados para dar-lhe sentido, esses conhecimentos prévios sejam modificados, fazendo surgir um novo conhecimento; contudo, com maior frequência do que a explicação ausubeliana do aprendizado significativo faria supor, quando os alunos tentam compreender uma nova situação a partir de seus conhecimentos prévios, o que *muda é* essa nova informação, que é interpretada em termos dos conhecimentos prévios, sem que eles sofram praticamente nenhuma modificação.

Este é um dos problemas fundamentais para a aprendizagem da ciência, que abordaremos em detalhe no próximo capítulo. Os alunos, como qualquer um de nós, interpretam qualquer situação ou conceito que lhes for apresentado a partir de seus conhecimentos prévios, sua física, química ou biologia pessoal ou intuitiva. E, como consequência disso, o ensino da ciência praticamente não muda esses conhecimentos prévios, a partir dos quais os alunos interpretam os conceitos científicos que lhes são ensinados, visto que, em vez de reinterpretar seus conhecimentos prévios em função dos conceitos científicos, costumam fazer o contrário: assimilar a ciência aos seus conhecimentos cotidianos. Assim, quando estudam a noção newtoniana de força, assimilam-na à sua ideia intuitiva de força, que vem a ser o agente causal de todo movimento, e em vez de modificar esta ideia, dão um sentido diferente a todos os conceitos da mecânica clássica (força, movimento, inércia, etc.), o que torna impossível uma compreensão adequada desses conceitos. Como veremos no Capítulo 7, os *princípios* ontológicos, epistemológicos e conceituais a partir dos quais os alunos elaboram sua física intuitiva – todo movimento implica uma causa, as relações causais são lineares e unidirecionais – são radicalmente diferentes daqueles subjacentes à física que lhes é ensinada – o movimento não precisa ser explicado, mas, sim, a mudança em sua quantidade, ele é produto de uma interação dentro de um sistema de forças –, o que torna a compreensão muito difícil. A mesma coisa ocorre no caso da química. Quando se explica ao aluno a noção de movimento intrínseco das partículas, ele assimila isso à sua própria concepção intuitiva, de modo que acaba assumindo que as partículas se movimentam somente quando apresentam um movimento aparente, como no caso dos gases e de alguns líquidos, mas não quando sua aparência é estática (Gómez Crespo, 1996; também Capítulo 6), o que o impede de compreender a teoria cinético-molecular, uma vez que, novamente, esta teoria apoia-se em princípios (interação, sistema, equilíbrio) muito afastados daqueles que implicitamente são subjacentes às suas próprias intuições (não há movimento sem causa, as causas atuam linear e unidirecionalmente, etc.).

De fato, a resistência dos conhecimentos prévios a modificar-se como consequência da instrução e a tendência a assimilar os aprendizados escolares às próprias intuições foram objeto de inúmeras pesquisas nos últimos anos no âmbito da didática das ciências e constituem, sem dúvida nenhuma, o enfoque de estudo atualmente predominante. O interesse deslocou-se das condições e dos processos do aprendizado significativo para a natureza e os conteúdos desses conhecimentos prévios e para a forma como eles podem ser modificados. A aprendizagem significativa deu lugar ao estudo da *mudança conceitual*, entendida como a modificação desses conhecimentos prévios dos alunos.

A pesquisa sobre os conhecimentos prévios dos alunos, sua física, química ou biologia intuitiva, desenvolveu-se consideravelmente nos últimos 20 anos. Hoje, temos dados abundantes sobre as concepções que os alunos possuem para interpretar grande parte dos fenômenos e conceitos estudados nas diversas áreas da ciência. De fato, o número de estudos já é enorme (Pfundt e Duit, 1994) e há, inclusive, diversos *catálogos* ou monografias sobre as ideias dos alunos nessas áreas, nos quais é possível encontrar uma descrição detalhada das concepções mantidas por eles e das técnicas que podem ser utilizadas para estudá-las ou avaliá-las (por exemplo, Driver, Guesne e Tiberghien, 1985; Driver et al., 1994; Hierrezuelo e Montero, 1991; Osborne e Freyberg, 1985; Pozo et al., 1991; ou também, de modo sintetizado, o número 7 da revista *Alambique*, dedicado monograficamente às ideias dos alunos sobre a ciência e sua influência no aprendizado).

Além dessas recopilações ou catálogos de ideias, foram feitas diversas tentativas de caracterizar essas concepções, de interpretá-las (por exemplo, Black e Lucas, 1993; Chi, 1992; Furió, 1996; Wandersee, Mintzes e Novak, 1994; Pozo, 1996b; Pozo et al., 1992; Vosniadou, 1994a). Estas diversas interpretações, apesar de apresentarem traços em comum, como sua adscrição ao enfoque construtivista da educação, diferem em muitos pontos essenciais. Para começar, não entram em acordo sequer quanto *ao nome da coisa*. Há mais de 10 anos Giordan e De Vecchi (1987) encontravam 28 formas diferentes de identificar esses conhecimentos prévios dos alunos. Desde então, certamente floresceram outras tantas maneiras, que refletiram, possivelmente, outras tantas formas de interpretá-las.[2] De fato, as características que foram atribuídas a essas ideias ou concepções variam levemente de um autor para outro. Contudo, em geral assume-se que se trata de concepções muito *persistentes* (elas mantêm-se mesmo após muitos anos de instrução), *generalizadas* (são compartilhadas por pessoas de diversas culturas, idades e níveis educacionais), de caráter mais *implícito* do que explícito (os alunos as utilizam, mas muitas vezes são incapazes de verbalizá-las), relativamente *coerentes* (uma vez que o aluno as utiliza para enfrentar situações diversas) e em alguns casos guardam uma notável semelhança com concepções já superadas na própria história das disciplinas científicas.

Contudo, nem todas as concepções estudadas apresentam essas características na mesma medida; inclusive, no caso de algumas é mesmo improvável que seja possível atribuir-lhes a maior parte delas. Por isso, em vez desta caracterização global, tentaremos uma análise pormenori-

---

[2] Na verdade, essas diversas denominações não são intercambiáveis entre si. Assim, quando se fala de ideias ou conceitos prévios, isso equivale a colocar o acento em que eles antecedem a verdadeira aprendizagem; por sua vez, quando são denominadas ciência intuitiva, está sendo destacada sua entidade epistemológica. Um dos nomes mais comuns da *coisa* há alguns anos, "concepções errôneas", caiu, afortunadamente, em desuso, ao mesmo tempo em que entrava em crise o modelo de mudança conceitual por conflito cognitivo que o sustentava, o qual, como veremos no próximo capítulo, estava dirigido a erradicar ou substituir essas concepções errôneas por outras cientificamente corretas. De nossa parte, apesar dessas nuanças, e eludindo os rótulos com significado ainda mais duvidoso, utilizaremos genericamente os termos "concepções alternativas" ou "conhecimentos prévios" como sinônimos, embora na próxima seção, ao analisar os diversos níveis representacionais nos quais podem ser analisadas estas concepções, vamos nos referir a elas também como "teorias implícitas", dando a esse termo um sentido preciso.

zada da *ciência intuitiva* dos alunos. Assim, nas páginas que ainda restam deste capítulo tentaremos indagar a natureza e a origem dessas concepções alternativas, procurando compreender por que são tão resistentes a qualquer mudança conceitual. No próximo capítulo, vamos nos centrar nos mecanismos por meio dos quais é possível fomentar essa mudança, que formariam, junto com a mudança de atitudes e procedimentos das quais nos ocupamos em capítulos anteriores, um modelo de aprendizado/ensino das ciências baseado na integração e reestruturação desses conhecimentos prévios no marco das teorias científicas. Os capítulos seguintes desenvolvem ou ilustram esse modelo no aprendizado da química (Capítulo 6) e da física (Capítulo 7).

A ORIGEM DAS CONCEPÇÕES ALTERNATIVAS

Talvez alguns leitores estejam pensando que os problemas identificados no aprendizado de procedimentos e atitudes em capítulos anteriores já eram obstáculos suficientes para o ensino da ciência e que não era preciso ter de lutar também com a existência de concepções alternativas firmemente arraigadas e opostas ao conhecimento científico estabelecido. Talvez, nestas alturas, a crise da educação científica que foi descrita no primeiro capítulo comece a adquirir aparência de catástrofe, e algum leitor talvez já esteja se perguntando não por que os alunos não aprendem ciência, senão como é possível que às vezes aprendam. De fato, o panorama não é tão denso. As concepções alternativas não são um problema a mais, e sim uma outra manifestação do mesmo problema, que tem dimensões atitudinais, procedimentais e conceituais: a desconexão entre o conhecimento que os alunos geram para dar sentido ao mundo que os rodeia, um mundo de objetos e pessoas, e o conhecimento científico, infestado de estranhos símbolos e conceitos abstratos referentes a um mundo mais imaginário do que real. Enquanto o conhecimento conceitual que os alunos trazem para a aula – e com ele suas atitudes e procedimentos – refere-se ao mundo cotidiano, um *mesocosmos* traçado pelas coordenadas espaço-temporais do aqui e agora, a ciência que lhes é ensinada transcorre mais na "realidade virtual" do *microcosmos* (células, partículas e outras entidades mágicas e não observáveis) e do *macrocosmos* (modelos idealizados, baseados em leis universais, não vinculados a realidades concretas, mudanças biológicas e geológicas que são medidas em milhares, em milhões de anos, sistemas em interação complexa, etc.). Somente uma relação entre esses diferentes níveis de análise da realidade, baseada justamente em sua diferenciação, pode ajudar os alunos a compreender o significado dos modelos científicos e, é claro, a interessar-se por eles. Para isso, é necessário compreender como os alunos se aproximam desse mundo de objetos e pessoas que se agitam ao seu redor, mostrando que essa aproximação requer não apenas procedimentos e atitudes, mas também conceitos bem diferentes dos exigidos pelo aprendizado da ciência.

De fato, a existência de ideias ou concepções prévias bastante arraigadas não é algo que afete exclusivamente os alunos e o aprendizado da ciência. Apesar de, talvez, esta ser a área em que essas ideias mais têm sido pesquisadas, todos nós possuímos ideias ou teorias informais sobre todos aqueles domínios do *mesocosmos* que afetam nossa vida cotidiana. Não apenas há uma física, uma química ou uma biologia *intuitivas*. Há também um conhecimento informal sobre o mundo social e histórico (Carretero, Pozo e Asensio, 1989; Carretero e Voss, 1994; Rodrigo, 1994), uma matemática intuitiva

(Kahneman, Slovic e Tversky, 1982; Pérez Echeverría, 1994; Resnick e Ford, 1981), um conhecimento intuitivo ou implícito no uso das tecnologias (Norman, 1988) ou na produção artística (Gardner, 1982; Eisner, 1985), para não falar da psicologia intuitiva que todos, professores e alunos, utilizam para dar sentido à sua prática cotidiana nas aulas e que é tão resistente à mudança – talvez até mais – quanto a física ou a química intuitivas (por exemplo, Pozo e Scheuer, 1999; Pozo et al., 1998).

Em qualquer domínio que seja relevante para nós, por afetar nossa vida cotidiana, teremos ideias que nos permitem *prever e controlar* os acontecimentos, aumentando nossa adaptação a eles. Essas funções de prever e controlar o entorno imediato têm um alto valor adaptativo em todas as espécies, mas se multiplicam nos seres humanos graças à aprendizagem e à cultura (Pozo, 1996a). De fato, podemos dizer, de acordo com a psicologia evolutiva, que esta necessidade de prever e controlar começa no berço. Segundo hipóteses muito recentes e sugestivas, os bebês já dispõem, praticamente a partir do nascimento, de verdadeiras ideias ou teorias sobre o mundo dos objetos e das pessoas (Karmiloff-Smith, 1992). Inclusive há quem acredite que eles já "nascem sabendo" muitas dessas ideias (Mehler e Dupoux, 1990), ainda que isso possa suscitar algum debate (Pozo, 1994). O que está fora de dúvida é que para prever e controlar o movimento dos objetos que compõem seu *mesocosmos* os bebês precisam de *teorias* que possam prever e controlar sua conduta. Por isso, também não é estranho que, sem necessidade de instrução formal e, inclusive, praticamente sem ajuda cultural, as pessoas estejam dotadas desde muito cedo para aprender sobre o mundo e extrair conhecimento sobre ele, recorrendo a mecanismos de *aprendizagem implícita* (Berry, 1997; Pozo, 1996a; Reber, 1993) que nos permitem detectar e extrair as regularidades que existem em nosso *mundo sensorial* e que constituem a primeira e mais sistemática fonte na origem das nossas concepções espontâneas a respeito do mundo. Contudo, outras concepções têm uma *origem cultural*, uma vez que são formatadas nos jogos de linguagem próprios de cada cultura. Finalmente, outras ideias surgem nas salas de aula, têm uma *origem escolar* no uso mais ou menos acertado de metáforas e modelos que acabam impregnando o pensamento dos alunos. As concepções deles têm, portanto, uma origem sensorial, cultural e escolar que determina em boa medida a natureza representativa dessas ideias (Pozo et al., 1991; Russell, 1993).

Origem sensorial: as concepções espontâneas

Boa parte dessas concepções alternativas seriam formadas de modo espontâneo, na tentativa de dar significado às atividades cotidianas, e seriam baseadas essencialmente no uso de regras de inferência causal aplicadas sobre dados colhidos – no caso do mundo natural – por meio de processos sensoriais e perceptivos. Cada vez que enfrentamos um novo acontecimento, ou seja, algo moderadamente discrepante das nossas expectativas, iniciamos uma procura causal com a finalidade de encontrar informação que nos permita predizer e controlar esse acontecimento. A origem dessas buscas é sempre um *problema* (tal como foi caracterizado no Capítulo 3). Nem toda situação imprevisível é um problema; é necessário, também, que tenha uma certa relevância, uma influência em nossa vida cotidiana ou um interesse particular para que alguém viva uma situação como um problema (Pozo e Gómez Crespo, 1994). Quando isso ocorre, quando um objeto não se comporta como esperamos, quando ocorre esse imprevisto, em nossa vida cotidiana costumamos recorrer a certas regras simplificadoras que identificam as causas mais prováveis e frequentes, reduzindo a complexidade do mundo sensorial a alguns poucos elementos destacados, eliminando o *ruído* de tantos fatores irrelevantes.

Em vez de fazer uma análise sistemática e rigorosa de possíveis variáveis, como faríamos se estivéssemos desenvolvendo uma pesquisa científica, reduzimos o espaço de busca por meio de um atalho cômodo, que nos facilita uma solução aproximada. Embora essas regras tenham um alto valor adaptativo (proporcionam soluções imediatas e frequentemente acertadas com um escasso esforço cognitivo), às vezes levam a erros ou "falsas soluções", como mostram os exemplos de concepções alternativas apresentados no Quadro 4.4 como exemplo das regras associativas que regem nosso pensamento causal cotidiano (Pozo, 1987):

– A *semelhança* entre causa e efeito ou entre a realidade que observamos e o modelo que a explicaria.
– A *contiguidade espacial* e, se for possível, o contato físico entre causa e efeito.
– A *contiguidade temporal* entre a causa e o efeito, que devem suceder-se de modo próximo não apenas no espaço, mas também no tempo.
– A *covariação qualitativa* entre causa e efeito. As variáveis relevantes serão aquelas que ocorrem sempre que se produz o efeito.
– A *covariação quantitativa* entre causa e efeito, de modo que um aumento da causa produza um aumento proporcional do efeito, e vice-versa.

Essas regras estariam muito vinculadas ao funcionamento do sistema cognitivo humano como processador de informação com recursos limitados (por exemplo, atencionais) e que, portanto, restringe o espaço de busca perante uma situação de incerteza. Normalmente, funcionariam de modo mecânico ou inconsciente, teriam uma natureza implícita e coincidiriam basicamente com as leis da aprendizagem associativa (Pozo, 1989, 1996a). Seriam *regras heurísticas*, aproximativas, com um caráter probabilístico, e não exato, que utilizaríamos com a finalidade de simplificar as situações e aumentar nossa capacidade de previsão e controle sobre elas, apesar de terem um escasso poder explicativo, uma vez que se limitam a *descrever sequências prováveis* de acontecimentos.

Apesar de que possivelmente seriam utilizadas em todos os domínios do conhecimento, aparecem principalmente em nossas teorias sobre o funcionamento do mundo natural. Como vemos nos exemplos do Quadro 4.4, boa parte da nossa física e química intuitivas, mas também das nossas ideias sobre a saúde e a doença, apoiam-se neste tipo de regras. Um traço característico delas é que apresentam uma universalidade maior, através de culturas e idades, que os outros tipos de ideias que serão analisadas a seguir. Outro traço característico é que geralmente são conhecimentos mais implícitos do que explícitos. Muitas vezes é algo que sabemos fazer, mas dificilmente dizer, verbalizar. Boa parte das ideias dos alunos não são conhecimentos conceituais, mas "teorias em ação", regras de atuação, verdadeiros procedimentos (Karmiloff-Smith, 1992; Pozo et al., 1992).

Origem cultural: as representações sociais

Diferentemente das regras que acabamos de analisar, estas concepções teriam sua origem não tanto na interação direta, sensorial, com o mundo, mas no

QUADRO 4.4
Alguns exemplos da utilização de heurísticas ou regras simplificadoras na formação das concepções espontâneas

Regra	Exemplos
Semelhança entre causa e efeito	– Se está calor, tiramos a roupa, uma vez que a roupa "esquenta". – Se meu estômago dói, é por alguma coisa que comi (mas talvez não seja isso). – Se a água é úmida, as partículas de água também serão úmidas. – Os átomos de cobre terão a mesma cor que o metal: avermelhado. – Se um sólido está visivelmente quieto, as partículas que o compõem também estarão imóveis. – Se uma planta "transpira" é porque está suando.
Contiguidade espacial	– Se ouvimos um barulho na parte traseira do carro, é razoável procurar pela causa ali. – As lâmpadas que estão mais perto da pilha em um circuito em série brilharão com mais intensidade do que aquelas que estão mais afastadas. – A água condensada nas paredes de um copo é água que se infiltra através das paredes. – A poluição afeta somente as cidades, uma vez que no campo se respira ar puro.
Contiguidade temporal	– Se temos dor de cabeça ou de estômago, a razão é a última coisa que fizemos ou que comemos. – A forma das montanhas deve-se à erosão, e não aos movimentos geológicos. – Se alguém está bravo conosco, buscaremos alguma ação recente nossa que possa tê-lo incomodado. – Se nosso bonsai seca, deve ser porque na semana passada fez muito calor (embora tenham adubado sua terra há dois anos).
Covariação qualitativa entre causa e efeito	– Se cada vez que tenho febre e dor de cabeça tomo um antibiótico, por mais que os médicos digam o contrário, vou acreditar que os antibióticos curam a gripe. Se, em compensação, o médico receita um antibiótico que devo continuar tomando durante uma semana, assim que pararem a febre e a dor, deixo de tomá-lo, porque se não há sintomas, não há doença. – Se fizermos com que as coisas funcionem com eletricidade, vamos solucionar o problema do meio-ambiente, independentemente de como essa eletricidade for obtida. – Quando se escuta um trovão é porque há um raio. – Se um corpo se move, tem uma força. – Muitas ideias supersticiosas e rituais extravagantes são baseados também nesta regra. Por exemplo, apertamos quatro teclas para conseguir que apareça o texto na tela, sendo que, na verdade, bastava apertar uma delas.
Covariação quantitativa	– Se temos uma panela com água fervendo e aumentamos a intensidade do fogo, muita gente acredita que aumenta a temperatura da água. – Para aquecer mais rapidamente a casa, geralmente aumenta-se ao máximo a temperatura no termostato. – Interpreta-se que, quanto maior velocidade tenha um corpo, maior é a força adquirida. – Os alunos acreditam que a velocidade de queda dos objetos aumenta com o peso, uma vez que os objetos, todo mundo sabe, caem pelo próprio peso.

entorno social e cultural, de cujas ideias o aluno estaria impregnado. A cultura é, entre muitas outras coisas, um conjunto de crenças compartilhadas por alguns grupos sociais, de maneira que a educação e a socialização teriam entre suas metas prioritárias a assimilação dessas crenças por parte dos indivíduos. Dado que o sistema educacional não é, hoje em dia, o único veículo – às vezes, sequer é o mais importante – de transmissão cultural, os alunos chegariam às salas de aula com crenças socialmente induzidas sobre inúmeros fatos e fenômenos. Há certos modelos, como o modelo do contágio na transmissão de doenças, ou os modelos de gasto e consumo (de energia, de recursos naturais, etc.), que aparecem de modo recorrente em nossa cultura, seja por transmissão oral, seja apresentados pelos meios de comunicação, que na sociedade da informação desempenham uma função cada vez mais relevante na *difusão* de certas concepções alternativas, seja em sua tentativa de divulgação ou, inclusive, por meio da publicidade que nos oferece detergentes com *bioálcool* ou geladeiras com *frigorias*.

Também há conceitos que possuem um significado diferente na linguagem cotidiana e nos modelos científicos. Assim, os conceitos de calor e temperatura são utilizados na vida cotidiana quase como sinônimos, enquanto seu significado para a ciência é muito diferente. Ou, como veremos no Capítulo 7, a energia é utilizada na vida cotidiana com um significado difuso, mas assumido por todos, que é bem diferente do nítido significado que este conceito tem para a física.

O estudo das *representações sociais* realizado por psicólogos sociais como Moscovici (1976; Farr e Moscovici, 1984) sugere de que maneira esses tipos de concepções culturais são difundidas e adquiridas, por meio de processos de esquematização (que levam a que as teorias científicas, ao divulgar-se, fiquem reduzidas a certos esquemas simplificados, usualmente reduzidos a uma imagem), de naturalização (que levam a que essas concepções, em vez de serem concebidas como construções sociais, passem a fazer parte da realidade) e de interiorização ou assimilação (por meio dos quais cada indivíduo se apropria desses produtos culturais, tornando-os seus) – para mais detalhes desses processos, ver Paéz e colaboradores, 1987; Rodrigo, Rodríguez e Marrero, 1993.

Em resumo, ao transformar-se em conhecimento social, ao tornarem-se públicos, esses conceitos adaptam-se aos esquemas e regras de conhecimento simplificadores que acabamos de analisar. De fato, esses modelos estão bastante vinculados às regras anteriores (na medida em que significativamente tendem a respeitá-las), mas sua origem é mais linguística e cultural, o que faz com que, ao contrário das anteriores, muitas vezes possam ser verbalizados com mais facilidade. Em compensação, é mais difícil transformá-los em pautas de ação. São modelos muito frequentes em certas áreas do conhecimento biológico que são culturalmente significativas, mais próximas das dimensões do mesocosmos (ideias sobre saúde e doença, nutrição, reprodução, mas também as relações com o meio ambiente, o clima, etc.).

Outro traço característico da aprendizagem da ciência em nossa sociedade, como vimos no primeiro capítulo, é que em vez de ter que procurar ativamente informação para alimentar nossa ânsia de prever e controlar, estamos sendo empanturrados, sobrealimentados com informação. Em nossa cultura, a informação flui de modo muito mais dinâmico, mas também muito menos organizado. O aluno é bombardeado por diversos canais de comunicação que proporcionam, praticamente sem qualquer filtro, conhecimentos supostamente científicos que, contudo, podem ser pouco congruentes entre si. Nesse sentido, caberia esperar que a escola, em vez de se considerar como a única fonte de informação científica, servisse para integrar ou reinterpretar essas diversas fontes, permitindo, também, um uso mais discriminativo ou reflexivo delas. A aceitação acrítica de toda informação científica apresentada por canais de divulgação pode produzir mais ruído ou confusão do que conhecimento, quando não se sabe filtrar de maneira adequada essa informação por meio dos conhecimentos conceituais e procedimentais adequados. Assim, o aluno habituado a escutar que os detergentes têm bioenzimas ou a assistir fascinantes espetáculos audiovisuais, guerras galácticas nas quais se escutam em som estereofônico explosões no espaço vazio interestelar, pode precisar que a escola proporcione uma reinterpretação dessas informações questionáveis, e não do desprezo do mundo acadêmico pela trivialidade e pelo engano dessa cultura *fast-food*. A escola deve ajudar a reconstruir o saber cultural, mas, em vez disso, frequentemente não é mais do que uma outra fonte de ideias confusas e concepções alternativas.

Origem escolar: as concepções analógicas

Quando se fala das ideias dos alunos geralmente se pensa implicitamente nas duas fontes que acabamos de mencionar, esquecendo, com frequência, a importância dos aprendizados escolares na geração de ideias que vão influenciar, por sua vez, posteriores aprendizados. Esta fonte praticamente só é mencionada para referir-se a possíveis "erros" conceituais dos alunos, cuja origem aparentemente está no próprio ensino recebido. Apresentações deformadas ou simplificadas de certos conceitos levam a uma compreensão errônea, desviada, por parte dos alunos, que não fazem mais do que refletir a informação ou interpretação recebida.

Contudo, com muita frequência as ideias que os alunos obtêm do conhecimento escolar não apenas refletem erros conceituais presentes nos livros didáticos ou nas explicações recebidas. Elas refletem um "erro" didático na forma como lhes são apresentados os saberes científicos. Dado que o conhecimento científico não é apresentado como *diferente* de outras formas de saber, os alunos tendem a assimilar esses conhecimentos escolares às suas outras fontes de "conhecimento científico" sobre o mundo de maneira analógica. A consequência mais direta disso é uma incompreensão da própria natureza do discurso científico, que se confunde e mistura com seu conhecimento sensorial e social. Em outras palavras, os modelos científicos (geralmente referidos a estruturas não observáveis do macrocosmos ou do microcosmos) misturam-se, tornam-se difusos, naqueles âmbitos do discurso cotidiano (referidos ao mesocosmos) com referenciais comuns. O aluno concebe como análogos sistemas de conhecimento que são complementares, mas diferentes. Assim, como veremos em detalhe no Capítulo 6, à estrutura microscópica da matéria são atribuídas propriedades macroscópicas, e vice-versa. O aluno também confunde o movimento, algo diretamente observável, pertencente ao mesocosmos, com a força, uma entidade não observável; "substancializa" (ou seja, transforma em objeto material, do mundo real) a energia (ver Capítulo 7); confunde o fenótipo (com traços observáveis pertencentes ao mesocosmos) com o genótipo (um conceito que se refere ao microcosmos); acredita que os elétrons fazem voltas por uma *pista* situada em torno do átomo ou que os peixes respiram com pulmões.

Vemos, assim, que por diferentes vias – sensorial, cultural e escolar – os alunos vão adquirindo uma forte bagagem de concepções alternativas firmemente enraizadas – nos sentidos, na linguagem e na cultura, nas tarefas escolares – que, apesar de seu caráter diferente – espontâneo, social ou escolar –, interagem e se misturam, dando lugar a essa *ciência intuitiva* que é tão difícil de modificar nas salas de aula de ciências, inclusive utilizando estratégias deliberadamente projetadas para isso, como veremos no Capítulo 7. Parte das dificuldades para modificar ou mudar essas concepções alternativas vem da sua própria natureza representacional – seu caráter implícito, mas, ao mesmo tempo, altamente organizado, sua funcionalidade no conhecimento cotidiano –, mas outra parte poderia ser consequência do nosso desconhecimento dessa natureza, que tem levado a estratégias didáticas para a mudança conceitual de eficácia duvidosa. Por isso, antes de nos ocuparmos das estratégias didáticas para a mudança conceitual, convém que nos detenhamos em detalhar a natureza dessas concepções alternativas, que, como veremos, constituem autênticas *teorias implícitas*.

AS CONCEPÇÕES ALTERNATIVAS COMO TEORIAS IMPLÍCITAS

Temos visto que essas concepções alternativas que os alunos mantêm quando se deparam com a maior parte dos conceitos e fenômenos científicos não são algo arbitrário ou casual, não são o resultado de um erro, de uma irregularidade ou falha de seu sistema cognitivo; ao contrário, são o produto de um aprendizado que na maior parte dos casos é informal ou implícito e que tem como objetivo estabelecer regularidades no mundo, torná-lo mais previsível e controlável. Além disso, boa parte dessas concepções são também um produto cultural, seja porque constituem representações socialmente compartilhadas, seja porque respondem a uma tentativa de dar sentido a atividades culturalmente organizadas.

Em resumo, as concepções alternativas não são algo acidental ou conjuntural, senão que têm uma natureza *estrutural*, sistemática. São o resultado de uma mente ou um sistema cognitivo que tenta dar sentido a um mundo definido não apenas pelas relações entre os objetos físicos que povoam o mundo, mas também pelas relações sociais e culturais que se estabelecem em torno desses objetos. Não é estranho, portanto, que seja tão difícil livrar-se delas no ensino, dado que constituem boa parte do nosso *senso comum* e, inclusive, da nossa tradição cultural. Contudo, o ensino da ciência, caso pretenda que os alunos compartilhem essas outras produções culturais tão elaboradas que são os modelos e teorias da ciência, precisa superar ou transcender essas representações de primeira mão, um pouco superficiais, que nos oferecem o senso comum e a cultura cotidiana. Para isso, é necessário conhecer um pouco mais sobre como estão organizadas essas concepções alternativas e sobre o que é preciso mudar na chamada mudança conceitual. Trata-se de ideias ou concepções isoladas, desconexas, ou fazem parte de uma trama conceitual mais compacta, de uma *teoria*? Todas as ideias são igualmente persistentes ou resistentes à mudança, ou umas são mais do que outras? O que exatamente é preciso mudar na "ciência intuitiva" dos alunos? E como fazer isso?

Tal como ocorre em outros âmbitos, ao analisar as relações entre o conhecimento científico e o cotidiano em um domínio dado (por exemplo, Pozo, 1994; Rodrigo, 1997; Rodrigo e Correa, 1999) convém diferenciar entre diversos níveis de análise representacional. A Figura 4.2 ilustra esses diferentes níveis de análise. Em um nível mais superficial e, portanto, metodologicamente mais acessível e mais

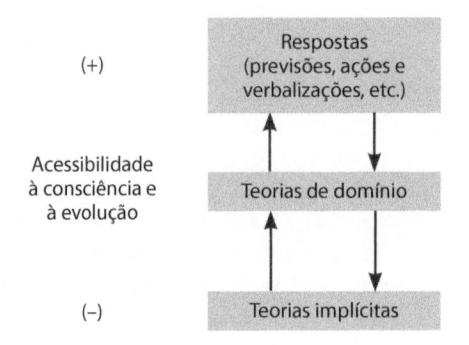

Figura 4.2
Níveis de análise das representações.

fácil de ser explicitado pelo próprio sujeito, estariam as crenças, as previsões, os juízos, as interpretações, etc., que esse sujeito tem sobre as situações e tarefas que enfrenta.

Se perguntamos a um aluno pela trajetória de um objeto durante a queda, pelas causas que fazem os objetos flutuarem na água, ou se pedimos que ele escolha entre as diversas opções de resposta sugeridas na tarefa do Quadro 4.5, estamos ativando previsões, crenças, verbalizações, etc., em resposta à demanda apresentada nessa situação concreta. O aluno pode gerar, com relativa facilidade, uma *representação*, em forma de imagem ou explicitada por meio da linguagem, pode ter acesso, com relativa facilidade, a essa interpretação, e nós, como educadores ou pesquisadores, também. Estamos em um primeiro nível de análise das representações, mais acessível ou imediato, mais fácil de conhecer.

De fato, a maior parte da pesquisa sobre as concepções dos alunos está centrada nesse nível de análise: expor uma tarefa ou um problema que induza nos alunos a ativação de uma representação e assumir que essa representação constitui uma concepção alternativa com as características que víamos algumas páginas atrás (generalização, estabilidade e resistência à mudança, certa coerência, etc.). Contudo, um traço essencial dessas representações, segundo assinalou Rodrigo (1997; Rodrigo e Correa, 1999), é seu caráter situacional. São representações ativadas para uma situação específica, que, em muitos casos, são constituídas ou elaboradas *ad hoc*, em resposta a essas demandas contextuais, sem que estejam necessariamente armazenadas de modo permanente ou explícito no sistema cognitivo. Nesse sentido, responderiam aos traços representacionais dos modelos mentais (Rodrigo, 1997), representações instáveis, ativadas na memória de trabalho. Portanto, embora sejam relativamente acessíveis

---

QUADRO 4.5

Um exemplo de questão de química projetada para estudar as crenças dos alunos sobre o estado de movimento das partículas constituintes de uma substância

Temos um copo cheio de água, quieto sobre uma mesa. Como você acha que estarão, no copo, as partículas que formam a água?

A. Estão sempre paradas, imóveis.
B. Somente vão se mexer se agitarmos o copo.
C. Estão sempre se mexendo.
D. Movimentam-se quando o ar dissolvido na água as empurra.

Pozo e Gómez Crespo, 1991a

à consciência do sujeito, muitas vezes são representações ainda implícitas, uma vez que nem sequer chegaram a constituir-se, pelo uso reiterado, em representações explicitamente presentes no sistema cognitivo do indivíduo. De fato, não podemos assumir que toda representação ativada pelos indivíduos em resposta à demanda de uma tarefa ou de um problema escolar é uma concepção alternativa com as características e a origem que foram descritas anteriormente. Algumas delas possuem um caráter contextual, situacional, enquanto outras, devido à sua maior funcionalidade, devido ao uso reiterado em contextos bem diferentes, têm esse caráter estrutural de que falávamos. Estas últimas são as que exigem uma verdadeira mudança conceitual para serem modificadas.

Para conhecer quais dessas ideias, previsões ou ações possuem um verdadeiro significado, constituindo autênticas alternativas conceituais ao conhecimento científico, é preciso estudá-las não como ideias isoladas, mas como parte de um sistema de conhecimento mais amplo, constituído pelas relações entre essas concepções. Tanto na história da ciência como em sua aprendizagem, a mudança não implica tanto substituir uma ideia por outra quanto modificar as relações entre elas, dado que são elas que determinam seu significado. A nova teoria científica não abandona todas as ideias das teorias precedentes, senão que as reestrutura, muda seu sentido no marco da teoria (Estany, 1990; Thagard, 1992). O mesmo ocorre na aprendizagem da ciência: o que muda não são tanto as ideias isoladas quanto as teorias de que elas fazem parte (Benlloch, 1997; Benlloch e Pozo, 1996). As verdadeiras concepções alternativas são produto de uma *teoria de domínio*, constituída pelo conjunto de representações de diversos tipos ativadas pelos sujeitos diante de contextos pertencentes a um domínio dado.[3]

Essas teorias de domínio seriam menos acessíveis tanto para o pesquisador quanto para os próprios processos de explicitação do sujeito. Assim, a partir de uma série de tarefas em que pedimos a um aluno para prever a trajetória de diversos objetos em movimento, podemos concluir que ele mantém uma teoria para o domínio da cinemática segundo a qual "todo movimento implica uma força equivalente" ou, indo além, podemos chegar a afirmar que esses alunos mantêm uma teoria aristotélica sobre o movimento dos objetos (Driver et al., 1994; Hierrezuelo e Montero, 1991; Pozo, 1987; ver também o Capítulo 7). Porém isso não quer dizer que o aluno mantenha de modo explícito essa teoria de domínio, nem que seja capaz de tornar explícita essa regularidade conceitual que nós inferimos a partir de suas ações e previsões.

Nesse sentido, as teorias de domínio exigem um esforço cognitivo maior e uma quantidade maior de prática para serem explicitadas. Seriam, contudo, representações mais estáveis do que os modelos mentais situacionais (Rodrigo, 1997), uma vez que, como resultado da prática repe-

---

[3] Embora a definição ou delimitação de um *domínio* seja também um assunto complexo, e apesar de variar em função da utilização de critérios epistemológicos, psicológicos ou educacionais, para não complicar ainda mais as coisas para o leitor – e elas já estão bastante complicadas sem isso –, vamos assumir que um domínio está constituído por uma área científica de conhecimento, que, por sua vez, divide-se em subdomínios (dentro da Física, seria possível diferenciar entre mecânica, termodinâmica, eletromagnetismo, etc.). Obviamente, essa delimitação dos domínios não vai coincidir com a organização das concepções alternativas dos alunos, que estariam baseadas em critérios diferentes. Para uma análise mais detalhada do conceito de domínio, ver Hirschfeld e Gelman (1994), Karmiloff-Smith (1992) e Pozo (1994).

tida com situações similares, as teorias de domínio estariam representadas de modo explícito na memória permanente do indivíduo, na forma de um conjunto de regras ou regularidades a partir das quais esses modelos mentais situacionais seriam constituídos. Assim, adotando o modelo desenvolvido por Karmiloff-Smith (1992) sobre os processos de explicitação do conhecimento, diríamos que as teorias de domínio, se bem são implícitas no sentido de ainda não serem acessíveis à consciência do indivíduo, já estão explicitamente representadas na memória (Karmiloff-Smith, 1992). A explicitação seria um processo contínuo que envolveria diversos níveis de redescrição representacional, baseados em códigos com crescente abstração ou formalização. Um conhecimento pode ser explícito sem ser consciente, e pode ser consciente sem ser verbalizável, mas as formas superiores de explicitação implicam a capacidade de redescrever fenômenos ou situações em termos de linguagens e códigos com notável nível de abstração ou descontextualização, como as linguagens das ciências (Lemke, 1993; Mortimer e Machado, 1998). No próximo capítulo vamos analisar com maior detalhe os processos de explicitação ou redescrição do conhecimento na aprendizagem da ciência.

Portanto, se bem as teorias de domínio são menos acessíveis à consciência e mais difíceis de explicitar – uma vez que exigem que se tome consciência de diferentes representações ativadas em contextos diversos – são representações mais estáveis e persistentes que os modelos mentais. É claro que no mesmo indivíduo podem coexistir diversas teorias para um único domínio, ou para subdomínios diferenciados, com diversos graus de consistência interna e estabilidade. Em geral, quanto mais estável for uma teoria de domínio, maior será sua consistência (Pozo e Gómez Crespo, 1997a), de forma que a consistência das teorias alternativas mantidas pelos alunos pode ser um bom índice de sua resistência à mudança.

Por outro lado, segundo a Figura 4.2, as teorias de domínio determinariam as concepções que cada indivíduo ativaria em resposta às demandas específicas de cada situação concreta, cujos traços essenciais, estruturais, seriam dados pela estrutura de suas teorias nesse domínio. Dessa maneira, as teorias de domínio proporcionariam, ou consistiriam, os traços invariáveis dos modelos mentais ativados em diferentes contextos dentro do mesmo âmbito de conhecimento. Mas de onde viria a regularidade das teorias de domínio? Tal como também estabelece a Figura 4.2, as teorias de domínio seriam organizadas ou estruturadas a partir de uma série de supostos implícitos, que constituiriam uma teoria-marco (Vosniadou, 1994a) ou uma *teoria implícita* (Pozo et al., 1992; Pozo e Scheuer, 1999).

As teorias implícitas seriam constituídas, de fato, a partir de um conjunto de regras ou restrições no processamento da informação, as quais determinariam não apenas a seleção da informação processada, mas também as relações estabelecidas entre os elementos dessa informação. Poderíamos dizer que essas teorias seriam uma espécie de *sistema operacional* do funcionamento cognitivo (Rivière, 1997), que, por meio das restrições impostas, formatariam as representações elaboradas pelo indivíduo para um domínio dado, suas teorias de domínio e, em resumo, determinariam a forma como irá processar um cenário concreto. Segundo Vosniadou (1994b), essas teorias-marco, ou supostos implícitos do processamento de informação em certos domínios, seriam constituídas muito precocemente na infância. Assim, no domínio físico, Spelke (1991; Carey e Spelke, 1994) identifica três princípios perceptivos (coesão, contato e contiguidade) que são subjacentes ao processamento que os bebês fazem do movimento dos objetos e que continuariam guiando, posteriormente, as teorias intuitivas da física dos adultos. Esses princípios dariam forma – *formatariam* – às representações que todos temos sobre o movimento dos objetos e acabariam entrando em colisão com os *princípios* subjacentes aos principais conceitos da mecânica newtoniana. Se, tal como foi indicado no começo deste capítulo, o ensino de conceitos científicos deve ajudar a que os alunos compreendam os princípios em que eles são fundamentados, será necessário mudar os princípios, ou supostos implícitos, nos quais, por sua vez, o conhecimento cotidiano ou alternativo se fundamenta, que seriam as teorias implícitas dos alunos.

Uma característica importante das teorias implícitas é que elas teriam um caráter mais geral do que as próprias teorias de domínio, uma vez que as representações ativadas pelos indivíduos em diversos domínios poderiam compartilhar as mesmas restrições de processamento, o mesmo sistema operacional. De fato, esses princípios de contato, contiguidade e coesão podem ser rastreados em diversos outros domínios, dado que, na verdade, são produto de regras gerais no aprendizado implícito, como as que apontávamos algumas páginas atrás ao analisar a origem sensorial de algumas concepções (ver também Pozo, 1987, sobre as relações entre essas regras e o pensamento causal).

Além disso, as teorias implícitas seriam ainda mais estáveis do que as próprias teorias de domínio. Diversas teorias de domínio podem sustentar-se nos mesmos supostos implícitos. Por exemplo, os alunos podem manter diferentes teorias sobre a natureza da matéria, mas todas elas assumem, como supostos implícitos, o caráter contínuo e estático da matéria, determinado pela interpretação dessas situações na forma de relações causais lineares – nas quais toda mudança deve ser consequência da ação imediata de um agente – e de uma analogia entre o modelo (a estrutura corpuscular da matéria) e a realidade que ele representa (a aparência macroscópica dessa mesma matéria) – ver o Capítulo 6.

O aluno pode modificar sua teoria de domínio, mas mantendo os mesmos supostos implícitos. Por exemplo, um aluno pode abandonar a teoria aristotélica sobre o movimento dos objetos e, em seu lugar, assumir uma versão da teoria medieval do ímpeto, sem que isso signifique superar as restrições implícitas no processamento do movimento dos objetos, consistentes, mais uma vez, em assumir uma causa linear entre força e movimento – o que continua impedindo que ele assuma a explicação newtoniana do movimento como produto da interação entre um sistema de forças – e a analogia entre modelo e realidade (quando um objeto está imóvel não existe nenhuma força atuando sobre ele, uma vez que não é percebido nenhum efeito visível). A mudança conceitual radical, concebida como uma reestruturação profunda em um determinado domínio, ocorreria apenas quando mudassem também esses supostos implícitos subjacentes às teorias de domínio, superando as fortes restrições ao processamento impostas pelo próprio sistema cognitivo (Chi, Slotta e De Leeuw, 1994; Pozo, 1999b; Vosniadou, 1994a).

Essas restrições estariam muito vinculadas ao sistema operacional que estaria regendo os mecanismos de aprendizagem implícita quando ocorre o aprendizado explícito necessário para a aquisição de conhecimentos acadêmicos, um sistema muito antigo na filogenia e na ontogenia, pouco flexível e com escasso controle cognitivo, mas muito robusto e com uma grande economia de recursos cognitivos em seu funcionamento (O'Brien-Malone e Maybery, 1998; Pozo, 1996a; Reber, 1993). Apesar de, como veremos no próximo capítulo, a mudança conceitual não ter razão alguma para implicar o afastamento de um sistema com tanto valor pragmático e adaptativo, permitiria superar suas restrições em domínios específicos, gerando novas teorias para esses domínios que transcendessem as restrições impostas pelas teorias implícitas. Mas quais são exatamente as restrições que devem ser superadas para conseguir a mudança conceitual? Quais são as diferenças entre os *princípios subjacentes* às teorias científicas e às teorias implícitas?[4] Existem diversas posturas ou teorias sobre as diferenças entre o conhecimento cotidiano e o científico (por exemplo, Claxton, 1984; Chi, 1992; Pozo e Carretero, 1987; Pozo et al., 1991; 1992; Rodrigo, 1997, Rodrigo e Correa, 1999; Vosniadou, 1994a), das quais podemos extrair três grandes diferenças nos princípios subjacentes às teorias intuitivas e científicas, que seria preciso modificar para conseguir uma compreensão destas últimas. O conhecimento intuitivo ou cotidiano apoia-se em supostos epistemológicos, ontológicos e conceituais radicalmente diferentes dos que são subjacentes às teorias científicas.

---

[4] Obviamente, embora aqui não nos detenhamos nisso, a análise que temos feito das concepções alternativas em três níveis de representação diferentes, mas relacionados entre si, pode ser aplicada também ao próprio conhecimento científico, onde seria razoável diferenciar entre modelos, teorias e princípios. Se não há dúvida de que o conhecimento científico tem um nível de explicitação e estabilidade maior que o conhecimento intuitivo, também aqui cabe diferenciar entre a estabilidade e explicitação das representações em cada um desses níveis do conhecimento científico.

Princípios epistemológicos

Segundo Vosniadou (1994a), entre as teorias científicas e as teorias de domínio mantidas pelos indivíduos existe uma incompatibilidade básica devido a certos supostos epistemológicos impostos pela teoria-marco, ou teoria implícita, ao sistema de crenças dos alunos, os quais não seriam compatíveis com os supostos subjacentes à teoria científica. Esses supostos teriam uma função similar, no conhecimento cotidiano, à dos paradigmas de Kuhn (1962) ou à dos programas de investigação de Lakatos (1978). Ou seja, na hora de gerar representações específicas para prever ou explicar qualquer fenômeno cotidiano – seja a evaporação da água quando ferve, a trajetória de uma bola em movimento ou a melhor maneira de cuidar de uma planta –, nosso conhecimento intuitivo *assume*, de maneira implícita, certos princípios sobre a natureza da realidade e atua conforme eles (por exemplo, que a realidade existe, que há um objeto real aí fora que é uma bola e tem propriedades, é vermelha, grande, pesada e está se movimentando e que o mundo é tal como aparece diante dos nossos sentidos, a bola realmente é vermelha, não é que eu a esteja vendo vermelha, está se movimentando, não é que eu veja que ela se movimenta, etc.). Ou, em outras palavras, as teorias de domínio geradas em cada um desses âmbitos adotariam, de modo implícito e, portanto, acrítico, a forma desses princípios, seriam *formatadas* de acordo com eles.

Segundo Vosniadou (1994a), alguns desses princípios seriam diferentes dos aceitos pelas teorias científicas, que, como vimos no Capítulo 3, não tratam tanto da realidade quanto dos modelos elaborados para dar sentido à realidade. A energia, a força ou o movimento não seriam tanto propriedades absolutas dos objetos, mas relações atribuídas a eles pelos modelos, de maneira que estes podem diferir, e de fato diferem, da realidade percebida. Assim, o movimento e o repouso não são propriedades absolutas dos objetos, embora sensorialmente pareça isso, senão que dependem das relações entre objetos; de fato, embora aparentemente ocorra o contrário, todos os objetos do Universo estão em movimento contínuo, o livro que o leitor tem em suas mãos, e mesmo o próprio leitor, estão se movimentando imperceptivelmente neste momento, navegando a uma velocidade estimável, mas imperceptível *na realidade* sensorial.

Esses diferentes princípios epistemológicos – ou supostos implícitos sobre as relações entre o nosso conhecimento e o mundo – dão lugar, de fato, a diferentes teorias de domínio. Por exemplo, a Figura 4.3 apresenta os supostos em que estão baseadas as teorias dos alunos sobre a força, em contraposição com as teorias científicas. Em nosso conhecimento cotidiano supomos (como veremos no Capítulo 7) que a força é uma propriedade absoluta dos objetos, da mesma maneira que assumimos que a cor ou o peso também são propriedades absolutas desses objetos, e não o produto da relação entre esses objetos e outros. Igualmente, os alunos assumem que o repouso é o estado "natural" dos objetos e que, portanto, todo movimento precisa ser explicado por meio de um agente causal e que os objetos inanimados podem movimentar-se apenas mediante a ação de um agente externo. Dessa forma, estão estabelecendo restrições às suas teorias da força, as quais tornarão impossível a assimilação do modelo newtoniano como um sistema de interação e equilíbrio dentro de um modelo formal. Na mecânica newtoniana, movimento e repouso são dois estados que dependem da interação entre diversas forças, enquanto para o conhecimento cotidiano são duas situações aparentemente diferentes. Na vida diária, quando vemos que um objeto se movimenta buscamos uma explicação em termos de um agente externo, uma força, que tenha causado esse movimento, e quando o movimento termina, assumimos que é porque a força que o impulsionava se esgotou. Essa relação causal direta entre força e movimento tornará impossível a compreensão, por exemplo, do princípio da inércia ou a própria diferenciação entre força e movimento. Da mesma maneira, não concebemos a cor como uma *relação* entre a luz que ilumina o objeto e o olho que o percebe, e sim a consideramos como uma propriedade absoluta, real, desse objeto: esse livro tem a capa vermelha e essa poltrona é azul. Contudo, para uma pessoa daltônica, o livro *não é vermelho*. Temos a tendência de atribuir à realidade propriedades e atributos que não são outra coisa senão o produto da nossa interação cognitiva, da nossa construção mental da realidade.

Vosniadou (1994a) apresenta outros exemplos dos supostos subjacentes às teorias dos alunos em outros domínios, como o calor ou o ciclo dia/noite. Embora não fique claro se essa é ou não uma lista fechada de supostos, comuns a todos esses domínios, ou se os supostos incompatíveis diferem de um domínio para outro, parece haver certos traços globais comuns aos supostos epistemológicos do conhecimento cotidiano em diferentes domínios, como uma certa fé realista segundo a qual o mundo é tal como nós o vemos, e aquilo que não vemos (por exemplo, as forças equilibradas que agem sobre um objeto em repouso aparente) não existe ou, pelo menos, é muito difícil de conceber. De fato, Vosniadou (1994b) afirma que esses supostos são parte de uma "teoria global" da física ingênua, produto tanto de certas predisposições inatas do sistema cognitivo humano quanto do aprendizado

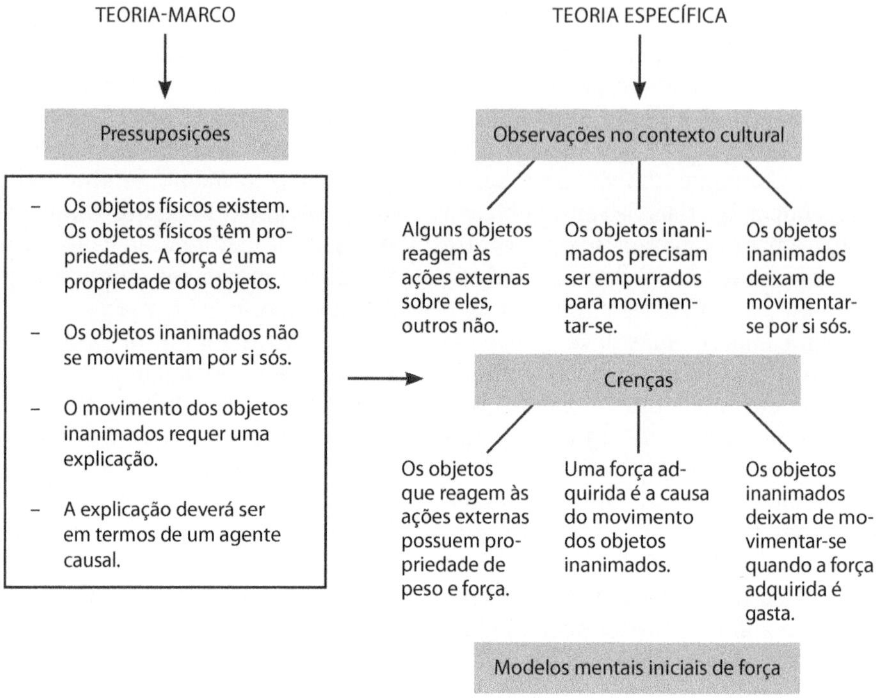

Figura 4.3
Estrutura conceitual hipotética subjacente aos modelos mentais iniciais de força segundo Vosniadou (1994a).

nos contextos culturais da vida cotidiana. Essa teoria implícita diferiria da científica não só em sua forma de conceber o conhecimento, mas também no tipo de entidades que fazem parte da teoria, em sua ontologia.

Princípios ontológicos

Outra teoria sobre a mudança conceitual, desenvolvida por Chi (1992; Chi, Slotta e De Leeuw, 1994), propõe características mais precisas e detalhadas ao conceber que a mudança conceitual se torna necessária quando existe uma incompatibilidade ontológica entre a teoria científica e a teoria mantida pelo aluno. Segundo esse modelo, as pessoas classificam todos os objetos do mundo em um número limitado de categorias ontológicas, às quais são atribuídas propriedades determinadas. Cada vez que interpretamos que um fato ou um objeto pertence a uma determinada categoria ontológica (uma doença, um processo de evaporação ou um pássaro), pelo simples fato de categorizá-lo assim, teremos a tendência de atribuir-lhe uma série de características (se é um pássaro, terá asas e voará, terá bico e plumas, sua reprodução será por ovos, etc.).

Keil (1992) demonstrou que as crianças de 3-4 anos já utilizam essas categorias ontológicas para interpretar o mundo que as rodeia com bastante eficiência e poder de predição, dado que elas permitem atribuir e prever muitas propriedades de objetos ou situações novas a partir da sua atribuição ou categorização em entidades conhecidas. De fato, esta é a utilidade fundamental das categorias e conceitos: tornar mais previsível o mundo, assimilando os fenômenos novos a entidades já conhecidas. Contudo, essa funcionalidade das categorias e dos conceitos provém da sua organização hierárquica. Boa parte das características que podem ser atribuídas a um pássaro provém da sua inclusão em outras categorias mais amplas (ser vivo, animal, vertebrado, etc.). Diante de um animal novo, desconhecido para elas, as crianças de 3-4 anos estudadas por Keil (1992) assumiam que, ao ser um animal, come, bebe, dorme, tem pais, etc. Ainda que algumas dessas atribuições possam acabar sendo erradas em casos concretos (de fato, a engenharia genética pode acabar com algumas das nossas crenças ontológicas mais enraizadas), em termos gerais nossa hierarquia ontológica, em grande medida implícita no processamento, nos ajudará a pôr ordem no mundo.

Porém, como organizamos ontologicamente o mundo? Segundo Chi (1992), na parte mais alta da nossa hierarquia ontológica estariam três categorias fundamentais, subdivididas, por sua vez, em outras categorias menores. Essas três grandes categorias, na teoria de Chi, seriam as de *matéria*, *processos* e *estados mentais* (ver Figura 4.4). Se consideramos que uma coisa é matéria, atribuiremos a ela certas propriedades "materiais" (peso, volume, densidade, cor, etc.); estamos atribuindo uma natureza ontológica *objetiva*, supondo que se trata de um objeto

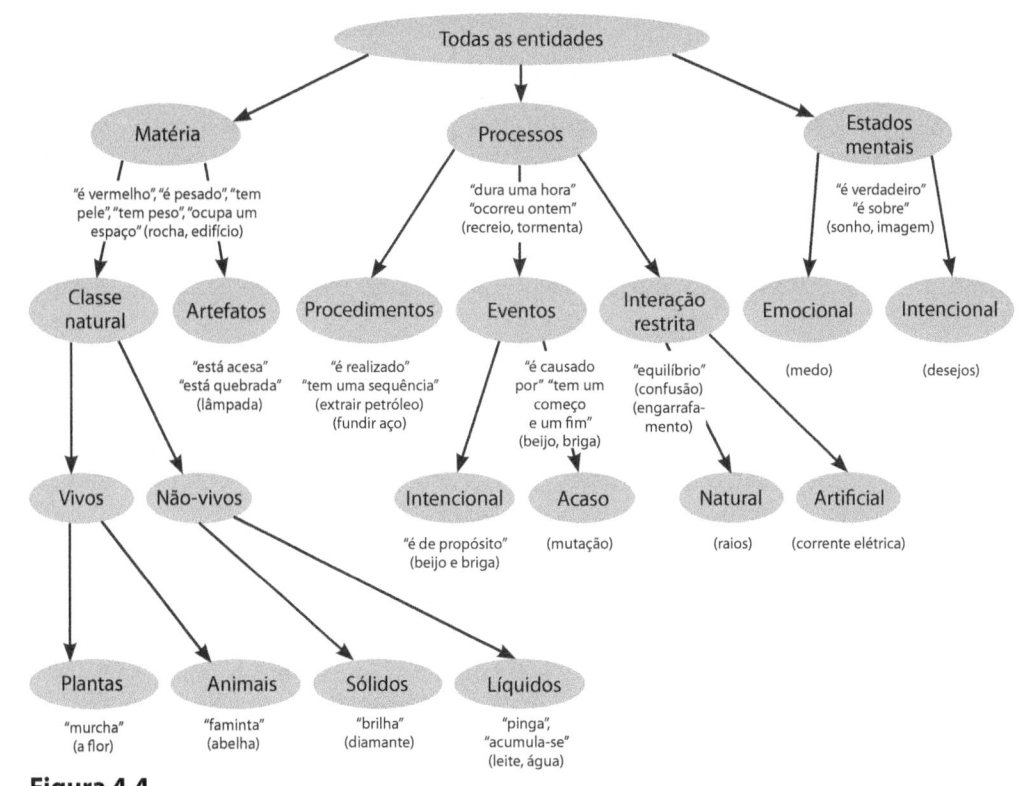

Figura 4.4
Um possível esquema de categorização do mundo segundo Chi (1992). As categorias separadas horizontalmente são ontologicamente diferentes. A mudança conceitual implicaria a passagem de um ramo principal para outro.

existente no mundo. Assim, consideramos que as mesas, as nuvens e os cachorros são matéria de diferente natureza, ou seja, diferenciamos sua natureza material em outras subcategorias (vivo/não vivo, etc.). Ao contrário, interpretar alguma coisa como um processo implica concebê-lo como um fato ou um acontecimento, algo que ocorre no tempo e que pode, por sua vez, ter diferente natureza, como a evaporação, a quebra de um vidro ou uma tormenta. Finalmente, se consideramos algo como um estado mental é que atribuímos isso a um "objeto com mente" (Rivière, 1991), que tem o desejo ou a intenção de fazer alguma coisa.

Para Chi (1992), nossa compreensão do mundo está determinada pelas categorias ontológicas (matéria, processos ou estados mentais) a partir das quais o interpretamos. E modificar nossa compreensão do mundo significa mudar nossas atribuições ontológicas. Se os alunos, como veremos no Capítulo 7, interpretam a energia como matéria – ou seja, substancializam-na, transformam-na em um objeto –, dificilmente poderão entender o princípio de conservação da energia, que requer interpretá-la como um processo de interação. Interpretar a energia ou a força como propriedades materiais é bem diferente de interpretá-las como processos. Assumir que a motivação dos alunos é um "estado mental" é diferente de concebê-la como um processo, resultado das interações produzidas na sala de aula.

Em geral, a mudança conceitual radical será necessária, segundo o modelo de Chi (1992), quando for preciso mudar uma entidade de uma categoria principal para outra. Assim, seria necessária uma reestruturação ontológica para conceber o peso não como uma propriedade da matéria, mas como um processo, uma relação entre a massa de dois corpos, de modo que o peso de um objeto não depende apenas de si mesmo, não é um estado, mas o produto da relação entre duas massas. Quando em um artigo que narra uma expedição para o Himalaia se diz que cada xerpa* carregava "50 quilos" de equipamentos, parece assumir-se que o peso do equipamento é um estado e não um processo, ou seja, uma propriedade material, absoluta, e não uma relação. O mesmo ocorre com outros muitos conceitos científicos, como energia, calor, força, etc., que tendem a ser aceitos pelos alunos. Mas também acontece no conhecimento cotidiano, quando entidades materiais tendem a *se substancializar* ou materializar-se, de modo que se atribuem a elas propriedades da matéria. Como mostrou Viennot (1996), enquanto no conhecimento cotidiano a cor é uma propriedade material atribuída aos objetos, a física da cor requer entendê-la como um processo, uma relação, a resposta perceptiva a uma excitação. Outro tanto poderia ser dito da força, da energia ou mesmo dos diferentes estados de agregação da matéria, que para serem compreendidos com um significado próximo ao da ciência precisam ser entendidos não como propriedades estáticas, mas como processos e, mais especificamente, como processos de interação. Portanto, a evolução na compreensão de um conceito implicaria diversas mudanças em sua atribuição ontológica. Assim, por exemplo, no começo as crianças nem sequer atribuem ao ar propriedades materiais – peso, densidade, volume, etc. (Benlloch, 1997; Carey, 1991; Seré, 1985 – e, portanto, o ar seria para elas uma não-entidade, algo que na verdade é inexistente. Mais adiante elas conseguem compreender a natureza material do ar, e com isso, ao incluí-lo na categoria matéria, atribuem-lhe certas propriedades materiais, como ter peso, ocupar espaço, etc. Para alcançar uma melhor compreensão

---

* N. de R. Etnia da mais montanhosa região do Nepal.

da estrutura material do ar e dos gases em geral, deverão realizar uma nova atribuição ontológica, passando a conceber essas diferentes propriedades como sendo o resultado de um processo de interação entre as partículas. Assim, essas diversas propriedades (peso, densidade, volume, temperatura) fariam parte de um sistema complexo de relações de transformação e conservação (Benlloch, 1997; Benlloch e Pozo, 1996).

Portanto, apesar de segundo Chi (1992) a mudança conceitual ser necessária sempre que for preciso redesignar um fenômeno ou objeto de uma categoria ontológica principal para outra (ou seja, no caso da física e da química, nas quais a partir de certa idade em geral pode ser excluída a interpretação em termos de estados mentais, passar de concebê-lo como matéria a entendê-lo como um processo, ou vice-versa), a verdade é que a maior parte das mudanças conceituais radicais analisadas por Chi, Slotta e De Leeuw (1994) devem-se à dificuldade de reinterpretar certos fenômenos em termos de uma única categoria ontológica subordinada, a de interação. Segundo Chi, Slotta e De Leeuw (1994, p. 32), esta categoria implicaria interpretar um fenômeno em termos de situações de equilíbrio, sem início nem fim, nas quais não é possível identificar uma causa e nas quais vários sistemas estão interagindo simultaneamente (como, por exemplo, compreender a matéria em termos de partículas em contínua interação ou interpretar o calor como um problema de transferência e equilíbrio energético). Perante a tendência cotidiana de interpretar os processos dentro de relações causais lineares e unidirecionais – tal como foi descrito em uma seção anterior deste capítulo, quando abordamos a origem das concepções alternativas –, as teorias científicas geralmente concebem esses processos como um sistema de interações em busca de estados de equilíbrio. Os esquemas de interação desempenhariam uma função muito importante nas teorias científicas, de onde conceitos como energia ou força são entendidos no marco de uma interação dentro de sistemas ou entre eles, um dos esquemas formais analisados no final do Capítulo 3. Não é que o cobertor produza calor, é que reduz o intercâmbio de energia, produzindo um estado de aparente equilíbrio térmico. A força que põe em movimento uma bola não se consome, é que a ação de outras forças reduz a velocidade até levar a bola a um estado de repouso, ou seja, de forças em *equilíbrio*. Ou, inclusive, as relações entre (des)motivação e aprendizado não são unidirecionais e simples, senão que fazem parte de um complexo sistema de interações sociais na sala de aula, como vimos no Capítulo 2.

De fato, é difícil pensar em uma adequada compreensão da maior parte dos conceitos científicos se eles não são interpretados no marco de sistemas de interação. A tendência a substancializar ou materializar boa parte dos conceitos científicos está baseada, portanto, em princípios não apenas epistemológicos e ontológicos, mas também conceituais. Ou, em outras palavras, as diferenças nos princípios epistemológicos e ontológicos entre as teorias científicas e as teorias alternativas traduzem-se, finalmente, em diferenças – mais operacionais ou próximas da prática docente – na *estrutura conceitual* de umas e outras teorias.

Princípios conceituais

Uma diferença essencial entre as teorias cotidianas e as científicas reside na forma como estão estruturados os conceitos em umas e outras. Enquanto as teorias científicas utilizam *esquemas ou estruturas conceituais* próximos aos esquemas operatórios formais de Inhelder e

Piaget (1955), descritos no capítulo anterior (p. 78-79), as teorias implícitas são baseadas em estruturas conceituais muito mais simples, que se opõem em boa medida a esses esquemas formais subjacentes às teorias científicas, razão pela qual o aprendizado da ciência vai exigir, além da mudança epistemológica e ontológica que acabamos de ver, uma mudança nas estruturas conceituais, ou *reestruturação* dos conhecimentos. Dito de outra maneira, o aluno não conseguirá assimilar o conhecimento científico que lhe é apresentado durante as aulas a menos que consiga interpretar a tarefa por meio de um esquema conceitual mais complexo, cujas características são próximas ao pensamento formal piagetiano. O Quadro 4.6 resume as três principais restrições estruturais das teorias implícitas que impedem a assimilação dos conceitos científicos baseados em esquemas ou estruturas formais, que são a maioria. A seguir, descrevemos brevemente essas três grandes diferenças estruturais entre teorias implícitas e científicas, que o leitor pode encontrar desenvolvidas em detalhe nos Capítulos 6, para a aprendizagem da química, e 7, no caso da física (para uma justificação mais detalhada dessas diferenças, ver também Pozo et al., 1991; Pozo, 1996a).

Causalidade linear frente à interação de sistemas

Os alunos tendem a recorrer a um esquema causal muito simples para explicar os acontecimentos. Segundo esse sistema, a relação entre causa e efeito é linear e em um único sentido, derivado do uso dessas regras simplificadoras para a aprendizagem implícita cotidiana que víamos anteriormente, ao fazermos referência à origem sensorial das concepções alternativas (também Andersson, 1986; Pozo, 1987). Contudo, a maior parte das teorias científicas exige entender as situações como uma interação de sistemas em que, pelo menos, ocorre uma das duas situações seguintes:

– A relação causa/efeito não ocorre em um único sentido, e sim envolve uma relação recíproca. Não é que um agente atue sobre um objeto modificando-o, senão que dois sistemas interagem modificando-se mutuamente.
– A relação envolve não apenas uma causa, mas a interação entre várias causas que se coordenam para produzir um efeito dado. Além disso, essa relação às vezes pode tomar a forma de uma compensação multiplicativa, em

QUADRO 4.6
Restrições estruturais das teorias implícitas frente ao conhecimento formal ou científico

Restrições estruturais (teorias implícitas)	Esquemas formais (teorias científicas)
Causalidade linear e simples em um único sentido (agente → objeto)	Interação de sistemas Causalidade complexa
Não quantificação ou estratégias de quantificação errôneas	Proporção Probabilidade Correlação
Transformação sem conservação	Conservações não observáveis Sistemas em equilíbrio

que dois fatores se compensam entre si para produzir um efeito constante. Essas compensações adotam a forma habitual de uma proporção inversa, implicando, portanto, o uso de um esquema quantitativo, do qual falaremos mais adiante.

Frente à interpretação dos fenômenos em termos de sistemas em interação, o conhecimento cotidiano restringe o processamento à forma de esquemas de causalidade linear simples, segundo a qual a relação é linear e em um único sentido: agente-efeito (Andersson, 1986). Contudo, a maior parte das teorias científicas, ou do conhecimento disciplinar complexo, requer entender as situações como uma interação. Nos Capítulos 6 e 7 veremos como esse esquema de interação é essencial para entender o princípio de conservação da energia, o de inércia ou a própria estrutura corpuscular da matéria. A tendência de simplificar as situações, uma característica comum e necessária em nosso conhecimento cotidiano, dadas as limitações de nosso sistema cognitivo de aprendizagem, restringe a possibilidade de conceber os problemas em termos de interações entre variáveis ou sistemas conceituais. Como veremos mais adiante, no Capítulo 6, nossa concepção da matéria nos diz que, quando uma camisa seca ao sol, o vento leva as partículas de água que estão na camisa, em vez de, como faria a química, conceber a matéria como uma contínua interação entre partículas, de forma que a energia proporcionada pelo vento ou pelo sol modifica a estrutura das moléculas de água, transformando-as em vapor. Da mesma maneira, um professor que está na sala de aula com alunos pouco interessados pelo aprendizado da ciência tenderá a fazer uma interpretação linear segundo a qual os alunos não aprendem porque não estão interessados, sem chegar a conceber a interação entre ambos os fatores dentro de um sistema de relações na sala de aula, como a que tentamos apresentar no Capítulo 2 (possivelmente não estão motivados porque não aprendem).

Mudança e transformação frente à conservação e ao equilíbrio

Outra restrição estrutural nas teorias implícitas dos alunos, muito vinculada à anterior, é a tendência do pensamento causal cotidiano de centrar-se na mudança, mais do que nos estados (Driver, Guesne e Tiberghien, 1985; Pozo et al., 1991).

- Na terminologia utilizada pelo próprio Piaget, diríamos que as teorias implícitas dos alunos estão centradas no que se transforma e não no que se conserva. Contudo, a maior parte dos conceitos científicos envolvem uma conservação. Quando a conservação é diretamente observável, é acessível para as crianças do período operatório concreto. Mas quando se trata de uma conservação não observável, somente pode ser alcançada pela via conceitual, ou seja, tomando consciência das relações entre conceitos.
- Compreender a natureza como um sistema de equilíbrio em diversos parâmetros é, talvez, uma das conquistas mais substantivas do conhecimento científico. Contudo, para os alunos é muito difícil entender o equilíbrio, seja mecânico, físico, químico, ou ecológico, como um sistema dinâmico, um ciclo sem início nem fim em que a interação de diversos sistemas provoca mudanças em outros elementos do sistema.

A ideia de que os efeitos ocorrem em um único sentido implica centrar-se na mudança (ação), esquecendo os efeitos recíprocos (reação) que garantem a conservação (Inhelder e Piaget, 1955).

Interpretar o mundo como um sistema de equilíbrio dinâmico é, talvez, uma das características mais distintivas do conhecimento científico. As teorias científicas organizam-se em torno de equilíbrios cíclicos, sem início nem fim (Chi, Slotta e De Leeuw, 1994), como a circulação do sangue, o equilíbrio térmico, o funcionamento da economia ou o próprio processo de equilíbrio cognitivo, segundo Piaget, enquanto as teorias implícitas estruturam-se em torno da cadeia de acontecimentos que estão na sua origem, acontecimentos com início/agente (o cobertor "dá" calor; o aluno não está motivado) e fim/efeito (calor "transmitido" pelo cobertor para o corpo; o aluno não aprende), de modo que estão centrados nessas mudanças conjunturais mais do que na estrutura permanente: o estado de equilíbrio dinâmico que torna possível que as coisas sejam como são. Nos Capítulos 6 e 7 veremos como estas restrições no funcionamento cognitivo limitam as possibilidades de compreender alguns princípios básicos da química e da física, traduzidos em leis de conservação que se afastam bastante dos esquemas simplificadores de gasto e consumo próprios do conhecimento cotidiano em nossa cultura, e que exigem conceber as relações e os processos científicos no marco de sistemas complexos, que exigem, também, uma quantificação precisa e rigorosa.

Relações qualitativas frente a esquemas de quantificação

Em nossa vida cotidiana tendemos a estabelecer relações qualitativas entre os fatos, as quais praticamente não somos capazes de quantificar. Contudo, a ciência caracteriza-se pelo uso de operações quantitativas precisas, que determinam não só se existe uma relação entre dois fatos, mas também em que quantidade essa relação existe. Essa necessidade de quantificar traduz-se, no caso do pensamento científico, no uso combinado de três esquemas de quantificação, cujo uso está muito longe de ser geral entre os adolescentes e mesmo entre os adultos universitários (Pérez Echeverría, 1990).

- Proporção: a maior parte dos conceitos científicos implica, como dizíamos anteriormente, uma relação entre dois conceitos. Mas no caso das ciências físico-naturais essa relação geralmente adota, também, a forma de uma proporção. Contudo, as pesquisas mostram que, diante de tarefas que exigem um cálculo proporcional, os alunos, universitários incluídos, tendem a utilizar estratégias simplificadoras, que são baseadas em análises qualitativas ou em regras mais simples, como a regra aditiva ou as correspondências.
- Probabilidade: embora a maior parte da ciência que se pode ensinar aos adolescentes não corresponda à ciência do século XX e, portanto, seja basicamente determinista, existem diversas noções científicas que exigem a compreensão da probabilidade e do acaso. Mesmo assim, mais uma vez, os estudos mostram que o acaso e a probabilidade estão longe de ser noções intuitivas e que sua compreensão é limitada entre os adolescentes e também entre os adultos.
- Correlação: trata-se de um esquema útil para a análise de dados probabilísticos, muito utilizado nas ciências sociais e na análise de séries numéricas nas ciências físico-naturais. É baseado, em todos os casos, no domínio de técnicas estatísticas de complexidade diversa. É, sem dúvida, o menos intuitivo e o mais difícil de utilizar, inclusive por adultos especializados, dado que, em vez dele, tendemos a usar regras

de covariação simples, como as mencionadas na seção anterior.

Mais uma vez, onde o conhecimento cotidiano recorre a regras simplificadoras ou aproximativas, a ciência usa estruturas precisas e complexas, neste caso de cálculo. Como veremos nos Capítulos 6 e 7, uma dificuldade adicional na aprendizagem da química e da física é a necessidade de quantificar de modo preciso as complexas relações estabelecidas entre as variáveis ou os conceitos, o que requer, por sua vez, dominar estruturas de cálculo, como proporção, probabilidade ou correlação, que estão longe de ser intuitivas e fáceis de dominar (Pérez Echeverría, 1990).

Em resumo, as teorias científicas diferem do conhecimento cotidiano no tipo de relações qualitativas (conservação, equilíbrio, interação sistêmica) e quantitativas (proporção, probabilidade e correlação) que estabelecem entre os conceitos componentes. Utilizar esse tipo de relações, mais complexas e elaboradas, exigiria adquirir novas estruturas conceituais ou, caso se prefira, aplicar novos princípios conceituais que estariam, de fato, estreitamente ligados aos princípios epistemológicos e ontológicos que apresentamos algumas páginas atrás. De fato, para concluir a análise das diferenças entre o conhecimento cotidiano e o científico, vamos retomar os diferentes níveis de análise empreendidos (epistemológico, ontológico e propriamente conceitual) como aspectos ou dimensões complementares nessa passagem do conhecimento cotidiano para o científico.

DAS TEORIAS IMPLÍCITAS ÀS CIENTÍFICAS: O QUE SE ALTERA NA MUDANÇA CONCEITUAL?

Como já vimos, se assumirmos que as "concepções alternativas" são, de algum modo, o resultado do "senso comum", ou seja, do funcionamento do sistema cognitivo humano como produto biológico e cultural aplicado a prever e controlar os fenômenos científicos, mudar essas concepções alternativas requer um pouco mais do que substituir as ideias dos alunos por outras cientificamente mais aceitáveis. Requer, na verdade, modificar substancialmente os princípios nos quais está baseado, de modo implícito, esse processamento e esse conhecimento. Requer, em resumo, *reformatar* a mente dos alunos ou, pelo menos, incorporar um novo sistema operacional que seja compatível com os princípios nos quais se baseia o conhecimento científico.

Na seção precedente vimos como os supostos epistemológicos, ontológicos e conceituais das teorias científicas e cotidianas diferem entre si. Sintetizando essas diferenças já apresentadas, o Quadro 4.7 mostra cada uma dessas diferenças como uma *dimensão de mudança* na aprendizagem da ciência. Em vez de estarmos diante de uma comparação dicotômica entre formas cotidianas e científicas de conhecer o mundo, estaríamos diante de um *continuum* ao longo do qual seria necessário ir se aprofundando com a finalidade de chegar cada vez mais perto do sentido do conhecimento científico. Seriam eixos que definem uma sequência de construção dos princípios subjacentes ao conhecimento científico. Ou, dito de outro modo, cada um destes princípios envolveria restrições ou tendências do processamento cognitivo *natural*, no sentido de espontâneo, que é preciso superar em domínios e situações concretas se queremos conseguir interpretá-las de um ponto de vista próximo do científico.

Seriam tendências que não só afetariam o pensamento dos alunos, mas o de todos nós em diversas situações em que tendemos a usar o conhecimento cotidiano. Como veremos no próximo capítulo, esse conhecimento cotidiano, e os supostos nos quais ele se baseia, pode ser reestruturado ou reinterpretado a partir de outras formas de conhecimento mais complexas, mas raramente é abandonado ou eliminado da mente do aluno, dado que possui uma grande eficácia cognitiva e adaptativa. Portanto, apesar de esses diversos princípios reconstituirem-se de modo relacionado e solidário, uma vez que se exigem mutuamente, mudar esses princípios em um domínio dado não necessariamente implica abandonar as formas mais simples, intuitivas, de conhecimento nesse domínio e, muito menos, que a mudança se generalize ou seja transferida automaticamente para outros princípios ou para outros domínios de conhecimento.

Portanto, como se verá em detalhe no próximo capítulo, construir os princípios epistemológicos, ontológicos e conceituais do conhecimento científico, tal como se propõe a modo de síntese no Quadro 4.7, não implica de maneira alguma abandonar os princípios do "senso comum", senão que se trata de transcendê-los ou superá-los em domínios concretos do conhecimento, sem que necessariamente essa superação passe ou seja transferida para outros domínios, ainda que, sem dúvida, possa favorecer sua atualização em outras áreas próximas. A seguir, faremos um resumo das principais características dessas tendências de mudança propostas no Quadro 4.7 a partir do que foi explicado em páginas precedentes, uma vez que elas constituirão o eixo das análises das dificuldades de aprendizagem na química e na física apresentadas na Parte II do livro.

Mudança epistemológica

Do ponto de vista epistemológico, em nosso conhecimento cotidiano costumamos assumir uma postura *realista*, segundo a qual o mundo é tal como nós o percebemos ou como se mostra diante de nós. Assim, como mostrava o exemplo de Vosniadou (1994a) que apresentamos algumas páginas atrás, tendemos a conceber a ação de uma força somente quando ela tem um efeito perceptível sobre os objetos (causa um movimento), mas é pouco verossímil para nós que as forças atuem do mesmo modo sobre os objetos em repouso (ver Capítulo 7 para uma análise mais detalhada deste exemplo). Da mesma maneira, ainda aplicando esse princípio, os alunos tendem a atribuir às partículas que compõem a matéria as mesmas propriedades que ela tem em nível macroscópico, o que faz com que falem das "partículas molhadas da água" ou acreditem que quando se enche um balão, devido à ação do calor, se enche também cada uma das moléculas de ar que há em seu interior (a compreensão da química é analisada com detalhe no Capítulo 6). Esse suposto realista, segundo o qual as coisas *são concebidas tal como se percebem*, estaria na base do uso de certas regras heurísticas que mencionamos anteriormente, quando estudamos a origem sensorial das concepções alternativas (como, por exemplo, a regra de semelhança) e, de fato, poderia se tratar de um princípio muito geral e básico que regeria nosso processamento e conhecimento em diversos domínios, não apenas naqueles vinculados ao conhecimento da natureza, mas também nos relacionados com conhecimento social, psicológico, etc. De fato, essa tendência realista é, pelo menos em nossa cultura, bastante dominante e difícil de superar, inclusive no âmbito científico, no qual durante muito tempo dominou uma concepção positivista entre os próprios cientistas e também entre os professores de ciências. Segundo essa concepção, a função da ciência era *descobrir* a estrutura e o funcionamento da natureza, em vez de *construir* modelos para interpretá-la.

QUADRO 4.7
Três dimensões de mudança na aprendizagem da ciência

Princípios epistemológicos

Realismo ingênuo	▶	Realismo interpretativo	▶	Construtivismo
A realidade é tal como a vemos. O que não se percebe não se concebe.		A realidade existe e tem suas propriedades, mesmo que nem sempre possamos conhecê-la diretamente; contudo, por meio da ciência e da técnica podemos saber como ela realmente é.		O conhecimento científico é uma construção que nos proporciona modelos alternativos para interpretar a realidade, mas que não são parte dela.

Princípios ontológicos

Estados	▶	Processos	▶	Sistemas
Interpretação do mundo em termos de estados da matéria desconexos entre si.		Os fenômenos são interpretados como uma sucessão de fatos relacionados entre si por meio de certos processos.		Os fenômenos são interpretados a partir do conjunto de relações complexas que fazem parte de um sistema.

Princípios conceituais

Fatos ou dados	▶	Causalidade linear (de simples para múltiplo)	▶	Interação
Os fenômenos e fatos são descritos em função das propriedades e mudanças observáveis.		Os fenômenos são explicados mediante relações causais simples que evoluem para diferentes graus de complexidade.		As propriedades dos corpos e os fenômenos são interpretados como um sistema de relações de interação.
Mudança sem conservação ▶		**Mudança com conservação** ▶		**Conservação e equilíbrio**
Somente muda aquilo que vemos que se altera. Há necessidade de explicar o que muda, mas não o que permanece.		Aceita-se a conservação de propriedades não observáveis, mas não o equilíbrio.		Os diferentes fenômenos são interpretados em termos de interação, o que leva à conservação e ao equilíbrio.
Relações qualitativas ▶		**Regras heurísticas** ▶		**Relações quantitativas**
Os fenômenos são interpretados de maneira qualitativa.		Utilização de regras simplificadoras.		Proporção, probabilidade, correlação.

Esta tendência realista parece estar muito enraizada no sistema cognitivo humano. De fato, as primeiras concepções sobre o conhecimento e sua aquisição, que surgem na infância, em uma idade tão precoce como 3-4 anos, parecem já ter um forte componente realista, segundo o qual nosso conhecimento é uma cópia ou um reflexo direto de como são as coisas, e aprender não é senão reproduzir ou repetir aquilo que vemos (Pozo e Scheuer, 1999). Em suas versões mais primitivas e ingênuas, esta concepção dá lugar às teorias da cópia direta, segundo as quais basta ver algo para saber fazê-lo. Assim, uma criança de 4 anos dirá que para aprender a desenhar basta ver um desenho bem feito. Mas esta concepção parece evoluir e complicar-se com a idade e a instrução, até chegar ao que poderíamos denominar "realismo interpretativo", segundo o qual, apesar de a meta do aprendizado continuar sendo copiar a estrutura do mundo e o nosso conhecimento não ser senão o reflexo da realidade, seria quase sempre um reflexo inexato ou enviesado da estrutura do mundo, e não uma cópia fiel dele – uma vez que diversos processos de aprendizagem e condições práticas poderiam interferir nessa aprendizagem ou descoberta da estrutura real do mundo. Dito de outra maneira, o *verdadeiro* conhecimento – neste caso, por exemplo, o conhecimento científico – deveria ser uma cópia exata – quanto mais exata for a cópia, melhor o conhecimento –, mas essa fidelidade quase nunca se consegue, dado que existem numerosos obstáculos que o impedem (cognitivos, perceptivos, sociais, etc.). O mundo é de uma forma determinada e possui uma estrutura e características dadas, e conhecer é descobri-las, ou ter acesso a elas, apesar de que nem sempre é possível conseguir isso. Segundo essa concepção, um conhecimento é melhor quanto mais exato for, ou seja, quanto mais se aproximar da verdadeira natureza do mundo. E, evidentemente, o conhecimento científico é mais exato e verdadeiro do que outras formas de conhecer o mundo, como o conhecimento cotidiano.

É assim que muitos professores parecem conceber a aquisição do conhecimento científico por parte de seus alunos, que seria obstaculizada pelas suas concepções alternativas, sua falta de motivação, seu pouco desenvolvimento cognitivo, etc., os quais impediriam que aprendessem verdadeiramente a ciência (Pozo et al., 1998; Strauss e Shilony, 1994). As ideias prévias dos alunos seriam *concepções errôneas*, desviadas do saber verdadeiro e, portanto, deveriam ser eliminadas para que houvesse uma compreensão correta do mundo. Da mesma maneira, muitos alunos que superam um realismo imediato percebem a ciência como uma interpretação da realidade que obriga a transcender certas aparências perceptivas, mas respeitando a natureza *real* dos modelos científicos. Certas características reais do mundo não podem ser percebidas diretamente em condições normais (como os átomos, as células ou a corrente elétrica), mas podem ser interpretadas a partir de certas experiências. Para esses alunos, o átomo, a energia ou a força seriam uma parte não perceptível da realidade, existiriam realmente, mesmo que só possam ser conhecidas por meio do filtro de certas experiências científicas. Como veremos no Capítulo 7, o *substancialismo* ou materialismo dos alunos, quando atribuem entidade material a boa parte dos conceitos científicos (Viennot, 1996), não passa de mais uma manifestação de sua fé realista: se algo existe na minha mente, deve existir, como uma entidade material, também no mundo.

Em compensação, a partir de uma posição *construtivista*, como a que defendemos no Capítulo 1, na aprendizagem do conhecimento científico, tal como é gerado e difundido na sociedade atual, assume-se que todos os modelos e teorias são uma construção ou invenção social em resposta a certas demandas ou necessidades práticas e teóricas e que a ciência, como assinalávamos no capítulo anterior ao destacar as características do pensamento formal piagetiano, não é um discurso sobre o real, mas, sim, sobre modelos possíveis. Conhecer não é descobrir a realidade, é elaborar *modelos alternativos* para interpretá-la. Somente assim é possível entender o verdadeiro valor da ciência e sua contribuição para a compreensão do mundo. Para muitos alunos, a ideia newtoniana do movimento devido à inércia no vazio é menos realista do que suas próprias intuições, uma vez que em seu mundo *real* não existe vazio; pelo contrário, ele está bem cheio de percepções e sensações intensas sobre como mover os objetos e ser movido por eles. Em nosso mundo *real* – ou seja, no mundo proporcionado por nossos sentidos com uma aparência de realidade –, para mover um objeto é necessário exercer uma força. No *modelo construído* por Newton, as forças são necessárias para mudar a quantidade de movimento, mas não para que os objetos em movimento continuem se movimentando.

Somente superando essas crenças realistas tão intensas é possível assumir uma ideia deste tipo, que significa adotar uma posição *relativista* ou perspectivista, segundo a qual existem diversas formas de conhecer a mesma realidade e nenhuma delas é necessariamente verdadeira, senão que cada uma é relativa ao marco teórico e às necessidades práticas que enfrenta. Como mostrou Eduardo Mortimer (1995), perante a concepção de muitos professores que apresentam uma teoria ou modelo atômico dado como verdadeiro, apoiado em certas definições taxativas como, por exemplo, *"o átomo é a menor porção de um elemento químico que tem existência própria"*, existem diversos modelos de átomo com uma vigência relativa em diferentes domínios e tarefas. Não se trata de assumir um deles como verdadeiro e os outros como falsos, mas de compreender sua eficácia relativa em diferentes contextos. Da mesma maneira, afirmar que a mecânica clássica foi superada pela mecânica quântica ou pela relativista não quer dizer que ela seja falsa e deva ser abandonada, mas que sob determinadas condições – não as mais cotidianas a juízo dos nossos sentidos, é claro – seus princípios não se cumprem. A mesma coisa ocorre, em outra escala, com o conhecimento cotidiano quando comparado ao científico. Não é que seja falso – de fato, permite fazer muitas predições que acabam se cumprindo –, mas que é insuficiente para certas condições ou contextos. Ou seja, nenhuma teoria é completa ou total, nenhum modelo pode ser igual à realidade que tenta representar, do mesmo modo que – retomando a precisa metáfora de Borges naquele texto significativamente intitulado *Do rigor na ciência* – um mapa nunca pode ser fisicamente igual ao território que representa, dado que, nesse caso, seria o próprio território e não mais seria útil como mapa; então, é um modelo, um esquema incompleto e parcial desse território. Além disso, se bem é verdade que alguns mapas parecem mais do que outros com os territórios que representam, não há mapas verdadeiros nem falsos em si, senão que tudo depende do contexto e das metas para os quais nós os usamos. Um mapa do metrô de Nova York será inadequado se o que desejo é passear pelas ruas de Greenwich Village, mas um mapa de ruas será pouco útil se o que quero é utilizar o metrô. Ou, em outras palavras, por mais rigor que se tenha, na ciência nunca se alcança o conhecimento verdadeiro no sentido de que reproduza exatamente o mundo real. O que teremos são modelos cada vez mais complexos e potentes para prever, explicar e simular a estrutura do mundo.

Mudança ontológica

Porém, a mudança epistemológica na própria natureza do conhecimento requer também utilizar novas entidades *ontológicas* de uma complexidade crescente. O realismo ingênuo das crianças costuma reduzir os fenômenos a estados – as coisas são de uma certa forma porque são assim. Boa parte das explicações, ou redescrições, das crianças são tautológicas, limitam-se a afirmar ou descrever o estado do mundo sem remetê-lo a outras entidades conceituais. O mundo divide-se em objetos em repouso e em movimento, sólidos, líquidos e gases, leves e pesados, quentes e frios, vivos e não vivos, moles e duros, etc., sem que cada uma dessas entidades ou categorias precise ser redescrita ou explicada em termos de outra categoria, dado que constituem estados materiais, do mesmo modo que para alguns professores os alunos estão divididos em espertos, preguiçosos, desmotivados, etc., que são diversos estados mentais. A partir de uma certa idade, as crianças tendem a superar as interpretações animistas, ou seja, a confusão entre estados mentais e materiais, e por isso quando forem aprender ciência tenderão a utilizar sobretudo interpretações baseadas em estados materiais, mais uma vez vinculadas à mencionada substancialização dos conceitos científicos, embora ainda persistam certas interpretações animistas no âmbito do conhecimento biológico.

Essa interpretação do mundo em termos de estados da matéria sucessivos ou desconectados entre si é própria do conhecimento cotidiano e, em muitos contextos, permite muitas previsões a partir das características concretas associadas a cada estado, mas é insuficiente para explicar ou dar sentido a esses estados, para o qual é preciso relacioná-los a certos processos, que conectem esses estados entre si e permitam explicar a transição de um para outro (como um objeto *em repouso* põe-se *em movimento*, como um líquido se transforma em um gás, como esfria um objeto quente, etc.). O fenômeno observado não é mais apenas um estado, é um processo, ou seja, segundo a classificação ontológica estabelecida por Chi (1992; Chi, Slotta e Leeuw, 1994; ver Figura 4.4,), uma sucessão ou uma cadeia de fatos na qual um deles, o antecedente, é causa direta do outro, o consequente. Como veremos mais adiante, esses processos geralmente possuem certos traços estruturais restritivos (são unidirecionais, lineares, etc.), mas mesmo assim, passar de conceber os fenômenos como estados para concebê-los como processos supõe uma mudança ontológica importante para a aprendizagem da ciência, uma vez que implica estabelecer relações entre os conceitos. Por exemplo, o calor passa de ser um estado a ser um processo, uma relação entre dois ou mais estados, ou as mudanças entre os diversos estados de agregação da matéria são interpretadas em termos de relações de temperatura e densidade, ou seja, a mudança já não ocorre entre qualidades isoladas atribuídas a certos estados da matéria, senão que envolve um processo que relaciona esses estados.

A atribuição da categoria de processo a um fenômeno pode, contudo, ir crescendo em complexidade na medida em que forem incorporados ou somados novos fatores causais à explicação do fato, que geralmente é um passo prévio à compreensão das relações em termos de *sistemas*, tal como faz a ciência, nos quais o que é relevante não são apenas os processos imediatos que produziram essa mudança no estado da matéria (por exemplo, que um objeto se ponha em movimento), mas o conjunto de relações impostas por um determinado modelo para explicar esse fenômeno (por exemplo, o modelo newtoniano como marco interpretativo do movimento e repouso dos objetos). De fato, como veremos a seguir, o conhecimento científico não costuma estar baseado tanto em relações lineares simples, em análises de processos, como em interações complexas dentro de sistemas de equilíbrio. Assim, o movimento de um objeto ou de um planeta não se explica como um processo gerado por um agente causal, mas como o produto da interação entre todos os corpos que configuram o sistema a que pertencem. Igualmente, as mudanças no estado de agregação da matéria não são resultado de um processo linear, unidirecional, no qual, por exemplo, "o calor provoca a evaporação da água" (um processo), senão que se explicam a partir das interações entre as partículas que configuram o sistema. Observamos, assim, uma característica essencial da mudança conceitual como integração de diferentes formas de conhecimento, tal como será argumentado no próximo capítulo: assim como os diferentes estados passavam a se relacionar por meio de processos, os diferentes processos relacionam-se entre si dentro de um sistema.

Cada nível de análise ontológico não deveria abandonar os conhecimentos do nível anterior, senão que deveria integrá-los – ou, em termos de Karmiloff-Smith (1992), redescrevê-los – em novas categorias ontológicas com uma complexidade maior. Portanto, essa reatribuição ontológica deve ser concebida, mais uma vez, como uma via ou sequência de construção com uma complexidade progressiva que, como veremos no próximo capítulo, não precisa supor o abandono das entidades ontológicas mais simples, senão, mais precisamente, deve ser sua reinterpretação ou integração em outras mais complexas. Em determinados níveis de análise, um fenômeno pode ser representado como um processo linear, ou mesmo como um estado ou um fato dado, mas obviamente isso empobrece seu significado.

Mudança nas estruturas conceituais

A interpretação dos fenômenos em termos de sistemas, que acabamos de considerar como uma característica própria do conhecimento científico, requer também mudar as *estruturas conceituais* a partir das quais se interpretam, na tripla dimensão que assinalamos com certo detalhe umas páginas atrás; portanto, vamos nos limitar aqui a resumir essas ideias. Por um lado, como acabamos de ver, há uma transição entre aceitar os diferentes fenômenos como fatos, como algo dado que nem ao menos requer ser remetido a outro fato ou que, no máximo, dá lugar a uma explicação tautológica ("uma bala desmancha na água porque é mole" ou "porque é feita de substâncias solúveis") e o momento em que começamos a nos relacionar com certos processos de *causalidade linear*, baseados em esquemas simples, unidirecionais, nos quais um agente atua de modo linear e unidirecional sobre um objeto, produzindo uma mudança em seu estado (Andersson, 1986) – "a bala desmancha devido à ação da água", "porque a água dissolve as moléculas do caramelo". Essas interpretações causais lineares adotam a forma de certos esquemas ou regras simplificadoras, que foram abundantemente estudadas não só em relação ao pensamento causal cotidiano (Pozo, 1987), mas com as próprias regras da aprendizagem associativa, e viriam a ser os esquemas de causalidade apresentados anteriormente, ao estudar a origem das concepções alternativas dos alunos: regras de semelhança, covariação e contiguidade entre causa e efeito.

Essas análises causais lineares vão se tornando mais complexas à medida que são incorporados ou somados mais fatores causais, passando de uma causalidade simples, de um único fator ou agente, para uma causalidade múltipla, em que a ação de várias causas se soma, mas mantendo o esquema conceitual básico, baseado na unidirecionalidade da ação causal. Seria necessário que houvesse uma mudança nas estruturas conceituais para que essas relações aditivas unidirecionais, centradas na mudança, sejam transformadas em sistemas de interação (por exemplo, remetendo a dissolução da bala à interação entre ela e o solvente). Diante da interpretação da oxidação como uma relação causal linear (é um pó vermelho que flutua no ar e que se deposita sobre um prego que tenhamos deixado à intempérie) aparece uma interpretação em termos de uma *interação*, ou seja, uma ação mútua entre dois ou mais fatores dentro de um sistema. A compreensão da natureza corpuscular da matéria, dos conceitos de movimento intrínseco e vazio, ou a transição entre os diferentes estados da matéria em termos desse modelo requer entender essas relações como interações (Gómez Crespo, 1896; Pozo e Gómez Crespo, 1997b; ver também Capítulo 6). Entender as noções científicas básicas de calor, energia, força e movimento ou corrente elétrica significa interpretá-las também como relações de interação dentro de um sistema físico (Gómez Crespo et al., 1995; Viennot, 1996; ver também Capítulo 7). Da mesma maneira, entender o funcionamento do corpo humano, a saúde e a doença ou as relações dentro de um ecossistema como um sistema de interações é um requisito essencial para a compreensão de alguns conceitos biológicos fundamentais (Arca, 1995). O conceito de interação é, em nossa opinião, um dos esquemas conceituais sobre os quais se assenta o conhecimento científico e um dos que traz maiores dificuldades para os alunos na aprendizagem da ciência, como veremos na Parte II do livro.

Outro dos esquemas conceituais básicos da ciência, estreitamente vinculado à ideia de interação, é a noção de equilíbrio, cuja construção também é muito laboriosa, uma vez que os alunos, no início, estão mais centrados nas mudanças do que nos estados (Driver, Guesne e Tiberghien, 1985; Pozo et al., 1991). Isso leva a que no começo prestem mais atenção ao que muda do que ao que permanece além da mudança, ou, em outras palavras, fazendo uma ligação com ideias desenvolvidas anteriormente, tendem a conceber os estados e as mudanças em separado, sem conectá-los entre si, de maneira que quando ocorre uma mudança observável tendem a concebê-la como uma "mudança de estado", que envolve uma readescrição ontológica (aquilo que tinha as propriedades de um líquido passa a ter as propriedades de um gás), mas não uma constância ou permanência de propriedades. As célebres conservações piagetianas (do peso, do volume, da quantidade de matéria, mas também do espaço ou do tempo) – ver, por exemplo, Delval, 1994; Flavell, 1985; ou para uma análise em termos de processos de mudança conceitual, Benlloch, 1997 – envolvem a aplicação de um novo esquema conceitual de *mudança com conservação*, razão pela qual certas propriedades se conservam além da mudança aparente. As conservações de propriedades observáveis ou que podem ser inferidas por meio da observação serão mais simples e precoces do que as conservações não observáveis. De qualquer maneira, com muita frequência os alunos interpretam a conservação e a mudança dessas diversas propriedades de maneira independente, sem conectá-las dentro de um sistema. Assim, por exemplo, quando se enche um balão, ele aumenta seu volume devido à ação do calor, as crianças podem compreender que se conserva a quantidade de ar que há dentro do balão, mas não conseguem relacionar essa conservação com as mudanças que ocorrem na densidade, no volume ou na temperatura do ar (Benlloch, 1997; Benlloch e Pozo, 1996). Somente quando compreendem todas essas relações de mudança e conservação dentro de um sistema podem ter uma representação da situação em termos de *equilíbrio*. A conservação da energia, da quantidade de movimento, da matéria, ou a própria conservação dentro de um sistema biológico exigem a utilização de noções baseadas *na conservação e no equilíbrio dentro* de um sistema, outro dos esquemas conceituais característicos do conhecimento científico, sem o qual os conceitos específicos (calor, energia, substância, fotossíntese, etc.) não podem ser interpretados do modo em que a ciência faz suas interpretações.

Contudo, o conhecimento científico normalmente requer não apenas estabelecer novas relações qualitativas entre os conceitos, mas também medir e quantificar essas relações de acordo com regras complexas, diante das quais tendemos, no conhecimento cotidiano, a utilizar simples *relações qualitativas* ou *regras heurísticas* alternativas (Pérez Echeverría, 1990), que, apesar de serem aproximativas e imprecisas, geralmente são muito funcionais do ponto de vista cognitivo, dado que aplicá-las consome poucos recursos cognitivos e podem ter um grau apreciável de ajuste, o que, mais uma vez, mostra que não se deve esperar que a educação científica signifique o abandono dessas regras, senão que ela deve estabelecer certas restrições em seu uso.

A utilização de esquemas de *proporção*, *probabilidade* e *correlação*, próprios das teorias científicas, requer condições de rigor e controle em sua aplicação, que dificilmente são encontradas em contextos e problemas cotidianos, muitas vezes caracterizados pela imprecisão e indefinição (Claxton, 1991; Pozo e Gómez Crespo, 1997b). Ainda que a meteorologia utilize complexos cálculos probabilísticos para, a partir de um cenário dado, estimar as probabilidades de chuva, nossa estimativa é baseada em apreciações qualitativas ou em regras heurísticas que utilizam dados parciais e que, geralmente, têm algum viés. Mais uma vez, a aprendizagem da ciência vai exigir que essas situações e os esquemas de conhecimento cotidiano úteis nesses casos sejam reinterpretados ou redefinidos em termos de outros esquemas mais complexos, mas também mais exigentes, razão pela qual seu uso só se justifica em certos contextos e para certas metas.

Portanto, se aceitamos que existem diferenças epistemológicas, ontológicas e conceituais entre as teorias implícitas dos alunos e as teorias científicas que se pretende ensinar a eles – algumas dessas diferenças são apresentadas nas análises que temos feito – e que aprender ciência requer, de algum modo, superar ou transcender essas diferenças, todos os currículos de ciências devem adotar uma postura explícita sobre sua existência e sobre a forma de superar essas teorias. Em nossa opinião, a partir da análise que descrevemos, uma das metas essenciais da educação científica deve ser justamente a de favorecer as relações entre as formas de conhecimento cotidiano e de conhecimento científico. Como veremos no próximo capítulo, também existem diferentes maneiras de conceber essas relações e elas implicam, por sua vez, diferentes modos de expor o currículo de ciências. Apesar de, da nossa parte, já termos avançado uma forma de transcendê-las, baseada na integração entre ambas as formas de conhecimento, mais do que na substituição de uma pela outra, para compreender melhor sua natureza convém repassar as diversas formas de entender as relações entre o conhecimento cotidiano, que se dão não só de modo explícito na pesquisa, mas principalmente de modo implícito nas salas de aula, por meio da prática cotidiana no aprendizado e no ensino das ciências.

5
DO CONHECIMENTO COTIDIANO AO CONHECIMENTO CIENTÍFICO
Para além da mudança conceitual

"Pois Newton poderá dizer o que quiser, mas eu vejo que, se quero que o corpo suba com velocidade constante, tenho que fazer mais força do que se quero que ele fique quieto"

Aluno do ensino médio
(16 anos)

E apesar de serem muito hábeis quando postos a manejar régua, lápis e compasso de divisão sobre um papel, nos atos comuns e no modo de conduzir a vida não vi povo mais tosco, pouco hábil e desajeitado, nem tão lerdo e indeciso em suas concepções sobre qualquer outro assunto que não sejam as matemáticas e a música. São péssimos ao raciocinar, dados, com grande veemência, à contradição, menos quando ocorre de estarem com a razão, coisa que, por outro lado, é raro acontecer. A imaginação, a fantasia e a inventiva são completamente estranhas entre eles, e sequer possuem em seu idioma palavras com as quais expressar tais ideias. Todo o círculo de seus pensamentos e inteligência está encerrado nas duas ciências antes mencionadas.

Jonathan Swift,
As viagens de Guliver

Como acabamos de ver, entre o conhecimento intuitivo ou cotidiano dos alunos e o conhecimento científico, tal como lhes é ensinado nas salas de aula, existem importantes diferenças que afetam não apenas seu conteúdo factual – nem sempre se referem ou preveem os mesmos *fatos* – e seu significado – que eles interpretam de maneira diferente, utilizando *conceitos* diferentes –, mas também os *princípios* epistemológicos, ontológicos e conceituais sobre os quais se sustentam. Ao mesmo tempo, em capítulos anteriores vimos, também, que utilizar ou pôr em marcha algum tipo de conhecimento científico requer dos alunos que adotem *atitudes* diferentes com respeito ao aprendizado e à ciência e que adquiriram certos *procedimentos* efetivos para adotar essas atitudes e usar os conhecimentos conceituais adquiridos.

Em suma, se o aprendizado da ciência, e junto o ensino dela, tem como meta, de acordo com o que foi exposto no Capítulo 1, dar sentido ao mundo que nos rodeia e entender o sentido do conhecimento científico e sua evolução do conhecimento cotidiano para o conhecimento científico, e não apenas conseguir que seja repetido como um *mantra* redentor da reprovação, é uma tarefa extremamente complexa e laboriosa. A crise da educação científica, que também descrevíamos no Capítulo 1, é *consequência* da dificuldade dos alunos para encontrar esse sentido, uma vez que o ensino da ciência geralmente é ineficaz para conseguir as profundas mudanças não apenas conceituais, mas também de atitudes e procedimentos que a transição do conhecimento cotidiano para o científico requer. De fato pode-se dizer que o *ensino tradicional* da ciência não consegue promover essas mudanças nos alunos, entre outras coisas, porque não se propõe isso. Contudo, também é duvidoso que as novas estratégias didáticas surgidas sob o impulso do chamado enfoque construtivista – baseadas no trabalho com as ideias prévias dos alunos, que devem ser ativadas e submetidas a conflito para serem mudadas – consigam essas mudanças, ainda que, sem dúvida, tiveram efeitos muito positivos na renovação da educação científica. No Capítulo 8, vamos retomar as diversas posturas ou enfoques didáticos e as consequências que, na nossa opinião, eles têm para a aprendizagem e o ensino da ciência. Neste capítulo, nosso interesse é analisar como as diferentes formas de entender as relações entre o conhecimento cotidiano dos alunos e o conhecimento científico que lhes é ensinado derivam em diversas propostas curriculares, que concedem um papel diferente ao trabalho com esses conhecimentos prévios, não na metodologia didática, mas no que, em nossa opinião, é ainda mais importante, ou seja, nas próprias metas da educação científica.

Ao analisarmos essas relações a partir do ponto de vista da psicologia cognitiva da aprendizagem e da própria tradição em didática das ciências, podemos diferenciar claramente pelo menos três concepções (Pozo, 1994): a compatibilidade, a incompatibilidade e a independência entre ambas as formas de conhecimento. Essas concepções correspondem a três formas diferentes de entender as metas do currículo de ciências nos ensinos fundamental e médio e respondem a outras tantas tradições educacionais, portanto, aparecerão com frequência de maneira implícita, mais do que explícita, nas diferentes propostas para a educação científica. Não obstante, aqui vamos tratá-las como hipóteses ou supostos independentes, diferentes modos de entender o currículo de ciências, que tentaremos reconciliar em uma nova postura, avançando uma quarta hipótese, a integração hierárquica entre vários tipos de conhecimento como meta da educação científica, que vai nos servir como eixo expositivo da proposta desenvolvida nas Partes II e III deste livro.

As primeiras análises do pensamento científico a partir da psicologia cognitiva eram baseadas no suposto da *compatibilidade* entre as formas de pensamento próprias da ciência e do conhecimento cotidiano, ou seja, assumiam que o chamado racionalismo científico não é senão uma prolongação da própria racionalidade humana. Contudo, numerosos estudos foram mostrando que o conhecimento cotidiano é baseado em formas de pensamento e aprendizagem que se afastam bastante dessa racionalidade, de onde surge a hipótese da *incompatibilidade* entre ambas as formas de pensamento. Foi comprovado que o conhecimento cotidiano sobre os fenômenos científicos é aprendido mediante processos implícitos, mais do que por um raciocínio explícito, de modo que as "teorias implícitas" próprias do conhecimento cotidiano seriam diferentes das científicas não só em seu conteúdo, mas sobretudo, tal como vimos no capítulo anterior, nos princípios e nas estruturas conceituais a partir das quais esses conhecimentos se organizam.

Assim, a aprendizagem da ciência exigiria uma profunda mudança conceitual dessas teorias implícitas para formas de conhecimento científico. Contudo, essa mudança conceitual não apenas se mostrou muito difícil de alcançar, senão que, segundo alguns desenvolvimentos recentes, talvez seja desnecessária. Alguns autores assumem a *independência* entre ambas as formas de conhecimento, que serviriam para contextos e metas diferentes, de modo que não seria questão de substituir uma pela outra, mas de fazer com que coexistam e aprender a ativá-las *no momento certo*, em função do contexto (Caravita e Hallden, 1994). Aprender ciência seria adquirir corpos de conhecimento e formas de raciocínio úteis somente para esse âmbito do saber, que não seriam nem melhores, nem piores do que as formas de conhecimento cotidiano. Uma última versão dessas relações entre conhecimento cotidiano e científico, que será a que defenderemos nesta exposição, a partir da análise das anteriores, seria a *integração hierárquica* entre elas, que poderiam ser relativamente independentes em seu uso contextual, mas deveriam integrar-se conceitualmente, de modo que os alunos compreendam a relação genética que existe entre elas. Com isso, além de diferenciar suas próprias teorias implícitas do conhecimento científico que lhes é ensinado, deveriam ser capazes de integrar as formas mais simples e intuitivas do saber nos modelos mais complexos, elaborados e explícitos – mas nem por isso sempre mais úteis ou relevantes – proporcionados pela ciência.

Neste capítulo tentaremos descrever com algum detalhe cada uma destas interpretações, assim como destacar suas consequências para o currículo de ciências. Independentemente desse aparente comum acordo sobre a necessidade da mudança conceitual, entendida como passagem do conhecimento cotidiano para o científico, precisamos nos situar com respeito a cada uma dessas hipóteses sobre as relações entre o conhecimento cotidiano e o científico, uma vez que desse posicionamento, frequentemente implícito no trabalho na sala de aula, ou mesmo na pesquisa, deriva-se, também, uma concepção diferente não apenas da mudança conceitual, mas das próprias metas da educação científica. Ou, dito de outro modo, existiriam diferentes respostas para a pergunta básica que precisamos formular: o que fazer com as concepções alternativas dos alunos uma vez que tenham sido identificadas? Ignorá-las e continuar ensinando os mesmos conteúdos de sempre? Respeitá-las como se fossem uma espécie em risco de extinção? Ou diretamente aniquilá-las, extingui-las, substituindo-as por conhecimentos científicos? Cada uma dessas hipóteses traz implícita uma forma de abordagem diferente e também uma concepção diferente da educação científica.

A HIPÓTESE DA COMPATIBILIDADE OU DA ACUMULAÇÃO DE SABERES

Uma primeira interpretação é que os processos e produtos do conhecimento cotidiano e científico compartilham, basicamente, a mesma natureza; que as pessoas comuns e os cientistas pensam essencialmente igual quando enfrentam um problema. Dizendo isso mais graficamente, agora que as tecnologias da informação são, inevitavelmente, a metáfora do nosso modo de conhecer e aprender (Pozo, 1996a), a mente do cientista e a da pessoa comum (incluídos os alunos) estariam *formatadas* da mesma maneira, ou seja, os programas que rodam em uma e na outra seriam compatíveis.

E qual seria a razão, então, dessas diferenças tão óbvias entre os produtos do conhecimento cotidiano (as chamadas concepções alternativas, caracterizadas no capítulo anterior) e os do conhecimento científico (as teorias e os modelos que são objeto de ensino)? Essas diferenças não teriam tanto uma origem intelectual ou cognitiva, mas social e cultural. A ciência é uma tarefa cumulativa, que ocorre em determinados contextos sociais e culturais, de modo que o aluno careceria dos saberes e das atitudes necessárias para se incorporar a essa tarefa cultural. Assim, visto por essa perspectiva, a mudança conceitual não seria necessária, uma vez que aprender ciência seria sobretudo um processo de acumulação de saberes e experiências, e não um processo de reorganizar, ou reformatar, a mente dos alunos mediante processos de mudança conceitual.

A julgar pelos critérios exclusivamente disciplinares sobre os quais estão organizados boa parte dos currículos de ciências vigentes, é válido pensar que eles se baseiam, mesmo que seja de modo implícito, nessa hipótese de que os alunos estão cognitivamente preparados para assumir as categorias e as estratégias do pensamento científico e que precisam apenas *preencher* essas categorias, e suas mentes, com uma certa quantidade de conhecimentos específicos, normalmente cifrados em linguagens algébricas ou formais. No Capítulo 8, voltaremos aos enfoques didáticos baseados nessa concepção, que reduz o ensino da ciência à *transmissão* de conhecimentos já elaborados e restringe a avaliação a comprovar o grau em que o aluno *transfere* ou reproduz esses conhecimentos. A falta de aprendizagem pode se dever à falta de interesse, de capacidade intelectual, de atenção ou, inclusive, à escassa eficácia do processo de ensino – o sinal chega fraco ou com muito ruído –, mas não a que os alunos precisem modificar substancialmente suas mentes.

A partir dessa postura, que suspeitamos ainda continuar prevalecendo na mente de muitos professores de ciências que compartilham uma concepção do conhecimento como saber positivo e do aprendizado como processo reprodutivo (Pozo et al., 1998), ou recorrendo às análises feitas no capítulo anterior, a partir do Quadro 4.7, que assumem uma epistemologia realista, geralmente interpretativa, as diferenças que apresentamos no capítulo anterior entre teorias implícitas e teorias científicas carecem de sentido. De fato, a essa ideia da compatibilidade não faltam antecedentes teóricos entre os psicólogos cognitivos que estudaram as categorias básicas do pensamento partindo das mais diversas posturas. Assim, essa é a posição assumida pelos autores *racionalistas*, que supõem que a mente humana, pelo fato de sê-lo, dispõe de certas formas, em sua maioria inatas e imodificáveis, de organizar perceptiva e conceitualmente o mundo – e que delas, em suma, somos escravos – e que condicionam todo nosso processamento da informação e todo nosso conhecimento. Esses moldes ou módulos cognitivos, uma transcrição das *Ideias Puras* platônicas na psicologia da aprendizagem atual (ver Pozo, 1989, 1996a), não seriam produto do aprendizado e da experiência, nem poderiam ser modificados por ela, mas apenas enriquecidos.

Assim, por exemplo, como já assinalamos, Spelke (1991; Carey e Spelke, 1994) considera que há uma plena continuidade entre os princípios de coesão, continuidade e contato que regem a física intuitiva das crianças pequenas e a dos adultos, e que esses princípios, comuns ou compatíveis, estariam na origem de certas concepções alternativas solidamente assentadas sobre o movimento e a queda dos objetos. De fato, há numerosos dados que mostram que a física intuitiva dos adultos está muito mais próxima daquela das crianças do que normalmente se pensa. Inclusive, alguns autores (por exemplo, Carey, 1985) afirmam que entre os novatos e os especialistas em um domínio não existiriam diferenças estruturais radicais, e sim mudanças menores na estrutura do conhecimento de domínio, resultado muito mais de uma aprendizagem cumulativa, de uma diferenciação e generalização entre conceitos, que de uma reestruturação ou mudança conceitual radical.

Mas essa continuidade, ou compatibilidade, entre o conhecimento cotidiano e o científico adquire muito mais sentido educacional em posturas teóricas mais preocupadas com a aprendizagem, seja *associativa ou construtiva*. Ambas as posturas assumiram a metáfora do ser humano como "cientista", ou seja, postulam que as formas básicas do nosso pensamento cotidiano são basicamente similares às utilizadas no pensamento científico (para uma análise desse suposto veja, por exemplo, Rodrigo, Rodríguez e Marrero, 1993), sejam de natureza associativa (em forma de regras inferenciais indutivas, por exemplo, em Kelley, 1972; ver também Pozo, 1987) ou de caráter construtivo (por meio de constructos pessoais ou científicos, como em Kelly, 1955).

Talvez a versão mais sofisticada dessa hipótese seja a concepção piagetiana do pensamento formal (Inhelder e Piaget, 1955), já apresentada no Capítulo 3. A epistemologia genética de Piaget tinha como objetivo mostrar como os processos psicológicos, por meio dos quais cada pessoa constrói o conhecimento científico, são similares, se não idênticos, aos processos mediante os quais esse mesmo conhecimento foi construído na História da Ciência. A imensa obra de Piaget (ver, por exemplo, Delval, 1994; Flavell, 1985) tentou mostrar como as crianças vão construindo as categorias básicas do pensamento (tempo, espaço, causalidade, número, etc.) até alcançar, no último estágio do desenvolvimento, um pensamento formal que pode ser considerado como uma descrição psicológica do pensamento científico, tal como Piaget o entendia (ver Capítulo 3).

Em momentos anteriores do desenvolvimento, a posição piagetiana defenderia uma incompatibilidade básica entre as formas do conhecimento infantil e as do conhecimento científico e reclamaria, como objetivo do ensino da ciência, o desenvolvimento das estruturas do pensamento formal ou científico (Del Carmen, 1996), mas a partir do desenvolvimento dessas estruturas operatórias do pensamento formal, os adolescentes e, sobretudo, os adultos seriam basicamente capazes de pensar como cientistas, utilizando a mesma lógica, as mesmas estratégias e os mesmos sistemas conceituais destes. Essa diferença *evolutiva* nas formas de pensar sobre a ciência corresponde, de fato, à forma como muitos professores (e até alguns pesquisadores) assumem a educação científica. As crianças não seriam capazes de pensar como cientistas, uma vez que ainda não têm suas mentes *formatadas* para isso e, portanto, até essa fase a educação científica – ou, segundo alguns autores, pré-científica – deve adotar outros formatos. De acordo com esse ponto de vista, se o currículo não pode ser formatado de acordo com os esquemas e princípios da ciência, não poderíamos falar propriamente de ensino da ciência, mas, no melhor dos casos, de pré-ciência. Contudo, a partir da adolescência, os alunos já poderiam *sintonizar* naturalmente o conhecimento científico e, assim, já estariam em condições de receber – e até de elaborar – esses conhecimentos. Portanto, a via principal para aprender ciências no ensino médio, e mesmo na universidade, seria seguir as pegadas dos cientistas, recebendo seus produtos já elaborados em forma de teorias ou, melhor ainda, seguindo a tradição piagetiana e outras concepções aparentemente distantes (Wagensberg, 1993), seguir os mesmos passos, a mesma metodologia, aplicar os procedimentos da ciência tal como os cientistas aplicam. Os alunos aprenderiam ciência agindo como pequenos cientistas e pesquisadores, utilizando recursos cognitivos e estruturas mentais similares aos que um cientista utiliza.

Contudo, a suposição da compatibilidade entre o conhecimento cotidiano e o científico enfrenta numerosos dados que a contradizem, tanto se considerarmos os procedimentos utilizados em um e outro caso (ver Capítulo 3) quanto se olharmos para as estruturas conceituais em que são baseados respectivamente (Capítulo 4). A suposição de que os seres humanos agem como cientistas é desmentido pela recente psicologia do pensamento (Nisbett, 1993). Como já vimos no Capítulo 3, ao analisar criticamente a teoria dos estágios de Piaget, numerosos estudos mostraram que as formas de pensamento formal ou científico não são o modo habitual de funcionamento intelectual de adolescentes e adultos, inclusive adultos universitários. Quando são defrontadas com uma tarefa que requer utilizar um pensamento científico, a maior parte das pessoas recorre a outras formas mais elementares de pensamento (regras heurísticas, estratégias simplificadoras, vieses de previsão, etc.), que os levam a resultados não necessariamente coincidentes com os da ciência (Nisbet, 1993; Pérez Echeverría, 1990). De fato, as "concepções alternativas" dos alunos – e também da maior parte dos adultos não especialistas – teriam, até certo ponto, origem nesse tipo de regras de pensamento, que analisamos no capítulo anterior ao estudar a origem sensorial das concepções alternativas (p. 98-100), que estariam regidas por critérios *pragmáticos*, mais do que lógicos, ou seja, que julgam mais a conveniência ou relevância das conclusões alcançadas do que o rigor e o valor de verdade do processo seguido para obtê-las, algo que, em aparência, é escassamente científico.

Em suma, se considerarmos a pesquisa recente em psicologia do pensamento, a metáfora do ser humano como cientista é pouco adequada. O pensamento científico não parece ser a forma natural, convencional, de as pessoas comuns enfrentarem seus problemas. Isso parece pôr em sérios apertos a hipótese da compatibilidade. Contudo, paradoxalmente traz consigo o que podemos chamar de *nova hipótese da compatibilidade*, segundo a qual não é tanto que as pessoas pensem como cientistas senão o contrário: *que são os cientistas que pensam como pessoas*. Ou, em outras palavras, que esses vieses, essas estratégias informais, esse caráter pragmático que define o conhecimento cotidiano são também características essenciais do pensamento científico. Em vez de manter uma concepção lógico-racional da ciência, entendida como a aplicação sistemática de um *método* que cedo ou tarde leva ao descobrimento de regularidades e leis (Wagensberg, 1993), hoje em dia parece ser um fato assumido que a ciência não é uma tarefa muito diferente de outras muitas tarefas cotidianas, de modo que as estruturas e os processos com os quais os cientistas trabalham seriam muito similares aos do funcionamento cognitivo cotidiano.

A ciência não é uma tarefa tão afastada do conhecimento cotidiano, dado que, para além de sua imagem social ou seu estereótipo, utiliza categorias prototípicas, conhecimentos implícitos, regras heurísticas, vieses inferenciais, etc., ou seja, a ciência, longe de ser uma tarefa racional, seria apenas mais um produto da racionalidade limitada dos seres humanos (por exemplo, Giere, 1988; Langley et al., 1987). A pesquisa sobre o pensamento dos cientistas (por exemplo, Tweney, Doherty e Mynatt, 1981) parece, até certo ponto, dar razão a Feyerabend (1970) e seu anarquismo metodológico.

Porém, se hoje tende-se a assumir que a ciência é uma tarefa menos racional (ou, dito de outro modo, menos baseada na razão lógica) do que normalmente se supõe, não parece claro que se justifique a postura extrema segundo a qual não há diferença qualitativa alguma entre o pensamento cotidiano e o científico. A ciência é uma obra diferenciada – não apenas socialmente, mas também do ponto de vista cognitivo – de outras formas de conhecimento, inclusive formas tão abstratas como o conhecimento filosófico ou o religioso. Como mostrou Thagard (1992), o pensamento religioso tem características que o diferenciam, do ponto de vista cognitivo, do conhecimento científico, assim como ocorre com o estético (Eisner, 1985; Gardner, 1982), ou mesmo com o científico em outras áreas do saber, como o conhecimento social (Carretero e Voss, 1994; Pozo, 1994).

Os estudos que compararam o rendimento de especialistas e novatos em tarefas muito diversificadas mostram que, apesar de haver uma continuidade importante em suas formas de pensamento, também há diferenças qualitativas, produto de uma verdadeira reestruturação ou mudança conceitual, e não só de uma simples acumulação de saberes (Chi, Glaser e Farr, 1988; Ericsson, 1996; Glaser, 1992; Pozo, 1989). Assim, entre os novatos e os especialistas em física existiriam não apenas diferenças quantitativas em seu conhecimento, mas também diferenças qualitativas em suas estruturas de conhecimento. A aquisição do conhecimento científico sobre o mundo físico vai exigir, portanto, uma reestruturação forte dos conhecimentos intuitivos de domínio, dado que ambos os sistemas de conhecimento são conceitualmente incompatíveis, não tanto porque levem a previsões contrárias, mas por serem baseados em explicações ou princípios de natureza diferente e, inclusive, em processos cognitivos de aprendizado que são diferentes. Para que os alunos consigam, nem vamos dizer pensar como cientistas, mas pelo menos compreender como os cientistas interpretam o mundo, é necessário ajudá-los a construir novas estruturas mentais que não fazem parte do repertório cognitivo *natural* do ser humano, mas que são um produto histórico e cultural, tal como defenderia Vygotsky.

A HIPÓTESE DA INCOMPATIBILIDADE OU DA MUDANÇA CONCEITUAL

A maior parte da pesquisa recente sobre aprendizagem e ensino das ciências, baseada no enfoque das concepções alternativas (resumida e analisada no capítulo anterior), assume que, ao contrário da hipótese anterior, a mente do cientista e a do aluno têm, em algum sentido, formatos incompatíveis, que utilizam linguagens diferentes ou, inclusive, utilizando a terminologia de Kuhn (1962), que são, até certo ponto, *incomensuráveis*, não podem reduzir nem traduzir uma à outra. Em outras palavras, para que os alunos aprendam as teorias e os modelos científicos, é preciso que mudem radicalmente sua forma de interpretar as coisas, porque do contrário, como ocorre habitualmente, tenderão a cometer erros conceituais, *misconceptions*, a mal interpretar o que estudam, assimilando esses conteúdos às suas próprias concepções alternativas. De fato, o sentido que os alunos atribuem a conceitos como força, energia, calor, respiração ou alimentação das plantas, erosão, etc., tem escassa relação com o significado desses mesmos termos nas teorias científicas que estudam. Os abundantes catálogos sobre o conhecimento cotidiano dos alunos e suas diferenças com respeito ao conhecimento científico aceito confirmam essa incompatibilidade, que já é reconhecida a partir da própria *denomi-*

nação de origem desse conhecimento cotidiano: preconceitos, concepções *alternativas* ou ideias *errôneas*. O conhecimento que os alunos trariam para a sala de aula, sua ciência intuitiva, resulta insustentável quando posto ao lado do conhecimento científico. Não é possível ser aristotélico e newtoniano ao mesmo tempo, criacionista e darwiniano, ou, nesse caso, positivista e construtivista. É preciso mudar, mediante o ensino, os conhecimentos prévios que o aluno traz consigo e aproximá-lo dos conhecimentos científicos.

Como veremos no Capítulo 8, boa parte das estratégias didáticas descritas levando em conta os conhecimentos prévios dos alunos estiveram dirigidas de modo explícito ou implícito a *substituir*, a mudar esses conhecimentos, incompatíveis com os marcos conceituais da ciência, por outros mais próximos das teorias científicas aceitas. Muitas dessas propostas adotaram uma estratégia de conflito cognitivo, com características bem definidas. A título de exemplo, a mais conhecida e influente dessas propostas (Posner et al., 1982) estabelece que para conseguir a mudança conceitual são necessárias quatro fases:

a) que o aluno esteja insatisfeito com suas concepções alternativas;
b) que disponha de uma nova concepção inteligível;
c) que essa nova concepção lhe pareça plausível;
d) que a nova concepção se mostre mais frutífera ou produtiva que a concepção alternativa original.

O objetivo, então, é mostrar ao aluno que sua teoria é errônea e que ele deve substituí-la por outra teoria melhor, mais próxima da teoria cientificamente aceita. As concepções alternativas deveriam estar presentes na avaliação inicial, mas idealmente deveriam ter desaparecido quando chegasse a hora da avaliação final. O conhecimento cotidiano é o ponto de partida, mas não o de chegada.

Assim, o êxito desses modelos deve ser medido pelo grau em que foram capazes de suprimir ou erradicar esses persistentes conhecimentos alternativos dos alunos. Nesse sentido, é preciso reconhecer que, apesar de muitos desses esforços didáticos oferecerem resultados muito sugestivos, que sem dúvida superam os conquistados por estratégias mais tradicionais baseadas no suposto da compatibilidade, fracassaram globalmente em seu propósito essencial de conseguir que o aluno assuma as teorias científicas e abandone suas crenças alternativas. Nas contundentes palavras de Duit (1999),

> é preciso afirmar que não há nem um único estudo na literatura de pesquisa sobre as concepções dos estudantes no qual uma concepção concreta das que estão profundamente enraizadas nos alunos tenha sido totalmente extinta e substituída por uma nova ideia. A maioria das pesquisas mostra que há apenas um sucesso limitado em relação à aceitação das ideias novas e que as velhas ideias continuam basicamente "vivas" em contextos particulares.

No máximo se consegue que os alunos cheguem a assimilar os conhecimentos científicos, mas não que abandonem seus conhecimentos cotidianos.

Esse fracasso relativo pode ter duas razões principais. A primeira é que talvez boa parte desses esforços didáticos tenham tentado mudar, às vezes com estratégias muito agressivas, as ideias concretas mantidas pelos alunos, em vez de se focar na mudança das estruturas conceituais ou teorias implícitas em que essas ideias teriam sua origem (Pozo, 1994). De acordo com essa perspectiva, desenvolvida na última parte do Capítulo 4, o problema não estaria tanto no significado individual de cada um desses conceitos, mas nas estruturas ou esquemas conceituais que os alunos assimilam. A incompatibilidade entre o conhecimento científico e o cotidiano não reside tanto nesse longo catálogo de "concepções alternativas" ou francamente "errôneas" mantidas pelos alunos, mas nos princípios epistemológicos, ontológicos e conceituais em que essas concepções se sustentam. O que se requer não é uma mudança de conceitos, mas uma mudança de conceitualizações (White, 1994). A mudança conceitual não implicaria tanto mudar o significado de cada um desses conceitos individualmente, senão reestruturar as teorias das quais eles fazem parte, que são as que lhes dão significado (Benlloch, 1997; Benlloch e Pozo, 1996). E o significado de cada uma das concepções dos alunos, ou seus modelos mentais construídos a partir de suas teorias de domínio (sobre a fotossíntese, a combustão, a queda dos objetos ou seu próprio aprendizado) seria, por sua vez, determinado por suas *teorias implícitas* (ver Capítulo 4), ou suas teorias-marco, na terminologia de Vosniadou (1994a).

Como já vimos, essas teorias são baseadas em uma série de supostos implícitos de caráter epistemológico, ontológico ou conceitual que "formatariam" cada uma das teorias de domínio mantidas pelos alunos (ver Quadro 4.7 no capítulo anterior). Assim, a mudança conceitual, para ser realmente efetiva e superar a incompatibilidade básica entre a teoria dos alunos e as teorias científicas, deveria estar dirigida a modificar as estruturas conceituais, os supostos epistemológicos e ontológicos que são subjacentes a cada uma dessas teorias. O que os alunos pensam sobre a energia, o calor, a fotossíntese ou o equilíbrio químico não seria mais do que a ponta do *iceberg* oculto de suas teorias implícitas. No capítulo anterior, analisamos em detalhe as diferenças entre o conhecimento cotidiano e o científico em relação aos princípios epistemológicos, ontológicos e conceituais que estariam na base de seus diferentes – e frequentemente incompatíveis – sistemas conceituais.

Mas talvez a principal causa desse fracasso em conseguir a substituição do conhecimento cotidiano pelo científico seja a própria ideia de que a mudança conceitual deve implicar um abandono do conhecimento cotidiano, algo que não apenas é muito difícil de conseguir, mas que até pode ser inconveniente. Talvez a mudança conceitual não implique substituir um conhecimento mais simples, o cotidiano, por outro mais complexo, o científico, e sim adquirir diferentes tipos de conhecimentos ou representações para tarefas ou situações diversas. Isso é o que defendem os partidários de outro modo de conceber a educação científica, que podemos denominar de hipótese da independência.

A HIPÓTESE DA INDEPENDÊNCIA OU DO USO DO CONHECIMENTO SEGUNDO O CONTEXTO

Em face da concepção dominante, pelo menos implicitamente, no enfoque das concepções alternativas, que estabelecia como meta educacional o afastamento do aluno das suas concepções alternativas, que eram consideradas errôneas ou, no mínimo, inferiores às científicas, pelas quais deveriam ser "mudadas", ou seja, substituídas, nos últimos anos vêm ganhando importância as posturas que defendem a necessidade de que a pessoa disponha de diferentes representações ou modelos para enfrentar tarefas diferentes. Em vez de pretender que o aluno abandone sua mecânica intuitiva para assumir os modelos da física newtoniana, o que se tentaria é que ele consiga diferenciar entre ambos os modelos ou interpretações e aprenda a usá-los discriminando em função do contexto.

Frente a esse modelo tradicional que defende – apoiando-se, em parte, em certos critérios históricos e epistemológicos de influência kuhniana (por exemplo, Carey, 1991) – que a mudança conceitual supõe abandonar a teoria anterior e substituí-la pela nova, alguns autores estão apresentando a possibilidade de que os mecanismos da mudança conceitual sejam mais sutis e complexos, dando lugar a uma coexistência de sistemas alternativos de conhecimento no mesmo sujeito. Apoiando-se, até certo ponto, nas recentes concepções desenvolvidas pela psicologia cognitiva sobre a memória distribuída ou sobre os modelos mentais que são construídos a partir de episódios contextuais, começa a ser aceito que os sujeitos disporiam de teorias alternativas que poderiam ativar de modo discriminativo em função do contexto (Pozo, 1997a; Pozo, Gómez Crespo e Sanz, 1999; Rodrigo, 1997). Igualmente, os modelos de conhecimento ou aprendizagem "situado", que destacam a necessidade de analisar o funcionamento intelectual no contexto das demandas sociais das tarefas, chegaram, também, ao estudo da mudança conceitual (Caravita e Hallden, 1994).

Em vez de considerar que o conhecimento cotidiano é errôneo ou cientificamente desviado, a partir desses modelos se destaca seu valor pragmático, seu caráter fenomenológico e adaptativo (Claxton, 1984; DiSessa, 1993; Pozo et al., 1992). De fato, o conhecimento cotidiano seria muito adaptativo, uma vez que é produto de mecanismos de aprendizagem implícitos pouco flexíveis, mas muito robustos e econômicos do ponto de vista cognitivo e, portanto, abandoná-los seria não apenas pouco provável, como talvez inconveniente. Assim, nossa física intuitiva, mesmo sendo incorreta segundo as teorias científicas vigentes, é muito previsível e ajusta-se muito bem às demandas do nosso mundo real. Como assinalou DiSessa (1983), não sem certa ironia, o único inconveniente da mecânica newtoniana é que vivemos em um mundo não newtoniano, infestado de atrito e forças invisíveis, no qual os objetos têm o desagradável costume de afastar-se bastante, em seu comportamento, desse "movimento uniforme e retilíneo" que deveríamos esperar deles nas condições ideais da mecânica newtoniana. Com muita frequência, em contextos concretos, rotineiros, sobre-aprendidos, simples exercícios e não problemas (Pérez Echeverría e Pozo, 1994), o conhecimento cotidiano é mais previsível do que o conhecimento científico, ou, simplesmente, é mais eficaz, uma vez que leva aos mesmos resultados com menor custo cognitivo. Além disso, costumam ser teorias com um forte significado cultural, socialmente compartilhadas, o que torna ainda mais improvável sua erradicação (todos dizemos que "o sol nasce" ou que "as coisas caem por seu próprio peso", *independentemente* dos nossos conhecimentos de física). Este valor pragmático, adaptativo e cultural das teorias implícitas faz com que sua eliminação seja não só muito difícil como, talvez, desnecessária.

Por outro lado, os poucos estudos realizados a esse respeito mostram que mesmo que ocorra um verdadeiro aprendizado da ciência, como no caso de indivíduos especialistas em um domínio, isso não implica um abandono do conhecimento cotidiano. Como mostraremos mais adiante, no Capítulo 6, em alguns dos nossos trabalhos nos foi permitido comprovar (Pozo, Gómez Crespo e Sanz 1993, 1999) que a aprendizagem da química por pessoas especialistas não implica um abandono de seu conhecimento cotidiano nessa área, do mesmo modo que todos nós, tenhamos ou não aprendido física, continuamos "vendo" o sol se movendo no céu ou aceitando que um casaco ou um cobertor "esquentam". Quais são os efeitos, então, da instrução em química se ela não supõe abandonar o conhecimento cotidiano? O que parecia diferenciar os químicos do resto dos grupos naquela pesquisa (Pozo, Gómez Crespo e Sanz, 1999) não era que usassem menos seus conhecimentos cotidianos, mas que os usavam de modo mais discriminativo. Por um lado, diferenciavam claramente entre o conhecimento cotidiano e o científico – ou, no caso deles, entre representações macroscópicas e microscópicas da matéria; para mais detalhes, ver o Capítulo 6 –, e por outro tendiam a utilizar ambos os tipos de conhecimento para fins diferentes, uma vez que usavam mais a teoria corpuscular – o modelo científico – quando a tarefa requeria explicações complexas do que quando envolvia apenas descrever, ou redescrever minimamente, as situações apresentadas (Pozo, Gómez Crespo e Sanz, 1993, 1999). Ao contrário, os alunos adolescentes, quando tentavam recorrer à teoria corpuscular, tendiam a atribuir ao mundo microscópico muitas propriedades observáveis da matéria, mostrando uma indiferenciação conceitual entre ambos os níveis de interpretação e, além disso, também não diferenciavam entre os contextos de uso (descritivo ou explicativo) desses conhecimentos.

Em suma, todos os sujeitos contariam, realmente, com representações alternativas para um mesmo fato, que eles ativariam, de modo mais ou menos discriminativo, em função do contexto, razão pela qual o objetivo da educação científica não deveria ser, em nenhum caso, erradicar ou extinguir as concepções alternativas dos alunos, senão que, do ponto de vista desse enfoque, se trataria é de *separar* ambas as formas de conhecimento, que os sujeitos aprendessem a utilizá-las em contextos diferentes. Contudo, lamentavelmente ainda é muito pouco o que sabemos sobre a influência do contexto. Somente sabemos que, como em qualquer aprendizado, ele exerce uma influência, mas só foram identificadas algumas variáveis contextuais relevantes, que afetam a ativação discriminativa de diferentes teorias por parte dos alunos (De Posada, 1996; Engel Clough e Driver, 1986; Gómez Crespo, Pozo e Sanz, 1995; Oliva, 1998).

De qualquer modo, como devemos interpretar esta coexistência? São, realmente, representações independentes? Isso significa que não é necessária a mudança conceitual? O ensino deve fomentar a vinculação entre o conhecimento cotidiano e o científico por meio da ativação das concepções alternativas em contextos escolares ou, ao contrário, deve ser mantida uma fronteira o mais rígida possível entre ambos os contextos? Claxton (1991) assinalou com perspicácia as apreciáveis diferenças entre as características dos contextos de ativação do conhecimento científico e dos contextos cotidianos. De fato, como ele mesmo aponta, os problemas científicos não costumam ser problemas cotidianos, e vice-versa (ver também Pozo e Gómez Crespo, 1994). Transferir ou transpor o conhecimento de um contexto para outro não é só difícil, mas talvez seja inconveniente. Os alunos descobrem, com certa frequência, os inconvenientes de utilizar conhecimentos cotidianos em contextos inadequados (por exemplo, em uma prova). De fato, eles precisam aprender muito cedo a separar contextos – inclusive disciplinas dentro do contexto escolar –, dado que as transposições ou transferências de conhecimentos de um contexto – ou disciplina – para outro geralmente são muito pouco valorizados por seus professores. Realmente, podemos afirmar sem ironia que a maior parte dos alunos, pelo menos aqueles que são considerados alunos estratégicos ou adaptados ao contexto educacional, são firmes partidários da independência ou, dito de outro modo, da compartimentalização, entre tipos de conhecimento.

Sendo assim, por que deveríamos acreditar que a transferência no sentido inverso, do contexto escolar para o científico, é mais fácil, uma vez que as diferenças continuam as mesmas? Como argumentou Claxton (1991), a fé no caráter automático e necessário dessa transferência – a ideia de que o conhecimento científico é útil em todos os contextos – está na base das metas da maior parte dos currículos de "ciência para todos", ou seja, da educação científica obrigatória. Se questionamos essa transferência, os alicerces da educação científica nas primeiras idades cambaleiam. Para que ensinar ciências para todos os alunos e futuros cidadãos se o conhecimento científico serve apenas para fazer ciência? Há quem defenda a conveniência de separar, pelo menos em alguns casos, as situações escolares das cotidianas, contrariamente ao que diz o clichê estabelecido segundo o qual é necessário partir sempre das concepções alternativas dos alunos para mudá-las. A insistência recente na natureza contextual e situada de toda aprendizagem põe seriamente em dúvida não só a possibilidade, mas inclusive a pertinência de utilizar o conhecimento escolar além do âmbito em que ele é gerado (Kirshner e Whiston, 1997).

Contudo, parece claro que, mesmo que o conhecimento científico não deva ser utilizado em todos os âmbitos e situações, a meta da educação deve ser justamente *descontextualizar*, tornar mais transferível e generalizável o conhecimento. A aprendizagem escolar deve ser *situada* em sua origem, em seu ponto de partida, mas suas metas devem ser mais gerais, devem facilitar a transferência do conhecimento de um contexto para outro (Pozo, 1996a). Talvez uma opção alternativa seja não tanto separar ou tornar independentes ambas as formas de conhecimento (afinal de contas, isso já é o que ocorre em boa medida na mente dos alunos, tornando muito difícil a transferência ou o uso do conhecimento escolar fora da sala de aula), mas promover uma diferenciação e integração hierárquica entre diferentes tipos de conhecimento, concebidos não só como modelos alternativos, e sim como níveis alternativos de análise ou de representação do mesmo problema.

A HIPÓTESE DA INTEGRAÇÃO HIERÁRQUICA OU DOS DIFERENTES NÍVEIS DE REPRESENTAÇÃO E CONHECIMENTO

Segundo essa hipótese, a ativação contextual de teorias alternativas não é incompatível com a necessidade da mudança conceitual entendida como a construção do conhecimento científico a partir do cotidiano. A nova teoria (por exemplo, a teoria cinético-molecular da matéria) somente poderá ser compreendida como tal na medida em que se diferencie conceitualmente do modelo anterior (por exemplo, a concepção contínua ou macroscópica da matéria). Para isso, será necessário que o aluno construa novas estruturas conceituais nesse domínio, que redescreva suas interpretações dentro de estruturas mais complexas (reinterpretando os processos como parte de um sistema, a causalidade em termos de interação, a mudança e a conservação em termos de equilíbrio, etc.). Se essa reestruturação não ocorre, os conceitos da nova teoria serão incorporados à velha "árvore de conhecimentos", dando lugar a uma confusão ou mistura entre ambas as teorias alternativas que, em vez de coexistirem em contextos diferentes, formariam um sistema conceitual híbrido e indiferenciado.

De fato, isso é o que normalmente ocorre em muitas salas de aula. As chamadas "concepções errôneas", tão estudadas e perseguidas, geralmente são produto de os alunos assimilarem, erradamente, novos conceitos a sistemas de conhecimento de domínio que são incompatíveis com eles, de modo que os novos conceitos tomam seu significado da estrutura das teorias implícitas às quais são incorporadas, sendo, portanto, assimilados erroneamente ou com um significado diferente daquele da teoria científica de que fazem parte, concebendo, por exemplo, a inércia como uma força dentro de um modelo causal linear (ver Capítulo 7), ou as partículas como "pedaços" invisíveis da matéria observável (ver Capítulo 6). Em vez de pretender separar ou tornar independentes as teorias científica e cotidiana, segundo a hipótese da integração hierárquica se trataria de conectá-las por meio de processos metacognitivos, de transformar em objeto de reflexão as diferenças entre elas, de modo que elas possam ser integradas como diferentes níveis de análise ou de complexidade na interpretação de um problema.

Segundo esse ponto de vista, qualquer problema seria suscetível de ser analisado, ou representado, a partir de diferentes teorias alternativas, que implicariam, de fato, diferentes *níveis de análise*, baseados em estruturas conceituais de complexidade diversa. Como as bonecas russas – ou, inclusive, como os estágios piagetianos do desenvolvimento –, as diversas teorias deveriam ser suscetíveis de encaixar-se ou integrar-se umas às outras, de tal modo que exista uma sequência cuja construção é necessária, mas também uma integração genética de uns modelos em outros. Do mesmo modo que não tem sentido afirmar que a mecânica einsteiniana substituiu a newtoniana, mas que se integrou a ela e que, de fato, origina-se dela, seria válido pensar em uma relação genética entre teorias de diferente complexidade (ou de diferente nível representacional). Como mostrou Mortimer (1995), os diversos "perfis conceituais" ou modelos do átomo não precisam ser considerados incompatíveis ou independentes entre si, senão que respondem a diferentes formas ou níveis na análise da estrutura da matéria. Apesar de, aparentemente, terem sido superados por outros modelos posteriores, alguns deles – como, por exemplo, o átomo de Bohr – continuam sendo eficazes para a análise de certas tarefas restritas, ou seja, para um determinado nível de análise. A tendência reducionista, segundo a qual todos os níveis de análise da realidade podem ser interpretados em termos de um sistema unitário, pode ser tão empobrecedora, dentro das disciplinas científicas, quanto é quando se aplica à análise das relações entre disciplinas (Morin, 1980).

Por isso, embora as teorias científicas tenham maior potência explicativa ou, em termos de Lakatos (1978), um excesso de conteúdo empírico com respeito ao conhecimento cotidiano, nem por isso tornam desnecessário o seu uso, como vimos anteriormente. Há muitas situações em que o conhecimento cotidiano, uma vez que diz respeito ao mundo *mesocósmico* que nossos sentidos proporcionam – o que poderíamos chamar de nível de análise *fenomenológico* –, é mais crível ou, simplesmente, mais possível de prever do que os modelos científicos, que por serem dirigidos principalmente a níveis *microcósmicos* – as partículas e suas estranhas contingências – ou *macrocósmicos* – os planetas, as galáxias e suas estranhas viagens – às vezes *vão mal* no mundo do senso comum, são baseados em modelos idealizados que se aplicam mal em um mundo cheio de ruídos, recantos e rugas imprevisíveis no qual habitam nossos sentidos. Se para aplicar um modelo de mecânica clássica, com a finalidade de analisar o movimento de um objeto, os alunos precisam "desprezar o raciocínio", como frequentemente se exige deles, pode ser mais aceitável e eficaz prever esse movimento a partir de um modelo intuitivo, assumindo que se deve a um desgaste da força inicial e não ao efeito invisível de certas forças ocultas.

Em outros muitos contextos, as previsões de ambas as formas de conhecimento seriam similares, uma vez que, de fato, as teorias intuitivas, ao serem resultado de um longo processo adaptativo, na filogênese e na ontogênese, costumam ser muito previsíveis, embora o conhecimento cotidiano não tenha poder explicativo ou suas explicações se desviem do que é cientificamente aceito (Pozo et al., 1992; Rodrigo, 1993). Mas nesses contextos em que o conhecimento cotidiano é tão preditivo quanto o científico, os indivíduos tenderiam a utilizar a teoria intuitiva, dado que seu uso seria cognitivamente mais econômico e contextualmente mais funcional, por estar baseado em processos essencialmente automáticos, estar regido por chaves contextuais e consumir escassos recursos cognitivos em sua ativação e avaliação (Pozo, 1996a).

Desse modo, a teoria intuitiva, embora do ponto de vista conceitual pudesse ser subsumida pela teoria científica, do ponto de vista do processamento continuaria sendo eficaz nos contextos informais cotidianos, em que a aplicação do modelo científico, por ser um processo consciente, reflexivo e sistemático, costuma requerer maior quantidade de processamento. Em suma, a aprendizagem da ciência requer construir estruturas conceituais mais complexas a partir de outras mais simples e, provavelmente, estabelecer usos diferentes para cada um dos contextos de aplicação dessas teorias, assim como ser capaz de redescrever ou analisar as formas mais simples de conhecimento a partir das mais complexas, tomando como critério as diferenças epistemológicas, ontológicas e conceituais estabelecidas no final do capítulo anterior. Essa ideia da aprendizagem da ciência entendida como a integração hierárquica de modelos implica, portanto, diferentes processos de construção do conhecimento científico, que vão além da mudança conceitual tal como geralmente foi entendida. As próximas páginas são dedicadas a desenvolver essa proposta de integração hierárquica a partir da análise dos processos envolvidos na construção do conhecimento científico na sala de aula.

OS PROCESSOS DE CONSTRUÇÃO DO CONHECIMENTO CIENTÍFICO

Partindo das diversas teorias sobre a construção do conhecimento científico em contextos escolares a partir do conhecimento cotidiano (por exemplo, Chi, 1992; Glynn e Duit, 1995b; Lawson, 1994; Pozo, 1996a; 1997a; Rodrigo e Correa, 1999; Vosniadou, 1994a) e, sobretudo, das análises apresentadas nos dois últimos capítulos sobre as relações entre o conhecimento cotidiano e o científico, podemos identificar três processos fundamentais na construção do conhecimento científico na sala de aula. Esses processos, mostrados na Figura 5.1, seriam a reestruturação teórica, a explicitação progressiva e a integração hierárquica das teorias implícitas dos alunos nas teorias científicas. Embora esses processos, como veremos, estejam estreitamente vinculados entre si, analisaremos cada um deles em separado.

O processo de reestruturação

A *reestruturação* implica construir uma nova forma de organizar o conhecimento em um domínio que seja incompatível com as estruturas anteriores. Segundo a interpretação que temos feito em páginas anteriores, essa mudança conceitual ou reestruturação será necessária

```
                Construção do conhecimento científico
                    /          |          \
        Reestruturação    Explicitação    Integração
            teórica       progressiva     hierárquica
```

Figura 5.1
Processos fundamentais na construção do conhecimento científico na sala de aula.

quando a superação das teorias alternativas em um domínio dado exija adotar novos supostos epistemológicos, ontológicos e conceituais a partir dos quais interpretar os cenários e situações nesse domínio.

As teorias alternativas mais persistentes seriam aquelas que estão arraigadas no sistema cognitivo do indivíduo, de forma que para mudá-las não é suficiente nem o aprendizado de fatos, nem o aprendizado significativo, entendido como a compreensão de conceitos científicos, senão que se requer uma verdadeira mudança das estruturas conceituais dos alunos, tal como foram definidas no Capítulo 4. Mas, na verdade, essa reestruturação não é incompatível com o aprendizado de fatos ou com a compreensão de conceitos, senão que esses processos se exigem mutuamente. Nas recentes teorias sobre a mudança conceitual, ela é concebida como um processo complexo – ou, dito de outro modo, como um sistema – composto, de fato, por vários subprocessos diferentes (por exemplo, Thagard, 1992; Vosniadou, 1994a; também Pozo, 1996a). Assim, geralmente se distinguem pelo menos três processos diferentes de mudança conceitual, que implicariam um grau diverso de reorganização da estrutura conceitual em um domínio dado. A forma mais leve de mudança conceitual seria o *enriquecimento* ou crescimento das concepções, simplesmente incorporando nova informação, mas sem mudar em absoluto a estrutura conceitual existente. O *ajuste* já implicaria modificar essa estrutura de alguma maneira, fundamentalmente mediante processos de generalização e discriminação, mas não exigiria uma mudança radical das estruturas existentes. Essa mudança radical ocorreria com a *reestruturação*, que deve traduzir-se e concretizar-se em uma mudança das estruturas conceituais utilizadas em um domínio de conhecimento dado, indo das formas mais simples, próprias do conhecimento cotidiano (por exemplo, em termos de relações causais lineares, unidirecionais), até as estruturas mais complexas das teorias científicas (interação e equilíbrio dentro de um sistema), de acordo com as mudanças nessas estruturas conceituais descritas no capítulo anterior (ver Quadro 4.7 da p. 114). Esse processo de reestruturação, assim como o resto dos processos de construção do conhecimento científico, ocorreria, contudo, de *baixo para cima,* ou seja, dos conteúdos mais específicos até as estruturas conceituais. Não se trataria de mudanças cognitivas gerais, independentes de domínio, como as que sugeria a teoria de Piaget, mas de reorganizar o conhecimento em domínios concretos (Pozo, 1994). Desse modo, também não seria questão de ensinar as estruturas conceituais como tais, de transformá-las em objeto direto de ensino, mas de gerar as condições para que, no estudo de conteúdos conceituais específicos, os alunos aprendam a interpretar os fenômenos em termos de estruturas complexas (como veremos, na Segunda Parte, no caso da física e da química). Em outras palavras, os conteúdos da educação científica devem continuar sendo os conceitos, as técnicas, as estratégias, as atitudes, etc., que constituem o saber científico, mas a *meta* do ensino desses conteúdos deveria ser promover mudanças mais profundas nas estruturas conceituais, nos valores ou no saber estratégico (Pozo, 1999a). No caso dos conteúdos conceituais, o que se tentaria é que, partindo do estudo de noções concretas, o aluno vá tornando explícitos os supostos nos quais baseia suas interpretações e, ao fazê-lo, aprofunde nas estruturas conceituais que são subjacentes às suas previsões, ações e crenças. O processo de reestruturação requer, portanto, uma explicitação progressiva das teorias implícitas do aluno.

O processo de explicitação progressiva

A construção do conhecimento científico envolve, também, um processo metacognitivo, ou, melhor dizendo, metaconceitual, de *explicitação* das concepções mantidas intuitivamente (Kuhn, Amsel e O'Loughlin, 1988; Schraw e Moshman, 1995; Vosniadou, 1994a). Tal como apresentávamos no Capítulo 4, essas concepções são baseadas em supostos e restrições implícitos, ou seja, são subjacentes às próprias concepções, mas sem que o sujeito tome consciência delas. Portanto, será necessário, com o fim de promover a mudança conceitual, projetar cenários que facilitem esse processo de explicitação, de forma que o aluno enfrente problemas potenciais, se possível em contextos de interação social, que induzam à comunicação das próprias concepções, de maneira que

mediante esse processo de explicitação ou, em termos de Karmiloff-Smith (1992), de redescrição representacional, o aluno vá trazendo para a sua própria consciência boa parte desse continente submerso que são suas teorias implícitas.

Retomando a diferença entre níveis representacionais, apresentados na Figura 4.2, serão mais fáceis de explicitar os níveis representacionais mais superficiais, como as crenças e as ações, do que os supostos implícitos subjacentes a essas crenças ou previsões, dos quais eles dependeriam. Assim, o aluno pode facilmente tomar consciência de sua previsão sobre como irá se movimentar um objeto, mas terá mais dificuldade para encontrar o significado dessa previsão (por que ele acredita que os objetos mais pesados cairão mais rapidamente?), o que o ajudará a compreender melhor sua teoria implícita nesse domínio e, finalmente, as restrições estruturais em que se baseia.

De fato, a distinção implícito/explícito não seria tanto uma dicotomia, mas, sim, um *continuum* (Karmiloff-Smith, 1992; Tirosh, 1994), e a tarefa metacognitiva consistiria em um processo de tornar explícitos de maneira progressiva alguns desses supostos, com o fim de poder mudá-los, partindo do nível mais superficial até chegar a níveis representacionais cada vez mais profundos (Karmiloff-Smith, 1992; Pozo, 1996a; Rodrigo, 1997). Além desse processo de *aprofundamento* nos níveis representacionais, a explicitação progressiva tem uma segunda dimensão essencial: a *formalização* das representações em códigos ou linguagens cada vez mais explícitos. A explicitação envolve, também, uma redescrição das representações em formatos ou *gêneros discursivos* crescentemente formalizados, de modo que a construção do conhecimento científico implica, também, uma mudança nas linguagens mediante as quais se codifica e comunica o conhecimento, *nas linguagens da ciência* em comparação com a linguagem cotidiana do aluno (Lemke, 1993; Mortimer e Machado, 1997). Essa explicitação implicará um uso cada vez maior de códigos formalizados, de gêneros cada vez mais *dialógicos* – ou seja, nos quais se ouçam e contraponham múltiplas vozes, em vez de um monólogo estridente, o do professor – e nos quais o relato ou a descrição de fatos abra passagem progressivamente para a descrição de processos, para a exposição de modelos e para a argumentação sobre eles (Ogborn et al., 1996).

Dessa forma, a explicitação, na medida em que aprofunda e formaliza as representações, favorecerá os processos de reestruturação, porque permite que o aluno tome consciência das diferenças estruturais e conceituais entre as teorias científicas e suas próprias teorias. De fato, a mudança conceitual, diferentemente do que supunham os modelos tradicionais baseados no conflito cognitivo, não costuma implicar um abandono das concepções previamente mantidas nem sua substituição pelas novas teorias científicas. Como víamos antes, ambos os tipos de teorias coexistem normalmente e são utilizados de modo alternativo para contextos diferentes. Contudo, essa coexistência não significa que as diversas representações alternativas de que um indivíduo dispõe para um domínio dado devam ser independentes entre si. De fato, a mudança conceitual costuma implicar um processo de *integração hierárquica*, que faz com que as formas de representação mais elementares se integrem, ou sejam reescritas, nas mais complexas.

O processo de integração hierárquica

Como tentamos mostrar anteriormente, qualquer situação ou fenômeno científico seria suscetível de ser analisado, ou representado, a partir de diferentes teorias alternativas, que implicariam, de fato, diferentes níveis de análise, baseados em estruturas conceituais de complexidade diversa. Já vimos que o fato de a teoria científica ter um maior poder representacional, por estar mais explicitada, não implica que as teorias alternativas devam ser abandonadas, pois, assim como muitos produtos da aprendizagem implícita (Reber, 1993), costumam ser robustas, funcionais e eficazes em sua aplicação. Mesmo que tenham pouco poder explicativo, as teorias alternativas geralmente são muito eficientes para fazer previsões em contextos cotidianos, além de poderem ser aplicadas com uma grande economia de recursos cognitivos, dada sua natureza implícita.

Assim, a teoria intuitiva, apesar de que, do ponto de vista conceitual, poderia ser subsumida pela teoria científica, do ponto de vista do processamento continuaria sendo eficaz nos contextos informais cotidianos, em que a aplicação do modelo científico, por se tratar de um processo consciente, reflexivo e sistemático, costuma exigir maior quantidade de processamento. Contudo, uma vantagem do modelo científico frente ao intuitivo é que pode ser transferido mais facilmente para situações novas. Retomando a ideia de Perkins e Salomon (1989), poderíamos dizer que uma adequada integração hierárquica entre os modelos, própria do conhecimento especialista, permite utilizar uma *high road,* ou via de alto nível, ao discriminar metacognitivamente entre diferentes níveis representacionais, enquanto a ausência dessa integração levaria a uma *low road,* ou via baixa, para a discriminação entre diferentes níveis representacionais baseada em certos indícios situacionais ou contextuais (Pozo, 1999b). Em geral, é possível assumir que uma teoria é mais potente e permite integrar outra mais simples, parcial ou totalmente, quando:

a) tem *maior capacidade de generalização*, porque pode ser aplicada e prever fatos em domínios ou âmbitos que não são cobertos por outra teoria;
b) tem uma *estrutura conceitual mais complexa*, que permite reinterpretar em termos de interação e relações dentro de um sistema os acontecimentos que outra teoria concebe como isolados ou simplesmente encadeados de forma casual entre si;
c) tem *maior poder explicativo ou de redescrição representacional*, dado que, ao ser baseada em um gênero discursivo mais elaborado ou formalizado, permite redescrever em termos de um modelo fatos previstos, mas não explicados, por outra teoria.

Em suma, a produção do conhecimento científico requer construir estruturas conceituais mais complexas a partir de outras mais simples e, provavelmente, estabelecer usos diferenciais para cada um dos contextos de aplicação dessas teorias. Diferentemente do conhecimento cotidiano, que é essencialmente implícito, as teorias científicas têm uma natureza basicamente explícita, de maneira que sua construção requer do aluno uma tomada de consciência ou explicitação das relações entre os modelos interpretativos que a ciência proporciona e suas próprias concepções alternativas. Enquanto no conhecimento cotidiano pensamos *com* as teorias, agir como um cientista significa pensar *nas* teorias (Kuhn, Amsel e O'Loughlin, 1988), de modo que as próprias teorias ou modelos transformam-se em objeto de conhecimento e (meta)representação.

Mas todo esse processo de reestruturação, explicitação e integração hierárquica, mesmo que tenha como meta promover mudanças gerais na estrutura cognitiva dos alunos, deve ir, como assinalamos em mais de uma ocasião, de *baixo para cima*, dos níveis representacionais mais superficiais aos mais profundos, dos cenários concretos às estruturas a partir das quais são analisados, dos fatos aos conceitos, para chegar aos princípios. Somente estudando contextos e situações concretas os alunos podem transcendê-las e chegar a remover o alicerce de suas teorias. Por isso, ainda que o ensino da ciência exija aprofundar as estruturas cognitivas dos alunos com o fim de enriquecê-las e reorganizá-las, o objeto material desse ensino, seu conteúdo imediato a partir do qual organizar esses cenários, devem continuar sendo os *conteúdos conceituais* específicos de cada disciplina científica, a partir dos quais podem e devem ser trabalhadas as diferentes mudanças procedimentais, de atitude e conceituais que é necessário promover para conseguir uma aprendizagem mais eficaz, duradoura e transferível. Por isso, a Parte II deste livro está dedicada a analisar em detalhe os problemas colocados pela aprendizagem da química (Capítulo 6) e da física (Capítulo 7), e também serve para ilustrar como o modelo de construção do conhecimento científico desenvolvido nesta primeira parte se aplica à aprendizagem dos conteúdos específicos de cada uma dessas disciplinas, ajudando a compreender as dificuldades dos alunos e a encontrar caminhos didáticos para superá-las.

PARTE II
A aprendizagem da química e da física

6

A APRENDIZAGEM DA QUÍMICA

Agora, preste atenção; havendo demonstrado que as coisas não podem nascer do nada e nem, uma vez nascidas, serem devolvidas de novo para o nada, (...) deixe-me citar outros corpos cuja existência material você deverá admitir, mesmo sendo invisíveis. (...) A Natureza inteira, enquanto existe por si mesma, consiste em duas substâncias: os corpos e o vazio em que eles estão situados e onde se movem de um lado para outro. Que o corpo existe em si, declara-o o testemunho dos sentidos, comum a todos. (...) Por outro lado, se não existisse o lugar e o espaço que chamamos vazio, os corpos não poderiam assentar-se em lugar algum, nem mover-se em direções diferentes. (...) Pois onde quer que se estende o espaço livre que chamamos vazio, não há matéria; e onde há matéria, não pode haver espaço oco. (...) Os átomos são, portanto, sólidos e simples, formando um todo coerente de partes mínimas (...) é indubitável que nenhum repouso foi concedido aos átomos através do profundo vazio, mas que, agitados em contínuo e variado movimento, alguns quicam, depois de chocar-se, até grandes distâncias, enquanto outros sofrem os golpes dentro de um breve espaço. Aqueles que, mais densamente associados, chocam-se e quicam dentro de exíguos intervalos, travados como estão pelo emaranhado de suas formas, constituem as tenazes raízes dos penhascos, a indômita substância do ferro e os demais corpos deste gênero.

Lucrécio,
De rerum natura

É contrário à razão afirmar que há um vazio ou um espaço em que nada existe em absoluto.

René Descartes

Se em algum cataclismo fosse destruído todo o conhecimento científico e somente passasse uma frase para a geração seguinte de criaturas, qual enunciado conteria o máximo de informação no mínimo de palavras? Eu acredito que é a hipótese atômica (ou o fato atômico, ou como queiram chamá-lo), que todas as coisas estão formadas por átomos – pequenas partículas que se movem com movimento perpétuo, atraindo-se umas às outras quando estão separadas por uma pequena distância, mas se repelindo quando se tenta apertar uma contra a outra. Nessa única frase, verão vocês, há uma quantidade enorme de informação referente ao mundo, bastando aplicar-lhe um pouco de imaginação e pensamento.

Richard P. Feynman,
The Feynman Lectures on Physics

A QUÍMICA NOS ENSINOS FUNDAMENTAL E MÉDIO

A química é uma das disciplinas integradas na área de ciências da natureza na Educación Secundaria Obrigatoria (ESO).* Seu objetivo principal, dentro desse nível educacional, está centrado no estudo da matéria, suas características, propriedades e transformações a partir da sua composição íntima (átomos, moléculas, etc.). Ou seja, com o estudo da química na ESO (12-16 anos) o que se busca é que os alunos cheguem a compreender algumas das características do mundo que os rodeia: as diferenças entre sólidos, líquidos e gases; por que um cubo de gelo derrete; como se propaga um cheiro por um quarto quando, por exemplo, um vidro de perfume quebra; por que o mercúrio do termômetro dilata quando a temperatura aumenta; como arde o gás butano contido no interior de um isqueiro; e por que o vidro de uma janela embaça quando se aproxima uma chama; além de muitas outras coisas que seria impossível enumerar. Em resumo, pretende-se ensinar o aluno a compreender, interpretar e analisar o mundo em que vive, suas propriedades e suas transformações, recorrendo, com um pouco de imaginação e pensamento, como sugeria Feynman na citação do começo deste capítulo, a modelos que se referem às partículas que, segundo ensina a ciência, constituem a matéria. Para isso, no currículo correspondente à ESO, são propostos os conteúdos mostrados no Quadro 6.1.

No Bachillerato,** essa disciplina vai se tornando independente das outras que fazem parte das chamadas ciências da natureza, de tal modo que no primeiro ano aparece unida à física em uma única disciplina para, posteriormente, no segundo ano, aparecer como uma disciplina independente. A principal finalidade do estudo da química neste nível educacional é aprofundar no estudo da matéria e suas transformações. Para isso, propõe-se uma série de blocos de conteúdo repartidos entre os dois anos, conforme mostrado no Quadro 6.2.

Ao ouvir os conteúdos resumidos nos Quadros 6.1 e 6.2, provavelmente muitos estudantes tremeriam de terror pensando "olha só o que vem para cima de nós." A mesma coisa pode ocorrer com muitas pessoas adultas para as quais a química traz algumas recordações desagradáveis de sua infância e adolescência. Para muitos, a química trata de algo crítico, apto somente para iniciados vestidos com avental branco e que trabalham em uma sala cheia de frascos e estranhos aparelhos fumegantes que fazem blup, blup, blup...! – provavelmente, um dos exemplos mais claros da visão prototípica do cientista com "avental branco" que mencionávamos no Capítulo 1. Contudo, a química é algo presente em nossa vida diária, muito mais familiar do que a maioria pensa. Tão familiar como fazer um café ou um xarope com um antibiótico infantil. Apesar disso, é verdade que aprender química não é simples, tal como mostra a experiência de muitos professores.

Por que é difícil aprender química? É uma pergunta que tentaremos responder

---

* N. de R.T. Neste capítulo, optamos em deixar a denominação dos níveis educacionais da Espanha sempre que a proposta de química era especificamente dirigida ao sistema educacional espanhol. No entanto, quando a proposta educacional espanhola foi semelhante à brasileira, traduzimos com a denominação dos níveis educacionais do Brasil. No currículo básico espanhol da *Educación Secundaria Obrigatoria (ESO)*, a química aparece como uma disciplina vinculada à física nos dois últimos anos desse nível. No Brasil, os conteúdos de física e de química são trabalhados dentro da disciplina de ciências naturais no último ano do ensino fundamental e no ensino médio a física e a química são tratadas como disciplinas independentes no currículo.

** N. de R.T. O Bachillerato é um curso de nível secundário pós-obrigatório com a duração de dois anos. Corresponde ao final do ensino médio no Brasil.

QUADRO 6.1
Resumo dos conteúdos relativos à química, a que se faz referência no Decreto de Ensinos Mínimos para a ESO

Diversidade e unidade de estrutura da matéria
- Características dos sistemas materiais
- Utilização da descontinuidade para explicar algumas das características e propriedades da matéria
- Teoria atômica e natureza elétrica da matéria. União entre átomos
- Classificação dos elementos químicos
- Versatilidade do carbono na formação de compostos
- Manejo de instrumentos de laboratório
- Utilização de alguns procedimentos quantitativos relativos às dissoluções
- Utilização da linguagem química e representação mediante fórmulas de diversas substâncias

As transformações químicas
- Introdução às transformações químicas e sua representação mediante equações
- Conservações em uma reação química e intercâmbio de energia
- Estudo de algumas reações químicas e dos fatores que as influenciam
- Interpretação e representação de equações químicas

QUADRO 6.2
Blocos de conteúdos de química nas disciplinas física e química de 1º ano e química de 2º ano do Bachillerato, propostos no Decreto de Ensinos Mínimos para o Bachillerato

1º Ano	2º Ano
- Aproximação ao trabalho científico	- Aproximação ao trabalho científico
- Ciência, tecnologia e sociedade	- Química, tecnologia e sociedade
- Teoria atômico-molecular	- Química descritiva
- O átomo e suas ligações	- Termoquímica
- Mudanças materiais e trocas energéticas nas reações químicas	- Equilíbrios químicos
- Química do carbono	- Reações de transferência de prótons
	- Reações de transferência de elétrons
	- Estrutura da matéria. Introdução à química moderna
	- Química do carbono e química industrial

ao longo deste capítulo, mas sob um ponto de vista muito geral, assim como para outras disciplinas, guarda relação com a interação entre as características específicas da disciplina e a forma como os alunos aprendem. Nos ensinos fundamental e médio, o que se tenta com a química é que os alunos compreendam e analisem as propriedades e transformações da matéria. Mas, para conseguir isso, eles precisam defrontar-se com um grande número de leis e conceitos novos e fortemente abstratos, estabelecer conexões entre esses conceitos e entre os fenômenos estudados e, como se fosse pouco, deparam-se com a necessidade de utilizar uma linguagem altamente simbólica e formalizada junto com modelos de representação analógicos que ajudem a representar aquilo que não é observável.

No final do ensino fundamental e no começo do ensino médio isso se materializa na introdução de conceitos como átomo, molécula e modelos que ajudam a interpretar as propriedades e mudanças da matéria (por exemplo, o modelo cinético-molecular). Mas no final, a coisa vai além e o aluno, que supostamente domina tudo o que foi aprendido nos anos precedentes, a partir dos conceitos e modelos anteriores, que já eram fortemente abstratos, deve abstrair novos conceitos (por exemplo, quantidade de substância, entalpia, entropia, forças intermoleculares, pH, etc.) que são necessários para compreender as diferentes teorias que vão sendo introduzidas. Aparecem nessa fase, em muitos casos, teorias diferentes para explicar o mesmo fato (por exemplo, as teorias ácido-base ou as que tentam explicar a geometria molecular). Por tudo isso, podemos dizer que, se a química no final do ensino fundamental e início do ensino médio apresenta um grande nível de abstração, estudá-la nos anos finais do ensino médio representa a *abstração sobre a abstração*. E, para enfrentar tudo isto, o aluno carrega as limitações ontológicas, epistemológicas e conceituais que foram assinaladas no Capítulo 4.

Chegando nesse ponto, a pergunta, tal como foi explicado no Capítulo 4, seria: mas é possível que os alunos cheguem a aprender alguma coisa de química? A resposta é que aprendem com muitas dificuldades e muito menos do que se espera ou se pretende. Mas também pensamos que, conhecendo quais são as dificuldades que eles têm e qual é sua origem mais provável, vamos poder melhorar essa aprendizagem.

DIFICULDADES ESPECÍFICAS NA APRENDIZAGEM DA QUÍMICA

Embora as pesquisas sobre o aprendizado e o ensino da química sejam menos abundantes do que em algumas áreas da física, como a mecânica ou o calor e a energia, existe um conjunto numeroso de estudos que confirmam a existência de fortes dificuldades conceituais na aprendizagem desta disciplina, que persistem mesmo depois de longos e intensos períodos de instrução, tal como revelam estudos recentes (por exemplo, Pozo e Gómez Crespo, 1997a). A *mudança conceitual*, tal como foi caracterizada no Capítulo 5, também é necessária na química, mas, apesar disso, é pouco frequente e difícil de conseguir se nos ativermos aos dados obtidos pelos estudos até agora realizados neste domínio (por exemplo, Llorens, 1991; Pozo et al., 1991; Driver et al., 1994; Gabel e Bunce, 1994; Stavy, 1995). Sem ânimo de sermos exaustivos, no Quadro 6.3

QUADRO 6.3

Algumas dificuldades na aprendizagem da química

Algumas das dificuldades mais comuns que a aprendizagem da química apresenta nos ensinos fundamental e médio são as seguintes:
- Concepção contínua e estática da matéria, que é representada como um todo indiferenciado.
- Indiferenciação entre mudança física e mudança química.
- Atribuição de propriedades macroscópicas a átomos e moléculas.
- Identificação de conceitos como, por exemplo, substância pura e elemento.
- Dificuldades para compreender e utilizar o conceito de quantidade de substância.
- Dificuldades para estabelecer as relações quantitativas entre massas, quantidades de substância, número de átomos, etc.
- Explicações baseadas no aspecto físico das substâncias envolvidas quando se trata de estabelecer as conservações após uma mudança da matéria.
- Dificuldades para interpretar o significado de uma equação química ajustada.

resumimos algumas das dificuldades de aprendizagem que os alunos encontram quando se deparam com o estudo desta ciência, apesar de que a lista poderia ser muito mais extensa e ampla. De fato, os trabalhos citados anteriormente dão lugar a um amplo catálogo de dificuldades relacionadas com a maioria dos conceitos químicos que são desenvolvidos durante os ensinos fundamental e médio.

Essas dificuldades de aprendizagem seriam determinadas pela forma como o aluno organiza seus conhecimentos a partir de suas próprias teorias implícitas sobre a matéria. Assim, a compreensão das teorias científicas implicaria superar as restrições que as teorias implícitas mantidas pelos alunos impõem, as quais, tal como assinalávamos no Capítulo 4, diferenciam-se das primeiras em uma série de supostos subjacentes de caráter epistemológico, ontológico e conceitual. De fato, o Quadro 6.4 estabelece essas três dimensões da mudança conceitual para a aprendizagem da química a partir dos critérios desenvolvidos no Quadro 4.7. Apesar de a aprendizagem da ciência não ser um processo linear, senão uma sucessão de numerosos avanços e retrocessos, existe, sim, uma dimensão de mudança que está representada pelas flechas que unem as diversas fases. Da mesma maneira, não há razão alguma para que a mudança conceitual ocorra simultaneamente em cada uma das dimensões horizontais que estão representadas no Quadro 6.4.

Em primeiro lugar, compreender a química envolveria uma mudança na lógica a partir da qual o aluno organiza suas teorias (mudança epistemológica). A passagem dessas primeiras teorias intuitivas dos alunos para uma visão científica dos diferentes problemas implica superar concepções organizadas em torno daquilo que temos chamado de *realismo ingênuo*, com uma visão do mundo centrada em seus aspectos perceptivos (as coisas são como nós as vemos), e substituí-las pelo que temos chamado de *construtivismo ou relativismo*, caracterizado por uma interpretação da realidade a partir de modelos, de tal maneira que conceitos como, por exemplo, números quânticos, orbitais, etc., não precisam ser entes reais, senão que são aceitos como construções abstratas que ajudam a interpretar a natureza da matéria e suas propriedades. Ou seja, os diferentes conceitos e magnitudes que são utilizados na descrição da matéria não existiriam em si, e sim seriam definidos e adquiririam sentido dentro do marco de uma teoria.

Mas a maioria dos alunos dos ensinos fundamental e médio não está em nenhum desses estágios: está em posições intermediárias, o que temos chamado de realismo interpretativo. A maioria deles aceita a existência de órbitas eletrônicas, orbitais atômicos, etc., não como modelos ou construções conceituais que ajudam a explicar as propriedades da matéria a partir da perspectiva de um modelo concreto, mas como entes reais, que não é possível ver a simples vista, mas que a tecnologia associada à pesquisa química ajudou a descobrir ou, se for o caso, ajudará a ver. Isso provoca, nos exemplos anteriores, que, vistos a partir de uma perspectiva *realista*, órbitas e orbitais sejam interpretados de modo indiferenciado, como se fossem um suporte material ou uma pista pela qual o elétron desliza (por exemplo, Cros, Chastrette e Fayol, 1988), o que leva, por sua vez, a que seja muito difícil fazer uma distinção entre os diversos modelos da estrutura do átomo. Também veremos mais adiante como esse realismo, que leva a confundir os diferentes conceitos com propriedades reais ou características materiais, dificulta a compreensão do modelo corpuscular da matéria e faz com que propriedades macroscópicas sejam atribuídas às partículas constituintes da matéria.

QUADRO 6.4

A mudança conceitual na aprendizagem da química. O quadro mostra as três dimensões da mudança conceitual definidas no capítulo anterior e aplicadas à compreensão da química

Princípios epistemológicos

Realismo ingênuo	Realismo interpretativo	Construtivismo
A matéria é tal como a vemos. O que não se percebe não se concebe.	Há coisas que não podemos ver, mas a química nos ajuda a descobrir como a matéria realmente é.	A química nos proporciona diferentes modelos a partir dos quais podemos interpretar a realidade.

Princípios ontológicos

Estados	Processos	Sistemas
São reconhecidos estados e propriedades da matéria.	As mudanças entre estados, ou de propriedades, são explicadas por meio de processos.	A matéria é interpretada em termos de relações entre os elementos de um sistema.

Princípios conceituais

Fatos ou dados	Causalidade linear (de simples para múltiplo)	Interação
A matéria é tal como se vê: contínua e estática. As partículas possuem as mesmas propriedades do sistema macroscópico a que pertencem.	Mudanças da matéria causadas por um agente unidirecional e explicadas a partir da modificação das características externas. Mudanças causadas por vários agentes que somam seus efeitos.	A matéria é concebida como um sistema de partículas que interagem.

Mudança sem conservação	Mudança com conservação	Conservação e equilíbrio
Só muda aquilo que vemos que se modifica. Há necessidade de explicar o que muda, mas não o que permanece.	Aceita-se a conservação de propriedades não observáveis depois de uma mudança unidirecional causada por um agente externo.	Mudanças interpretadas em termos de interação entre partículas ou sistemas, o que leva à conservação de propriedades não observáveis e ao equilíbrio.

Relações qualitativas	Regras heurísticas	Relações quantitativas
Interpretação qualitativa dos fenômenos químicos.	Aproximação quantitativa por meio das regras heurísticas simplificadoras.	Integração dos esquemas de quantificação (proporção, probabilidade e correlação) nos modelos.

Em segundo lugar, a mudança conceitual implicaria uma mudança no conjunto de *objetos* assumidos na sua própria teoria (mudança ontológica). As teorias mais incipientes seriam baseadas na existência de diferentes *estados* para os objetos ou sistemas (quente ou frio; sólido, líquido ou gás; vermelho ou verde; mole ou duro; etc.), e permitiriam aos alunos descrever as propriedades observáveis da matéria, mas não suas possíveis transformações. Para isso, é necessário que também aceitem a existência de *processos* que explicariam as mudanças entre os diferentes estados ou propriedades (o leite esfria, o gelo derrete, etc.). Finalmente, a última fase de desenvolvimento implicaria aceitar a existência de *sistemas* nos quais o conjunto de interações ajudaria a compreender, a partir de diferentes pontos de vista, os *mecanismos* das mudanças que o sistema experimenta e prever suas propriedades.

E para finalizar, *em terceiro lugar*, compreender a química implicaria uma mudança no marco em que estão inscritos os conceitos envolvidos. Frente a uma visão centrada nos fatos e nas propriedades observáveis das substâncias, torna-se necessário compreender a matéria como um complexo sistema de partículas em contínua interação. Frente à interpretação das mudanças baseada nos aspectos perceptivos dos estados inicial e final, é necessário compreender a conservação de propriedades não observáveis da matéria e concebê-la como um complexo sistema em equilíbrio. E, frente a uma visão qualitativa do mundo, tal como tendemos a fazer em nossa vida cotidiana, compreender a química implica a utilização de esquemas de quantificação mais ou menos complexos.

Do ponto de vista do ensino, entre estes três pressupostos (epistemológicos, ontológicos e conceituais) que caracterizariam as teorias mantidas pelo aluno, o que mais nos interessa é o terceiro, que se refere às dificuldades conceituais da aprendizagem das teorias químicas. Conforme já afirmamos, existe um amplo catálogo dessas dificuldades conceituais, e já apresentamos alguns exemplos no Quadro 6.3. Contudo, nem todos os conceitos da química apresentam as mesmas dificuldades para sua aprendizagem ou são igualmente relevantes. Portanto, surge a necessidade de hierarquizar as dificuldades conceituais, pois isso ajudará a utilizar os dados proporcionados pelas diferentes pesquisas como critérios para fundamentar as decisões na organização e no sequenciamento dos conteúdos conceituais no currículo de ciências. Frente à avalanche de pesquisas "descritivas" sobre as concepções alternativas, é necessário ir introduzindo uma certa ordem teórica e rigor metodológico que permitam estabelecer essa hierarquização ou organização conceitual nas dificuldades de aprendizagem.

O estudo das dificuldades de aprendizagem da química pode ser mais simples se levarmos em consideração que, longe de estarem isoladas, existe uma estreita relação entre a maioria delas, de tal modo que a maior parte dos conteúdos da química elementar podem ser organizados em torno de três núcleos conceituais fundamentais (Pozo et al., 1991; também Gómez Crespo et al., 1992): a natureza corpuscular da matéria, a conservação de propriedades da matéria e as relações quantitativas. Do nosso ponto de vista, o acesso a essas três estruturas conceituais requer diversas formas de mudança conceitual e facilita uma assimilação mais adequada de múltiplos conceitos específicos, dos quais são dependentes e que foram o objetivo da maior parte das pesquisa realizadas até agora (Gómez Crespo, 1996). Da mesma maneira, esses três núcleos estariam diretamente relacionados com o uso dos três esquemas conceituais descritos no Capítulo 4 e aqui citados, imprescindíveis para a compreensão da ciência: interação, conservação e quantificação. No restante do capítulo vamos descrever e analisar em separado as características de cada um desses três núcleos de conteúdos, para finalizar com uma seção dedicada aos procedimentos de trabalho próprios dessa disciplina.

A NATUREZA DA MATÉRIA COMO UM SISTEMA DE INTERAÇÃO ENTRE PARTÍCULAS

Como já foi dito, uma parte importante dos conteúdos de química nos ensinos fundamental e médio é dedicada a explicar a natureza e as propriedades da matéria e as mudanças que esta pode sofrer. Portanto, os estudantes devem assumir que a matéria tem uma natureza descontínua, compreendendo que, para além de sua aparência visível ou dos diversos estados em que pode se apresentar, sempre é formada por átomos, pequenas partículas que estão em contínuo movimento e interação, que podem se combinar para dar lugar a estruturas mais complexas e entre as quais não existe absolutamente nada, o que implica a complexa e abstrata ideia de vazio.

Essas noções sobre como é constituída a matéria são fundamentais para descrever e explicar sua estrutura nos diversos estados em que ela se apresenta (por exemplo, as diferenças entre os três estados: sólido, líquido e gás), suas propriedades (por exemplo, a difusão dos gases ou a dilatação dos corpos) e, em geral, todas as mudanças que possam ocorrer em sua estrutura, tanto físicas quanto químicas.

Contudo, numerosos trabalhos (por exemplo, Stavy, 1988; Llorens, 1991; Pozo et al., 1991; Pozo e Gómez Crespo, 1997a; Pozo, Gómez Crespo e Sanz, 1993) mostram que, assim como ocorreu ao longo da história da Ciência, os estudantes têm muita dificuldade em aceitar e utilizar o modelo corpuscular em suas interpretações das propriedades da matéria e que esse modelo interpretativo está bastante afastado da percepção e da intuição imediatas. Foi preciso que transcorressem muitos séculos desde que filósofos como Demócrito, cujas ideias foram recolhidas por Lucrécio, postularam os primeiros modelos atômicos da matéria até que as concepções atomistas dispusessem de uma estrutura teórica e metodológica suficientemente convincente para impor-se no âmbito científico sobre as aparentemente mais plausíveis teorias da continuidade da matéria. O que muitas vezes é apresentado aos alunos como um fato fora de discussão – que a matéria é composta por partículas unidas entre si segundo certas leis, separadas por um espaço vazio e que as mudanças que experimenta se explicam a partir da interação entre elas – foi debatido e rejeitado durante muitos séculos por filósofos tão renomados como Aristóteles ou Descartes. Inclusive cientistas tão importantes como Newton, que ao mesmo tempo que revolucionava para sempre nossa concepção do mundo físico e aceitava um modelo atômico baseado na mecânica, continuava apegado a crenças "medievais" e "pré-científicas", como a transmutação ou o fabuloso poder da alquimia.

Se esse foi o lento desenvolvimento da construção dos modelos corpusculares da matéria na história da química, não devem causar estranheza as dificuldades dos alunos para compreender esses mesmos modelos. De fato, esse é o núcleo conceitual que para eles é mais difícil aprender (Pozo, Gómez Crespo e Sanz, 1993; Pozo e Gómez Crespo, 1997a). Assim, encontramos que, mesmo que os alunos cheguem a vislumbrar, em algumas tarefas ou situações, a possibilidade de um mundo descontínuo oculto no mundo contínuo que enxergam diariamente, tendem a voltar às suas teorias intuitivas, muito mais próximas do mundo que os rodeia, por duas razões. *A primeira* é a crença, comum no conhecimento cotidiano, na semelhança entre as causas e os efeitos. Se, como se diz a eles, a "conduta" da matéria depende de sua estrutura íntima, nada mais "razoável", visto de uma perspectiva *realista*, que atribuir a essas causas não observáveis (partículas) propriedades similares àquelas que possuem seus efeitos (mundo observável).

Mas há um *segundo fator*, não menos importante, que ajudaria a explicar as dificuldades para assumir a descontinuidade da matéria. Apesar de isso nunca ter recebido excessiva atenção na pesquisa realizada até agora sobre a compreensão da química, pensamos que por trás dessas dificuldades há um problema subjacente de representação do que não é observável. Na medida em que o aluno deve abandonar os indícios perceptivos como fonte de representações da estrutura da matéria, lhe falta outros códigos alternativos de representação. Dito em outras palavras, se as imagens que os alunos percebem do mundo não são suficientes para compreender a estrutura da matéria, o ensino não consegue proporcionar sistemas de representação alternativos que permitam aos alunos compreender sua natureza. Os sistemas proposicionais que lhes são oferecidos – matemáticos, algébricos ou por meio de símbolos químicos e, apenas em alguns casos, analógicos – não seriam suficientes.

Tudo isso se materializa em teorias sobre o comportamento da matéria que coexistem e competem, na maioria dos casos com vantagem, com as teorias que são apresentadas na escola (ver Quadro 6.5). De fato, longe de utilizar a teoria escolar como um novo marco interpretativo dos fatos que conhecem, recorrem à sua teoria implícita para reinterpretar os novos dados proporcionados por essa teoria. Assim, o aluno, que não tem razão alguma para duvidar das *autoridades na disciplina*, aceita facilmente alguns elementos da nova teoria, a "existência" de partículas que não podem ser vistas, mas elas passam a ter as propriedades que a matéria tem no mundo macroscópico, que para eles é mais familiar.

As teorias dos alunos sobre a matéria estariam, portanto, estruturadas a partir de *fatos ou dados* (na terminologia que utilizamos no Capítulo 4), o que se materializa em uma série de crenças sobre o mundo que os rodeia. Assim, se as partículas fazem parte da matéria, atribuem a elas as mesmas propriedades do objeto ou do sistema de que fazem parte, sendo algo parecido a pequenos grãos ou pedaços dessa matéria. A matéria seria contínua, tal como nós a vemos e, como Descartes, os alunos considerariam contrária à razão a existência de um espaço vazio no qual não houvesse absolutamente nada. Por sua vez, o estado natural das coisas – incluídas essas partículas diminutas de que falam os livros e o professor – seria o repouso, de modo que elas só se moveriam se houvesse um agente ou causa externa que provocasse o movimento (no capítulo seguinte, será tratado com mais detalhe o problema do movimento dos corpos).

Porém, interpretar as mudanças da matéria requer chegar um pouco mais longe. Perante o sistema complexo de partículas em contínua interação proposto pela teoria escolar, uma grande parte dos alunos dos ensinos fundamental e médio interpretaria as mudanças a partir de um modelo causal simples e unidirecional, caracterizado pelo fato de que as partículas experimentam as mesmas mudanças que a matéria observável (por exemplo, dependendo do caso, podem evaporar, queimar, dilatar, etc.). As partículas são consideradas como pedaços de matéria contínua, divisível e estática e, portanto, terão mais matéria entre elas e somente irão se agitar ou vibrar se houver um agente externo que cause esse movimento (movimento da gar-

QUADRO 6.5
Interpretação da matéria como um sistema de partículas em interação

Fatos e dados dos quais o aluno parte e que o levam a adotar determinadas crenças	Crenças do aluno - A matéria é tal como a vemos: contínua e estática. O repouso é seu estado natural e não existe vazio. - Basta uma descrição macroscópica para explicar as características da matéria, embora, às vezes, seja possível recorrer às partículas. - Se a matéria está constituída por partículas, estas devem ter as mesmas propriedades que o sistema ao qual pertencem. - Se as partículas explicam o comportamento da matéria, quando esta sofre uma mudança suas partículas devem experimentar a mesma mudança. - Quanto mais parecidas forem as substâncias inicial e final, menor será a mudança atribuída às partículas.
Causalidade linear e unidirecional	Relações causais que o aluno estabelece - As mudanças que a matéria experimenta estão determinadas pela mudança de suas características externas. - As mudanças que as partículas sofrem coincidem com as mudanças macroscópicas da substância estudada (cor, estado físico, aspecto, etc.). - As partículas somente podem sair de seu estado natural, o repouso, quando houver um agente que provoque a mudança. - As mudanças nas partículas são causadas por um agente externo. Quanto à interação entre elas, é unidirecional: uma partícula provoca a mudança da outra.
Interação entre partículas O objetivo dos ensinos fundamental e médio	A matéria como um sistema de interação entre partículas - A matéria está formada por partículas. - As partículas movimentam-se continuamente e em interação. - Entre as partículas não há absolutamente nada, vazio. - As partículas podem agrupar-se em estruturas mais complexas. - As interações entre partículas provocam mudanças em seu movimento ou nas associações entre partículas, que são responsáveis pelas mudanças macroscópicas da matéria.

rafa no caso dos líquidos, presença de uma corrente de ar no caso dos gases, etc.).

Em geral, pode-se dizer que a maioria dos alunos utiliza muito pouco o modelo corpuscular em suas explicações quando precisam interpretar algum fenômeno químico cotidiano ou escolar. Assim, quando enfrentam um problema, recorrem espontaneamente a interpretações que descrevem o fenômeno a partir das propriedades macroscópicas da matéria, muito mais próximas das dimensões "físicas" do mundo *real*, frente às microscópicas do *modelo* corpuscular. Contudo, eles praticamente não têm problema em aceitar a existência dessas diminutas partículas de que se fala na escola, mas, é claro, apontando nelas todas as propriedades que atribuem ao mundo que os rodeia. No Quadro 6.6 são mostrados alguns exemplos de respostas

> **QUADRO 6.6**
> **Alguns exemplos de respostas de alunos de diversas idades para três perguntas que envolvem uma interpretação de mudanças da matéria**
>
> Por que uma bala dissolve na água e uma pedra não?
> "...a bala contém substâncias solúveis e a pedra não..."
> "A pedra não dissolve... é dura e forte e foi feita pela natureza."
> "A bala tem partículas que dissolvem e a pedra não."
> "As partículas da pedra estão mais juntas que as da bala."
>
> Por que uma camisa seca quando é estendida ao sol?
> "...o calor evapora a água..."
> "...os raios do sol emitem calor que é o que faz que seque."
> "... o ar atua como um secador..."
> "...o calor elimina a umidade..."
> "As moléculas de água com o calor transformam-se em gases..."
>
> Por que o mercúrio do termômetro "sobe" quando aumenta a temperatura?
> "...o mercúrio aumenta de tamanho com o calor."
> "...na mesma pressão, ao aumentar a temperatura aumenta o volume..."
> "...ao aumentar a temperatura aumenta a pressão..."
> "...a uma certa temperatura, o mercúrio aumenta seu nível."
> "...suas moléculas dilatam com o calor."
> "... ao interagir as partículas de mercúrio com a temperatura... faz com que ele perca densidade e, portanto, tenda a subir..."

dos estudantes para diversos problemas, que podem servir como ilustração para o que estivemos expondo. Temos, então, duas questões relativas à compreensão e à utilização do modelo corpuscular. Tentaremos, a seguir, analisá-las de maneira independente: quando e como se utiliza esse modelo.

Quando se utiliza o modelo corpuscular

As pesquisas que realizamos sobre a utilização por parte dos alunos do modelo corpuscular em suas explicações (Pozo, Gómez Crespo e Sanz, 1993, 1999) mostram que existe uma porcentagem importante de indivíduos que enfrentam dificuldades na hora de entender a matéria como descontínua e de utilizar espontaneamente o modelo em suas explicações, independentemente do grau de instrução química recebida. Assim, é comum encontrar que, apesar de a utilização aumentar com a idade das pessoas estudadas, não há diferenças significativas em seu uso entre adolescentes que cursam estudos científicos e aqueles que não cursam. Ao que parece, a ativação desse modelo por parte dos estudantes depende mais de variáveis como a apresentação da tarefa ou o contexto em que ela é apresentada. De fato, temos encontrado que, se a tarefa não induz isso de modo explícito, os sujeitos recorrem em escassa medida aos seus conhecimentos de química para explicar suas respostas, tanto no caso dos estudantes do ensino médio como, inclusive, quando se trata de estudantes universitários. Assim, diante de perguntas abertas reunindo situações cotidianas (por exemplo, por que uma camisa seca ou por que sobe o mercúrio de um termômetro quando aumenta a temperatura?), nas quais o sujeito pode fazer espontaneamente a interpretação que for mais adequada para ele, somente 20% das respostas chegam a se referir à composição corpuscular da matéria (podem ser vistos alguns exemplos no Quadro 6.6). Quando, ao contrário, se induz de alguma maneira esse tipo de resposta (por exemplo, por meio de questionários de múltipla escolha nos quais se alternam respostas macroscópicas com respostas em termos da teoria corpuscular; alguns exemplos podem ser vistos no Quadro 6.7), as respostas microscópicas aumentam, apesar de, neste caso, geralmente aparecerem acompanhadas por outras interpretações baseadas nas próprias concepções pessoais dos alunos, de modo que a representação resultante aparece confusa, devido à uma assimilação acrítica e superficial do modelo corpuscular, misturando a informação proporcionada pela instrução com suas próprias concepções prévias.

Da mesma maneira, temos encontrado (Pozo, Gómez Crespo e Sanz, 1999) que a utilização do modelo corpuscular é afetada pela dificuldade e pelo conteúdo da tarefa. Os alunos com menos idade (por exemplo, no início do ensino médio), quando precisam optar entre diversas respostas tendem a escolher mais frequentemente o modelo corpuscular, ainda que de maneira errônea, quando aumenta a complexidade da tarefa. Por exemplo, utilizam esse modelo em maior proporção quando se trata de explicar um fenômeno do que quando se trata de descrevê-lo (no Quadro 6.7 são mostrados dois exemplos de questões com diferente nível de resposta). Com os alunos do fim dos ensinos

---

QUADRO 6.7

Exemplos de questões sobre estrutura da matéria com formato descritivo e explicativo

Exemplo de questão com um nível de resposta descritivo

Temos um recipiente cheio de ar em que colocamos um balão na boca. Aquecemos o recipiente e vemos como o balão vai enchendo. Por que você acha que o balão encheu?

A. As partículas de ar estão mais separadas umas das outras e por isso ocupam mais espaço.
B. Com o calor o ar dilata e ocupa mais espaço, por isso o balão enche.
C. Com o calor o ar concentra-se na parte de cima, no balão.
D. As partículas de ar dilatam-se com o calor e, ao aumentar de tamanho, precisam de mais espaço.

Exemplo de questão com um nível de resposta explicativo

Quando deixamos uma bola ao sol observamos que com o passar do tempo ela fica mais cheia. Por que você acha que isso acontece?

A. Porque com o calor as partículas de ar que estão dentro da bola se movimentam mais depressa, ocupam mais espaço e a bola enche.
B. Porque com o calor o ar presente no interior da bola sofre uma dilatação, ocupando mais espaço, e a bola enche.
C. Porque o calor faz com que aumente a quantidade de ar que há no interior da bola e por isso ela está mais cheia.
D. Porque com o calor as partículas de ar que estão dentro da bola dilatam, precisam de mais espaço e por isso a bola enche.

As duas questões estão construídas de modo que correspondam às quatro opções com quatro categorias de resposta definidas: *A. Resposta microscópica correta. B. Resposta macroscópica correta. C. Resposta macroscópica incorreta. D. Resposta microscópica incorreta.*

Pozo, Gómez Crespo e Sanz, 1993

fundamental e médio, cujo nível de conhecimentos de química é maior, ocorre o contrário. Mas isso não quer dizer que os alunos dos ensinos fundamental e médio compreendem melhor o modelo corpuscular. Parece, na verdade, que quando o cenário se torna complicado eles costumam escolher as respostas mais complexas, mesmo que elas estejam cheias de erros. Ou seja, quando a tarefa é mais complicada ou tem uma aparência mais formal, tendem a escolher aquelas respostas que "parecem mais de química".

Por outro lado, o tipo de fenômeno estudado também influencia. Assim, temos visto que, quando se trabalha com mudanças de estado, os alunos tendem a utilizar muito menos o modelo corpuscular do que quando se está tratando das dissoluções e das reações químicas. Isso parece estar relacionado com a familiaridade do problema e com sua "aparência química". Assim, as tarefas sobre mudanças de estado utilizadas nas pesquisas apresentam situações muito familiares para o aluno, nas quais uma determinada substância muda seu estado físico (água que congela, álcool que evapora, manteiga que derrete, etc.), e, por essa razão, o aluno tende a escolher respostas que descrevem o fenômeno em termos macroscópicos. Contudo, quando se trata de soluções e reações, com situações que, mesmo sendo aparentemente familiares, resultam mais complexas e "parecem mais com química" (intervenção de duas substâncias, obtenção de substâncias novas, etc.), os alunos tendem a utilizar aquelas respostas que aparentam ser mais "químicas". Contudo, como já foi mostrado anteriormente, o fato de utilizar mais representações corpusculares não quer dizer que elas se utilizam melhor, senão que, ao mesmo tempo que aumenta o uso desse modelo, aumenta também o número de erros conceituais (Pozo, Gómez Crespo e Sanz, 1999).

A pesar de tudo, tal como já foi dito, a utilização espontânea do modelo corpuscular é muito escassa, a explicação macroscópica é suficiente para explicar fatos como a dilatação do mercúrio em um termômetro ou que uma camisa seque ao sol (ver os exemplos que são apresentados no Quadro 6.6). De fato, o uso espontâneo das concepções macroscópicas não é afetado pela instrução, nem específica nem geral (Pozo, Gómez Crespo e Sanz, 1999), o que nos aproxima da hipótese da coexistência de diversas teorias alternativas no mesmo indivíduo. Isso leva a pensar que, em muitos casos, a ausência de respostas microscópicas espontâneas não se deve à incompreensão dos modelos corpusculares, senão à coexistência das interpretações microscópicas – em termos das partículas constituintes da matéria – e macroscópicas – em termos de parâmetros físicos observáveis – no mesmo sujeito, às quais ele recorre em função da demanda da tarefa (Pozo, Gómez Crespo e Sanz, 1993).

Como se utiliza o modelo corpuscular

Contudo, o que varia com a instrução – e com a consequente mudança conceitual, se é que ela que ocorre – é a interpretação que os alunos fazem da teoria atômico-molecular quando recorrem a ela. Em geral, as noções de conservação, aplicadas ao nível microscópico (conservação do tamanho e número de partículas, etc.), suscitam poucas dificuldades, similares às que serão descritas mais adiante, quando analisarmos o problema das conservações não observáveis nas mudanças da matéria. Contudo, a compreensão que os alunos têm dos mecanismos e das relações entre as partículas afasta-se bastante da concepção científica. Assim, tendem a atribuir propriedades errôneas às partículas, utilizando, em muitas ocasiões, "ideias mistas" entre suas próprias concepções e as científicas. Em geral, observa-se uma tendência a interpretar o mundo microscópico em termos macroscópicos, atribuindo às partículas constituintes da matéria propriedades similares às características observáveis do sistema (quando se extrai o ar de um vidro, as partículas que ficam nele concentram-se no fundo; se um gás aumenta de volume ou muda de cor, a mesma coisa acontece com suas partículas; os átomos de cobre são vermelhos; etc.). Poderíamos dizer que eles utilizam suas representações macroscópicas, de senso comum, baseadas em estruturas simplificadoras agente-objeto, para interpretar as relações entre partículas, em vez de recorrer aos esquemas de interação nos quais se baseiam essas relações na teoria corpuscular, tal como lhes é ensinado. Ou seja, "os adolescentes acabam explicando o funcionamento das partículas a partir das propriedades do mundo macroscópico, em vez de, como propõe a teoria atômico-molecular, explicar as propriedades do mundo macroscópico a partir do funcionamento das partículas" (Pozo, Gómez Crespo e Sanz, 1993, p. 349).

Tudo isso se traduz em uma dificuldade para interpretar, em termos de interações dentro de um sistema, as relações entre as partículas e, especialmente, na incompreensão de três noções fundamentais, que se chocam com teorias alternativas muito consistentes baseadas na aparência observável da matéria: o movimento intrínseco das partículas que constituem a matéria, o mecanismo envolvido nas mudanças e a ideia de vazio.

A compreensão do movimento intrínseco das partículas

A compreensão do movimento intrínseco das partículas é um dos núcleos conceituais que gera mais dificuldades de aprendizagem, dado que existem fortes e persistentes teorias alternativas – baseadas na percepção do nosso mundo *mesocósmico* cotidiano – à ideia de que as partículas estão em contínuo movimento e interação. No mundo, tal como nós o percebemos, a matéria está inerte, em repouso, a não ser que algum agente atue sobre ela. Assim, as concepções alternativas sobre o movimento são bastante persistentes e consistentes (Pozo e Gómez Crespo, 1997a).

A instrução, inclusive nos níveis universitários, não parece modificar facilmente essas concepções, e com muita frequência não consegue tornar compreensível ou aceitável o modelo científico, baseado em um movimento contínuo e intrínseco das partículas, que varia em função de sua interação com outras partículas. De fato, foi comprovado que em muitas tarefas os estudantes universitários de química continuam utilizando preferencialmente o modelo "macroscópico" cotidiano da matéria inerte (Pozo, Gómez Crespo e Sanz, 1993; Pozo e Gómez Crespo, 1997a). Inclusive, entre os alunos adolescentes a instrução específica em ciências não apenas não torna mais verossímil a teoria científica como, em alguns casos (por exemplo, quando são estudadas substâncias em estado sólido), chega a reforçar as concepções alternativas opostas ao movimento intrínseco. Nesse sentido, uma das variáveis que resultou mais explicativa é a do estado de agregação da matéria. De fato, quase todas as revisões sobre as concepções alternativas em química consideram que elas, diferentemente do que ocorre com as teorias científicas, variam em função do estado da matéria que estamos estudando (por exemplo, Driver et al., 1994; Gabel e Bunce, 1994; Pozo et al., 1991; Stavy, 1995). Nesse caso, comprovamos que a ideia do movimento intrínseco é atribuída mais facilmente aos gases e aos líquidos do que aos sólidos

(Pozo, Gómez Crespo e Sanz, 1993; Pozo e Gómez Crespo, 1997a).

De acordo com o modelo de mudança conceitual exposto no Capítulo 5, esta representação diferenciada do movimento da matéria em seus diferentes estados de agregação poderia ser devida ao fato de os alunos não diferenciarem entre o *movimento intrínseco* das partículas que compõem um material e o *movimento aparente* desse mesmo material, ou seja, sua aparência perceptiva. Essa falta de diferenciação entre o nível microscópico de análise da matéria, que é o que a química proporciona, e nossa percepção macroscópica dessa mesma matéria faz com que eles atribuam movimento intrínseco aos gases, mas não aos sólidos; ao mesmo tempo, no caso dos líquidos, eles tendem a atribuir movimento quando o líquido tem um movimento aparente (por exemplo, no mar ou em um refrigerante com gás) e, em compensação, fazem uma interpretação estática quando o líquido não se movimenta (por exemplo, em um copo d'água que permanece quieto sobre uma mesa); com isso, a variável relevante seria não tanto o estado de agregação quanto seu estado *aparente* de movimento ou repouso.

A compreensão do movimento intrínseco das partículas como um processo diferenciado de sua aparência macroscópica é difícil, como já vimos, e nem sequer uma instrução científica específica garante que o aluno chegue a tê-la adequadamente. Mas mesmo no caso de essa diferenciação ser alcançada, para uma adequada compreensão da teoria cinética ela deverá completar-se com uma integração conceitual entre ambos os níveis de análise previamente diferenciados, de acordo com a ideia de *integração hierárquica* exposta no Capítulo 5, de modo que a análise microscópica das interações entre as partículas permita *explicar* a aparência macroscópica que a matéria adota em cada um de seus estados, assim como as mudanças que podem ocorrer nessa aparência como consequência das diferentes combinações e relações entre as partículas. Nesse sentido, a compreensão do movimento intrínseco, integrada em uma teoria cinético-molecular, facilitaria aos alunos a compreensão das mudanças que ocorrem na matéria, sejam de caráter essencialmente físico, quando a estrutura molecular da substância não muda, ou de natureza química, quando, como consequência de uma reorganização ou reestruturação molecular, é formada uma nova substância não presente inicialmente. Contudo, a noção de movimento intrínseco, embora necessária, não bastaria para assegurar uma compreensão dos mecanismos explicativos que são subjacentes às mudanças físicas e químicas que ocorrem na matéria.

Os mecanismos explicativos das mudanças da matéria

Explicar as mudanças da matéria implica compreender o mecanismo subjacente à mudança em termos de interação entre partículas. Contudo, parece que a instrução específica em química também não tem um efeito determinante na compreensão destes mecanismos explicativos; o que é determinante é o nível educacional e a idade dos alunos (Pozo, Gómez Crespo e Sanz, 1993; Pozo e Gómez Crespo, 1997a). Assim, os estudantes do final do ensino fundamental e do início do ensino médio praticamente não usam a teoria cinética para explicar as mudanças da matéria, uma vez que sequer assimilaram a noção de movimento intrínseco, enquanto adolescentes mais velhos (por exemplo, nos últimos anos do ensino médio) utilizam com mais frequência explicações baseadas neste modelo, apesar de mostrarem sérias dificuldades conceituais em seu uso.

Contudo, junto com essa influência global da instrução sobre a compreensão da teoria cinética como um modelo *explicativo* do funcionamento da matéria, observamos, como em outros casos, que o uso desse modelo está fortemente condicionado pelo conteúdo químico da situação e, mais especificamente, pelo tipo de mudança que ocorre na matéria. De modo geral, a compreensão em termos cinético-moleculares resulta mais fácil quando se trata de uma *dissolução* entre duas substâncias (por exemplo, quando se dissolve uma gota de tinta na água) ou de uma reação química (por exemplo, a ação de um ácido sobre o bicarbonato). Ao contrário, as situações que envolvem *uma mudança de estado da matéria* (por exemplo, a evaporação da água ou a fusão do gelo) são mais difíceis de explicar nesses termos. Mas a tarefa que suscita mais dificuldades conceituais é a *dilatação* de uma barra de ferro pelo efeito do calor (Pozo, Gómez Crespo e Sanz, 1993; Pozo e Gómez Crespo, 1997a).

Esse efeito do tipo de mudança sobre a dificuldade conceitual parece estar relacionado com a presença de duas substâncias no problema (soluções e reações), o que facilita a interpretação em termos de interação entre dois entes diferentes. A situação torna-se mais complicada quando aparece um único tipo de partícula (mudança de estado e dilatação), porque é mais difícil reconhecer a interação entre duas entidades iguais. Uma possível explicação para a maior dificuldade de aplicar a teoria cinética à compreensão das dilatações e às mudanças de estado é que nessas situações os indivíduos, para conseguirem uma explicação adequada, devem situar a ideia do movimento intrínseco dentro de um sistema de inter-relações com a temperatura, a densidade e a distribuição das partículas. Já não se trata apenas de atribuir ou não movimento às partículas, mas de relacionar seu movimento relativo com as mudanças produzidas por um agente externo na temperatura e na distribuição das partículas que alterariam o estado aparente da matéria. Pelo contrário, em termos do modelo cinético, no nível em que colocávamos as tarefas, as dissoluções envolviam apenas uma mistura entre as partículas de diversas substâncias, o que não exigiria estabelecer relações sistemáticas entre movimento, temperatura e distribuição das partículas e, portanto, eram mais fáceis. Em outros núcleos conceituais, como a conservação da matéria, as dificuldades relativas são muito diferentes. Nas conservações, as situações em que intervêm mais de uma substância, como as soluções ou as reações, são mais complexas do que aquelas em que só está presente uma substância, como as mudanças de estado ou as dilatações (Gómez Crespo, Pozo e Sanz, 1995).

Essa diferença na dificuldade entre os tipos de mudança também está relacionada com a natureza das concepções alternativas à teoria cinético-molecular mantidas pelos alunos para explicar as mudanças que ocorrem na matéria. Diferentemente do que afirmam outros autores (por exemplo, Andersson, 1990; ver também Driver et al., 1994), temos encontrado que a maior dificuldade não provém de que os alunos tenham interpretações diferentes da natureza dessas mudanças (por exemplo, em termos de transmutações, deslocamentos, etc.), mas de que, mais uma vez, confundem os níveis macroscópico e microscópico, atribuindo às partículas propriedades que, de fato, correspondem ao nível macroscópico ou aparente (Gómez Crespo, Pozo e Sanz, 1995; Pozo, Gómez Crespo e Sanz, 1999). Assim, diante da dilatação de uma barra de ferro, vão assumir que as partículas do ferro aumentam de tamanho, ou diante da evaporação da água dirão que são as partículas que evaporam. Ao não conseguirem diferenciar e integrar adequadamente sua percepção macroscópica (a água transforma-se em vapor, ou o volume do ferro aumenta) com os modelos microscópicos propostos (mudanças na mobilidade e distribuição das partículas por efeito da mudança na temperatura), acabam por utilizar suas próprias percepções para dar sentido aos modelos que lhes são apresentados, em vez de fazer o contrário.

A descontinuidade da matéria e a noção de vazio

Outra das noções mais difíceis na aprendizagem da química é a ideia de que a matéria é descontínua, de que entre as partículas que compõem a matéria há um espaço vazio. Essa ideia, "contrária à razão", como propôs Descartes, vai de encontro à nossa percepção do mundo, em que a matéria se apresenta como algo contínuo. Trata-se, contudo, de uma noção essencial, um dos pilares sobre os quais se sustenta a química moderna. De fato, a ideia do vazio trouxe, também, suas próprias dificuldades na história da química, as quais exigiram uma verdadeira mudança ou revolução conceitual para serem aceitas no *corpus* teórico estabelecido (Carey, 1991; Estany, 1990; Thagard, 1992). De fato, diversos estudos mostraram que os alunos – antes da instrução, mas mesmo depois dela – mantêm uma concepção *contínua* da matéria (Driver et al., 1994), ao ponto de que essa concepção, profundamente enraizada em nossa percepção *macroscópica* do mundo, é uma das mais resistentes à mudança conceitual em química e, também, uma das mais consistentes. De fato, temos comprovado que, em questionários construídos para esse efeito, menos de 20% das respostas, tanto de alunos adolescentes como de indivíduos com forte instrução em química, tendiam, em média, a assumir uma concepção descontínua da matéria e a aceitar a ideia de vazio (Pozo e Gómez Crespo, 1997a). Portanto, a instrução em química não influencia apenas a aceitação da ideia de vazio frente às fortes concepções alternativas existentes, baseadas no senso comum ou na percepção macroscópica do mundo. Essas concepções são praticamente imunes à instrução científica, tal como é ministrada normalmente, por mais intensa e contínua que seja.

Se a instrução praticamente não afeta as concepções sobre a continuidade ou descontinuidade da matéria, a ativação dessas concepções, em compensação, é muito influenciada pela aparência material das substâncias apresentadas. A ideia de vazio é utilizada com mais frequência para representar a matéria em estado gasoso e, em muito menor medida, para os sólidos. Os líquidos, por sua vez, ficam em um nível de dificuldade intermediário (Pozo, Gómez Crespo e Sanz, 1993; Stavy, 1995; Pozo e Gómez Crespo, 1997a). Estamos, novamente, diante da indiferenciação entre a percepção macroscópica e a análise microscópica. Quando a matéria adota uma aparência mais compacta, ou mais contínua, como nos sólidos, é difícil aceitar a existência de espaços vazios entre seus componentes. Quando a matéria adota um aspecto mais "difuso" ou menos compacto, como é o caso dos gases, a aceitação da ideia de vazio, mesmo que pouco frequente, é mais provável. No caso dos líquidos, a interpretação é menos clara e, de fato, são eles que mostram uma pauta de dados mais complexa.

Mas vejamos, se os alunos não utilizam o vazio em suas respostas, que categorias interpretativas utilizam? Neste caso, temos encontrado que quando se trata de *sólidos*, nos quais a atribuição de um espaço vazio entre as partículas era especialmente difícil, a concepção alternativa mais comum é a de que existe uma continuidade na matéria e, assim sendo, *não há nada, nem sequer um espa-*

ço vazio, entre as partículas. Essa pauta é muito estável e praticamente não é afetada pela instrução. Praticamente metade dos alunos de diferentes idades mantêm essa concepção, que resulta plenamente coerente com a aparência perceptiva que adotam os sólidos: entidades compactas, densas e contínuas, sem separação entre os elementos de que são compostas. Mais uma vez, vemos que eles concebem as partículas com características *macroscópicas*, sendo incapazes de diferenciar entre a análise microscópica da matéria (as partículas e suas interações) e a percepção macroscópica da aparência que essa mesma matéria adota. No caso dos *gases*, também encontramos uma pauta muito clara e estável nas concepções alternativas que, apesar de ser diferente da observada nos sólidos, mantém uma tendência comum: a predominância das características perceptíveis na representação da estrutura da matéria, neste caso os gases ou, dito de outro modo, a indiferenciação entre a estrutura microscópica e a aparência macroscópica da matéria. Neste caso, a concepção alternativa predominante em quase todas as idades, inclusive no caso de estudantes universitários de química, é a *presença de ar entre as partículas*. Essa pauta, que, mais uma vez, é muito persistente e estável, apesar da instrução, acomoda-se bastante, também, a essa influência da aparência perceptível da matéria em sua representação microscópica. Por sua vez, a pauta de concepções alternativas para os *líquidos* é bem menos clara e sistemática, respondendo, talvez, à sua própria ambiguidade ou indefinição fenomenológica. Nenhuma ideia predomina de modo sistemático e estável em todos os grupos, como ocorria com os gases e os sólidos. Não se pode dizer que os alunos tenham uma noção tão definida sobre a estrutura e o funcionamento dos líquidos como têm com respeito aos gases e aos sólidos.

No Quadro 6.8 são apresentadas as ideias fundamentais sobre estas três noções (movimento intrínseco, mecanismo da mudança e descontinuidade da matéria) que tentam explicar a forma como os alunos utilizam o modelo corpuscular. É possível observar um tratamento conceitual diferente para líquidos, sólidos e gases, não apenas no que se refere à descontinuidade da matéria, mas também, como vimos, sobre várias outras noções, o que nos leva à ideia de que existem diversas representações para cada estado da matéria.

A representação dos diferentes estados da matéria

Diferentemente do que ocorre com a teoria cinético-molecular, para a qual os diferentes estados de agregação podem ser explicados como diversos estados de um mesmo modelo, para os alunos, incluídos os estudantes universitários de química, cada estado da matéria é interpretado com um modelo ou teoria diferente. De fato, cada um dos estados da matéria, especialmente os gases e os sólidos, possui uma entidade fenomenológica diferenciada, e apresenta características diferentes à percepção.

Dada a concepção realista a partir da qual os alunos estruturam suas teorias sobre a matéria – poderíamos dizer que os alunos *concebem a matéria tal como a percebem* –, não é estranho que tenham uma representação diferente das matérias sólida, líquida e gasosa. De fato, este dado foi encontrado em numerosas pesquisas (por exemplo, Pozo e Gómez Crespo, 1997a). Não é sem razão que a maioria das revisões sobre as ideias que os alunos mantêm com respeito à química estão organizadas em torno desse critério (Driver et al., 1994; Gabel e Bunce, 1994; Pozo et al., 1991; Stavy, 1995), assumindo que os alunos possuem representações

> **QUADRO 6.8**
> **A utilização do modelo corpuscular**
>
> **Movimento intrínseco**
> Não se diferenciam entre o movimento das partículas (nível microscópico) e o movimento do material do qual elas fazem parte (nível macroscópico).
>
> - sólidos → As partículas de que são constituídos estão sempre em repouso.
> - líquidos → Suas partículas movimentam-se somente quando há um agente externo para causar o movimento.
> - gases → Suas partículas movimentam-se sempre.
>
> **Mecanismo explicativo**
> O mecanismo atribuído à mudança depende do número de substâncias que participam no sistema.
>
> - duas ou mais substâncias (reações e dissoluções)
>   → É aceita a interação entre partículas das duas substâncias. De modo geral, uma delas é o agente que provoca a mudança na outra.
> - uma substância (mudança de estado e dilatação)
>   → As partículas experimentam a mesma mudança que ocorre no nível macroscópico.
>
> **Descontinuidade e vazio**
> Concepção contínua da matéria a partir do seu aspecto físico.
>
> - sólidos → Entre as partículas não há nada ou há mais partículas da mesma substância.
> - líquidos → Surgem diversas ideias em função de seu aspecto ou das ideias sobre a substância concreta (por exemplo, a água).
> - gases → Entre as partículas há ar.

diferentes para cada um desses estados, apesar de os mais estudados terem sido os gases, por serem histórica e epistemologicamente os mais vinculados ao próprio desenvolvimento da química como ciência.

Contudo, como vimos, mesmo com dificuldade os alunos podem aceitar que "entre as partículas de um gás não há nada" – ainda que com mais frequência acreditem que há outro gás, geralmente ar – ou que essas mesmas partículas estejam em contínuo movimento. Mas será que isso significa que compreenderam a natureza corpuscular da matéria e o sistema de interações entre as partículas que provoca esse movimento contínuo, mesmo que em alguns casos seja imperceptível? Do nosso ponto de vista, isso é bastante duvidoso.

De fato, tendemos a acreditar que para os gases os alunos aplicam um esquema conceitual similar ao que utilizam nos sólidos, baseado em uma concepção realista subjacente: assumir que sua estrutura molecular é isomorfa com sua aparência observável. Isso leva a que eles suponham, de modo majoritário, persistente e consistente, que as partículas dos sólidos não se movimentam e que entre elas não há "nada", no sentido de que umas estão tão juntas das outras, constituem uma matéria tão compacta e contínua que o vazio é impossível. Essa idéia é reforçada, no final do ensino médio e em níveis posteriores, pela apresentação tradicional que numerosos livros didáticos fazem das propriedades e da estrutura dos sólidos, centrada fundamentalmente no estado cristalino e destacando as posturas relativas fixas das diferentes partículas (átomos, íons ou moléculas) dentro de uma estrutura rígida, frente à visão baseada em um equilíbrio dinâmico. No caso dos gases, essa mesma tendência leva os alunos a assumirem um movimento contínuo e a existência de espaços ou "buracos" entre as partículas, uma vez que, realmente, é isso que ocorre nas situações cotidianas em que, por exemplo, um perfume espalha-se por um cômodo.

O caso dos líquidos está em uma situação intermediária entre gases e sólidos, em que não parece haver um modelo definido, senão que coexistem diversas representações junto com uma porcentagem muito baixa de aceitação da noção de vazio. Em função do contexto ou da característica do problema, há uma superposição de ideias que vão da continuidade total (não haveria nada entre as partículas ou haveria mais partículas do mesmo líquido) até a presença de outras substâncias entre as partículas que constituem o líquido, em função de sua aparência (por exemplo, impurezas, quando se considera que pode haver uma mistura de substâncias), passando pela atribuição da presença de ar (especialmente no caso da água, porque, se não houvesse, os peixes não poderiam "respirar").

Resumindo o que foi exposto nas seções anteriores, em geral os alunos interpretam a matéria de maneira contínua e estática frente à visão dinâmica dos modelos científicos. Utilizam muito pouco, de modo espontâneo, o modelo corpuscular em suas interpretações, ainda que o aceitem facilmente e incorporem as "partículas" às suas explicações quando são induzidos a isso, atribuindo às partículas, contudo, as mesmas propriedades que a matéria apresenta em nível macroscópico. Para eles, as partículas representariam pequenos "pedaços" de matéria separados por mais matéria, o que os leva a afastar, ou no mínimo a ignorar, a ideia de vazio. Assim, o aumento das interpretações microscópicas geralmente vem junto com um aumento das interpretações errôneas. Muitos desses erros seriam consequência de uma aparente confusão ou indiferenciação entre dois possíveis níveis de análise: o das propriedades do mundo "físico" observável e o das partículas microscópicas, que, de maneira não observável, compõem a matéria. Essa confusão – muito comum, segundo numerosas pesquisas (por exemplo, Driver, 1985; Hesse e Andersson, 1992; Llorens, 1991; para uma revisão, veja Pozo et al., 1991) – parece dever-se a que os alunos assimilam os modelos corpusculares que lhes são ensinados às suas teorias implícitas sobre como está formada a matéria, atribuindo às partículas boa parte das características do mundo que observam. Essa atribuição, errônea do ponto de vista da ciência, é, contudo, muito comum no conhecimento causal cotidiano, em que há uma predominância do que é observável sobre o que não é observável. Dizendo isso em poucas palavras, os alunos concebem a matéria tal como a percebem. Essa dependência dos sentidos, que vai decrescendo a partir dos primeiros momentos do desenvolvimento cognitivo, à medida que as crianças vão formando estruturas conceituais para superar as aparências perceptivas, ainda é suficientemente forte para dificultar a compreensão de um mundo composto por unidades invisíveis e discretas, em clara oposição à realidade percebida.

A conservação das propriedades não observáveis da matéria

Como já foi assinalado, uma parte importante dos conteúdos de química nos ensinos fundamental e médio está relacionada com o estudo das transformações da matéria. Para poder compreender os diferentes fenômenos da natureza, as mudanças e transformações que a matéria experimenta, os estudantes devem assumir a existência de certas entidades conceituais (energia, massa, matéria, etc.) que frequentemente permanecem estáveis ao longo de um processo, apesar das mudanças aparentes que ocorrem na matéria (combustão, ebulição, dissolução, etc.). Se essas conservações não são assumidas, é bastante difícil que os alunos cheguem a alcançar uma visão da natureza como um sistema em equilíbrio e, portanto, mais tarde terão muitas dificuldades para compreender o equilíbrio químico. A aprendizagem da ciência deveria, em grande medida, estar relacionada com a aquisição das conservações (Mariani e Ogborn, 1990). Contudo, compreender a conservação das propriedades da matéria quando ela sofre uma mudança não é fácil para os estudantes. Nos Quadros 6.9 e 6.10 são mostradas algumas das ideias e das dificuldades nas interpretações sobre conservação e equilíbrio químico dos estudantes dos ensinos fundamental e médio.

A aquisição das conservações começa muitos anos antes de os estudantes iniciarem seus estudos de ciências. Como mostra claramente a teoria do desenvolvimento cognitivo de Piaget, desde muito cedo na infância é necessário construir invariantes conceituais que permitam interagir com a realidade – por exemplo, os bebês devem construir a "permanência do objeto", ou seja, assumir que os objetos continuam existindo e mantêm propriedades invariantes mesmo quando deixam de ser, momentaneamente, perceptíveis. Com o desenvolvimento cognitivo as crianças são capazes de ir além das aparências imediatas, construindo noções quantitativas

---

QUADRO 6.9

Algumas ideias dos alunos sobre a conservação da matéria

1. Entendem a conservação da massa e da substância como problemas independentes.
2. A conservação ou não da matéria depende das características observáveis do sistema.
3. Explicam o que muda no sistema, não o que permanece.
4. Não diferenciam entre mudança física e mudança química.
5. Aparecem interpretações das mudanças em termos de transmutação e conservação da substância com perda de massa.

Gómez Crespo, 1996

QUADRO 6.10

Algumas dificuldades para a compreensão do equilíbrio químico

- Dificuldades para interpretar o sentido da flecha dupla.
- Erros na interpretação das velocidades das reações direta e inversa.
- Compartimentação do equilíbrio.
- Dificuldades para interpretar as mudanças em um sistema em equilíbrio.

Gómez Crespo, 1993

de conservação. Mas, em todos os casos, essas conservações piagetianas clássicas das propriedades quantitativas da matéria (massa, peso e volume) estão baseadas nos dados percebidos. Diante disso, o estudo da química requer compreender a conservação para além das aparências e do que é observável. Porém, essas conservações somente adquirem sentido como relações entre conceitos dentro de um modelo e requerem a utilização dos esquemas de interação e equilíbrio, tal como foi mostrado no Quadro 6.4. Para poder explicar como queima uma tábua de madeira, ou por que um torrão de açúcar dissolve, os estudantes devem assumir a existência de certas propriedades que permanecem apesar da mudança observada. De fato, essas conservações não observáveis desempenham um papel essencial no pensamento científico, marcando a diferença entre essa forma de pensamento e o conhecimento cotidiano dos alunos sobre a ciência, baseado nas mudanças e transformações observáveis mais do que na conservação de propriedades não observáveis (Pozo et al., 1991).

Assim, aprender química exige reconhecer a existência de propriedades não observáveis da matéria, que se conservam apesar das mudanças sofridas. É necessário compreender a conservação das quantidades, tais como massa ou peso. Essas conservações quantitativas são muito importantes, uma vez que, se não forem compreendidas, carecem de significado as unidades e os sistemas utilizados para medi-las, assunto que ocupa boa parte do currículo de ciências e, mais especificamente, de física e química. Contudo, mesmo sendo importantes, estas conservações quantitativas devem ser acompanhadas por uma conservação da *qualidade* da matéria, ou da substância, após uma mudança, dado que isso é o que permite diferenciar uma mudança física de uma mudança química.[1]

Quando a matéria sofre uma mudança física (por exemplo, uma mudança de estado), a substância ou substâncias envolvidas não mudam sua estrutura microscópica e, por isso, conservam sua identidade. A estrutura molecular da água permanece inalterada quando ela se transforma em gelo. Além disso, as mudanças físicas são reversíveis (o gelo pode voltar a se transformar em água) e, dado que as substâncias se conservam, é possível recuperar as substâncias originais. Em todos os casos, a massa da substância que sofre a mudança continua sendo a mesma. Por outro lado, nas mudanças químicas (reações químicas) a identidade das substâncias envolvidas é modificada pela interação entre as moléculas das substâncias iniciais (por exemplo, a madeira e o oxigênio em uma reação de combustão) para dar lugar a novas substâncias (dióxido de carbono e vapor de água). Por isso, depois de uma reação química as substâncias iniciais não se conservam, ocorre uma reorganização na estrutura microscópica da matéria. As reações químicas, mesmo quando as substâncias originais podem ser recuperadas ou restabelecidas por meio de procedimentos químicos, não são reversíveis, pelo menos cognitivamente, se aceitamos que a reversibilidade, no sentido piagetiano, implica dispor de operações intelectuais que possam reverter ou inverter o efeito da operação anterior para alcançar novamente o estado inicial. Contudo, ainda que as substâncias originais (reagentes) e as finais (produtos) não

---

[1] Em um sentido estrito, tanto as mudanças físicas quanto as químicas implicam o rompimento de ligações, a única diferença entre um e outro está na magnitude da energia envolvida nisso. Contudo, as energias de ligação ou a diferenciação entre ligações intra e intermoleculares são introduzidas apenas no final do ensino médio, o que faz com que a diferenciação entre ambos os tipos de mudança, física e química, em termos de conservação da substância seja uma aproximação válida durante os ensinos fundamental e médio.

sejam as mesmas em uma reação química, não havendo, portanto, conservação da substância, a soma das massas das substâncias iniciais é sempre igual à soma das massas finais, razão pela qual, pelo menos em um sistema fechado, haveria uma conservação da quantidade de matéria.

Posteriormente, no final do ensino médio (entre os 16 e os 18 anos), os alunos devem aprender a interpretar as mudanças da matéria em termos de equilíbrio (térmico, químico, etc.). Devem compreender que as interações entre sistemas ou entre partes de um mesmo sistema levam a intercâmbios de matéria e energia, havendo, portanto, mudanças nas quantidades (massa, concentração, etc.) das substâncias envolvidas, sem que por isso sofram alteração determinadas propriedades (por exemplo, a massa ou a energia totais). Da mesma maneira, devem aprender que toda interação entre dois sistemas conserva mudanças em ambos, que quando um deles ganha (matéria ou energia) é às custas do que o outro cede. Por exemplo, os alunos devem aprender como, em uma reação de combustão, as mudanças (aumento de temperatura) que ocorrem no entorno do sistema provêm de o sistema ceder energia, e como essa energia provém da diferença entre o conteúdo energético de reagentes e produtos, devido ao rompimento de ligações entre átomos e à formação de átomos novos.

Frente a isto, as teorias dos alunos são construídas inicialmente sobre a ideia de mudança sem conservação (ver Quadro 6.11). Os estudantes com menos idade, a partir da concepção de que *a realidade é tal como a vemos*, descrevem as mudanças da matéria a partir de sua percepção dessa mudança. Assim, alguns observam que, quando o álcool evapora, aparentemente desaparece e, literalmente, interpretam que não existe mais. Outros aceitam que resta alguma coisa desse álcool (percebem o cheiro), mas a passagem de uma realidade tangível (o álcool é um líquido) para uma realidade *mais etérea* (o vapor de álcool que cheiram, mas que não é possível ver nem, aparentemente, atuar sobre ele) força-os a aceitar sua presença, mas

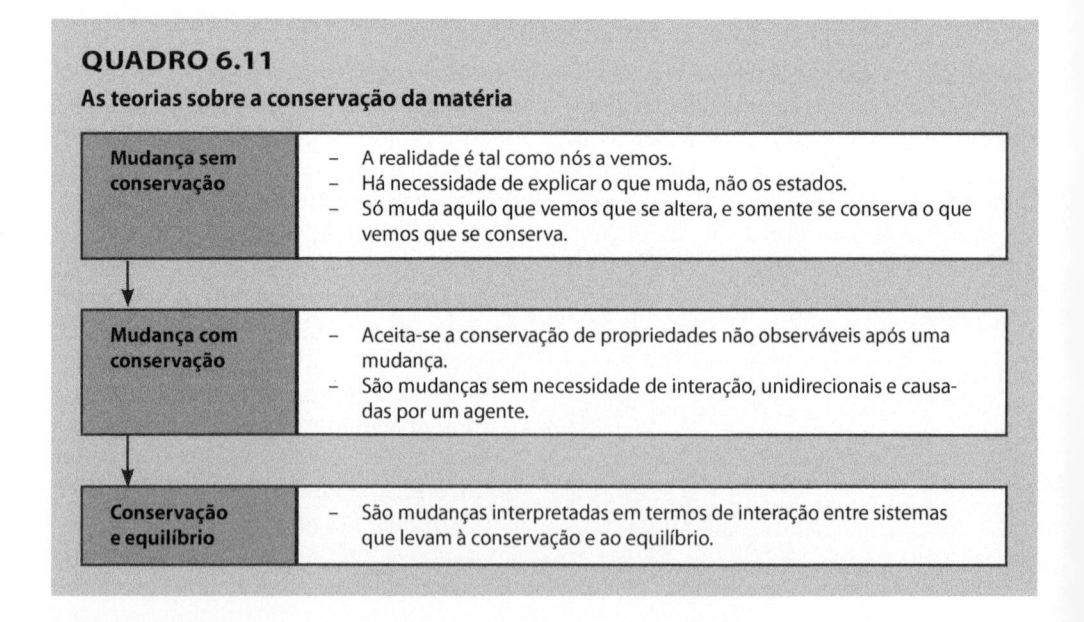

QUADRO 6.11
As teorias sobre a conservação da matéria

Mudança sem conservação	– A realidade é tal como nós a vemos. – Há necessidade de explicar o que muda, não os estados. – Só muda aquilo que vemos que se altera, e somente se conserva o que vemos que se conserva.
Mudança com conservação	– Aceita-se a conservação de propriedades não observáveis após uma mudança. – São mudanças sem necessidade de interação, unidirecionais e causadas por um agente.
Conservação e equilíbrio	– São mudanças interpretadas em termos de interação entre sistemas que levam à conservação e ao equilíbrio.

interpretam que pelo menos perdeu parte de sua massa. Em outros casos, é possível interpretar que uma substância pode mudar sem necessidade de interação com outras, o que implica uma transmutação. Como diversos autores destacaram (Driver et al., 1985; Pozo et al., 1991), os alunos tendem a *explicar as mudanças, não os estados*. Assim, buscam explicações para as mudanças aparentes da matéria, mas não para os estados, para o que permanece após a mudança. Portanto, se o aluno prestar atenção exclusivamente no que se transforma, dificilmente poderá compreender o que se conserva. Isso dificulta a compreensão das diferentes mudanças que a matéria experimenta em maior ou menor grau em função das características dessa mudança. Da mesma maneira, prestam mais atenção ao estado final de uma transformação do que ao seu estado inicial, o que trará dificuldades para que eles compreendam as conservações não observáveis.

Um estágio intermediário na evolução das teorias dos alunos para chegar à teoria científica é a aceitação da conservação nas mudanças da matéria. Contudo, aceitar que existe conservação de propriedades mesmo que não sejam perceptíveis não significa compreender a mudança em termos de conservação e equilíbrio. Assim, como vamos expor mais adiante, para os alunos é mais fácil aceitar a conservação da massa do que a conservação da substância. Podem compreender que depois de uma reação química (por exemplo, uma precipitação), a massa do sistema continua sendo a mesma, mas para eles é difícil compreender a mudança em termos de interação entre substâncias, que muitos continuarão vendo como uma mudança na qual uma substância determinada varia seu aspecto ou suas propriedades externas. Outro exemplo disso poderia ser a *visão aditiva* das reações químicas. Muitos alunos concebem uma reação química como um processo no qual algumas substâncias são adicionadas a outras para obter um produto que é a soma das anteriores (por exemplo, na reação de N_2 com O_2, admitem que se forme N_2O_2 ou N_2O_4, mas nunca N_2O_3), o que só seria correto em casos muito concretos e especiais. Para eles, após a mudança é fácil ver que há conservação (de massa, de átomos, etc.), mas interpretar essa mudança como um processo de interação mais complexo, em que a conservação vem de um processo de intercâmbio, no qual uns ganham e outros perdem, já não é tão fácil, e isso dificulta a compreensão de noções mais complexas, como o equilíbrio. Assim, é fácil ver que os alunos que começam a estudar o equilíbrio químico (no final do ensino médio, aos 17-18 anos) mantêm concepções segundo as quais interpretam que as mudanças em um sistema afetam apenas um dos processos que dele participam, ou seja, consideram que o sistema evolui como se existissem compartimentos isolados para reagentes e produtos.

Essas formas de interpretar as mudanças da matéria, aceitando a conservação, mas sem compreender os estados de equilíbrio, também estariam por trás de algumas das dificuldades para compreender e utilizar as teorias ácido-base. Assim, alguns autores assinalam a grande persistência do uso da teoria de Arrhenius frente à teoria de Brönsted-Lowry quando se trabalha com bases, inclusive no caso de alunos universitários (por exemplo, Cros, Chastrette e Fayol, 1988; Bardanca, Nieto e Rodríguez, 1993). No primeiro caso, o da teoria de Arrhenius, para o aluno é suficiente interpretar o processo em termos de causalidade simples e unidirecional (sempre é cedida uma espécie química, H^+ ou OH^-, dependendo do caso). Mas compreender a teoria de Brönsted-Lowry implica considerar processos simultâneos que competem entre si e levam a um equilíbrio: agora é uma única espécie (H^+) a que se ganha e se perde ao mesmo tempo. Um raciocínio similar poderia ser feito para a teoria de Lewis, que para os alunos é ainda mais difícil de compreender.

Os estudantes do início do ensino médio estariam em uma situação intermediária, mais próxima da fase de mudança com conservação, mas sem equilíbrio. Apesar de alguns deles ainda terem dificuldades para compreender a conservação da quantidade de matéria, a massa – em algumas mudanças concretas, dependendo da apresentação da tarefa e do contexto –, suas maiores dificuldades estariam em compreender o tipo de interações envolvidas na transformação, o que se traduziria em uma dificuldade maior para compreender a conservação ou não da qualidade da matéria, a substância.

Dificuldades específicas para compreender a conservação da matéria

Conforme já assinalamos, massa e substância são duas propriedades que, do ponto de vista da química, estão diretamente relacionadas e dependem das mudanças na estrutura microscópica da matéria. Contudo, para muitos alunos do ensino médio, são dois problemas diferentes que guardam pouca relação entre si, que são abordados de maneira diferente e que, portanto, apresentam diversos graus de dificuldade em função do conteúdo estudado e do contexto em que são apresentados (Pozo, Gómez Crespo e Sanz, 1993). Assim, por exemplo, nas soluções é mais difícil compreender a conserva-

---

QUESTÃO 1 (Reação química em contexto químico)

Temos dois copos, A e B, que contêm ácido clorídrico (HCl) e nitrato de prata ($AgNO_3$), ambas as substâncias são líquidos transparentes.

Ao derramar A sobre B e agitar, ocorre uma reação química. No fundo do copo aparece uma substância sólida de cor branca. O que você acha que ocorreu?

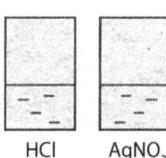

HCl $AgNO_3$?

A. Uma das duas substâncias mudou e transformou-se no sólido branco.
B. O sólido branco continua sendo as substâncias A e B concentradas no fundo do copo, apenas mudaram de aspecto.
C. Houve uma interação entre as substâncias A e B para formar uma substância diferente, o sólido branco.
D. O sólido branco continua sendo as substâncias A e B concentradas no fundo do copo, mas a quantidade é diferente.
E. A e B não estão mais no copo. O sólido branco é algo que estava misturado com elas ou que já estava no copo inicialmente.

QUESTÃO 2 (Mudança de estado em contexto de vida cotidiana)

Na figura temos um frasco de vidro que contém vapor de água.

Introduzimos o frasco no congelador da geladeira para que esfrie. Retiramos o frasco após um tempo e observamos que agora há um sólido (gelo) depositado nas paredes e no fundo. O que você acha que ocorreu com o vapor?

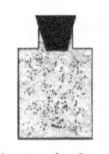

Vapor de água   ?

A. O vapor e o gelo são a mesma substância, mas agora temos uma quantidade diferente.
B. O vapor transformou-se em uma nova substância totalmente diferente, o gelo.
C. O vapor desapareceu, o gelo já estava dentro do frasco.
D. O vapor e o gelo são a mesma substância, houve apenas uma mudança de aspecto.
E. Houve uma interação entre o vapor e o ar para formar uma substância diferente, o gelo.

Figura 6.1
Exemplos de questões sobre conservação da substância.
Pozo e colaboradores, 1993

QUESTÃO 1 (solução em contexto químico)

O desenho mostra um copo que contém exatamente 50 gramas de água e uma substância química de cor branca (cloreto de potássio, KCl), cuja massa é exatamente 5 gramas. Se jogamos o cloreto de potássio na água e mexemos até que dissolva totalmente, obtemos uma dissolução transparente.

Qual você acha que será, agora, o peso do conteúdo do copo?

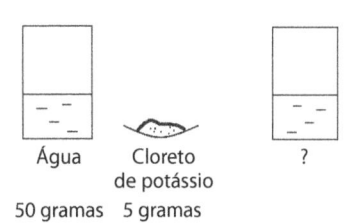

A. 50 gramas.
B. Um valor compreendido entre 50 e 55 gramas.
C. 55 gramas.
D. Mais de 55 gramas.

Água — 50 gramas   Cloreto de potássio — 5 gramas   ?

QUESTÃO 2 (solução em contexto de vida cotidiana)

O desenho mostra um copo que contém 40 gramas de água e 6 gramas de café solúvel.

Se colocamos o café na água e mexemos até que dissolva totalmente, obtemos uma solução de cor escura. Quanto você acha que vai pesar agora o conteúdo do copo?

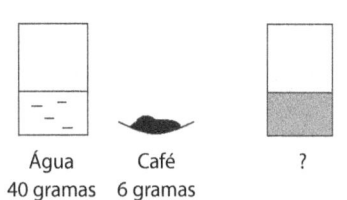

A. 40 gramas.
B. Um valor compreendido entre 40 e 46 gramas.
C. 46 gramas.
D. Mais de 46 gramas.

Água — 40 gramas   Café — 6 gramas   ?

Figura 6.2
Exemplos de questões sobre conservação da massa.
Pozo e colaboradores, 1993

ção da substância quando o problema é apresentado em um contexto químico do que em um contexto cotidiano. Já as mudanças de estado são mais fáceis em tarefas sobre conservação da substância do que em tarefas sobre conservação da massa, enquanto no caso das reações não é observada diferença alguma como consequência do contexto. Alguns exemplos de questões com diferente conteúdo e contexto podem ser vistos nas Figuras 6.1 e 6.2.

Em geral, nos alunos dos ensinos fundamental e médio (12 a 18 anos), observa-se que as interpretações sobre conservação da substância são mais afetadas pelo conteúdo (por exemplo, mudanças de estado, dissoluções e reações) do que aquelas que são feitas sobre conservação da massa. O fato de aparecerem menos diferenças entre conteúdos no caso da conservação da massa pode fazer sentido se levarmos em consideração que esse efeito ocorre fundamentalmente entre alunos que tenham frequentado, ou que estejam frequentando, cursos elementares de química ou que já possuam algumas noções desta disciplina e se lembrarmos que uma tendência bastante generalizada entre os professores é centrar esses cursos na realização de exercícios numéricos, baseados na quantificação. Ao contrário, quando se analisa a compreensão da conservação da substância, menos próxima do contexto escolar, os indivíduos precisam recorrer com mais frequência às suas ideias pessoais sobre o fenômeno estudado, o que faz com que apareçam diferentes interpretações em função da mudança da matéria estudada. Dado que, como já assinalamos, conservação da massa e conservação da substância apresentam problemas diferentes para os alunos, vamos analisar em separado essas duas conservações necessárias para interpretar as mudanças da matéria.

Conservação da massa

Para o aluno, a conservação da matéria é afetada fundamentalmente pela percepção que ele tem do problema. Assim, por exemplo, interpreta que depois de dissolver açúcar em água pode haver perda de massa; a transformação de um líquido em gás implica que a substância se torne mais leve ou, inclusive, que desapareça; na combustão de um cigarro, o desaparecimento de um sólido para formar um gás implica que haja perda de massa; na oxidação de uma esponja de aço, o óxido continua sendo aço, que apenas muda de aspecto, etc. (mais exemplos podem ser encontrados em Driver et al., 1985; Llorens, 1991). Em todos os casos, os alunos baseiam suas respostas nos aspectos observáveis dos estados inicial e final da matéria, centrando-se em explicar aquilo que mudou e não o que permanece (Pozo et al., 1991). Assim, para muitos deles uma propriedade da matéria é que os líquidos são mais leves do que os sólidos e os gases mais leves do que os líquidos. Esta dependência dos aspectos perceptivos faz com que seja mais fácil aceitar a conservação da massa quando depois da mudança se percebe algum indício da substância original (por exemplo: uma solução colorida, como o café, ou uma mudança de estado que dá lugar a um gás colorido, como a sublimação do iodo).

Mas, embora aquilo que vê e a forma como ele vê seja um fator importante na interpretação do aluno, temos encontrado que existem outras variáveis que influenciam nas interpretações que eles fazem do problema (Pozo, Gómez Crespo e Sanz, 1993). O contexto em que a tarefa é apresentada (química ou vida cotidiana) tem pouca influência no rendimento dos alunos quando estão sendo estudadas as mudanças de estado ou as reações químicas. Contudo, quando o que está sendo estudado é a conservação da massa depois de uma dissolução, eles acham o problema mais fácil se a tarefa for apresentada em termos químicos (um exemplo desse tipo de tarefa pode ser visto na Figura 6.2). Nesse contexto, as soluções não apenas são mais fáceis do que em situações cotidianas, mas inclusive são mais simples do que outros conteúdos (mudanças de estado e reações). Como veremos mais adiante, este dado contrasta de maneira notável com os resultados obtidos quando se trata da conservação qualitativa da matéria (Gómez Crespo, Pozo e Sanz, 1995). Este efeito possivelmente esteja relacionado com o fato de que, no contexto escolar, as soluções são um conteúdo que é apresentado, geralmente e quase de modo exclusivo, em forma quantitativa. Seu estudo, na maioria dos livros – e, portanto, na maioria das aulas –, é focado em seus aspectos quantitativos, como a concentração, a massa de soluto necessária para preparar uma determinada solução, a quantidade de soluto que aparece em uma amostra determinada, etc.

Do ponto de vista do conteúdo envolvido na tarefa, temos encontrado que a conservação da massa é compreendida mais facilmente e a uma idade mais precoce nas tarefas de soluções e que é mais difícil compreender as tarefas de mudanças de estado. As reações mostram um nível intermediário de dificuldade (a Figura 6.3 apresenta um gráfico com esses resultados). Junto com a especificidade das tarefas educacionais, da qual acabamos de falar, esses resultados possivelmente também refletem, como já assinalávamos anteriormente, a influência da percepção e das ideias e concepções sobre os diferentes estados da matéria na interpretação que os estudantes fazem do problema. De fato, o conteúdo mais difícil para eles são as mudanças de estado. Se a matéria sofre uma mudança de estado, a substância envolvida experimenta uma mudança drástica de aparência observá-

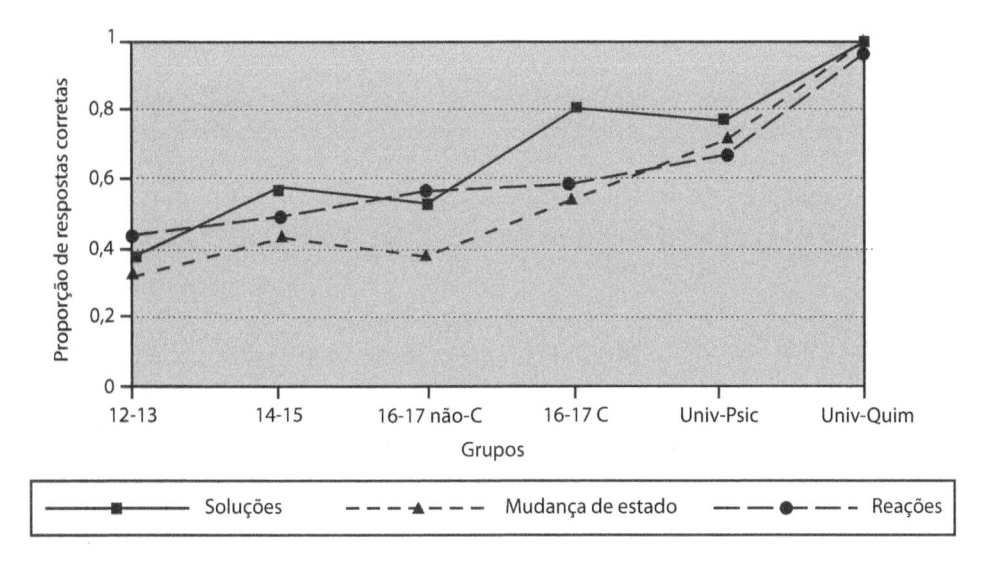

Figura 6.3
Proporção de respostas corretas obtidas em um questionário sobre conservação da massa (Pozo, Gómez Crespo e Sanz, 1993). No eixo horizontal estão representadas as idades dos grupos com os quais foi realizado o estudo. Os grupos 16-17 C e não-C representam alunos que cursam estudos científicos e alunos que não cursam, respectivamente. Os grupos Univ-Psic e Univ-Quim são grupos formados por alunos que cursavam o último ano de psicologia e de química, respectivamente.

vel, o que leva os alunos, quando lhes são pedidas previsões sobre a massa final da substância, a utilizarem em suas respostas categorias em que há um aumento ou redução de massa em função da mudança de aparência sugerida no problema. Assim, quando um líquido evapora eles tenderiam a atribuir uma perda de massa ao sistema, que em alguns casos pode chegar a ser total ("o álcool desaparece, não resta nada"). Parece que os alunos associam as mudanças de estado a mudanças na quantidade de matéria. Contudo, quando se trata de uma dissolução, há maior tendência a aceitar a conservação, porque o estado observável da matéria não costuma mudar. Apesar disso, as mudanças de estado, e em grande medida também as reações, geralmente implicam modificações observáveis, que os alunos associariam a mudanças quantitativas da matéria, especialmente quando o estado final é gasoso.

Assim, quando são analisadas as respostas alternativas à conservação, com exceção dos estudantes de menos idade (alunos abaixo dos 14 anos em média), entre os quais também aparecem respostas de *perda total* ou mesmo de *aumento da massa*, a maior parte das respostas erradas correspondem a uma *diminuição parcial da massa*. Essa tendência a considerar que após as mudanças ocorre uma certa perda de matéria, apesar de afastar-se do conhecimento científico aceito, é consistente com a fenomenologia do conhecimento cotidiano, preocupada pelo gasto, consumo ou perda de energia, calor, etc. Sabemos que quando acendemos a calefação ou o ar-condicionado, devemos fechar a janela para que não "escape" o calor ou o frio. Em condições normais, ou cotidianas, dizemos que "se perde" energia, velocidade ou calor. Como já assinalamos em alguma outra ocasião, e estes resultados confirmam parcialmente, nosso conhecimento pessoal ou cotidiano – e o dos alunos também – está centrado mais no que muda do que no que se conserva ou permanece, uma vez que geralmente nos deparamos com sistemas restritos e abertos, de modo que não somos conscientes de certas conservações no marco de sistemas de equilíbrio complexos, tal como mostrado nos Quadros 4.7 e 6.4.

Nesta seção analisamos as dificuldades para compreender que a quantidade de matéria se conserva depois de ocorrer uma mudança física ou química. Contudo, o que acontece com a qualidade das substâncias envolvidas?

Conservação da substância

Para estudar as mudanças da matéria não basta que nossos alunos compreendam a conservação da massa; também é necessário que compreendam a conservação, ou não, da substância depois de uma transformação. Porém, essa compreensão qualitativa das transformações da matéria, a permanência ou não da substância inicial após a mudança, apresenta, também, muitas dificuldades (Pozo, Gómez Crespo e Sanz, 1993; Gómez Crespo, Pozo e Sanz, 1995). Por exemplo, apesar de serem capazes de distinguir muito bem que após uma mudança de estado a substância envolvida mantém sua identidade e, portanto, continua sendo a mesma, ainda que seu aspecto tenha mudado, não ocorre o mesmo no caso de uma substância que se dissolve na água. Nesse caso, muitos alunos tendem a interpretar que a substância que se dissolve não só muda de aspecto, mas que também pode mudar de identidade.

Os resultados das pesquisas sobre a conservação da substância mostraram a influência de diversas variáveis na maior ou menor dificuldade que os alunos encontram na resolução de tarefas relativas a diferentes mudanças da matéria. Assim, encontramos diferentes resultados em função do conteúdo envolvido: soluções, mudanças de estado ou reações. A conservação qualitativa da matéria, ou conservação da substância, é entendida com mais facilidade, e em uma idade mais precoce, quando ocorre uma mudança de estado, mas é mais difícil quando o processo é uma reação química. As soluções estariam em um ponto intermediário. Esses resultados mostram que as mudanças físicas não só estão mais próximas da vida cotidiana – nosso mundo cotidiano é mais frequentemente representado com uma linguagem física –, mas que também são mais fáceis de compreender. No entanto, também mostram que compreender as mudanças é mais fácil quando elas envolvem apenas uma substância (mudança de estado) e não duas ou mais substâncias diferentes (soluções e reações). Como se poderia prever a partir de pesquisas anteriores (por exemplo, Andersson, 1986; 1990), a natureza interativa das reações faz com que esse conteúdo seja o mais difícil, uma vez que exige dos estudantes a utilização de conceitos de interação que são opostos ao raciocínio causal linear que utilizam normalmente.

Se queremos aprofundar na forma como nossos alunos interpretam as mudanças da matéria e, portanto, como constroem suas ideias sobre conservação, é necessário conhecê-las e interpretá-las. Mas essas ideias podem chegar a ser muito variadas. Podem ser encontradas interpretações que vão desde o desaparecimento até a conservação da substância, como já mostraram os primeiros estudos realizados por Piaget e Inhelder (1941) quando pediam a crianças entre 4-12 anos que explicassem o que ocorre quando se dissolve açúcar em água. Sem esquecer outro tipo de concepções (entre as quais estariam incluídas as interpretações em termos de transmutação das substâncias sem necessidade de interação com outras, por exemplo), Andersson (1986) descreve respostas do tipo: *"ao queimar, a esponja de aço transforma-se em carvão"*; ou *"os gases do escapamento do carro não pesam, porque a gasolina transforma-se em energia"*. Para ajudar a compreender o que está por trás dessas ideias, foram feitas algumas tentativas de classificação em diversas categorias interpretativas, por exemplo as de Driver (1985) ou Meheut e colaboradores (1985) em relação à combustão e à oxidação. Para as mudanças de estado, Andersson (1990) propôs cinco categorias (desaparecimento, deslocamento, modificação, transmutação e interação) que incluem as concepções alternativas mais frequentes. Essas categorias, baseadas em estudos anteriores (Andersson, 1986) sobre a compreensão das reações químicas, são um instrumento bastante útil para reinterpretar os dados compilados sobre como os estudantes concebem as mudanças entre os diferentes estados da matéria (por exemplo, Seré, 1985; Stavy, 1988). Mas as interpretações que os alunos fazem das diferentes mudanças da matéria, descontadas algumas diferenças específicas devido ao seu conteúdo químico (mudanças de estado, soluções, reações), têm uma origem comum na forma como o aluno constrói seu conhecimento a partir de outros conhecimentos prévios e de suas observações das mudanças da natureza e das características próprias de seu pensamento causal. Por isso, a partir das categorias de Andersson, propusemos outras cinco categorias interpretativas que ajudam a enquadrar e interpretar as concepções dos alunos sobre a conservação das substâncias envolvidas nas diferentes mudanças da matéria (Pozo, Gómez Crespo e Sanz, 1993; Gómez Crespo, Pozo e Sanz, 1995). Estas cinco categorias são mostradas no Quadro 6.12.

QUADRO 6.12
Cinco categorias para analisar as ideias sobre conservação da substância

As cinco categorias de resposta utilizadas para analisar as concepções dos alunos sobre conservação da substância, especificadas a partir das descritas por Andersson (1986; 1990), são as seguintes:

Interação (I) – As substâncias interagem para formar uma nova (resposta correta para as questões de transformação química).
Deslocamento (D) – As substâncias aparecem ou desaparecem depois da mudança.
Transmutação (T) – Uma substância transforma-se em outra sem necessidade de interação.
Modificação com identidade (MI) – A substância modifica sua aparência, mas continua sendo a mesma (resposta correta para os itens de mudança física).
Modificação da quantidade (MQ) – A substância continua sendo a mesma, mas varia sua quantidade.

Um exemplo de como são utilizadas na elaboração de diferentes questões é o seguinte, aplicado a uma reação química em um contexto da vida cotidiana:

Temos um prego de ferro que deixamos ao ar livre, sem nenhum tipo de proteção. Depois de um certo tempo, observamos que ele oxidou e aparece coberto com uma camada vermelho escuro, com aspecto de pó. O que você acha que aconteceu com o ferro do prego?

1. A substância continua sendo ferro. O pó vermelho é algo que havia dentro do prego e que saiu para fora. (D)
2. A substância continua sendo ferro, que mudou de cor. (MI)
3. O ferro transformou-se em uma substância nova e diferente, de cor vermelha. (T)
4. Houve uma interação entre o ferro e o ar para formar uma substância diferente. (I)
5. A substância continua sendo ferro, mas agora há uma quantidade diferente. (MQ)

Assim, por exemplo, encontramos que muitas vezes os alunos do ensino médio não diferenciam entre o tipo de mudança que ocorre em uma solução e em uma reação química, aparecendo para esses dois tipos de processos, indistintamente, interpretações em termos de *interação entre substâncias para obter outra diferente, ou de conservação da substância, mesmo que mude seu aspecto*. Por exemplo, interpretam que quando se dissolve cloreto de sódio em água ambas as substâncias interagem e é formado um novo composto; no outro extremo, podem interpretar a combustão do álcool como uma mudança na qual esse composto apenas evaporou. Tudo indica que os alunos não estabelecem diferenças entre o tipo de mudança ocorrido. Além disso, mostram uma pauta de aquisição diferente em função do contexto em que a tarefa é apresentada (formulada em termos químicos ou em termos mais cotidianos). As dissoluções tendem a ser interpretadas mais como mudanças físicas se forem apresentadas em um contexto cotidiano (por exemplo, dissolução de açúcar em água) e, contudo, em contextos químicos (por exemplo, dissolução de cloreto de sódio em água), os alunos tendem a representá-las mais como se fossem reações químicas, em termos de interação entre substâncias para produzir outras diferentes. Em geral, quando o problema "parece" química (linguagem, participação de duas substâncias ou mais, etc.) os alunos tendem a interpretar as mudanças preferencialmente em termos de interação entre substâncias para formar outras novas. Para muitos, a química seria a arte de misturar substâncias para obter outras diferentes.

A utilização da *interação* entre partículas para explicar as mudanças da matéria é maior do que o esperado a partir dos trabalhos de Andersson (1986, 1990). Assim, apesar de os alunos mais jovens (12-14 anos) praticamente não interpretarem nenhuma situação como interação, os mais velhos exageram ao interpretarem as mudanças da matéria como interações. Tendem a utilizar a interação para compreender aquelas mudanças que envolvem mais de uma substância. Assim, apesar de as respostas de interação serem utilizadas em maior proporção nos problemas que se referem a reações, também são usadas erroneamente nas tarefas de soluções. Além disso, encontramos que nem todas as categorias de resposta são utilizadas na mesma proporção. Embora as categorias mais utilizadas, independentemente da mudança de estado da matéria estudada, serem *interação e modificação com identidade*, entre os alunos dos ensinos fundamental e médio (12-16 anos), fundamentalmente nos primeiros anos, também há incidência, ainda que em menor proporção, de algumas das representações alternativas ou não científicas que são descritas na literatura (por exemplo, Andersson, 1990; Driver, 1985; Stavy, 1990) que correspondem às categorias deslocamento e transmutação.

Por sua vez, o fato de os alunos mais velhos utilizarem quase exclusivamente – ainda que, às vezes, de modo incorreto – as categorias de interação e modificação com identidade (que correspondem às interpretações admitidas para a transformação química e a transformação física) mostraria que as concepções sobre a conservação da matéria, uma vez superada certa idade ou nível de instrução, não estão tão afastadas do conhecimento científico como alguns estudos levaram a crer. Embora, obviamente, a compreensão mostrada pelos alunos, sobretudo os mais novos, seja deficiente, não parece que suas concepções sejam incompatíveis com o conhecimento científico. Apesar de ser possível identificar certas ideias persistentes, como consequência de diversos vieses cognitivos e influências educacionais, pelo menos no âmbito das conservações parece que a compreensão da química, em um nível elementar, alheio ao do especialista, é mais uma questão de grau que de mudanças radicais ou revoluções conceituais profundas, confirmando a ideia de que isso só ocorre ocasionalmente, naquelas áreas ou conceitos fundamentais em que o conhecimento pessoal dos alunos é incompatível com a estrutura conceitual do saber científico que se pretende ensinar (Chi, Slotta e Leeuw, 1994; Thagard, 1992).

AS RELAÇÕES QUANTITATIVAS NA QUÍMICA

O estudo das relações quantitativas constitui uma parte importante dos conteúdos da química no ensino médio. Essa quantificação diz respeito à representação das leis físico-químicas e sua aplicação prática, o que provavelmente representa outra das principais dificuldades de aprendizagem para os estudantes.

Na história da química, as primeiras medidas realizadas foram de massa e de volume e, com elas, foram estabelecidas as primeiras leis que permitiram o desenvolvimento teórico dessa ciência. Com a introdução da teoria atômico-molecular, os fenômenos químicos começaram a ser interpretados em nível microscópico, em função dos átomos e das moléculas que neles intervêm, sendo necessário conhecer o número de partículas que participam em um determinado processo. O químico precisa, por conseguinte, relacionar de modo quantitativo as dimensões macroscópicas do mundo real e o nível microscópico no qual interpreta os processos e estabelece as teorias sobre a matéria. Por exemplo, precisa relacionar a massa e o número de moléculas de uma substância que participa em uma reação, as massas dos elementos que formam um composto e sua fórmula química, o número de elétrons que são trocados em um processo eletroquímico e as quantidades de substâncias envolvidas, etc. O problema que surge para estabelecer essas relações quantitativas entre ambas as dimensões da matéria, a macroscópica e a microscópica, entre as massas e os volumes e o número de partículas envolvidas, é que essas partículas são muito pequenas e não podem ser medidas e selecionadas em pequenas quantidades, sendo necessário medir um grande número delas por vez. Por isso foi introduzido o conceito de *mol*, um conceito químico tão fundamental quanto as ideias de átomo ou molécula, que permitiu estabelecer uma aparentemente simples relação proporcional entre os coeficientes das reações químicas e as quantidades de substâncias que intervêm em cada processo.

Se nos concentrarmos nas leis químicas elementares que os estudantes do ensino médio devem aprender e em suas aplicações quantitativas (ver Quadro 6.13), encontraremos que aparentemente não são suscitadas muitas dificuldades matemáticas na hora de utilizá-las. Das aplicações das leis dos gases até as relações estequiométricas dentro de uma reação, passando pelos cálculos de concentrações de uma solução, praticamente a grande maioria dos cálculos químicos, salvo algumas exceções (por exemplo, o cálculo do pH), podem ser realizados aplicando relações de proporcionalidade. Isto, que em uma primeira abordagem parece muito simples, constitui, contudo, o grande problema da compreensão e aplicação das relações quantitativas em química: o *raciocínio proporcional*. O cálculo de proporções, conectado com um dos principais esquemas analisados no Capítulo 4 (ver Quadro 4.7 e, também, Quadro 6.4), causa grandes dificuldades aos estudantes na hora de aplicá-lo à resolução de problemas de química, principalmente, como assinala Gailiunas (1987), levando em consideração o número de proporções diferentes

> **QUADRO 6.13**
> **Algumas das principais aplicações quantitativas da química no ensino médio**
> - Cálculos com *mols*
> - Cálculos de número de partículas (átomos, etc.)
> - Aplicações das leis dos gases
> - Concentração de soluções
> - Ajuste de reações
> - Cálculos estequiométricos
> - Equilíbrio químico

e sucessivas que neles aparecem. Isso faz com que o aluno, para aplicar as leis quantitativas da química e resolver problemas que envolvam cálculos matemáticos, precise estabelecer estratégias mais ou menos complexas que permitam organizar os passos sucessivos para encontrar uma solução. Isso nos leva ao problema da estratégia e dos procedimentos de trabalho em química, que serão tratados mais amplamente na seção seguinte.

Contudo, além dessas dificuldades, o aluno vai encontrar outras quando se trata de aprender e aplicar as leis quantitativas da química. São as dificuldades próprias dos conceitos envolvidos nessas leis. Nesse caso, o conceito-chave na maioria das leis quantitativas é, ao mesmo tempo, o principal entrave: *o mol*.[2] Conceito integrador na história da química, o *mol* leva a uma simplificação dos cálculos e permitiu abandonar outros conceitos, como normalidade e peso equivalente, que hoje em dia são obsoletos. Contudo, apesar de seu papel simplificador, esse conceito parece obscuro e difícil de compreender e aplicar para a maioria dos alunos (basta ver sua definição), o que faz com que eles o utilizem de maneira mecânica e algorítmica, dificultando, portanto, a compreensão de outros conceitos e das leis da química. As dificuldades concretas na aprendizagem e na utilização deste conceito já foram muito estudadas, e suas características principais estão resumidas no Quadro 6.14 (para mais informação, ver Pozo et al., 1991).

Da mesma maneira, não se pode esquecer que para poder calcular o número de partículas que compõem um sistema determinado ou estabelecer diferentes relações em nível atômico ou molecular, ou até eletrônico, é necessário recorrer à chamada constante *de Avogadro*, o que significa adicionar uma nova dificuldade, dado que se trata de um número que está além de qualquer esforço de imaginação dos estudantes. Apesar de numerosos livros didáticos proporem exemplos que tentam ajudar o aluno a procurar uma relação entre o valor deste número e algo tangível relacionado com o mundo que ele conhece (por exemplo, os 1.000km de altura em camadas de bolinhas de gude que teriam que cobrir a Espanha para conseguir um número de Avogadro dessas bolinhas), longe de facilitar a compreensão e aplicação desse número, acabam reforçando a ideia de que se trata de um conceito ina-

---

[2] O *mol* é a unidade, no Sistema Internacional, da magnitude *quantidade de matéria*. Foi definido oficialmente em 1957 pela IUPAP (International Union of Pure and Applied Physics) e em 1967 pela IUPAC (International Union of Pure and Applied Chemistry) como "A quantidade de matéria de um sistema que contém tantas entidades elementares como átomos há em 0,012kg de carbono-12. Ao utilizar o *mol* é necessário especificar o tipo de entidades elementares, que podem ser átomos, moléculas, íons, elétrons ou outras entidades ou grupos específicos de tais entidades."

> **QUADRO 6.14**
> **Algumas dificuldades no trabalho com a quantidade de matéria e o *mol***
>
> O trabalho com a magnitude *quantidade de matéria* e o manejo de sua unidade no Sistema Internacional, o *mol*, introduz numerosas dificuldades no aprendizado da química. Essas dificuldades poderiam ser resumidas da seguinte maneira:
>
> – Dificuldades com o conceito de *mol*
>   - Definição complexa. Os alunos não compreendem a definição e a utilizam de forma algorítmica para estabelecer uma relação entre *mols* e massas.
>   - A definição é mal utilizada em muitos livros didáticos.
>   - O *mol* é uma ponte entre o mundo macroscópico e o microscópico, mas os alunos, na maior parte das vezes, não são capazes de perceber onde estão (assim, por exemplo, não podem distinguir entre número de átomos e mols de átomos).
>
> – Necessidade de utilizar a constante de Avogadro nos cálculos
>   - Um número tão grande que está além da imaginação do aluno.
>   - Dificuldades com conceitos relacionados
>   - Semelhança fonética entre um grande número de conceitos (*mol*, molécula, molar, molaridade, etc.) que, contudo, são completamente diferentes.
>   - Dificuldades para distinguir e coordenar as relações de *mols* com os coeficientes das equações ajustadas.
>   - Aplicação do volume molar dos gases a todo tipo de substâncias (incluídos líquidos e sólidos).
>   - Utilização de falsas leis de conservação dos *mols*.

cessível e criam, em mais de um aluno, a consciência de que estão sendo vítimas da aterrorizante química.

Sem intenção de sermos exaustivos, podemos assinalar mais alguns exemplos da interferência entre as dificuldades suscitadas pelos cálculos proporcionais e aquelas próprias das leis e dos conceitos estudados, que podem representar verdadeiros obstáculos à aprendizagem dos alunos. Por exemplo, é isto que ocorre quando é preciso aplicar os cálculos estequiométricos às reações químicas. Surgem dificuldades devidas, por exemplo, à confusão entre coeficientes das substâncias e subíndices das fórmulas quando se ajusta ou é necessário trabalhar com uma equação química, são criadas falsas leis de conservação (volume, mols, etc.) ou não se diferencia entre relações em *mols* e relações em massas. Também é isso que ocorre quando se trabalha com soluções e é preciso calcular, interpretar ou comparar concentrações.

Dificuldades gerais com a quantificação

Contudo, antes de chegar a isso, o aluno encontra dificuldades mais gerais para compreender os aspectos quantitativos das teorias científicas. Essas dificuldades estariam relacionadas, como foi mostrado no Capítulo 4, com a forma como ele estrutura seus conhecimentos em suas próprias teorias implícitas. Como já vimos, apareciam alguns supostos conceituais que caracterizavam as teorias e, dentro deles, aparecia uma dimensão quantitativa. A partir desse ponto de vista, compreender a ciência implica o uso combinado de três esquemas de quantificação, cujo uso está muito longe de ser habitual entre os estudantes, inclusive os universitários: a proporção, a probabilidade e a correlação. Os três são importantes para compreender os conceitos e as leis químicas: por exemplo, a probabilidade serve para compreender o conceito de entropia como medida do número de distribuições possíveis de um sistema ou a espontaneidade de um processo como evolução até seu estado mais provável; a correlação serve para compreender e estabelecer, por exemplo, a relação entre o número de átomos de carbono dos compostos orgânicos e os valores quantitativos de suas propriedades físicas; e a proporção, para poder comparar as concentrações de duas dissoluções.

Diante disso, os estudantes tendem a organizar suas teorias em torno de esquemas muito mais simples e mais fáceis de utilizar. Esses esquemas, em sua forma mais primitiva, inicialmente concentram-se em uma ausência de quantificação ou, em outras palavras, em uma visão exclusivamente qualitativa dos fenômenos estudados, que eles dificilmente são capazes de quantificar (a substância se dissolve ou não se dissolve, o recipiente esfria ou esquenta, há ou não há reação química, as moléculas se movimentam, etc.). Contudo, diante da necessidade de estabelecer uma certa quantificação, geralmente induzida pelo contexto escolar, os alunos recorrem a regras simplificadoras de caráter basicamente intuitivo e aproximativo, similares às que todos nós utilizamos em nossa tentativa de dar sentido à atividade cotidiana e de compreender o mundo que nos rodeia. Essas regras, ou *heurísticas* (como foram denominadas no Capítulo 4), possuem certas características que ajudariam o aluno a realizar tarefas ou compreender leis cuja análise lógica seria muito difícil, de modo que em muitas ocasiões levariam a resultados incorretos, mas outras vezes permitiriam que ele chegasse a deduções ou soluções corretas (como veremos mais adiante, quando falarmos do cálculo proporcional).

Essas regras simplificadoras, ou heurísticas, seriam mais simples de aplicar do que os três esquemas de quantificação que mencionamos (probabilidade, correlação e covariação) e, portanto, os alunos recorreriam habitualmente a elas, especialmente naqueles casos em que a tarefa é mais difícil e eles precisam liberar recursos cognitivos suficientes para abordá-la. Assim, quando devem fazer cálculos com uma reação química, simplificam o problema estabelecendo estequiometrias 1:1 ou recorrendo a uma falsa lei de conservação dos *mols*; quando precisam comparar os volumes ocupados por diferentes substâncias, comparam diretamente suas massas; para averiguar qual solução está mais concentrada dentre duas apresentadas, simplesmente comparam as quantidades de soluto de cada uma, prescindindo da quantidade de solvente em cada caso; ou estabelecem relações de proporcionalidade direta entre duas variáveis quaisquer, independentemente de qual seja a relação entre elas (por exemplo, se a massa molecular é duplicada, duplica-se a quantidade de substância, se aumenta o volume, aumenta a pressão do gás, etc.).

Apesar de a compreensão da química envolver a utilização dos três esquemas de quantificação citados, os conteúdos propostos para esta disciplina fazem com que, contudo, a proporção seja o esquema que os alunos precisam utilizar com mais frequência durante o aprendizado da química que é ministrada no ensino médio.

As dificuldades do cálculo proporcional

A proporção é um esquema amplamente descrito por Inhelder e Piaget (1955) e supõe o conhecimento da relação de igualdade entre duas razões. Portanto, exige conhecer que uma mudança em um membro da proporção pode ser compensada com uma mudança no outro membro, sem que mude a igualdade entre as duas razões. Segundo Inhelder e Piaget, a compreensão das proporções não aparece em domínio algum antes de as operações formais estarem constituídas.

Diversos estudos mostraram que nas dificuldades para realizar cálculos proporcionais intervêm variáveis que dependem do indivíduo, da tarefa e do contexto em que ela é apresentada (Pozo, Gómez Crespo e Sanz, 1993; Sanz et al., 1996). Em geral, esses estudos mostram a grande dificuldade dos adolescentes e dos adultos para resolver corretamente problemas de proporção, inclusive tarefas nas quais intervêm razões simples. De fato, diante da estratégia matematicamente correta – que implica a igualdade entre duas razões e, portanto, uma compensação multiplicativa – foi encontrada uma tendência geral entre os indivíduos que resolvem tarefas proporcionais no sentido de recorrer a estratégias mais simples e menos elaboradas (Sanz et al., 1996). Essas estratégias abrangem desde as mais primitivas em termos evolutivos, estratégias qualitativas, até chegar às estratégias quantitativas parcialmente corretas, como a aditiva e a de correspondência (ver Quadro 6.15). Essas estratégias estariam relacionadas com os três níveis que assinalamos nos Quadros 4.7 e 6.4.

A estratégia mais simples, a *qualitativa*, consiste em ignorar uma parte dos dados do problema comparando entre magnitudes absolutas. Não se estabelece, portanto, cálculo numérico algum. Essa estratégia é própria das crianças menores (Pérez Echeverría, 1990), mas é utilizada com frequência pelos adolescentes (Pérez Echeverría, Carretero e Pozo, 1986). Encontramos um exemplo da utilização dessa estratégia pelos alunos que estudam química quando se trata de comparar e avaliar concentrações: centram sua atenção em apenas uma das variáveis, em vez de pensar no valor numérico da concentração; prestam atenção somente na quantidade de substância ou somente no volume (por exemplo, Pozo et al.; 1993; Sanz et al., 1996; Valcarcel e Sánchez, 1990).

A estratégia *aditiva* – um pouco mais complexa que a anterior, mas que com muita frequência leva a erros matemáticos – consiste em comparar os membros de duas frações por meio de somas e subtrações. Por exemplo, subtrair um termo do outro e levar, depois, a diferença para a segunda razão. No Quadro 6.16 são mostrados dois exemplos do que o uso dessa estratégia representa: segundo Inhelder e Piaget (1955), seria a estratégia que caracteriza a criança na fase das operações concretas. Contudo, assim como ocorre com a estratégia qualitativa, também é utilizada amplamente por adolescentes (Karplus e Karplus, 1972; Karplus e Peterson, 1970), sobretudo nos problemas mais difíceis.

A estratégia por *correspondência* ou *construção* consiste em estabelecer uma relação de proporção em uma razão, que

---

QUADRO 6.15
Estratégias utilizadas pelos alunos no cálculo proporcional

As quatro estratégias mais frequentes com que os alunos enfrentam os cálculos proporcionais são as seguintes:
- Estratégia qualitativa
- Estratégia aditiva
- Estratégia de correspondência
- Estratégia proporcional

Pérez Echeverría, Carretero e Pozo, 1986

> **QUADRO 6.16**
> **Dois exemplos do uso de uma estratégia aditiva**
>
> **PROBLEMA 1** (estratégia aditiva e resposta incorreta)
> Sabendo que na água as quantidades de oxigênio e hidrogênio estão presentes em uma proporção de 8g de O por 1g de H, que quantidade de O terá de haver para se obter 10g de H?
> Os alunos que resolvem o problema por meio de uma estratégia aditiva diriam:
>
> $$\frac{8}{1} = \frac{X}{10}$$
>
> e subtrairiam: $8 - 1 = 7$
> para transferir a diferença para a outra razão $X - 10 = 7$, portanto, ficaria $X = 17$
> O aluno responderia que são necessários 17g de O para que houvesse 10g de H.
>
> **PROBLEMA 2** (estratégia aditiva e resposta correta)
> Determine qual das seguintes soluções está mais concentrada: A: 3g de NaOH em 2L de água, ou B: 4g de NaOH em 2L de água.
> Um aluno que conheça e domine o conceito de concentração de uma solução pode, contudo, utilizar uma estratégia aditiva para resolver o problema. Assim, para comparar as concentrações,
>
> $$\text{Conc A} = \frac{3}{2} \quad \text{e} \quad \text{Conc B} = \frac{4}{2}$$
>
> subtrairia: $3 - 2 = 1$ e $4 - 2 = 2$, e concluiria que A está mais concentrada que B.

posteriormente, se aplica à outra razão. Essa estratégia é utilizada por muitos indivíduos, inclusive especialistas, quando se trata de resolver problemas de química, e pode levar, dependendo do caso e da interpretação que o aluno faça, a resultados corretos ou incorretos. De fato, pode-se dizer que as leis tradicionais da química (as leis ponderais) induzem à utilização desta estratégia. No Quadro 6.17 são mostrados alguns exemplos de sua utilização.

Tal como acabamos de comentar, e foi mostrado nos exemplos dos Quadros 6.16 e 6.17, não se deve esquecer que, mesmo a estratégia sendo incorreta, pode levar a resultados corretos, o que às vezes dificulta sua avaliação e pode proporcionar ao aluno uma informação errônea sobre seus conhecimentos. Assim, muitos alunos ficam surpresos quando obtêm resultados incorretos ao utilizar estratégias que em outros casos tinham levado a um resultado correto.

Pérez Echeverría, Carretero e Pozo (1986) comprovaram que o uso de estratégias mais ou menos elaboradas dependia da idade e do nível escolar, além do tipo de problema. O mesmo indivíduo varia no tipo de estratégia usada dependendo da tarefa. Portanto, parece que o cálculo de proporções não é um problema de competência, ou seja, de que os alunos não saibam utilizá-la em absoluto, senão um problema de atuação que depende de fatores que afetam tanto a tarefa quanto o sujeito. Do ponto de vista da tarefa, Tourniaire e Pulos (1985) distinguem entre variáveis estruturais (magnitude dos números, se são proporções direta ou inversamente proporcionais, se são ou não proporções equivalentes, se o trabalho é com números inteiros ou decimais) e variáveis contextuais (conteúdo da tarefa, tipo de resposta que se exige do indivíduo, ou que a apresentação seja analógica, química e/ou matemática).

> **QUADRO 6.17**
> **Dois exemplos do uso da estratégia de correspondência**
>
> **PROBLEMA 1** (estratégia de correspondência e resultado correto)
> Qual das duas soluções seguintes está mais concentrada?
>
> > Solução A: 3 mol de NaOH em 5L de água
> > Solução B: 2 mol de NaOH em 4L de água
>
> > Utilizar uma estratégia de correspondência implicaria estabelecer uma relação proporcional na segunda razão 1:2 e levá-la para a primeira. O aluno diria que a primeira (A) está mais concentrada, dado que, para ter a mesma concentração, teríamos de ter 3/6 e, deste modo, dispomos de 1L a menos de água.
>
> **PROBLEMA 2** (estratégia de correspondência e resultado incorreto)
> Em um laboratório foi descoberto um novo elemento: o esfério (símbolo E). Ao estudar suas propriedades descobriu-se que 3g de esfério reagem completamente com 5g de manganês para formar o esferuro de manganês. Se fizermos reagir 2g de esfério com 4g de manganês, sobrará algum resto de alguma das substâncias?
>
> > Utilizar uma estratégia de correspondência implicaria estabelecer uma relação proporcional na segunda razão 1:2 e levá-la para a primeira. O aluno diria que sobra esfério, porque para ter a mesma proporção precisaríamos ter 3g de esfério e 6g de manganês.

Com respeito ao indivíduo que resolve a tarefa, devemos considerar variáveis tais como desenvolvimento cognitivo, idade, nível de instrução, dependência/independência de campo, capacidade mental, etc. Em função dos conteúdos envolvidos, em química temos encontrado (Pozo, Gómez Crespo e Sanz, 1993; Sanz et al., 1996) que o cálculo proporcional é mais difícil de utilizar no caso das reações químicas do que no das soluções, apesar de que, do ponto de vista matemático, a demanda da tarefa é a mesma (ver os dois exemplos do Quadro 6.17).

Igualmente, nesse estudo encontramos que no caso das soluções eram utilizadas com mais frequência estratégias proporcionais para a resolução do problema, enquanto nas reações eram mais usadas as estratégias de correspondência. Isso pode estar relacionado com o fato de que as leis das reações químicas, ou as interpretações que se fazem de uma equação ajustada, normalmente se expressam em termos de correspondência (por exemplo, para formar água, 2 *mol* de moléculas de hidrogênio combinam-se com 1 *mol* de moléculas de oxigênio), de tal maneira que na hora de fazer cálculos proporcionais se induz, de certo modo, a utilização de regras de correspondência (cognitivamente mais simples do que as regras multiplicativas). De fato, muitos especialistas resolvem corretamente problemas de química por meio de estratégias de correspondência corrigidas, chegando ao resultado mediante aproximações sucessivas. A diferença entre o especialista e o aprendiz de química estaria em que o primeiro conhece perfeitamente onde precisa efetuar a correção para obter a resposta correta.

Centrando-nos nas dificuldades do cálculo proporcional, em função do conteúdo químico existem suficientes exemplos das dificuldades que nossos alunos encontram ao aplicá-lo. São muito importantes as dificuldades que os estudantes encontram ao trabalhar com soluções, que se devem sobretudo ao fato de a concentração de uma solução ser função de duas variáveis, diretamente proporcional a uma – a quantidade de substância – e inversamente proporcional à outra – o volume da solução. Encontramos que são mais fáceis de resolver os problemas em que muda somente uma variável, sobretudo quando o que muda é a quantidade de soluto (diretamente proporcional à concentração), e que se tornam mais difíceis quando o que muda é o volume (inversamente proporcional) ou quando mudam as duas variáveis (Serrano e Blanco, 1988).

Os cálculos com reações apresentam, por sua vez, numerosas dificuldades. Assim, os alunos, por exemplo, utilizam falsas leis de conservação dos *mols*; estabelecem relações diretas entre massas dos compostos que participam em uma reação, sem levar em consideração os coeficientes da reação ajustada; não compreendem o significado químico da reação ajustada; não distinguem entre subíndices e coeficientes nas fórmulas; ou não compreendem a lei das proporções definidas (Yarroch, 1985; Schmidt, 1986). Porém, por trás de tudo isso há uma diferenciação entre dois níveis diferentes de análise (o macroscópico e o microscópico), junto com a tendência de procurar regras simplificadoras que diminuem a demanda da tarefa.

No nível macroscópico cumprem-se leis que estabelecem as relações entre as massas dos diferentes compostos que participam em uma reação, por exemplo, as leis de Lavoisier, ou lei de conservação da massa, e de Proust, ou lei das proporções definidas. Contudo, no nível microscópico as relações quantitativas em uma reação química referem-se aos átomos e às moléculas, de modo que, a partir dos coeficientes de uma equação ajustada e dos subíndices das fórmulas moleculares, podemos estabelecer relações de proporcionalidade entre o número de moléculas de cada substância ou o número de átomos de cada elemento que participa no processo. Isso supõe entender que quando escrevemos

$$3\ H_2 + N_2 \rightarrow 2NH_3$$

isso quer dizer que 3 *mol* de moléculas de hidrogênio reagem com 1 *mol* de moléculas de nitrogênio, muda a estrutura microscópica da matéria e ocorre uma nova organização dos átomos e, por isso, não obtemos 4 *mol* de moléculas de amoníaco, senão 2 *mol* de moléculas. Contudo, os alunos misturam ambos os níveis de análise, estabelecendo leis homólogas para os cálculos com massas e com quantidades de matéria. Assim, dado que sabem que existe uma lei de conservação da massa, estendem essa lei à quantidade de matéria, aplicando uma falsa lei de conservação dos *mols*, que se traduz em interpretar que a soma dos coeficientes do primeiro membro tem que ser igual à soma dos coeficientes do segundo membro. Diante da relação de proporcionalidade que se expressa por meio dos coeficientes da reação, estabelecem uma relação de proporcionalidade mais simples, 1:1, que pode se estender tanto para massas como para quantidades de matéria, ou uma dupla proporção, como a que representa a expressão $3H_2$ (3 moléculas formadas por dois átomos de hidrogênio cada uma) leva-os a interpretar que há uma molécula formada por 6 átomos de hidrogênio.

OS PROCEDIMENTOS PARA FAZER E APRENDER QUÍMICA

No Capítulo 3 assinalávamos que a aprendizagem da ciência implica não só aprender conceitos, mas também aprender procedimentos de trabalho. Portanto, prosseguindo com a análise que estamos fazendo das dificuldades dos alunos para aprender química, nesta seção vamos nos concentrar nas dificuldades relacionadas com os procedimentos de trabalho. Tradicionalmente, considera-se que um objetivo importante da química é que os alunos possam utilizar seus conhecimentos na solução de problemas e, de fato, isso representa um dos recursos didáticos mais utilizados na sala de aula para ensinar e consolidar os diferentes conhecimentos. Por isso, tomaremos a resolução de problemas como ponto de referência para a análise das dificuldades de aprendizagem de procedimentos em química.

Apesar de, como foi dito, esse ser um dos recursos didáticos mais utilizados no ensino da química, no trabalho habitual na sala de aula existe uma certa confusão quanto ao significado do conceito de problema. Em muitas ocasiões, sob este título estão escondidas atividades que não passam de simples exercícios. De qualquer modo, tanto exercícios como problemas exigem a utilização de procedimentos de trabalho. Ocorre, contudo, que os procedimentos envolvidos são de diferente natureza em cada caso. Embora os diversos tipos de problemas admitam numerosas classificações – considerando a forma como são trabalhados na sala de aula e os objetivos e conteúdos do currículo –, para a discussão das dificuldades de aprendizagem pode ser útil retomar a classificação em problemas qualitativos, problemas quantitativos e pequenas pesquisas (Pozo e Gómez Crespo, 1994; ver também Capítulo 3). Essa classificação ajuda a distinguir entre os diferentes tipos de problemas propostos na sala de aula, mesmo que nem sempre essa diferença apareça de maneira nítida e que seja difícil estabelecer uma fronteira entre eles. De fato, as tarefas complexas exigem a solução dos três tipos de problemas. Por exemplo, as pequenas pesquisas normalmente exigem análises quantitativas e qualitativas prévias à resolução.

Problemas qualitativos

Como já assinalamos no Capítulo 3, entendemos como problemas qualitativos aqueles que o aluno pode resolver por meio de raciocínios teóricos, baseando-se em seus conhecimentos, sem necessidade de recorrer a cálculos numéricos ou manipulações experimentais. No Quadro 6.18 são mostrados alguns exemplos de problemas qualitativos em química.

A utilização na sala de aula desse tipo de atividade está voltada a estabelecer relações entre os conteúdos de química específicos (nos exemplos, teoria cinética, teorias ácido-base ou equilíbrio químico) e os fenômenos que eles permitem explicar, ao mesmo tempo em que fazem com que o aluno reflita sobre seus conhecimentos pessoais, sobre suas próprias teorias, ao fazer com que as aplique à análise de um fenômeno concreto, mais ou menos próximo, dependendo dos níveis em que se esteja trabalhando. Por isso, os problemas são um bom instrumento para o aluno trabalhar os conceitos que foram desenvolvidos na sala de aula, e alcançam um alto valor formativo, especialmente quando são trabalhados e discutidos em grupo.

Em química, os principais obstáculos que os estudantes encontrarão no trabalho com esse tipo de atividade estão relacionados fundamentalmente com as dificuldades para compreender os conceitos envolvidos, que foram discutidos nas seções anteriores. São atividades que forçam o aluno a explicitar suas ideias, a trabalhar com elas e a refletir sobre seu significado. Por isso, se as tarefas são corretamente enfocadas eles não têm alternativa a não ser utilizar suas teorias, o que faz com que os problemas sejam um bom instrumento, útil para ativar os processos de *explicitação* necessários para a mudança conceitual e para a diferenciação e comparação entre diferentes explicações e modelos. Assim, os dois primeiros exemplos que são apre-

QUADRO 6.18
Alguns exemplos de problemas qualitativos em química

Exemplo 1
Quando adicionamos uma gota de tinta em um copo com água, a gota faz uma pequena mancha. Se deixarmos o copo em repouso, observaremos que após certo tempo a água está completamente escura. Por que você acha que acontece isso?
(Pozo e Gómez Crespo, 1997a.)

Exemplo 2
Em um laboratório temos dois frascos: um com cloreto de sódio e o outro com nitrato de prata. Os dois são líquidos transparentes, mas quando adicionamos o cloreto de sódio sobre o nitrato de prata e os misturamos vemos que no fundo do recipiente se forma um sólido de cor branca. Por que você acha que acontece isso?
(Pozo e Gómez Crespo, 1997a.)

Exemplo 3
A fenolftaleína é um indicador ácido-base cuja forma ácida HI é incolor e a forma alcalina I$^-$ é cor-de-rosa. Que mudança de cor será observada na valoração de ácido clorídrico com hidróxido de sódio?
(Provas de Acesso à Universidade, ano letivo 1990/91.)

Exemplo 4
Quando a lâmpada de um retroprojetor queima, é possível observar que se formou uma bolha na parede de quartzo. A bolha aparece na mesma zona em que está o espelho onde a luz reflete e que fica muito próxima à lâmpada. Também é possível ver que o quartzo na zona da bolha escureceu. Sabendo que se trata de uma lâmpada halógena e conhecendo seu funcionamento, por que você acha que ocorre isso?
(Gómez Crespo, 1993.)

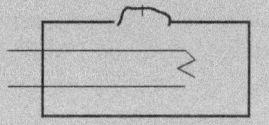

sentados no Quadro 6.18, relacionados com as soluções e com as reações químicas, exigem que o aluno utilize a teoria cinético-molecular para enfocar o problema. De fato, são atividades que foram utilizadas na sala de aula com alunos de diversas idades, e utilizadas também para o estudo das ideias e teorias dos alunos sobre a matéria (Pozo e Gómez Crespo, 1997a).

Centrando-nos na análise dos dois primeiros exemplos, uma das primeiras dificuldades que os alunos irão encontrar é focar o problema. Os enunciados, tal como são apresentados, podem ser, em alguns casos, excessivamente abertos, outras vezes ambíguos, e podem ser resolvidos a partir de muitos pontos de vista, fazendo com que se obtenham respostas excessivamente dispersas. Outro efeito que ocorre com frequência é que os alunos, diante de tantas opções, não sabem como devem enfocar o problema e têm um "branco". Em qualquer um desses casos a tarefa perderia todo seu potencial didático, uma vez que não levaria os alunos a uma reflexão sobre aquilo que se quer trabalhar. Por isso, o trabalho do professor estaria encaminhado a focalizar o problema no terreno em que queremos avançar, que nesse caso é a teoria corpuscular da matéria, ajudando o aluno a reconhecer a pergunta, delimitando o problema por meio de outras perguntas ou centrando a atenção em determinados aspectos (por exemplo, no movimento da nuvem de tinta ou no que ocorreria se mexêssemos a água, no primeiro caso; ou até na natureza das substâncias presentes no começo e no final, no caso da reação).

Nos exemplos 3 e 4 são apresentadas questões para alunos do final do ensino médio. Nesses problemas, devem ser aplicadas as leis do equilíbrio químico ao estudo dos dois fenômenos envolvidos. A diferença entre esses dois exemplos e os anteriores está nos passos intermediários para explicar o fenômeno. Enquanto nos exemplos 1 e 2 o aluno pode aplicar diretamente a teoria corpuscular, em termos de movimento e interação, nos exemplos 3 e 4 ele irá encontrar uma dificuldade adicional, uma vez que não pode aplicar diretamente as leis do equilíbrio ao fenômeno estudado. É necessário que antes traduza a informação que é proporcionada pelo enunciado para a linguagem química, que estabeleça uma equação química sobre a qual poderá aplicar tais leis, o que requer uma estratégia de atuação relativamente complexa.

No exemplo 3, é proporcionada uma parte da informação: trata-se de um indicador ácido-base e são conhecidas as espécies químicas que intervêm. Contudo, o aluno deve integrar essas espécies dentro de um sistema em equilíbrio, deve relacionar esse equilíbrio com outro, o de neutralização entre o ácido clorídrico e o hidróxido de sódio e, além disso, deve estabelecer uma relação entre a cor e a concentração das espécies envolvidas. Não é simples encontrar uma resposta, não basta compreender e saber utilizar determinados conceitos: é necessário, também, estabelecer relações complexas entre eles. Os alunos aos quais está destinada esta questão são iniciantes no estudo da química, e é provável que não reúnam a maioria dos requisitos necessários para resolvê-la. Mesmo assim, muitos conseguem resolvê-la com êxito, mas isso não quer dizer que compreenderam o problema em termos de equilíbrios e interação entre equilíbrios. Em muitos casos, simplesmente utilizam estratégias dirigidas a reconhecer modelos de problemas.

Vejamos um exemplo de como um aluno do final do ensino médio (17-18 anos) poderia resolver este problema:

- trata-se de um exercício de ácido-base;
- fala de indicadores e das cores do indicador;
- corresponde à valoração que sempre é colocada como exemplo, e eu lembro que, quando se colocava a base, acabava sempre cor-de-rosa;
- então, tem de haver mais I⁻, porque é o que tem essa cor;
- como sei que nos problemas ácido-base sempre intervêm equilíbrios, vou dizer que ao adicionar a base o equilíbrio do indicador desloca-se para sua forma alcalina e por isso fica cor-de-rosa.

O aluno seguiu uma estratégia, nada desprezível do ponto de vista lógico, que permite encontrar uma resposta a partir de seus conhecimentos químicos (que ele realmente tem), mas não estabelece as relações pretendidas entre os equilíbrios químicos. Provavelmente não seja um bom exemplo para uma atividade de avaliação, especialmente para as provas de vestibular, mas pode ser uma boa atividade de aula se o professor propõe uma discussão e a utilização das teorias de equilíbrio e ácido-base.

O exemplo 4 do Quadro 6.18 também trata de um equilíbrio químico, mas as dificuldades que os alunos irão encontrar serão um pouco diferentes. Em primeiro lugar, da maneira como o problema foi apresentado o aluno não conta com informações suficientes para resolvê-lo. Precisa conhecer, no mínimo, como funciona uma lâmpada, especificamente uma lâmpada halógena, e saber qual equilíbrio ou equilíbrios se estabelecem no sistema nesse caso. Precisa procurar essa informação no próprio texto do problema, perguntando ao professor ou por outros meios. Contudo, uma vez que ele tem essa informação, ainda precisa estabelecer uma relação entre a deformação sofrida pela lâmpada e a temperatura alcançada nessa zona do sistema, para poder estabelecer um deslocamento local do equilíbrio. Isso certamente não é nada fácil, e essa é uma atividade que, se nos limitarmos a explicar e proporcionar a resposta ao aluno, provavelmente não irá contribuir em nada para o seu aprendizado. Melhor do que isso é considerar que se trata de uma atividade cujo potencial reside na possibilidade de ser trabalhada em grupo e discutida com os colegas, formulando e avaliando diversas hipóteses. Nesse caso, o papel do professor seria o de facilitar o enfoque do problema, evitando que o debate se torne disperso, e a proporcionar informação complementar que permita o contraste dessas hipóteses.

Vimos quatro exemplos de problemas qualitativos em química, todos diferentes e com demandas e dificuldades diversas. Mas todos têm em comum a necessidade de aplicar conceitos, modelos ou teorias estudados nas aulas à explicação de determinados fenômenos. Provavelmente, o principal problema surgido na solução deste tipo de questão – que, em alguns casos, também é comum aos problemas quantitativos – esteja em que não basta o aluno conhecer, compreender e saber utilizar os diferentes conceitos químicos envolvidos. Muitas vezes, ele também deve estabelecer conexões múltiplas e complexas entre esses conceitos. É um problema de gradação das dificuldades no qual frequentemente incorrem os professores de química, especialistas nessa disciplina e acostumados a estabelecer essas conexões. Compreender um conceito e aplicá-lo à solução de um problema não é a mesma coisa que estabelecer conexões com outros conceitos para resolver esse problema. Essa falta de gradação das dificuldades, que na química aparece fundamentalmente no fim do ensino médio, leva os alunos a procurar atalhos ou regras simplificadoras (como mostrávamos no exemplo 3) que garantam um certo sucesso na tarefa, mas que fazem com que a atividade trabalhada perca uma grande parte de seu potencial de aprendizagem. Se o aluno centra sua atenção em memorizar ou, neste caso, em reconhecer a relação entre tipos e soluções de problemas, por exemplo, não vai estar centrado em compreender os conceitos e suas relações.

Problemas quantitativos

Como já foi dito no Capítulo 3, entendemos como problema quantitativo aquele em que o aluno deve manipular dados numéricos e trabalhar com eles para alcançar uma solução, seja ela numérica ou não. São problemas nos quais fundamentalmente se recebe informação quantitativa, mesmo que o resultado não precise, necessariamente, ser dessa natureza. Por isso, as estratégias de trabalho estarão focadas nos cálculos matemáticos, na utilização de fórmulas ou na comparação de dados. No Quadro 6.19 apresentamos alguns exemplos desse tipo de problema em química.

Esses são e têm sido os problemas mais frequentemente utilizados no ensino da química. De fato, alguns professores chegam a conceber grande parte do ensino como um treinamento para resolver essas tarefas e, consequentemente, centram a avaliação na resolução de problemas ou até de exercícios quantitativos. São um tipo de problema, junto com os outros dois que mencionamos (qualitativos e pequenas pesquisas), úteis para a aprendizagem da química, que servem fundamentalmente para treinar o aluno no uso de técnicas e algoritmos que permitam abordar problemas mais complexos, ao mesmo tempo em que facilitam a compreensão das leis da natureza.

QUADRO 6.19
Alguns exemplos de problemas quantitativos em química

Exemplo 1
Dadas três espécies químicas e sua composição em prótons, elétrons e nêutrons:

A: 5 prótons, 5 elétrons e 6 nêutrons
B: 5 prótons, 5 elétrons e 4 nêutrons
C: 6 prótons, 5 elétrons e 5 nêutrons

Indique qual é o número de massa e o número atômico de cada uma delas.

Exemplo 2
O nitrogênio forma uma série de compostos com o oxigênio, nos quais encontramos diferentes combinações de massa de nitrogênio e oxigênio. Em um laboratório foi feita a análise de cinco substâncias (A, B, C, D e E) que contêm N e O, e foram encontradas as seguintes composições:

	A	B	C	D	E
N	0,45g	0,25g	1,00g	2,00g	1,50g
O	0,257g	0,286g	1,73g	4,58g	4,25g

Analisando esses dados, indique quais substâncias correspondem ao mesmo composto químico.

Exemplo 3
Na reação de combustão do pentano (C_5H_{12}), este composto reagiu com o oxigênio para produzir dióxido de carbono e água. Ajuste a reação e calcule a massa de água que se obtém a partir de 216 gramas de pentano. Calcule o volume de dióxido de carbono que se obtém no caso anterior, medido em condições normais.

Exemplo 4
Uma solução é preparada dissolvendo-se 5g de ácido clorídrico em 35g de água. Agita-se para que o ácido dissolva totalmente, e no final obtemos uma solução cuja densidade é 1,06g/cm^3. Calcule sua concentração medida em *mol*/l.

Contudo, o uso, e muitas vezes o abuso, desse tipo de problema tem alguns inconvenientes. Em primeiro lugar, geralmente são baseados em atividades muito delimitadas e dirigidas pelo professor, nas quais a tarefa do aluno fica restrita à aplicação das destrezas exigidas em situações delimitadas, ou seja, em muitas ocasiões os problemas transformam-se em exercícios de aplicação de um algoritmo determinado (ver o Capítulo 3, ou Pozo e Gómez Crespo, 1994). Isso faz com que, de modo geral, seja fácil alcançar um relativo êxito quando o aluno reconhece o "tipo" de problema que está enfrentando. Contudo, assim que muda o formato ou o conteúdo, os alunos sentem-se incapazes de aplicar à nova situação os algoritmos aprendidos. A verdadeira dificuldade dos alunos consiste em averiguar do que trata o problema, e assim que o professor ou o livro didático proporcionam uma sugestão (de *mols*, de equilíbrio, etc.) deixa de haver um problema. No exemplo 1 do Quadro 6.19, vemos um problema muito simples, no qual o aluno somente precisa saber o que são os números de massa e atômico, para determiná-los por meio de uma simples soma. Contudo, muitos alunos, mesmo nesse caso, tendem a aplicar algoritmos que facilitam seu trabalho, que transformam o problema em um exercício no qual não é necessário estabelecer conexões com os conceitos químicos e que os leva a obter um resultado fácil (por exemplo, somar sempre os dois que são diferentes). Inclusive, alguns professores chegam a induzir a aplicação dessas "dicas" ou "regras infalíveis", que aparentemente facilitam a realização da tarefa, mas que, na verdade, dificultam sua compreensão. Outro caso é o exposto no exemplo 2. O aluno pode aprender que para resolvê-lo basta calcular o quociente entre as duas massas. É suficiente que ele identifique o problema para resolvê-lo com sucesso, mas, com isso, também não irá melhorar sua compreensão da química.

Em geral, pode-se dizer que uma das dificuldades que os alunos vão encontrar na resolução desse problema estará relacionada com o escasso significado que tem para eles o resultado obtido. Mesmo em um grau menor do que no caso da física, como veremos no capítulo seguinte, neste caso o problema de química e o problema matemático sobrepõem-se, de modo que em muitas ocasiões o último mascara o primeiro. Os alunos aplicam cegamente um algoritmo ou um modelo de problema, sem chegar a compreender o que estão fazendo, de tal maneira que quando muda o contexto ou a apresentação do problema sentem-se perdidos e desamparados. O importante é encontrar uma solução, um número. Inclusive ocorrem casos em que alguns alunos deixam, aparentemente sem justificação alguma, um problema resolvido pela metade. Assim, no exemplo 4 do Quadro 6.19, podem falar todas as proporções entre as massas em cada composto e, contudo, não responder quais substâncias correspondem a um mesmo composto químico; posteriormente, quando são corrigidos, levam as mãos à cabeça dizendo "mas eu sabia fazer". Ocorreu, simplesmente, que com o "número" obtido ele atingiu uma meta que o enche de "prazer", mas o impede de perceber que o enunciado do problema pedia ir um pouco além dessa solução numérica. O trabalho do professor, neste caso, deveria ser ajudar a separar o problema matemático do problema de química, valorizar tanto a solução química quanto a matemática, evitando ficar apenas com o dado numérico, exigindo um raciocínio químico em termos das teorias e dos modelos utilizados para a resolução.

Em química, são poucas as dificuldades matemáticas que os alunos encontram, pelo menos nos ensinos fundamental e médio. Como comentamos na seção anterior deste capítulo, na maioria das ocasiões, salvo algumas exceções, as principais dificuldades estão ligadas ao uso do cálculo proporcional. Uma dessas dificuldades é o número de proporções diferentes e sucessivas que é necessário realizar para resolver um problema (Gailiunas, 1987; Pozo et al., 1991). O aluno precisa estabelecer uma estratégia que integre as diferentes relações de proporcionalidade e que o leve dos dados de partida aos resultados que lhe são pedidos. Tudo isso sem o apoio de fórmulas ou equações que possam ajudá-lo a fixar a informação. Superar a tarefa depende de encontrar a estratégia adequada, que na maioria dos casos consta de vários passos, o que faz com que seja longa e complexa. É o que ocorre com os chamados problemas de estequiometria (dois casos podem ser vistos nos exemplos 3 e 4 do Quadro 6.19). No primeiro deles, o aluno deve, em primeiro lugar, calcular a quantidade de substância que supõem os 216g de pentano, para estabelecer a relação com a quantidade de substância de dióxido de carbono e, posteriormente, calcular a que volume equivale nessas condições. Trata-se de um problema relativamente simples, que requer uma estratégia simples na qual é preciso integrar apenas três passos que se encadeiam de modo linear. Contudo, nem sempre é assim. Muitos problemas de química requerem estratégias muito mais longas, em que os diferentes passos não transcorrem de modo linear, senão de modo ramificado. Inclusive, às vezes, é necessário sobrepor linhas de atuação paralelas, que se juntam no final. Este é o caso do exemplo 4.

No final do ensino médio aumentam as dificuldades. Assim, os alunos terão de estabelecer relações mais complexas entre as diferentes variáveis estudadas para resolver um problema. Terão de trabalhar com funções exponenciais (por exemplo, para estabelecer a relação entre as constantes de velocidade e equilíbrio com a temperatura) ou com funções logarítmicas (por exemplo, para calcular o pH de uma solução). Mas nem todas as dificuldades estarão nos cálculos, que em muitos casos podem ser bastante simples, senão nas interpretações qualitativas das diversas leis (lei de Arrhenius, princípio de Le Chatelier, etc.), que em alguns casos podem chegar a implicar o manejo de inequações (por exemplo, o caso do estudo da espontaneidade das reações químicas).

Pequenas pesquisas

Tal como foi proposto no Capítulo 3, entendemos como pequenas pesquisas aqueles problemas em que se faz ao aluno uma pergunta cuja resposta necessariamente requer a realização de um trabalho prático, dentro ou fora do laboratório escolar. São problemas que, com suas limitações, constituem uma boa aproximação ao trabalho científico, permitem relacionar os conceitos teóricos com algumas de suas aplicações práticas e ajudam a transferir os conhecimentos escolares para âmbitos mais cotidianos. No Quadro 6.20 são apresentados alguns exemplos desse tipo de problema em química.

Esse problema tenta aproximar o aluno, de um modo simplificado, do que representa a pesquisa científica. Para isso, utiliza a observação e a formulação de hipóteses. Contudo, embora muitos livros e projetos tenham tentado o contrário, constituem apenas uma aproximação fictícia e forçada daquilo que se chamou "método científico". Apesar de em muitas atividades se propor que o aluno pesquise determinadas questões (ver alguns dos exemplos do Quadro 6.20), ele não dispõe da formação, dos meios ou do tempo necessário para desenvolver essa pesquisa. De fato, na maioria dos casos as tarefas podem acabar sendo abertas demais, ou ambíguas, para muitos estudantes, que pedem instruções mais precisas para poder transformá-las em exercícios. Nestes casos, o professor pode ajudar proporcionando informação ou formulando perguntas que ajudem a limitar a tarefa, sem permitir que chegue a transformar-se em um exercício. O perigo está no outro extremo: que sejam proporcionadas instruções tão detalhadas (como ocorre em muitas propostas de atividades de laboratório) que o verdadeiro problema do aluno seja ser escrupulosamente fiel às instruções recebidas (por exemplo, colocar $70 cm^3$ de água, agitar durante dois minutos e meio, etc.), perdendo a perspectiva de qual é realmente o problema de química.

Nos exemplos do Quadro 6.20 são mostradas tarefas em que o aluno precisa desenvolver uma estratégia de resolução para encontrar uma resposta. Deve desenvolver não apenas estratégias de atuação, mas também para relacionar os conceitos envolvidos com aquilo que é pedido. No exemplo 1, provavelmente a primeira dificuldade que ele vai encontrar é como realizar as medidas de volume que a tarefa requer. Se a atividade for realizada em laboratório, provavelmente isso não terá maior importância, pois ele conhecerá e encontrará ao seu alcance os instrumentos tradicionais de medição de volume. Contudo, se a proposta for para realizar a atividade fora da sala de aula, o problema

QUADRO 6.20
Alguns exemplos de pequenas pesquisas em química

Exemplo 1

Quando se misturam quantidades iguais de dois líquidos, o volume final da mistura é a soma dos volumes iniciais? Desenhe uma experiência que permita que você comprove isso (por exemplo, você pode utilizar água e álcool).

Exemplo 2

Projete uma experiência que permita comparar os conteúdos energéticos de várias substâncias combustíveis e determinar qual é a mais eficaz e a mais barata na hora de aquecer um objeto (por exemplo, um recipiente com água). As substâncias que você vai utilizar são álcool etílico, parafina (velas) e gás butano (bico de Bunsen do laboratório). Qual é a mais econômica? Qual é a mais rápida? Qual delas tem maior conteúdo energético?
(Gómez Crespo et al., 1995)

Exemplo 3

O objetivo desta atividade é determinar a eficácia de diferentes filtros solares. Deixaremos que você projete a experiência segundo seu critério. Você vai precisar refletir sobre as amostras que vamos utilizar e decidir como analisar os protetores solares de modo que possa fazer boas comparações. Depois de seu primeiro ensaio, pode decidir modificações que levarão a melhorar seu método.

Os seguintes pontos podem ajudá-lo:

1. A melhor fonte de radiação ultravioleta para as frequências indicadas é, obviamente, o sol. Uma lâmpada de bronzeamento solar doméstica também é boa, mas não emite frequências acima de $9,3 \times 10^{14}$ Hz. Uma lâmpada ultravioleta de série, das utilizadas nos laboratórios escolares, emite frequências entre $9,3 \times 10^{14}$ e $10,7 \times 10^{14}$ Hz, e para esta frequência a pele é muito sensível.
2. A radiação ultravioleta não atravessa o vidro. Atravessa completamente o plexiglas e também o plástico utilizado para embrulhar.
3. Há várias possibilidades para detectar a radiação.
    a) Papel reativo à luz ultravioleta que se torna azul em presença da luz ultravioleta do sol. (Algumas vezes, este papel sensível aos raios ultravioleta é usado em controles de segurança para comprovar se quem está usando sai do edifício. Você pode usá-lo para analisar a eficácia de um vidro como filtro solar, aderindo pedaços deste papel sensível dentro e fora de uma janela.)
    b) Com um pedaço de tecido que tenha sido lavado com detergente. (A maioria dos detergentes para máquinas de lavar roupa contêm compostos fluorescentes. Você pode observar essa fluorescência sob os efeitos da luz de algumas danceterias.) Um pedaço desse tecido terá um brilho fluorescente sob a luz ultravioleta.
    c) A água tônica é fluorescente com luz ultravioleta.
    d) Alguns papéis fotocopiados são fluorescentes.

(Projeto Salters, 1997)

da medição, embora muito simples, pode ser um pouco mais difícil. Contudo, se o aluno for estimulado a realizar a tarefa, será capaz de encontrar por seus próprios meios numerosos instrumentos de medição em seu ambiente cotidiano (seringas de medicamentos, mamadeiras graduadas, copos de medida na cozinha, etc.) ou de construir seus próprios instrumentos (por exemplo, graduando com uma régua diversos recipientes de forma regular). Esse é um exemplo de como uma atividade que deve ser feita fora da sala de aula, em um contexto cotidiano, pode ser muito enriquecedora para o aprendizado. Mas nem sempre é assim, sobretudo em química. Muitas atividades exigem materiais e elementos de segurança que não são encontrados fora de um laboratório (é o caso do exemplo 2, que é muito mais adequado para o trabalho no laboratório escolar).

Agora, um problema que surge com as atividades que são realizadas no laboratório é que a utilização de um material especializado, com nomes muitas vezes misteriosos (kitassatos, filtro buchner, erlenmeyer, bico de Bunsen, etc.), junto com as medidas de segurança necessárias (avental, óculos de proteção, capelas para exaustão de gases, etc.), pode fazer, como ocorre em muitas ocasiões, a atenção do aluno ser desbordada pela espetacularidade das montagens ou pela parafernália externa, impedindo que ele se concentre no problema em que está trabalhando, seja referente a determinados conceitos químicos, à ilustração de um fenômeno ou ao treinamento em certas técnicas de trabalho. Tudo isso pode contribuir para reforçar a visão da química que comentávamos no começo do capítulo: como um mundo especial, afastado do mundo real. Da mesma maneira, as chamadas demonstrações de laboratório, que servem para ilustrar fenômenos e princípios teóricos (por exemplo, as propriedades dos metais, o princípio de Le Chatelier, as leis da eletrólise, etc.), concentradas em sessões de 50 minutos, contribuem para fomentar a visão da química baseada no realismo interpretativo que comentávamos no início deste capítulo, que deixa o aluno com a ideia de que tudo está aí e ele tem que se limitar a observar – mesmo que muitas vezes ele não consiga ver, mas aceita porque quem diz é seu professor, que é uma pessoa de autoridade e, além disso, está nos livros. Não queremos dizer com isso que não se deve utilizar material complexo de laboratório ou não fazer demonstrações. Tudo isso é útil e necessário, mas com a precaução de que a espetacularidade do invólucro em que é apresentado não oculte a realidade do problema.

Por isso, acreditamos que essas atividades devem estar dirigidas à solução de pequenos problemas, mais próximos da realidade cotidiana, nos quais o aluno possa pôr em prática alguns (não é preciso que sejam todos ao mesmo tempo) dos procedimentos de trabalho da ciência, o que, por sua vez, irá ajudá-lo a aprender química. Em resumo, uma pequena pesquisa é um problema aberto em que o aluno deve comparar ou escolher entre vários possíveis modelos ou interpretações, mas não *demonstrar* um conceito ou ideia previamente estabelecido. Pesquisar é muito diferente de demonstrar.

Contudo, como já assinalamos no Capítulo 3, a aprendizagem da ciência, e neste caso da química, não apenas requer dos alunos que dominem os procedimentos envolvidos na elaboração do conhecimento científico mediante a resolução de problemas, ou seja, os procedimentos envolvidos em *fazer química*, ainda que seja no limitado âmbito da sala de aula ou do laboratório escolar. Os alunos devem, também, aprender os procedimentos necessários para *aprender química*, que apesar de, até certo ponto, estarem sobrepostos aos requeridos na solução de problemas de química escolar, às vezes, devido ao caráter mais geral e não específico da disciplina, ou por serem apenas instrumentais, são tratados de um modo mais implícito do que explícito, são dados como já sabidos, em vez de serem ensinados e trabalhados de maneira específica. Aprender química não é muito diferente, nesse sentido, do que envolve aprender outras disciplinas escolares, seja geografia, literatura ou matemática, com as quais compartilha alguns procedimentos gerais de trabalho (ler textos e compreendê-los, expressar a própria opinião oralmente e por escrito, interpretar um gráfico, tomar notas, etc.), que nem por isso são menos relevantes para o aprendizado de cada uma dessas disciplinas.

Procedimentos gerais para a aprendizagem da química

Assim como no resto das disciplinas escolares, retomando a diferenciação estabelecida no Capítulo 3 (ver também, com mais detalhe, Pérez Cabaní, 1997), os alunos precisam dominar algumas técnicas e estratégias que, embora não sejam específicas da química, sem elas podem ter dificuldades de aprendizagem adicionais. Embora ler um texto, argumentar a própria opinião ou interpretar um diagrama de barras não sejam atividades específicas das aulas de química, *também* são tarefas que os alunos devem cumprir para aprender sobre a estrutura e as propriedades da matéria. Portanto, ainda que possam ser suscetíveis de um treinamento mais geral ou interdisciplinar, devem ser abordadas também como objeto de ensino nas aulas de química, pois, caso contrário, não será possível garantir que os alunos serão capazes de utilizá-las de maneira adequada nesta disciplina. Os cursos gerais de *técnicas de estudo*, ministrados como disciplina, separados dos conteúdos das diversas disciplinas, são muito pouco eficazes nos hábitos de trabalho dos alunos se não forem acompanhados por um trabalho específico em cada uma das áreas do currículo em que são úteis (Nisbet e Shucksmith, 1986; Pozo e Monereo, 1999; Pozo e Postigo, 1997). A melhor maneira de ensiná-los é como um conteúdo procedimental a mais de cada uma das disciplinas, neste caso a química, se for possível em coordenação com outras no marco do projeto curricular da escola (Pérez Cabaní, 1997).

Como se tornaria prolixo demais fazer uma lista dos procedimentos que os alunos precisam para aprender química, o Quadro 6.21 resume alguns dos mais

---

QUADRO 6.21

Alguns procedimentos para a aprendizagem da química que, devido ao seu caráter geral ou instrumental, geralmente não são ensinados especificamente e, contudo, afetam o rendimento dos alunos

Aquisição de informação	– Tomar notas das explicações do professor – Sublinhar e selecionar a informação dos textos escritos – Registrar e recolher a informação das experiências realizadas – Buscar informação em bibliotecas, dicionários, bases de dados, etc. – Utilizar estratégias de revisão e/ou mnemônicas que facilitem a lembrança literal de dados e fatos
Interpretação da informação	– Decodificação de gráficos e tabelas – Elaboração de gráficos e tabelas a partir de informação apresentada em outro formato
Compreensão da informação	– Estratégias eficazes para a compreensão de textos científicos, com capacidade de extrair a ideia principal do texto, de compreender sua estrutura, etc. – Diferenciação entre diversos níveis de análise dos fenômenos químicos (macroscópico, microscópico, etc.) – Análise e comparação de diferentes modelos (por exemplo, diferentes modelos atômicos)
Comunicação da informação	– Procedimentos de exposição oral e escrita – Uso de diferentes técnicas de expressão escrita – Desenvolvimento de capacidades de argumentação, justificação das próprias opiniões

importantes. Tomando como base a classificação de procedimentos apresentada no Capítulo 3 (ver p. 65), os alunos devem ser capazes de *adquirir informação*, o que requer, por exemplo, desenvolver estratégias eficazes para tomar notas a partir dos textos que leem e das exposições do professor, selecionando a informação mais relevante e organizando-a de maneira adequada. Apesar de, ao longo de sua vida acadêmica, os alunos apoiarem boa parte de seu estudo nas anotações que fazem nas aulas, com frequência, *ninguém* ensina a tomar notas de maneira mais eficaz. A melhor maneira de ajudá-los é fazer com que reflitam em cada disciplina sobre o tipo de notas que tomam e suas metas. Frente à tendência de transformar-se em meros *copiadores*, conseguirão um aprendizado mais eficaz se tomarem notas de modo mais estratégico e seletivo (Monereo et al., 1999). Outro tipo de procedimentos para adquirir informação são todas as mnemônicas e estratégias de revisão, que facilitam a lembrança literal da informação. Embora essa forma de aprendizagem não seja a mais desejável, não há dúvida de que continuará sendo necessário que os alunos lembrem alguma informação verbal literalmente e, portanto, é útil que disponham de estratégias e *dicas* que ajudem sua memória, como aprender os elementos da tabela periódica por meio de rimas ou formando frases com eles.

Os procedimentos para *interpretar e analisar a informação* são, possivelmente, o núcleo dos procedimentos necessários para resolver problemas de química, tal como vimos em páginas precedentes, ao exigir do aluno que seja capaz de traduzir a informação de um código para outro (por exemplo, utilizar a *formulação química*), interpretar os fenômenos de acordo com os modelos da química, realizar cálculos matemáticos a partir desses modelos, utilizando principalmente estratégias de raciocínio proporcional, fazer inferências quantitativas e qualitativas a partir deles e submetê-los, se possível, à comprovação empírica. Existem, não obstante, alguns procedimentos de interpretação da informação de caráter mais geral, não específicos da química, que os alunos também devem aprender. Entre eles, destaca-se a necessidade de utilizar *informação gráfica*, que requer procedimentos específicos que também devem ser treinados, com a finalidade de conseguir nos alunos uma alfabetização gráfica cada vez mais necessária na sociedade da imagem em que vivemos (Postigo e Pozo, 1999), não apenas para o aprendizado da química, mas para digerir de forma mais cabal a avalanche informativa à qual nos submetem os meios de comunicação social. Os próprios livros didáticos de ciências costumam incluir numerosas representações gráficas (ilustrações, tabelas, modelos, diagramas, etc.) – ver a análise realizada por Jiménez, Hoces e Perales, 1997 –, que com frequência são tratadas como meras ilustrações, quando, na verdade, contêm um notável potencial de aprendizagem se os alunos forem ajudados a relacioná-las com o texto escrito, ou seja, se forem ensinados a interpretá-las, a dar-lhes significado.

Quanto aos procedimentos para *compreender a informação*, o aprendizado da química, assim como o do resto das disciplinas, é baseado em grande medida no uso de textos e materiais escritos, o que torna imprescindível que os alunos dominem com soltura as estratégias necessárias para ler textos científicos, diferenciando a ideia principal da secundária, captando a estrutura do texto, etc. Apesar de que geralmente se dá como subentendido que os alunos possuem essas habilidades, com frequência fica comprovado que isso não é verdade, pelo menos não no caso da maioria deles, e que um treinamento específico nessas estratégias melhora a compreensão dos textos científicos (por exemplo, Kintsch, 1998; León, 1999;

Otero, 1997; Sánchez, 1998). Mas também é preciso desenvolver nos alunos habilidades essenciais para a compreensão da ciência, especialmente para conseguir a mudança conceitual, tal como a definimos e ilustramos, como, por exemplo, a capacidade de diferenciar e contrastar diferentes níveis de análise ou diferentes modelos do mesmo fenômeno entre si. Igualmente, os procedimentos para *comunicar a informação* são fundamentais para a compreensão da ciência. Como tentaremos mostrar no Capítulo 8, ao analisar alguns dos enfoques recentes para o ensino da ciência, a capacidade de argumentar, redescrever e comunicar os próprios conhecimentos é, no mínimo, tão importante quanto os próprios conhecimentos. De pouco serve saber química se *não se sabe dizer o que se sabe*. Diante da ideia de que comunicar é simplesmente dizer o que se sabe, todos os que nos dedicamos a *explicar* nossos conhecimentos a outros sabemos que esse ato de explicar ou explicitar o conhecimento também é uma fonte contínua de novas aprendizagens. E quantas coisas acreditávamos entender até que nos vimos obrigados a explicá-las a outros e tomamos consciência de nossas lacunas! E, ao contrário, quantas vezes descobrimos um novo sentido naquilo que sabemos ao tentar explicá-lo! Aprender ciência é também aprender a explicar o que se sabe (Ogborn et al., 1996) e, nessa medida, como assinalam Serra e Caballer (1997), o professor de ciência também é professor de linguagem, deve ajudar seus alunos a expressar e explicar melhor o que sabem, produzindo textos científicos com diferentes metas e estruturas (Sanmartí, 1997), sabendo fazer um *relatório* rigoroso das experiências realizadas (Calvet, 1997), etc.

Em suma, aprender química não é só dominar a linguagem e os procedimentos da química; requer também dominar a lógica e os procedimentos da aprendizagem, sabendo procurar e incorporar a informação, interpretá-la, traduzindo-a de um código ou formato para outro, entendendo seu significado e estrutura, sendo capaz de compreender uma explicação, mas também de dar uma explicação compreensível. Essas habilidades sem dúvida parecem-nos escorregadias e dificilmente ensináveis, mas a pesquisa mostrou que melhoram sensivelmente se são ensinadas de modo explícito no contexto de um currículo dirigido também a *aprender a aprender* (Pozo e Monereo,1999), neste caso química, embora, como veremos a seguir, a mesma coisa ocorra com o ensino e o aprendizado da física.

7
A APRENDIZAGEM DA FÍSICA

Desde a primeira infância nos acostumamos ao mundo que nos rodeia, percebido por meio dos nossos cinco sentidos: é nessa etapa do desenvolvimento mental que se constituem os conceitos fundamentais de espaço, tempo e movimento. A mente não demora em aferrar-se a essas noções, a tal ponto que mais tarde chegamos a acreditar que nossa imagem do mundo externo, baseada nelas, é a única possível, e imaginar a menor transformação resulta paradoxal demais para nós.
(...)
No campo da experiência ordinária, contudo, os desvios introduzidos pela física moderna nas noções tradicionais são insignificantes. Nada impede, por outro lado, imaginar mundos submetidos às mesmas leis que o nosso, mas com diferentes valores numéricos nas constantes físicas que determinam os limites de aplicabilidade dos antigos conceitos. (...) qualquer selvagem em semelhantes mundos estaria, sem dúvida, bem familiarizado com os princípios da relatividade e da teoria quântica, que aplicaria inclusive às suas necessidades mais imediatas ou à caça, por exemplo.

G. Gamov,
O breviário do senhor Tompkins

Estando retirado no campo, em 1666, perto de Cambridge, um dia em que passeava pelo jardim e via cair as frutas de uma árvore, deixou-se levar por uma meditação profunda sobre certo problema, que havia ocupado em vão todos os filósofos durante longo tempo e sobre o qual o povo não suspeitava mistério algum.

F. M. A. Voltaire,
Lettres Philosophiques

A FÍSICA NOS ENSINOS FUNDAMENTAL E MÉDIO

A física é uma das disciplinas que fazem parte das chamadas ciências da natureza que, entre outros, tem como objetivo o estudo do mundo e seus fenômenos, da matéria e da energia. Contudo, comparada com a química (da qual tratamos no capítulo anterior), a física que é apresentada aos estudantes de 12 a 16 anos (as idades correspondentes aos quatro anos da Educación Secundaria Obrigatoria [ESO])* apresenta uma diferença importante: concentra-se basicamente no estudo do comportamento macroscópico da matéria, de um ponto de vista também macroscópico. Por exemplo, uma parte importante dos conteúdos da ESO referem-se ao estudo do movimento dos corpos a partir de diferentes enfoques: o movimento como movimento (cinemáti-

---
* N. de R.T. Neste capítulo, assim como no anterior, optamos em deixar a denominação dos níveis educacionais da Espanha sempre que a proposta de física era especificamente dirigida ao sistema educacional espanhol. No entanto, quando a proposta educacional espanhola foi semelhante à brasileira, traduzimos com a denominação dos níveis educacionais do Brasil.

ca) ou as forças que intervêm nele (dinâmica). Também são introduzidos blocos de conteúdos relativos à energia ou à eletricidade, mas ainda com um enfoque nitidamente macroscópico. Assim, por exemplo, a energia concentra-se na explicação das mudanças dos corpos (o movimento de um carro, a queda de uma pedra, a variação da temperatura da água de um copo, etc.); a eletricidade fica resumida ao estudo dos circuitos elétricos a partir dos elementos, também macroscópicos, desse circuito e dos efeitos que podemos perceber, sem chegar a penetrar no fundamento microscópico do fenômeno. Em suma, o objetivo da física na ESO é o estudo do mundo próximo ao aluno. Um resumo, de um ponto de vista conceitual, dos três blocos de conteúdos de física presentes no currículo da ESO pode ser visto no Quadro 7.1.

No Bachillerato (17-18 anos), a física aparece integrada com a química em uma única disciplina, no penúltimo ano, em que fundamentalmente são ampliados os conteúdos desenvolvidos nos anos anteriores; posteriormente, divide-se em duas disciplinas independentes, no último ano. A principal finalidade do estudo da física neste nível educacional é aprofundar o estudo iniciado na ESO, estendendo-o a situações mais complexas para, posteriormente, introduzir os conteúdos relativos à chamada física moderna. No Quadro 7.2 são mostrados os blocos de conteúdos propostos para esta etapa educacional.

No capítulo anterior, quando falávamos dos conteúdos de química, sugerimos que muitos estudantes tremeriam de terror ao ler os títulos dos blocos de conteúdos que foram enumerados. É possível que não ocorra exatamente o mesmo com a física. Os títulos dos blocos parecem mais próximos do nosso mundo cotidiano e, mesmo que seja apenas aparentemente, parecem falar de coisas e situações que nos são mais familiares: movimento, forças, eletricidade, calor, etc. Contudo, a prática diária e as pesquisas especializadas mostram que, assim como ocorria com a química, o aprendizado da física também não é fácil para os alunos dos ensinos fundamental e médio.

QUADRO 7.1

Resumo dos conceitos envolvidos nos blocos de conteúdos correspondentes à física no Decreto de Ensinos Mínimos para a ESO

A energia
- A energia, suas qualidades e os tipos de energia
- A transformação, a troca e a conservação da energia
- Temperatura e fenômenos associados à temperatura
- O papel da energia na sociedade atual
- Fenômenos ondulatórios. Luz e som

As forças e os movimentos
- Aspectos quantitativos e qualitativos dos movimentos
- As forças e seus efeitos sobre os corpos
- A gravitação e o peso dos corpos
- Pressão e forças em um fluido

Eletricidade e magnetismo
- Cargas e forças elétricas
- Corrente elétrica e transformações energéticas em um circuito
- O magnetismo e a aproximação qualitativa à sua relação com a eletricidade

QUADRO 7.2
Blocos de conteúdos de física nas disciplinas física e química do penúltimo ano e Física do último ano do Bachillerato

Penúltimo ano	Último ano
– Aproximação ao trabalho científico – A natureza da ciência e suas relações com a tecnologia e a sociedade – Cinemática – Dinâmica – A energia e sua transferência: trabalho e calor – Eletricidade	– Aproximação ao trabalho científico – Física, tecnologia e sociedade – Interação gravitacional – Vibrações e ondas – Óptica – Interação eletromagnética – Introdução à física moderna

Por que é difícil aprender física? É uma pergunta que tentaremos responder neste capítulo, mas que de um ponto de vista geral, assim como no caso de outras disciplinas (por exemplo, a química), tem resposta na interação entre as características próprias da disciplina e a forma como os alunos aprendem. Assim, encontraremos problemas que são comuns aos que já foram tratados no capítulo anterior, mas surgirão outros, muito mais específicos dessa disciplina.

Partindo de uma perspectiva geral, defendíamos no capítulo anterior que um dos grandes problemas da aprendizagem e compreensão da química residia em que essa ciência se ocupa em descrever e explicar a estrutura íntima da matéria, aquilo que está além do que podemos ver, e para isso recorria a entes imperceptíveis – como elétrons, átomos ou moléculas – e muito difíceis de imaginar. Em face disso, o problema da física, tal e como tentaremos desenvolver ao longo deste capítulo, estará muito relacionado exatamente com o contrário: a grande familiaridade do aluno com os conteúdos envolvidos, o que faz com que ele tenha numerosas ideias prévias e opiniões que resultam, de modo geral, úteis para compreender o comportamento da natureza, mas que competem, na maioria das vezes com vantagem, com aquilo que é ensinado na escola.

A física desenvolvida no ensino médio busca explicar e analisar o comportamento do mundo que nos rodeia, como e por que os corpos se movimentam, como funcionam os diferentes aparelhos e dispositivos que utilizamos, etc. Mas, para isso, precisa recorrer a representações idealizadas e simplificadas, bastante afastadas da realidade ou, pelo menos, daquilo que percebemos como nossa realidade. São feitas aproximações nas quais se fala de corpos que podem mover-se eternamente e nunca param; de bolas que podem cair de uma certa altura, quicar no solo e voltar novamente para o mesmo lugar; de pêndulos e roldanas que possuem cordas que carecem de massa; etc. A física elementar está cheia de um amplo catálogo de aproximações como essas, que ajudam o físico e o estudante de física a simplificar os problemas que surgem, para poder aprofundar neles e chegar a compreendê-los. Contudo, essas simplificações, indiscutivelmente úteis para aprender física, estão bastante afastadas da realidade que o aluno percebe. Nossos estudantes conhecem perfeitamente que todos os corpos em movimento acabam parando e sabem que se queremos que continuem se movimentando com velocidade constante é necessário fazer uma força; veem que os corpos caem e sabem que isso ocorre porque são atraídos pela Terra, mas não veem que os corpos atraiam a Terra. Como já foi dito, ao contrário do que ocorria com a química, esta familiaridade do aluno com os problemas que serão trabalhados, que muitas vezes representa uma vantagem para o professor, uma vez que proporciona uma fonte de exemplos com os quais é possível conectar facilmente, e que serve, também, como elemento motivador para os alunos, também pode ser fonte de uma parte importante das dificuldades que o aluno vai encontrar para a compreensão dos conceitos desenvolvidos nessa disciplina, fundamentalmente devido às diferenças e aparentes contradições entre o mundo idealizado que a ciência apresenta e o mundo real que o aluno observa.

A chegada aos últimos anos do ensino médio* supõe um aprofundamento conceitual e nos procedimentos de trabalho (os blocos de conteúdos de física para esses dois últimos anos são mostrados no Quadro 7.2). No penúltimo ano, apesar de o objeto de estudo continuar sendo o mundo próximo do aluno e de ainda ser mantido um nível de análise fundamentalmente macroscópico, começam a ser introduzidos novos conceitos e magnitudes que envolvem um nível de análise mais abstrato, em muitos casos dos mesmos fenômenos que já haviam sido objeto de estudo nos anos anteriores. Mas o salto mais brusco ocorre com o uso das técnicas e dos procedimentos de trabalho. O penúltimo ano do ensino médio traz consigo um aumento qualitativo e quantitativo da dificuldade dos procedimentos que o aluno precisa aprender, concentrado fundamentalmente na resolução dos tradicionais exercícios e problemas que envolvem a manipulação de dados numéricos. É nesse ano que surge com mais força o perigo de que os problemas matemáticos se sobreponham aos problemas físicos, de que o aluno concentre sua atenção no aprendizado de técnicas e algoritmos de cálculo e esqueça o conteúdo científico do problema.

Frente a isso, a passagem para o último ano representa uma mudança do objeto de estudo da disciplina, que passa a abranger uma realidade que está além do mundo que percebemos. Passa-se de estudar um mundo que é familiar e próximo para estudar um mundo muito mais abstrato e afastado da realidade cotidiana (os grandes corpos e as grandes distâncias, por um lado, e as teorias sobre a estrutura mais íntima da matéria, por outro), é introduzido o estudo da natureza em um nível de análise cada vez mais afastado daquilo que o aluno pode perceber e, inclusive, daquilo que pode imaginar (campos gravitacionais, ondas eletromagnéticas, partículas radiativas, partículas elementares, teoria da relatividade e quântica, etc.). Por tudo isso, acostumados desde nossa primeira infância ao mundo percebido pelos nossos cinco sentidos, como diz Gamov na citação que abre este capítulo, enfrentamos grandes dificuldades para ir além e imaginar tudo aquilo que a física moderna propõe. Os alunos, em seu aprendizado, além dos obstáculos e dificuldades mais gerais já descritos anteriormente, vão encontrar dificuldades novas, inerentes ao alto grau de abstração dos conceitos que é necessário introduzir (campo, onda, fluxo, etc.), centradas na necessidade de construir uma estrutura conceitual, como já foi dito, além do que é observável e imaginável. Por outro lado, também não contarão com sistemas de representação alternativos que possam facilitar a compreensão de todos esses conceitos. Isso faz com que seja necessário recorrer a modelos mais tangíveis, baseados em representações gráficas, simbóli-

---

* N. de R.T. O texto original faz referência aos dois anos que correspondem ao Bachillerato (17-18 anos). Optamos, nesse trecho, em referir como últimos anos do ensino médio, pois, no Brasil, os conteúdos propostos são os mesmos, apesar de que não necessariamente obedeçam a mesma sequência e distribuição nos anos.

cas e analógicas, muito úteis para facilitar a aprendizagem do aluno, mas que, quando são utilizados de maneira indiscriminada e acrítica, podem induzir, ou mesmo reforçar, ideias errôneas muito difíceis de erradicar posteriormente, chegando, em algumas ocasiões, ao ponto de a analogia sobrepor-se ao modelo, de modo que pode obstaculizar aprendizagens posteriores.

Em resumo, podemos dizer, de modo geral, que no final do ensino fundamental e no primeiro ano do ensino médio as principais dificuldades do aluno estarão determinadas pela forma como ele vê o mundo, enquanto no final desta fase educacional estarão determinadas pela forma como ele não vê o mundo. No início, quando o objeto de estudo é seu mundo mais próximo, o aluno tem suas próprias teorias sobre o funcionamento da natureza (por exemplo, sobre o movimento dos corpos), que competem em situação vantajosa com as teorias que são ensinadas na escola. No final do ensino médio, especificamente nos dois últimos anos, quando o objeto de estudo é mais abstrato, as dificuldades surgem com a necessidade de recorrer a instrumentos que facilitem a representação daquilo que não pode ser visto. No Quadro 7.3 é mostrado um resumo das dificuldades de aprendizagem da física durante os ensinos fundamental e médio.

DIFICULDADES ESPECÍFICAS NA APRENDIZAGEM DA FÍSICA

Existe um amplo grupo de trabalhos que mostra a existência de numerosas dificuldades conceituais na aprendizagem da física que persistem mesmo depois de longos e intensos períodos de instrução. Assim, a mudança conceitual, tal como foi caracterizada no Capítulo 5, também é difícil de atingir nessa disciplina. Apesar de na prática ser possível dizer que quase todos os campos da física foram trabalhados, há um maior número de trabalhos focados no estudo das concepções dos alunos sobre as forças e o movimento dos corpos, a eletricidade, o calor e a energia (para uma revisão dos diversos trabalhos, ver Driver et al., 1994). No Quadro 7.4, como exemplo, apresentamos um resumo de algumas das dificuldades mais importantes que os estudantes dos ensinos fundamental e médio encontram quando enfrentam o estudo da física.

QUADRO 7.3
A aprendizagem da física durante os ensinos fundamental e médio

	São estudados	Por meio de	Dificuldades geradas por
Final do ensino fundamental e Início do ensino médio	Fenômenos próximos ao aluno	Aproximação fenomenológica	Forma como o aluno vê o mundo
		Aproximação aos procedimentos de trabalho da ciência	Atribuição de propriedades materiais aos conceitos
Últimos dois anos do ensino médio	Fenômenos próximos ao aluno	Aprofundamento em conceitos e procedimentos de trabalho	Forma como o aluno vê o mundo
	Fenômenos que estão além do observável	Alta carga de estudo quantitativo dos fenômenos	Necessidade de representar o que não é observável
			Cálculos matemáticos e resolução de problemas quantitativos

> **QUADRO 7.4**
> **Algumas dificuldades na aprendizagem da física**
>
> - Muito pouca utilização do termo "energia" nas explicações dos alunos, e quando é usado introduzem numerosas ideias errôneas.
> - Indiferenciação entre conceitos como força e energia.
> - Associação entre força e movimento.
> - Dificuldades para compreender os fenômenos da natureza em termos de interação entre corpos ou sistemas.
> - Interpretação da corrente elétrica como um fluido material.
> - Dificuldades para assumir as conservações dentro de um sistema: energia, carga, etc.

Assim como assinalávamos no capítulo anterior, também na física as dificuldades de aprendizagem do estudante estão determinadas pela forma como ele organiza seu conhecimento a partir de suas próprias teorias implícitas sobre o mundo que o rodeia e o comportamento da matéria. Deste modo, a compreensão da física ensinada na escola exigiria superar as restrições impostas pelas próprias teorias dos alunos. Essas teorias implícitas, tal como foi proposto no Capítulo 4, diferenciam-se das científicas em uma série de supostos ou princípios subjacentes de caráter epistemológico, ontológico e conceitual. De fato, o Quadro 4.7 daria lugar, no caso da aprendizagem da física, a diversas fases que caracterizariam as teorias dos alunos em sua evolução até chegar às teorias científicas, segundo mostra o Quadro 7.5. Nesse Quadro, por meio das flechas são representadas várias dimensões de mudança, se bem que, mais uma vez, é preciso lembrar que a aprendizagem da ciência não implica um processo linear, senão uma sucessão de numerosos avanços e retrocessos. Da mesma maneira, não há qualquer razão para que a mudança conceitual ocorra simultaneamente em cada uma das dimensões horizontais que são representadas no Quadro 7.5.

Aprender física exigiria, em primeiro lugar, uma mudança na lógica em torno da qual os alunos organizam suas teorias (mudança epistemológica). Antes de chegarem a aceitar que a física proporciona modelos e teorias que permitem aproximar-se e interpretar a partir de diversos pontos de vista a realidade do mundo que nos rodeia, os alunos passam por diferentes fases ou etapas em suas teorias implícitas, as quais os ajudam a organizar seu conhecimento de uma forma mais simples. A primeira fase, que no Capítulo 4 denominamos *realismo ingênuo*, seria caracterizada por uma visão do mundo físico centrada na percepção que se tem dele. Os alunos somente aceitariam a existência daquilo que podem observar diretamente. Por exemplo, não incluem em suas teorias conceitos como a energia, mas se o professor solicita ou induz a isso, utilizam o termo, mas não o fazem de maneira espontânea em suas explicações, pois o conceito não entra na estrutura lógica em torno da qual organizam sua teoria, não pertence ao mundo dos objetos de sua vida cotidiana. Uma situação intermediária, dentro do *continuum* que leva às teorias científicas, seria o que denominamos *realismo interpretativo*. O aluno amplia sua estrutura lógica, aceita a existência de coisas que não pode ver (por exemplo, a energia, o potencial, o momento angular, etc.), mas longe de considerá-los conceitos que adquirem sentido dentro das diversas teorias e modelos interpretativos das propriedades da matéria, aceita-os como realidades da matéria, independentes do marco teórico no qual está traba-

QUADRO 7.5

A mudança conceitual na aprendizagem da física. O quadro reúne três dimensões de mudança em torno de três princípios sobre os quais estariam estruturadas as teorias sobre o mundo físico

Princípios epistemológicos

Realismo ingênuo ▶	Realismo interpretativo ▶	Construtivismo
O mundo físico é como o vemos. O que não se percebe não se concebe.	Há coisas que não podemos ver, mas a física ajuda a descobrir como elas realmente são.	A física proporciona diferentes modelos a partir dos quais interpretar a realidade.

Princípios ontológicos

Estados ▶	Processos ▶	Sistemas
Os fenômenos físicos são reduzidos às suas propriedades observáveis.	Os fenômenos são explicados por meio de processos.	Os fenômenos são interpretados em termos de relações entre os elementos de um sistema.

Princípios conceituais

Fatos ou dados ▶	Causalidade linear (de simples para múltiplo) ▶	Interação
Os corpos têm propriedades que correspondem às suas características observáveis.	As mudanças experimentadas pelos corpos e suas propriedades são interpretadas mediante uma causalidade simples que evolui tornando-se complexa.	As propriedades dos corpos e suas mudanças são interpretadas no marco de um sistema em contínua interação.
Mudança sem conservação ▶	Mudança com conservação ▶	Conservação e equilíbrio
Somente muda aquilo que vemos que se altera. Há necessidade de explicar o que muda, mas não o que permanece.	Aceita-se a conservação de propriedades não observáveis sem assumir a ideia de equilíbrio.	Os diferentes fenômenos são interpretados em termos de interação, o que leva à conservação e ao equilíbrio.
Relações qualitativas ▶	Regras heurísticas ▶	Relações quantitativas
Interpretação qualitativa dos diferentes fenômenos.	Aproximação quantitativa mediante regras heurísticas simplificadoras.	Integração dos esquemas de quantificação (proporção, probabilidade e correlação) nos modelos.

lhando que, apesar de não poder observar diretamente, a própria ciência ajuda-o a descobrir e a observar. Assim, as diversas magnitudes físicas que são utilizadas para caracterizar os vários estados de um sistema e explicar sua evolução (por exemplo, massa, velocidade, força, energia, etc.) adquirem, para os alunos, propriedades materiais e significados diferentes, às vezes muito diferentes, dos que são ministrados no contexto escolar.

Em segundo lugar, a mudança conceitual exigiria uma mudança ontológica, uma mudança no conjunto de *objetos* a partir do qual o aluno constrói sua própria teoria. Em um primeiro momento, aceita-se somente aquilo que provém do que podemos observar diretamente com nossos sentidos, ou seja, aceitam-se apenas os estados discretos para a matéria. Assim, um aluno pode observar que a água de um copo está fria ou quente, que uma pedra "tem força" ou não tem, ou que uma tomada tem eletricidade ou está "descarregada", etc. Mas isso o leva a atribuir propriedades materiais a todos esses conceitos que está manejando (calor, força, eletricidade, etc.), que passam a ser algo que é possível "carregar" ou "descarregar", que se tem ou não se tem, no mesmo sentido que as pessoas possuem uma cédula ou algumas moedas.

Em sua evolução rumo à teoria científica, as teorias dos alunos chegariam a aceitar a existência de processos que permitem explicar a evolução de um estado para outro. Assim, a água de um copo pode esfriar, podemos fazer força sobre a pedra, ou a eletricidade de uma pilha faz com que a lâmpada acenda. Mas mesmo isso não é suficiente. Em seu caminho para chegar às teorias que constituem a ciência, para aprender física o aluno deve compreender esses fenômenos não só como processos, mas como sendo resultado das contínuas interações dentro de um sistema. Compreender, por exemplo, que a água esfria porque troca energia com seu meio, que a mão faz uma força sobre a pedra, mas a pedra também faz uma força sobre a mão, ou que a lâmpada acende porque a pilha transfere energia para os elétrons e eles, por sua vez, transferem essa energia para o filamento, o que provoca a emissão de luz.

Finalmente, aprender física exige uma mudança nos supostos conceituais que sustentam as teorias dos alunos permitindo uma evolução para os princípios que caracterizam as teorias científicas (interação, conservação e equilíbrio, relações e esquemas de quantificação). De fato, as diversas leis e teorias que são ensinadas nos ensinos fundamental e médio estão baseadas na interação entre corpos e sistemas. Os alunos partem dos acontecimentos e dados proporcionados pelo mundo que podem observar e sobre eles constroem certas crenças a respeito de forças, energia, eletricidade, etc., (por exemplo: um objeto somente poderá mover-se se possui uma força, para que uma lâmpada funcione é necessário que gaste eletricidade, somente os seres vivos ou os objetos animados têm energia) que lhes permitem interpretar e prever os fenômenos que são apresentados na escola. Contudo, quando aceitam a existência de processos que explicam as mudanças que ocorrem nos corpos e sistemas estudados, recorrem a uma causalidade linear em que há um agente responsável pela mudança (por exemplo: a Terra atrai uma bola que cai, mas não o contrário; os isqueiros têm em seu interior, além do gás butano, outro gás que serve para dar pressão e impulsioná-lo; etc.). Este mecanismo causal, que permite explicar as mudanças, também evolui e, embora inicialmente seja simples e aceite somente um agente (por exemplo, somente uma força é responsável pelo movimento), pouco a pouco vai admitindo a multiplicidade de agentes responsáveis pela mesma mudança (por exemplo, pode aceitar e compreender que o movimento seja consequência da ação de mais de uma força). Tudo isso supõe uma aproximação gradual da teoria do aluno em direção à ideia de interação.

A compreensão dos fenômenos físicos em termos de interação entre corpos e sistemas é um passo necessário para poder compreender a conservação das propriedades não observáveis e o equilíbrio. Por exemplo: é necessário partir da interação entre a barra e o suporte para compreender por que um balanço pode alcançar uma situação de equilíbrio; ou compreender o complexo sistema de interações e transferências de energia que ocorre em um pêndulo múltiplo (no qual uma bola que cai transmite seu movimento para outras que estão em repouso) seria necessário para compreender a conservação da energia no dispositivo.

Mas as leis físicas também estão baseadas em esquemas de quantificação que permitem estabelecer a relação entre as diferentes variáveis que intervêm em um processo. Compreender essas leis implica, também em física, utilizar relações quantitativas que basicamente estão resumidas nos esquemas de proporção, correlação e probabilidade. Apesar de a correlação e a probabilidade serem importantes no aprendizado da física, assim como ocorria com a química, a proporcionalidade, mais uma vez, é o principal esquema quantitativo que os alunos do ensino médio devem dominar. Mas, frente a isso, encontrarão dificuldades devido à tendência de interpretar os diferentes fenômenos em forma qualitativa ou, neste caso, de utilizar regras simplificadoras para reduzir a demanda do problema.

No que resta deste capítulo vamos nos aprofundar na forma como os alunos aprendem física. Para isso, vamos nos centrar na análise das dificuldades de aprendizagem de alguns dos conteúdos correspondentes aos três grandes blocos propostos no currículo oficial para a ESO: a energia, as forças e os movimentos, a eletricidade e o magnetismo (ver Quadro 7.1), tentando ver como as teorias em torno das quais os alunos organizam seu conhecimento físico surgem a partir da sobreposição das dificuldades para assumir e compreender estes três esquemas conceituais (interação, conservação e equilíbrio e quantificação). Posteriormente, em uma última seção dentro deste capítulo, analisaremos os procedimentos para fazer e aprender física.

A ENERGIA

O conceito de energia é muito importante no ensino das ciências durante os ensinos fundamental e médio, tanto por seu caráter integrador para a explicação de grande parte dos fenômenos que ocorrem na natureza, como por suas implicações no âmbito ciência-tecnologia-sociedade. Os alunos estão muito familiarizados com o termo "energia", que está presente de maneira contínua nos meios de comunicação e em nossa vida diária, relacionado com aspectos que vão do âmbito pessoal ao político e econômico. Essa familiaridade, longe de ser uma vantagem, é uma das fontes das dificuldades que os estudantes encontram quando se deparam com o estudo da energia na escola. Habituados ao uso de expressões coloquiais como "gasto de energia", "consumo energético", "fontes de energia", etc., com significados muitas vezes bastante afastados dos que são dados no contexto científico, têm problemas para diferenciar entre o conceito físico que aprendem na escola e o termo que utilizam em sua vida cotidiana. Isso, associado ao fato de que se trata de um conceito fortemente abstrato, faz com que apareçam grandes dificuldades de compreensão entre os estudantes, tal como mostram tanto a literatura especializada quanto a experiência diária do professor na sala de aula. As ideias e dificuldades dos alunos com o trabalho e a compreensão dos conteúdos que formam esse bloco têm sido amplamente tratadas por diferentes autores (por exemplo, Hierrezuelo e Montero, 1991; Varela et al., 1993; Driver et al., 1994; Gómez Crespo et al., 1995) e podem ser resumidas como se mostra no Quadro 7.6.

QUADRO 7.6
Resumo das ideias e dificuldades sobre a energia

Utilização do conceito de energia

O termo é muito pouco utilizado de maneira espontânea nas explicações e, quando é utilizado, é de modo pouco consistente, acompanhado de ideias errôneas relacionadas com a situação estudada e o contexto em que a pergunta foi feita.

Associação da energia com os seres vivos e o movimento

Os alunos tendem a considerar a energia como algo inerente aos seres vivos, uma propriedade que os caracteriza e os diferencia dos objetos inanimados, que não teriam energia. Seria algo necessário para a vida e diretamente relacionado com a atividade humana. Associação entre a energia e a atividade ou o movimento; por exemplo, um carro em movimento tem sempre mais energia do que um carro parado.

Indiferenciação entre conceitos como energia e força

Muitos alunos utilizam de maneira indiferenciada os conceitos de força e energia, como se fossem sinônimos, inclusive após receberem instrução específica.

Noção da energia como um tipo de combustível que pode se gastar

A energia é interpretada como um tipo de combustível que ajuda a tornar nossa vida mais confortável, que pode ser armazenada nos aparelhos ou nos seres vivos, e que se gasta com o uso e o transcorrer do tempo. É uma visão material da energia, segundo a qual os aparelhos ou as pessoas são vistos como armazenadores. A energia seria algo que pode se gastar ou, inclusive, se recarregar.

Dificuldades na utilização do princípio de conservação da energia

A maioria dos alunos utiliza muito pouco a conservação de maneira espontânea nas explicações que dão para diferentes fenômenos. De fato, suas explicações estão dirigidas fundamentalmente a explicar a perda ou o ganho de algo "material".

Utilização dos termos "produção" e "consumo"

É comum a utilização errônea dos termos "produção" e "consumo", que são usados como sinônimos de *criação* e *desaparecimento* da energia.

Dependência da temperatura com a natureza da substância

Os alunos associam a temperatura de um corpo com as suas características macroscópicas. Assim, há corpos que por natureza são frios (os metais, as pedras, etc.) e outros quentes (madeira, lã, etc.). Quando os corpos são do mesmo material, a temperatura pode depender de seu tamanho: por exemplo, quando dois corpos ficam em contato durante um tempo prolongado, eles têm dificuldades para assumir a igualdade final e tendem a atribuir maior temperatura ao corpo que tiver o maior tamanho.

Diferença entre calor, conteúdo energético e temperatura

Para os alunos é difícil diferenciar entre esses três conceitos que, por um lado, confrontam magnitudes que representam o estado de um sistema (conteúdo energético e temperatura) com magnitudes que medem as mudanças sofridas pelo sistema (calor), enquanto, por outro lado, confrontam magnitudes intensivas (temperatura) com magnitudes extensivas (conteúdo energético). Tudo isso traduz-se em uma visão da temperatura como uma mistura do calor e do frio que o corpo guarda ou, em outras ocasiões, apenas como uma medida do calor do corpo.

Como dizíamos no início desta seção, muitas dessas ideias e dificuldades de aprendizagem estão relacionadas com a forma como o termo "energia" é usado em nossa vida cotidiana. Portanto, poderíamos nos perguntar: a linguagem cotidiana é responsável por muitas dessas ideias que os alunos mantêm?

Se aceitarmos que todas as pessoas, não só os estudantes, constroem seu conhecimento – incluído o científico e tudo o que está relacionado com a energia – da mesma maneira, seria, na verdade, um círculo vicioso. Ou seja, essa visão cotidiana da energia, que os meios de comunicação e os diferentes veículos de divulgação científica transmitem, estaria construída em torno dos mesmos princípios com que os alunos constroem suas teorias. Assim, para os estudantes de física nos ensinos fundamental e médio, assim como para a maioria das pessoas, o conceito de energia é extremamente abstrato e difícil de imaginar. Contudo, diante da pressão daquelas pessoas e meios com autoridade suficiente para nos falar sobre isso (apresentadores de televisão, anunciantes, tertulianos e, por que não, também em alguns casos o professor de física), aceitamos a realidade de sua existência, mesmo que não possamos vê-la de maneira alguma (isso se, segundo nos dizem, ela se manifesta continuamente sob diversas formas).

Contudo, para poder segurar um ente tão imaterial precisamos dotá-lo de um corpo material e, portanto, dotá-lo de algumas propriedades também materiais. Assim, conceitos como calor e energia adquirem, para muitos alunos (e também para a maioria das pessoas, inclusive os professores de física, quando estamos em um ambiente informal e fora do contexto científico), as propriedades da matéria e comportam-se como um fluido material, ainda que imponderável. Nesse sentido, a aprendizagem do conceito de energia e tudo o está relacionado com ele, tal como se pretende com a educação científica, exigiria mudanças ontológicas e epistemológicas na forma como os alunos assumem esse conhecimento.

Mas as dificuldades de aprendizagem e compreensão que foram assinaladas no início desta seção também guardam relação com os princípios conceituais sobre os quais os alunos constroem suas teorias. Assim, vamos considerar um caso aparentemente simples e familiar como, por exemplo, o de um carrinho de brinquedo que empurramos com a mão: o carro sai disparado, percorre uma certa distância e acaba parando. O processo é muito simples e qualquer criança pequena é capaz de fazer isso sem maiores complicações: explicar como fez, o que acontece, repetir o processo quantas vezes for preciso e dar instruções para que qualquer outra criança aprenda a lançar o carrinho. Contudo, compreender o problema do ponto de vista da física que é ensinada nos ensinos fundamental e médio pode não ser tão simples assim.

A mesma coisa aconteceria se tivéssemos um copo de água no qual introduzíssemos um objeto quente (por exemplo, um ovo recém-cozido). Depois de passar um certo tempo, todos sabemos, inclusive crianças bem pequenas, que a água esquenta e o ovo esfria. O problema surge, nos dois casos, diante de perguntas do tipo: O que você acha que aconteceu? Por que você acha que isso acontece?

Um dos objetivos do ensino da física nos ensinos fundamental e médio deveria ser que os alunos fossem capazes de compreender esses e outros muitos exemplos e de dar explicações de por que ocorrem. Contudo, na maioria das vezes, isso não é tão fácil como parece, ou, pelo menos, é isso que se pode entender das pesquisas sobre as dificuldades de aprendizagem dos estudantes. A compreensão dos dois exemplos que citamos, prescindindo de seus aspectos quantitativos, requer que o aluno seja capaz de compreender os fenômenos considerando um sistema no qual interagem dois ou mais corpos com conservação da energia e o estabelecimento de situações de equilíbrio, em um dos casos mecânico e no outro térmico.

Assim, para estudar o movimento do carrinho que sai disparado e acaba parando a partir de um ponto de vista energético, ainda que com diferentes níveis de aprofundamento, segundo as idades, é necessário compreender um sistema complexo de interações, no qual, como consequência da interação entre a pessoa e o carrinho, o brinquedo adquire energia cinética transferida pela pessoa que o empurra. Assim, o carrinho movimenta-se porque tem essa energia que, como consequência da interação com o chão, deve ceder paulatinamente para realizar um trabalho que vença as forças de atrito e, portanto, vai perdendo velocidade até parar. A partir desse momento está em uma situação de equilíbrio energético e mecânico. No segundo exemplo, concentrando-nos exclusivamente na análise macroscópica do fenômeno, o aluno deve compreender que, como resultado da interação entre dois corpos a diferentes temperaturas, há uma transferência de energia do mais quente para o mais frio, até que se alcança o equilíbrio de temperaturas, independentemente de qual for o conteúdo energético de cada um dos corpos em contato, de modo que a energia total do sistema se conserva.

Como vemos, compreender esses e outros fenômenos físicos de um ponto de vista energético, mesmo que seja somente de forma qualitativa, implica interpretá-los em termos de interação, conservação e equilíbrio. Contudo, como já comentamos neste capítulo e em capítulos anteriores, os alunos constroem suas teorias sobre o comportamento da matéria a partir de outros supostos conceituais muito diferentes, o que dificulta sua compreensão das teorias que são ensinadas na escola.

O problema da interação

Frente à ideia de interação entre corpos e sistemas, os alunos têm uma série de crenças sobre a energia, o calor ou a temperatura, que eles adquirem a partir dos dados e fatos que acumulam em sua relação com o mundo que os rodeia ou das informações que recebem na escola. A partir dessas crenças, estabelecem relações causais simples para poder explicar os diferentes fenômenos da natureza. No Quadro 7.7 é apresentado um esquema das diferenças entre como é vista a energia nas teorias dos alunos e nas teorias escolares.

Em primeiro lugar, para os alunos não é muito difícil incorporar a palavra "energia" à sua linguagem cotidiana, e utilizam o termo sem problemas quando lhes é pedido. Contudo, como já foi comentado anteriormente, substancializam o conceito atribuindo propriedades materiais à energia, consideram-na como uma espécie de combustível armazenado nos corpos e que é necessário repor de alguma maneira. Assim, um esportista esgotado pelo esforço precisa repor "suas energias" e pode fazer isso comendo alguma coisa, mas também dormindo um pouco. Não importa de onde provém a energia, ou se realmente foi transferida energia para o esportista, o importante realmente é que o aluno considera que, no final do processo, o conteúdo energético do esportista é maior, ou pelo menos isso é o que parece (está mais descansado, relaxado e pode desenvolver mais atividade).

Esta é outra constante das crenças dos alunos sobre a energia: a atividade. Para a maioria dos alunos, a energia é um conceito que sempre está ligado à atividade e aos seres vivos, de modo que, na maioria dos casos, consideram que os objetos inanimados (por exemplo, uma estátua ou uma cadeira) carecem de energia.

QUADRO 7.7
O problema da interação e da energia – das teorias dos alunos às teorias científicas

Fatos e dados dos quais o aluno parte e que o levam a adotar determinadas crenças	Crenças do aluno – A energia é vista como algo material, uma substância, uma espécie de combustível que pode se gastar e é necessário repor. – A energia está sempre ligada à atividade (seres vivos, carros, etc.). As coisas inanimadas não têm energia. – O calor também é algo material e tem uma "substância oposta": o frio. – Calor e temperatura são a mesma coisa. – A temperatura de um corpo depende de suas características macroscópicas, apesar de que pode se modificar.
Causalidade linear e unidirecional	Relações causais que o aluno estabelece – Para que um corpo ganhe ou perca energia é necessário um agente que provoque essa mudança. – Um corpo pode ganhar ou perder energia de modo independente. É necessário o agente, mas não há troca de energia com outro corpo. – O calor é o agente causador da mudança que vai de um corpo para outro. – Estabelece uma relação linear entre calor e temperatura. – A energia é transferida do corpo que tem mais energia para o que tem menos.
Interação e sistemas O objetivo dos ensinos fundamental e médio	Interação entre corpos e sistemas – A energia é uma propriedade dos corpos. – Como resultado da interação entre corpos e sistemas ocorrem transferências de energia. – Calor é a energia transferida entre dois corpos ou sistemas que interagem como resultado de uma diferença de temperatura. – Temperatura é uma medida da energia cinética média das partículas que formam um sistema (por exemplo, um gás). – A energia é transferida sempre do corpo de maior temperatura para o de menor temperatura.

Com o calor ocorre algo parecido. Os alunos, assim como ocorria em algumas das primeiras teorias históricas, atribuem propriedades materiais ao calor e consideram que é algum tipo de substância que pode passar de um corpo para outro. De fato, para muitos alunos existe uma confusão entre ambos os termos, que muitas vezes são utilizados como sinônimos. Contudo, no caso do calor geralmente interpretam que existe também uma substância com propriedades opostas capaz de neutralizá-lo: o frio. Da mesma maneira, a interpretação material do calor leva à crença de que calor e temperatura são uma única coisa, diretamente relacionada com as características do corpo que está sendo estudado. Assim, quando há corpos diferentes na mesma temperatura ambiente, atribuem a eles temperaturas diferentes, que podem depender de seu tamanho ou do material do qual, aparentemente, são feitos (por exemplo, a um objeto metálico seria atribuída uma temperatura inferior à de um casaco de lã).

A partir dessas crenças, os alunos, para puderem explicar as mudanças que a matéria sofre (por exemplo, o carrinho que para ou a água que esquenta), precisam recorrer a relações causais que os ajudem a estabelecer as relações entre os estados inicial e final do processo. Essas relações, que inicialmente são simples, baseadas na ação de um agente que faz com que o corpo ou o sistema ganhe ou perca energia, com a idade e a instrução podem complicar-se e evoluir até uma causalidade múltipla, na qual se admite a ação de vários agentes. Esses mecanismos implicam que um corpo pode ganhar ou perder energia, sem necessidade de haver troca com outro corpo. Por exemplo, o aluno espontaneamente pode interpretar que, quando empurra o carrinho e ele começa a se movimentar, passa a ter mais energia, que foi comunicada pela pessoa que empurra (o agente), mas isso não quer dizer que ele admite que a pessoa perdeu uma energia equivalente. Então, o agente seria uma espécie de "posto de gasolina" que se limita a completar o "tanque" do carro. Pelo contrário, quando o carro para é o atrito do chão (agente) que o obriga a parar e, portanto, a perder energia, mas o aluno interpreta que a energia foi perdida, não que foi transferida, por exemplo, para o chão.

Quando se trata do calor, esta "substância" desempenha, em alguns casos, o papel de agente. Assim, como assinala Benlloch (1997), desde muito pequenos, os alunos estão conscientes de que os corpos quentes são capazes de aquecer e os corpos frios são capazes de esfriar. Outras vezes, segundo sua própria experiência os leva a supor, é o próprio calor (ou, se for o caso, o frio) que vai de um corpo para outro (o agente seria a fonte fornecedora de calor). Desse modo, fundamentalmente nas idades que correspondem ao ensino fundamental e início do ensino médio, é normal encontrar respostas nas quais é atribuída uma relação linear (Brook et al., 1984) ao aquecimento de um corpo. A troca de calor agiria em um único sentido, e não seria reconhecida a queda de temperatura do corpo que transfere a energia. Assim, quando se esquenta um dos extremos de uma barra metálica, o agente (a chama, a estufa ou qualquer outro instrumento que gere calor) produziria um deslocamento do calor ao longo da barra que, como explica Viennot (1996), não agiria sobre as partes que já estão quentes, mas apenas sobre as partes frias (as únicas que aparentemente aumentam de temperatura). A barra metálica seria uma espécie de estrada pela qual esse calor se desloca.

A causalidade linear das interpretações dos alunos pode adotar formas mais complexas, nas quais há uma sobreposição sequencial de vários raciocínios causais, mas sempre mantendo uma direção privilegiada. Um exemplo disso são as respostas dadas por estudantes dos primeiros anos da universidade ao problema exposto na Figura 7.1 (exemplo recolhido de Viennot, 1996). Esses alunos respondem que o calor provoca um aumento de temperatura, que provoca um aumento da pressão e, por sua vez, este é responsável pelo aumento de volume. Ao não considerar o sistema como um conjunto de partículas microscópicas em contínua interação, que evolui como um todo e em que todas as mudanças são simultâneas, cujo estado manifesta-se por um conjunto de variáveis inter-relacionadas, os alunos precisam recorrer a uma sequência de raciocínios causais, em que necessitam intercalar um aumento de pressão, mesmo que previamente tenha sido explicitado que a pressão permanece constante.

Diante dessas interpretações dos alunos, o ensino da física tenta transmitir uma visão em termos de interação entre

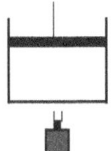

Aquecimento (quase estático) de um gás perfeito a uma pressão constante. O volume e a temperatura aumentam.

Explique por que isso ocorre.

Em torno de 43% dos indivíduos (120 alunos dos primeiros anos da universidade) apresentaram a seguinte sequência em suas respostas:

$$Q\uparrow \Rightarrow T\uparrow \Rightarrow p\uparrow \Rightarrow V\uparrow$$

Figura 7.1
Um exemplo de sequência de sucessivos raciocínios causais.
Viennot, 1996

corpos ou sistemas, necessária para compreender esses ou outros exemplos e poder diferenciar entre energia, calor e temperatura. Contudo, não basta compreender e explicar as interações que ocorrem nos diferentes fenômenos que são estudados. É necessário também compreender que a energia se conserva e que se chega a situações de equilíbrio como consequência da interação.

O problema da conservação

A energia é um conceito abstrato que caracteriza uma propriedade não observável da matéria que, como consequência da interação entre dois sistemas, muda em cada um deles individualmente, ainda que globalmente conserve sua quantidade, mas não assim sua qualidade. Portanto, adquirir a noção de conservação não é fácil nem intuitivo. De fato, mesmo que aparentemente os alunos aceitem com facilidade a conservação da energia quando é apresentada no contexto escolar, é possível ver nas explicações que dão para diferentes tipos de problemas que sua visão do fenômeno, em muitas ocasiões, está afastada daquela que se pretende alcançar. Porém, se compreender a conservação da energia após uma mudança não é fácil, ainda mais difícil é compreender os diferentes estados de um sistema como situações de equilíbrio. Até alcançar a visão que a física transmite, as teorias dos alunos evoluem passando pelas diversas fases que já descrevemos anteriormente: mudança sem conservação, mudança com conservação e conservação acompanhada de equilíbrio. No Quadro 7.8 apresentamos um esquema dessas fases ou etapas que caracterizariam as teorias sobre a conservação da energia.

Como já foi dito no Capítulo 4, os alunos, quando precisam analisar e interpretar aquilo que veem e observam, recorrem a regras e vieses que os ajudam a simplificar o problema e a enfrentá-lo de maneira eficaz. Um desses vieses é a tendência a focar sua atenção no que muda e não no que permanece, assim como no estado final e não no estado inicial de um sistema. Centrar-se nas mudanças, no que se transforma, e não nos estados, no que permanece, representa uma limitação importante para compreender as conservações e os estados de equilíbrio necessários para interpretar todas as mudanças da matéria. Os alunos estão acostumados a ver numerosos exemplos nos quais, aparentemente, um corpo, após sofrer uma mudança, perde alguma dessas propriedades que o professor associa ao termo

QUADRO 7.8
O problema da conservação e da energia – das teorias dos alunos às teorias científicas

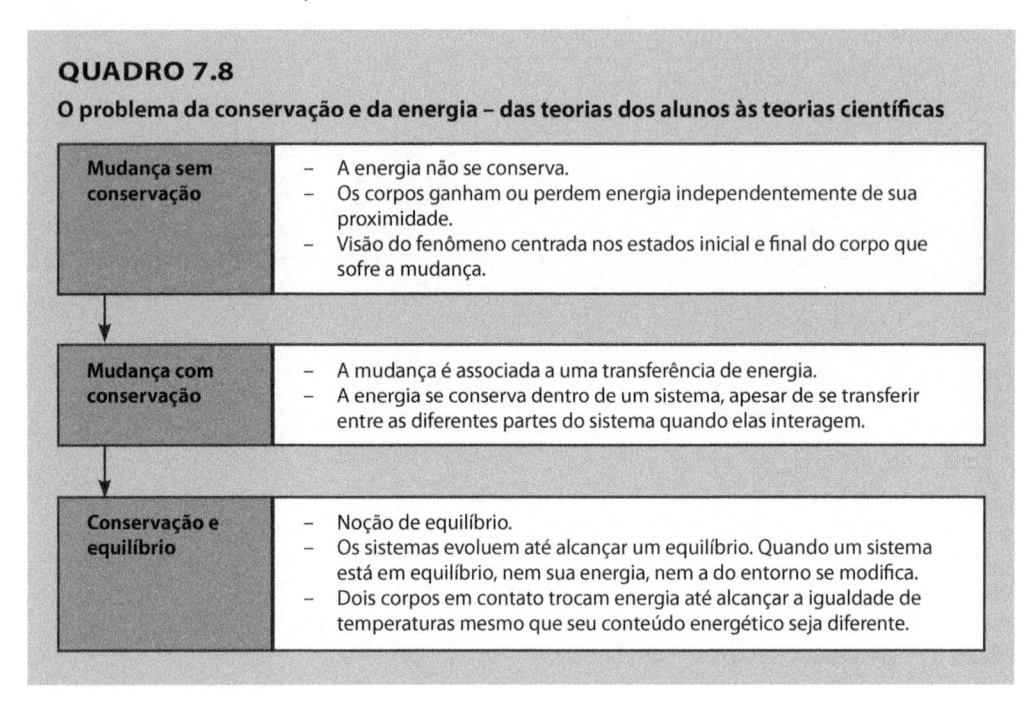

Mudança sem conservação	– A energia não se conserva. – Os corpos ganham ou perdem energia independentemente de sua proximidade. – Visão do fenômeno centrada nos estados inicial e final do corpo que sofre a mudança.
Mudança com conservação	– A mudança é associada a uma transferência de energia. – A energia se conserva dentro de um sistema, apesar de se transferir entre as diferentes partes do sistema quando elas interagem.
Conservação e equilíbrio	– Noção de equilíbrio. – Os sistemas evoluem até alcançar um equilíbrio. Quando um sistema está em equilíbrio, nem sua energia, nem a do entorno se modifica. – Dois corpos em contato trocam energia até alcançar a igualdade de temperaturas mesmo que seu conteúdo energético seja diferente.

"energia": o carrinho do exemplo que apresentamos anteriormente acaba parando; a água do copo do outro exemplo, mesmo esquentando porque introduzimos um objeto cuja temperatura é maior, esfria; uma pedra que cai ao chegar ao chão; uma bola de borracha, depois de cair, quica cada vez a uma altura menor, até que acaba por parar; um atleta, por mais que esteja na elite, depois de correr a maratona acaba esgotado; etc. Existem muitos exemplos pertencentes à nossa vida cotidiana que mostram que a energia aparentemente se gasta, é consumida e desaparece.

Se, devido ao seu movimento, assumimos que o carro que roda tem energia e que, portanto, quando parou não a tem mais, nada mais lógico do que pensar que essa energia desapareceu, foi perdida – sobretudo quando não existe qualquer prova apreciável de que ela tenha se transferido para outro objeto. Em todos os exemplos que apresentamos anteriormente, a explicação de que a energia se conserva contrapõe-se à percepção que o aluno tem do fenômeno. De fato, na maioria dos casos, para facilitar a compreensão da conservação, nas aulas de física se recorre à suposição de sistemas ideais, nos quais não há transferência de energia para o exterior (um exemplo muito típico nos livros didáticos é o da montanha russa, mas na desse exemplo não existe atrito). Contudo, o que o aluno na verdade enxerga é que a bola deixa de quicar, a pedra fica imóvel ou o carro para. A dificuldade de compreensão está relacionada com o caráter não observável da propriedade transferida: a energia.

De fato, o princípio de conservação da energia, apesar de, aparentemente, ser facilmente aceito pelos alunos quando é explicado, resulta contraintuitivo, de modo que, tal como mostra a pesquisa didática, eles utilizam-no muito pouco em suas explicações dos diferentes fenômenos da natureza. Contudo, como já mencionamos, os alunos aceitam bem esse princípio, mas em geral vinculando-o com uma concepção material da energia, provocando situações enganosas nas quais parece que compreendem o conceito e sabem utilizá-lo corretamente, quando, na verdade, não é assim. Em muitos casos, isso é devido à utilização de algoritmos que permitem trabalhar de uma forma automática a aplicação quantitativa da conservação da energia mecânica a diversos problemas padrão. Por exemplo, na Figura 7.2 são mostrados dois casos típicos de apresentação do problema da *montanha-russa*. Quando se apresentam os dois problemas isoladamente para alunos de 16 anos, encontramos que a maioria deles é capaz de calcular perfeitamente a velocidade do carro ao passar pelo ponto C aplicando o princípio de conservação da energia mecânica. Contudo, no segundo caso há uma porcentagem muito elevada de alunos (em torno de 40%, segundo nossos próprios dados) que considera que a velocidade máxima é obtida no ponto B. Quando se pergunta a razão de terem dado essa resposta, praticamente nenhum dos que escolhem essa opção utiliza o princípio de conservação da energia em sua resposta. Eles analisam o problema em função da "ladeira" que o carro desceu e consideram que atinge a velocidade máxima em B porque a rampa é mais longa, mesmo que o carro ainda possa descer mais.

Compreender e utilizar o conceito de energia, conforme estamos apresentando, exige compreender as mudanças da matéria em termos de interação e conservação. Mas passar da interação para a conservação não é fácil nem simples, pois é necessário que o aluno compreenda que, como resultado da interação entre dois corpos, ocorrem mudanças simultâneas e opostas, em ambos os corpos, de uma propriedade não perceptível: a energia. A compreensão dessas mudanças de energia torna-se bem mais simples com a noção de transferência, sabendo que o resultado de uma interação é a transferência de energia

O desenho da figura representa o perfil de uma montanha russa. O atrito entre o carro e as vias é muito pequeno e, portanto, não deve ser considerado.

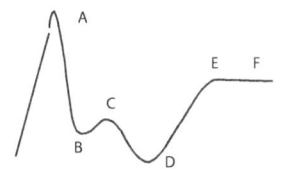

Problema 1
Deixa-se cair livremente um carro com seus ocupantes, sem velocidade inicial, da parte mais alta (o ponto A). As alturas dos diferentes pontos são as seguintes:

$h(A) = 30m$
$h(B) = 15m$
$h(C) = 18m$
$h(D) = 3m$
$h(E) = h(F) = 20m$

Calcule a velocidade do carro quando passa pelo ponto C.

Problema 2
Indique em que ponto dos que estão marcados no desenho você acredita que o carro terá atingido a maior velocidade.

    a) B   b) C   c) D   d) F

Figura 7.2
Exemplos de problemas sobre energia.

entre os dois corpos. Mas nem tudo é tão fácil, porque falar de transferência implica, até certo ponto, considerar que a energia é uma substância (Bacas, 1997). Isso pode reforçar entre os alunos a ideia errônea de que a energia é algo tangível, um tipo de matéria, em vez de uma característica que define o estado de um sistema, uma propriedade desse sistema. É um perigo do qual os professores devem estar cientes.

Contudo, para compreender a natureza de um ponto de vista físico, não basta a noção de conservação; é necessário, também, reconhecer os estados de equilíbrio. Por exemplo, compreender como funciona uma estufa exige reconhecer um equilíbrio dinâmico no sistema. A estufa recebe e cede energia simultaneamente. Se a energia que recebe é maior do que a que cede ao entorno, a temperatura no interior aumenta. No caso inverso, se a que recebe é menor do que a que cede, a temperatura diminui. Se a temperatura no interior da estufa permanece constante – estado estacionário –, a energia que recebe é igual à que cede. Na estufa a tendência é uma situação de equilíbrio em que a temperatura permanece constante devido aos fluxos de energia que entram e saem serem iguais, mas as interpretações que os estudantes fazem tendem a representar o fenômeno em termos de um processo unidirecional, no qual há um fluxo entrante único ou dominante. Ou seja, chega energia e as paredes envidraçadas impedem que ela saia para o exterior, ou então, mesmo que possa sair um pouco, o fluxo que sai sempre é menor do que o fluxo que entra. Isso levaria a uma situação com um aumento contínuo de temperatura no interior da estufa (iria se transformar em um lugar inabitável e as plantas morreriam sem remédio). Na Figura 7.3 são mostrados alguns exemplos de respostas que explicam o funcionamento de uma estufa (Viennot, 1996).

Viennot (1996), trabalhando com professores em formação, encontra as seguintes explicações sobre o funcionamento de uma estufa:

"Em uma estufa há mais calor porque os raios ficam trancados."
"Entra mais energia do que sai."

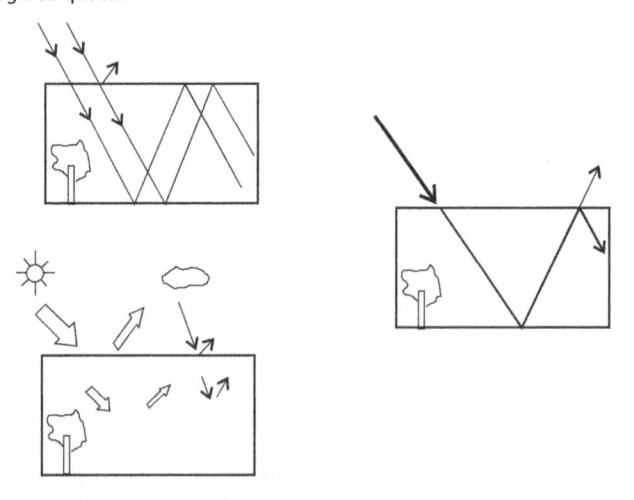

Figura 7.3
Alguns exemplos de respostas sobre o funcionamento de uma estufa.

O problema do equilíbrio também surge em qualquer situação que envolva contato entre um corpo quente e um frio. Do ponto de vista macroscópico, ocorre transferência de energia do corpo quente para o corpo frio, até que se chega a um equilíbrio de temperatura. Porém, compreender o fenômeno em profundidade exige analisá-lo em termos microscópicos, compreender a relação entre a temperatura e a energia cinética das partículas que compõem o sistema e saber a diferença entre calor (como energia transferida entre dois sistemas), conteúdo energético do sistema e temperatura. Os obstáculos que o aluno vai encontrar para compreender tudo isso estarão muito relacionados com os que descrevíamos no capítulo anterior, quando falávamos das dificuldades para compreender a matéria como um sistema de partículas em interação. Por tudo isso, entender o equilíbrio térmico entre um corpo e o ar que está ao seu redor é complicado para a maioria dos alunos, que boa parte das vezes interpretam a temperatura como uma propriedade intrínseca que depende da natureza do próprio corpo (por exemplo, os metais e as pedras são frios, enquanto a madeira, a lã e o papel são mais quentes).

O problema da quantificação

Uma das características que faz com que as teorias físicas sejam um instrumento muito potente de análise da natureza é a possibilidade de estabelecer relações quantitativas entre as diferentes variáveis que definem um problema. Portanto, a compreensão de qualquer uma das teorias que configuram essa disciplina – e, em nosso caso, tudo o que está relacionado com a energia – incorpora também o problema da quantificação. De um ponto de vista energético, aprofundar no estudo da natureza e analisar os problemas em um nível microscópico exige a utilização de esquemas relacionados com a probabilidade e com o acaso (por exemplo, para compreender e aplicar o conceito de entropia). Contudo, a análise que se faz nos ensinos fundamental e médio, baseada fundamentalmente nos aspectos macroscópicos do problema, leva a que na maioria dos casos baste o esquema de proporcionalidade para compreender os conceitos que são estudados. Concretamente, os estudantes devem trabalhar, entre outras, com expressões como as que definem a energia mecânica (potencial e cinética):

$$E_p = m.g.h \qquad E_c = \tfrac{1}{2} m.v^2$$

ou a que define a energia trocada por uma substância quando modifica sua temperatura:

$$\Delta E = m.c.\Delta T$$

Como podemos ver, para compreender a relação entre as diferentes variáveis bastaria estabelecer as correspondentes relações de proporcionalidade. O problema para muitos alunos, então, é que compreender e analisar quantitativamente essas relações também não é nada simples, mesmo que simultaneamente sejam capazes de efetuar cálculos numéricos com bastante facilidade e chegar a resultados corretos quando calculam os valores de uma magnitude a partir de outras. Mas isso estaria relacionado com os procedimentos de trabalho, e deles falaremos no final deste capítulo. As dificuldades que os alunos vão encontrar para aplicar os esquemas de proporcionalidade são muito similares àquelas que já descrevemos no capítulo anterior para a química e que, por isso, não vamos repetir agora. Também são similares às dificuldades que eles encontram quando trabalham com outros conceitos e que desenvolveremos nas seções correspondentes a outros blocos de conteúdos. Mas focalizando no problema da quantificação a partir do ponto de vista energético, compreender as leis quantitativas que são traduzidas nas expressões que escrevemos exige, em primeiro lugar, pelo menos em um dos casos, estabelecer uma relação que não é linear. No caso da energia cinética, a relação de proporcionalidade é estabelecida com o quadrado da velocidade. Os alunos, contudo, tendem a fazer interpretações nas quais estabelecem uma proporcionalidade direta entre velocidade e energia. Assim, interpretam que, quando em um corpo a velocidade é duplicada, o valor da energia passa a ser o dobro (na verdade, passaria a ser quatro vezes maior). Este é um problema que, com maior ou menor intensidade, surge em física sempre que aparecem relações desse tipo.

Mas o problema fundamental para compreender as expressões mencionadas está no fato de que a relação entre variáveis é múltipla. Por exemplo, a energia potencial (Ep) depende de três variáveis (m, g e h). Mesmo se fosse considerado o valor da aceleração da gravidade (g) constante, continuaria sendo função de duas variáveis. Assim, os alunos tendem a analisar os problemas centrando-se em apenas uma das variáveis. Por exemplo, quando é pedido que analisem o tamanho do buraco que provocaria a queda de bolas com diferentes massas e desde diferentes alturas (ver o problema da Figura 7.4), encontramos que a maioria dos alunos tende a centrar sua análise exclusivamente no efeito da altura, prescindindo do valor da massa. Isso é algo que já vimos no capítulo anterior e que vai se repetir com bastante frequência, dado que muitas leis físicas estabelecem relações desse tipo.

Algo similar ocorre no caso da energia trocada por um corpo quando se modifica sua temperatura. Os alunos centram a análise da variação de energia na modificação da temperatura, prescindindo das características da substância ou do material envolvido (massa e calor específico). Isso também está diretamente relacionado com algo de que já falamos: a tendência a confundir calor – neste caso a variação de energia – com temperatura. O problema complica-se quando as leis utilizadas têm

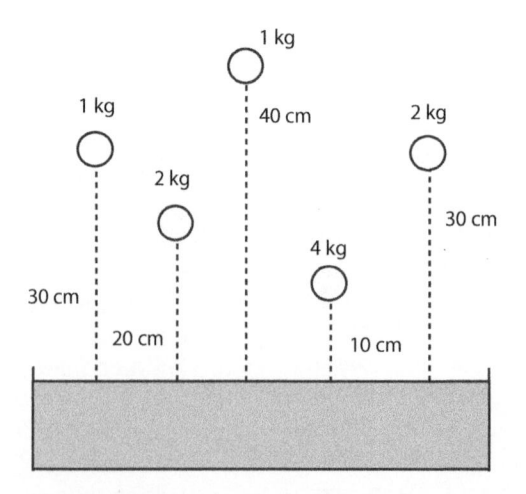

Figura 7.4
Um exemplo relacionado com a energia potencial.
Hierrezuelo e Montero, 1991

limites em seu campo de aplicação. Por exemplo, a expressão

$$\Delta E = m.c.\Delta T$$

só é válida para analisar a mudança de temperatura e, portanto, não serve quando o que ocorre é uma mudança de estado (que ocorre a uma temperatura constante). No caso da água, as restrições à lei são estabelecidas pelas temperaturas de mudança de estado. Assim, para o aquecimento da água a lei é aplicável entre os limites de 0°C e 100°C. Contudo, os alunos que compreendem a proporcionalidade direta entre energia trocada e temperatura da água esquecem tais limites. Assim, quando se diz a eles que se esquenta um recipiente com água ao aplicar energia veem como aumenta a temperatura, mas quando a água chega aos 100°C e perguntamos *"o que acontece se continuarmos aplicando mais energia?"*, respondem que a temperatura continua aumentando, e podem chegar a proporcionar valores de temperaturas superiores aos 100°C (nas quais a água já não estaria em estado líquido).

O problema fica ainda mais complicado quando a relação de proporcionalidade não é direta – por exemplo, quando se define o calor específico (c)[1] por meio da expressão

$$c = \frac{\Delta E}{m . \Delta T}$$

As proporções inversas complicam o problema e, mesmo que se deixem constantes a massa e a variação de energia, os alunos têm muitas dificuldades para compreender a relação entre calor específico e variação de temperatura. Por exemplo, quando se deseja analisar as variações de temperatura em corpos com diferente calor específico, a igualdade de massa e energia trocada, quando o calor específico de um corpo A é o dobro que o de um corpo B, a variação de temperatura que A experimenta é a metade que a de B. Nesse caso, alunos tendem a prescindir da temperatura e centrar sua análise nas outras variáveis ou estabelecem uma relação de proporcionalidade direta. Algo similar ocorre com o conceito de potência desenvolvida por uma máquina, que é diretamente proporcional ao trabalho realizado e inversamente proporcional ao tempo que se emprega em realizá-lo.

São muitas as leis quantitativas que podem ser estabelecidas quando se estudam os conteúdos deste bloco, e podem chegar a níveis de complexidade bastante elevados no último ano do ensino médio. Não é esse o momento de analisá-las em detalhe, mas, apesar de que os alunos encontrarão dificuldades de compreensão específicas com cada uma delas, podemos generalizar que na maioria dos casos elas estarão relacionadas com os aspectos que acabamos de desenvolver.

FORÇA E MOVIMENTO

O movimento dos corpos é habitual no mundo em que vivemos e algo com o que todos estamos familiarizados. Praticamente desde os primeiros meses de nossas vidas estamos acostumados a ver como os corpos se movimentam, como podemos, nós mesmos, colocá-los em movimento ou, se for o caso, pará-los. Qualquer criança sabe que uma pedra cai para baixo ou que para empurrar um carrinho é preciso fazer uma força. A palavra "força" pertence a nosso vocabulário praticamente desde que começamos a utilizar a linguagem para nos comunicar, e para todos

---

[1] "Calor específico" é o termo tradicional (que adotamos neste texto), embora o nome correto desta magnitude seja "capacidade calorífica específica".

nós tem um significado concreto, mesmo que nem sempre seja explícito. Todos conhecemos e usamos com tranquilidade termos como "velocidade", "aceleração", "direção", "distância percorrida", "tempo de percurso", etc., mas as interpretações que fazemos, e que os estudantes fazem, sobre o movimento dos corpos e as forças que atuam sobre eles e o significado que normalmente têm todos esses termos, nem sempre (para não dizer na maioria das vezes) estão de acordo com os significados e interpretações que a ciência faz. Poderíamos dizer que, de um ponto de vista científico, as pessoas em geral, e os alunos que estudam as ciências da natureza em particular, têm diversas ideias sobre o movimento e as forças, as quais não concordam ou não coincidem com as que são transmitidas na escola. E essas ideias fazem com que surjam dificuldades de aprendizagem que nem sempre são fáceis de superar.

As noções que os alunos mantêm sobre os conteúdos que fazem parte deste bloco e as dificuldades que encontram em sua aprendizagem foram estudadas com grande amplitude na literatura especializada (ver, por exemplo, Pozo, 1987; Hierrezuelo e Montero, 1991; Driver et al., 1994; Varela, 1996), provavelmente com maior profundidade do que em outros âmbitos das ciências – de fato, os primeiros trabalhos que foram realizados sobre concepções alternativas foram centrados no estudo da mecânica. No Quadro 7.9 há um resumo das ideias e dificuldades de compreensão mais importantes que os estudantes encontram e que são recolhidas nos trabalhos citados anteriormente.

A maioria dessas ideias surge do contato cotidiano com o mundo que nos rodeia. São verdadeiras ideias espontâneas cuja origem está na observação que fazemos de nosso entorno a partir dos primeiros dias de nossas vidas e têm um alto valor de previsão que nos ajuda a caminhar com uma certa segurança neste mundo. Assim, por exemplo, se vemos que uma lâmpada se solta, sabemos qual será sua trajetória e nos afastamos correndo; se queremos deslocar um armário, sabemos que é preciso fazer uma força e sabemos onde e como fazê-la para que o esforço seja o mais eficaz possível. Contudo, quando essas ideias entram em contato com os modelos e as teorias físicas que são apresentados na escola, surgem os problemas. Na opinião de muitos estudantes, para explicar aquelas coisas que são comuns e correntes, nas aulas de física nós, os professores, mesmo utilizando termos familiares (força, velocidade, aceleração, etc.), complicamos suas vidas aplicando esses conceitos de um jeito estranho e difícil, misturando-os com outros mais complexos ainda, como vetor, sistema de referência, quantidade de movimento, inércia, etc.

A diferença entre o conhecimento prévio que o aluno possui e aquele que se tenta transmitir na escola está em que, para além da utilidade ocasional ou da simples descrição de um fenômeno, com o ensino da física se pretende procurar explicações para os diferentes fenômenos dentro de um marco teórico determinado.

Assim, se retomamos o exemplo do carrinho que já utilizamos na seção anterior, de um ponto de vista dinâmico pretende-se é que o aluno compreenda como o resultado da interação entre o carrinho e a mão que o empurra é a ação de uma força sobre o carro, que, por sua vez, exerce uma força igual e em sentido contrário sobre a mão. A força que atua sobre o carro faz com que este acelere e aumente sua velocidade enquanto a ação durar. Depois, se não existe nenhuma força que atue sobre ele, ou se há forças, mas estão equilibradas, o carro continuaria movimentando-se com velocidade constante *in aeternum*.

QUADRO 7.9
Resumo das ideias e dificuldades de aprendizagem mais importantes que aparecem no estudo das forças e do movimento

Dificuldades relacionadas com a representação e interpretação dos movimentos
Os alunos têm dificuldades para manejar e diferenciar as diversas magnitudes que servem para definir e explicar o movimento dos corpos (posição, trajetória, espaço percorrido, velocidade, aceleração, etc.). A dificuldade aumenta quando eles precisam trabalhar com duas ou mais variáveis, sobretudo quando a magnitude estudada é inversamente proporcional a uma delas. Da mesma maneira, encontram dificuldades para descrever e interpretar movimentos quando o sistema de referência não é o próprio sujeito ou a área de trabalho.

Caráter vetorial das magnitudes que descrevem o movimento
Os estudantes têm dificuldades devido ao caráter vetorial das magnitudes que são utilizadas para descrever e explicar os movimentos, mesmo que o cálculo vetorial não chegue a ser utilizado na análise dos movimentos estudados.

Associação entre força e movimento
A força é interpretada como uma propriedade do objeto (algo similar à energia), que permanece enquanto ele está em movimento e vai aumentando ou diminuindo de modo paralelo à velocidade. Assim, um objeto "possui" força enquanto está em movimento, e pouco a pouco vai perdendo a força, até parar. O valor da força seria proporcional à velocidade do objeto, ou vice-versa.

Interação entre corpos
Quando há interação entre dois corpos, os alunos têm dificuldades para compreender seu caráter simétrico. Ou seja, têm dificuldades para compreender o princípio da ação e da reação. Assim, a força dependeria do tamanho do corpo que possui ou experimenta essa força, mas não da interação mútua. Mas a interação, apesar de assimétrica, requer que haja contato entre os corpos ou um suporte físico que a mantenha. Assim, no caso das interações a distância, somente é reconhecida a ação de um objeto, o agente, sobre o outro quando existe um meio material que a transmite: por exemplo, o ar.

Intervenção de mais de uma força
Quando há mais de uma força atuando simultaneamente, sempre há uma delas que é privilegiada, a maior, que deve ter o mesmo sentido que o movimento. Assim, a força maior sempre é responsável pela trajetória, enquanto o papel das outras forças é apenas o de enfraquecer seu efeito.

Pressões
No caso do ar ou de outros gases, os alunos tendem a reconhecer a pressão como propriedade do sistema quando está em movimento. Quando o gás está em repouso, poucos alunos reconhecem que possa exercer pressão. Por outro lado, a pressão que esses gases exercem sempre tem uma direção e um sentido privilegiados e que coincidem com os do movimento. No caso dos líquidos, os alunos admitem facilmente que a pressão aumenta com a profundidade, mas entendem que essa pressão não vai em todas as direções, senão que, mais uma vez, há um sentido privilegiado, e geralmente só reconhecem a pressão na direção vertical e para baixo. Finalmente, reconhecem a pressão como "algo que empurra" (por exemplo, ao chupar com um canudinho ou ao apertar o êmbolo de uma seringa), mas nunca se referem em suas explicações aos balanços ou equilíbrios entre pressões.

Contudo, visto que o carro acaba parando, é preciso interpretar que existe uma força contrária ao movimento, que é responsável pela redução de velocidade. De modo similar, se tomarmos o exemplo de uma pedra que cai de certa altura, o que se pretende é que o aluno compreenda que a pedra cai como resultado da interação entre ela e a Terra, de modo que não é apenas a Terra que faz uma força sobre a pedra, mas que a pedra também faz sobre a Terra uma força igual e de sentido contrário. Como vemos, do ponto de vista da física compreender os movimentos dos corpos e os efeitos das forças sobre eles exige um estudo dos diferentes fenômenos em termos de interação e equilíbrio. Mas, como já vimos a partir do Capítulo 4 em diante, as teorias dos alunos estão estruturadas em torno de princípios conceituais diferentes dos que são subjacentes às teorias científicas.

O problema da interação e o princípio da ação e da reação

Como já foi dito, os estudantes estão muito familiarizados com as forças e o movimento dos corpos. A vida cotidiana proporciona continuamente uma multiplicidade de experiências, fatos e dados que os levam a adotar uma série de crenças sobre forças e movimento que, frente à ideia de interação entre corpos e sistemas proposta pela ciência, leva-os a explicar as mudanças no repouso e no movimento por meio de relações causais simples. No Quadro 7.10 é mostrado um esquema das diferenças entre as teorias dos alunos e as escolares no que diz respeito ao problema das forças e do movimento.

A experiência diária sobre o movimento dos corpos proporciona dados confiáveis sobre seu comportamento. Trata-se de uma série de *fatos* conhecidos que são de *conhecimento público* e sobre os quais existe um consenso bastante generalizado e universal. Por exemplo, sabemos que os objetos inanimados podem mover-se, mas para consegui-lo é preciso fazer uma força sobre eles; qualquer objeto que se move acaba parando por si mesmo, sem que tenhamos de intervir; se lançarmos uma pedra para cima, mesmo que primeiro suba, ela acaba parando e caindo no chão; quanto mais forte chutamos uma bola, mais longe ela chega; etc. No entanto, para que o aluno explique esses e muitos outros fatos que conhece e para que os integre em uma teoria útil para prever acontecimentos e resolver de forma rápida e simples seus problemas ou aqueles apresentados na escola, precisará reduzi-los a uma série de ideias simples com as quais possa trabalhar facilmente. Tudo isso o leva a uma série de supostos ou crenças, muitas vezes errônea, relacionada, na maioria das vezes, com a forma como ele percebe os fenômenos estudados e, portanto, firmemente assentadas. Esses supostos ou crenças tornam mais manejáveis os dados de que ele dispõe, apesar de restringirem o campo de aplicação da sua própria teoria e tornarão muito difícil a compreensão posterior da teoria científica sobre as forças e o movimento.

Tudo isso se traduz, frente ao que é ensinado na escola, em teorias sobre as forças e o movimento dos corpos baseadas em um raciocínio causal simples, no qual toda mudança sofrida por um corpo requer a presença de um agente que cause essa mudança. Por exemplo, para que um objeto se movimente, uma força precisa agir sobre ele, ou para que o gás contido em um isqueiro ou em um botijão saia, é necessário que haja outro gás no interior do recipiente para que sirva como propulsor. Assim, repouso e movimento uniforme, que na teoria científica são dois casos particulares da mesma realidade (a ausência de forças ou a presença de forças equilibradas), transformam-se em realidades diferentes.

Para a maioria dos alunos, um corpo em repouso implica ausência de forças sobre ele, e um corpo com velocidade constante implica que sobre ele tem de agir uma força também constante. Essa interpretação causal leva à necessidade de que sempre exista uma força atuando no mesmo sentido do movimento. Assim, um objeto lançado para cima sempre precisa ter uma força para cima, não importa que ele vá freando. Caso se reconheça a

QUADRO 7.10
O problema da interação no estudo da força e do movimento – das teorias dos alunos às teorias científicas

Fatos e dados dos quais o aluno parte e que o levam a adotar determinadas crenças	Crenças dos alunos – Os objetos param por si sós. Se um corpo está quieto é porque não há forças agindo sobre ele. – Um movimento constante requer uma força constante. – A força é uma propriedade dos objetos. – A "força de um objeto" depende de suas características externas (por exemplo, seu tamanho).
Causalidade linear e unidirecional	Relações causais que o aluno estabelece – A causa do movimento é sempre uma causa adquirida. Essa causa é uma força. – Sempre há uma força responsável pelo movimento e que tem o mesmo sentido que ele. Para que um corpo adquira força é necessário que outro o empurre (uma pessoa) ou o atraia (a Terra). – A "quantidade de movimento" de um corpo é proporcional à quantidade de força que possui. – Os corpos param quando a força se gasta. – A força depende somente do agente que realiza a ação (mão que empurra, a Terra, um ímã, etc.). – Em caso de haver interação, um objeto é privilegiado sobre o outro (por exemplo, o maior).
Interação e sistemas O objetivo dos ensinos fundamental e médio	Interação entre corpos e sistemas – Para que exista força é necessário que haja uma interação entre dois ou mais corpos. – A força é uma medida da interação. – A interação é mútua e simétrica (ação e reação). – Quando um corpo para é porque uma força atua contra o movimento. – Quando sobre um corpo não atuam forças ou elas estão equilibradas, ele permanece em repouso, se já estava parado, ou continua movimentando-se com velocidade constante e em linha reta (inércia).

presença de mais de uma força, há sempre uma que é privilegiada (a maior) que coincidiria com o sentido do movimento, limitando-se as outras a diminuir seu efeito sobre a velocidade. Na Figura 7.5 são mostradas algumas interpretações sobre o movimento dos corpos e das forças que atuam sobre eles.

As variações no estado de movimento de um corpo são interpretadas também a partir desta teoria causal. Assim, quando um corpo que se move acaba parando, simplesmente é porque a força que ele tinha acabou (por exemplo, o carrinho que roda pelo chão ou a pedra que sobe). Quando um corpo que está em repouso começa a mover-se, é necessário que adquira força, e para isso é preciso um agente que o empurre (por exemplo, a mão que empurra o carro) ou o atraia (a Terra que

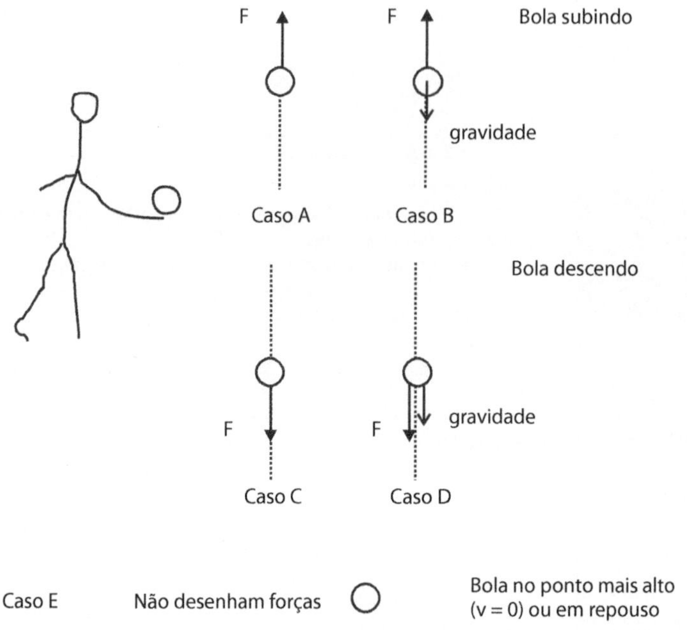

Figura 7.5
Alguns exemplos de como os alunos interpretam as forças que, segundo eles, atuam sobre uma bola que é lançada verticalmente para cima.

atrai um lápis que cai de uma mesa ou um ímã que atrai um prego). Mas em todos os casos a força depende exclusivamente do agente que realiza a ação (a mão, a Terra, ou o ímã).

Frente às interpretações dos fenômenos da natureza em termos de interação entre corpos ou sistemas, os estudantes, e muitos adultos, tendem a estabelecer relações causais simples e em um único sentido entre dois objetos, nos quais sempre há um agente responsável pela mudança. Assim, por exemplo, quando um lápis cai livremente de uma mesa para o chão os alunos assumem que a Terra faz uma força sobre ele – que é a responsável pelo movimento e pela queda –, mas não compreendem nem aceitam que o lápis faça uma força sobre a Terra. Em resumo, não aceitam o princípio newtoniano de ação e reação. Para os estudantes dos ensinos fundamental e médio, e para a maior parte dos adultos, existe um agente responsável pela força (a Terra) e um corpo que *sofre* essa força (o lápis), de maneira que a ação é transmitida em uma direção única e privilegiada (a Terra atrai o lápis) com um sentido definido que coincide com o do movimento. Assim, qualquer mudança em um corpo sempre é causada por um agente (neste caso, a Terra) que transmite a ele uma propriedade (movimento, etc.), de modo que esse agente sempre atua sobre o corpo, mas o corpo não atua sobre o agente e, portanto, não o mudará.

Frente a isso, a teoria científica fala da interação entre corpos e da força como um resultado dessa interação, uma magnitude que mede sua intensidade. Assim, quando a mão empurra o carro, faz uma força sobre ele, mas o carro também exerce uma força igual e de sentido contrário sobre a mão; ou quando a Terra atrai o lápis, não é só ela que exerce uma força sobre o lápis, senão que o lápis também exerce força sobre a Terra.

Com a idade e a instrução, o aluno pode incorporar o conceito de interação às suas ideias sobre as forças, mas continuará fazendo isso dentro do marco proporcionado por sua própria teoria baseada na causalidade. Aceita a interação entre corpos, mas essa interação não é simétrica. Assim, encontraremos que, mesmo que reconheça a ação mútua dos dois corpos, privilegiará um sobre o outro. Aceita que o lápis exerce força sobre a Terra, mas essa força é menor do que aquela que a Terra exerce sobre o lápis. No mesmo sentido, a mão que empurra o carrinho exerce mais força do que o carrinho sobre a mão. Continua associando, de algum modo, força com movimento, de maneira que os objetos que se movem, o lápis ou o carro, são aqueles que recebem uma força maior. O aluno, mesmo que reconheça a interação entre os corpos, não diferencia que ação e reação são forças aplicadas sobre corpos diferentes, senão que considera que ambas são aplicadas sobre um dos corpos. Isso o leva a interpretar, mais uma vez, que existe uma força privilegiada no sentido do movimento. Assim, a ação sobre o corpo que se move é sempre menor que a reação, ainda que, na verdade, sejam forças aplicadas sobre corpos diferentes. Alguns exemplos dessas interpretações dos alunos podem ser vistos na Figura 7.6.

Portanto, não basta aceitar a interação entre corpos; também é necessário diferenciar qual força atua sobre cada corpo. Isso não é fácil nem simples para os alunos, mas, também, algumas vezes é induzido de maneira mais ou menos explícita por alguns livros didáticos.

Talvez o maior obstáculo para a compreensão da teoria científica esteja, como propõe Viennot (1996), na concepção da força como uma propriedade intrínseca dos corpos, dotando-a de um caráter material, algo que o corpo possui e que é possível ganhar ou perder. Assim, a força que um corpo pode chegar a possuir, adquirir ou, se for o caso, a força que é capaz de fazer dependerá de suas características externas como, por exemplo, seu tamanho.

Mas essa tendência a considerar as magnitudes físicas como propriedades intrínsecas dos corpos não está limitada à força, senão que abrange outras magnitudes necessárias para descrever o movimento dos corpos, como velocidade, posição, trajetória, etc., que, assim como ocorria nas teorias pré-galileanas, impedem conceber o movimento como algo relativo e dependente do sistema de referência utilizado. Assim, para o aluno com uma visão fundamentalmente egocêntrica, na qual o sistema de referência é dado por sua própria percepção do fenômeno, é difícil compreender a relatividade do movimento, ou como a mesma magnitude

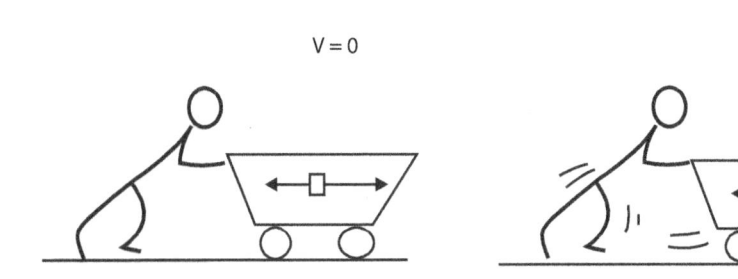

Figura 7.6
Exemplos de como alguns alunos veem a interação entre corpos. Os alunos não diferenciam que ação e reação são forças aplicadas sobre corpos diferentes; além disso, se há movimento, consideram que a interação é assimétrica.

pode tomar valores diferentes em função do observador e do sistema de referência utilizado. Essa visão do movimento dos corpos, centrada no movimento percebido e que ignora o sistema de referência, também provoca dificuldades para diferenciar entre as diversas magnitudes utilizadas para definir e explicar o movimento dos corpos. Para o aluno, que trabalha em um espaço absoluto, existe uma única magnitude temporal, uma única magnitude espacial e uma única magnitude que define o movimento e, portanto, é difícil para ele distinguir entre conceitos como espaço percorrido, posição e trajetória; velocidade, velocidade relativa, velocidade média, velocidade instantânea e aceleração; forças reais e forças de inércia; etc.

Assim, essa dificuldade para reconhecer a influência do sistema de referência no valor das magnitudes que caracterizam um corpo faz com que apareçam magnitudes privilegiadas, aquelas que vão associadas à sua própria percepção como observador: a velocidade que se observa em um corpo, frente à velocidade relativa; a força centrífuga frente à força centrípeta; etc.

O problema do equilíbrio e o princípio da inércia

As interpretações causais que os alunos fazem sobre as forças e o movimento dos corpos, centradas na ideia de que os efeitos ocorrem em um único sentido, como acabamos de ver, dificultam a compreensão do princípio da ação e da reação. Mas outra característica do pensamento causal é que a atenção do aluno sempre está focada naquele que muda e não no que permanece. Tudo isso, junto com a interpretação material de uma força como propriedade de um corpo, faz com que os alunos também tenham dificuldades para compreender o princípio da inércia, que envolve uma noção mais complexa: a de equilíbrio. Assim, como já vimos, interpretam que, quando a velocidade de um corpo muda, isso é devido a uma mudança na força que provoca o movimento; quando um corpo se movimenta com velocidade constante, é porque a força que atua sobre ele se conserva; ou, quando um corpo está em repouso, é porque não atuam forças sobre ele. Ou seja, dentro do modelo teórico que apresentamos no Capítulo 4, também existem dificuldades de compreensão relacionadas com a conservação e o equilíbrio. No Quadro 7.11 esquematizamos os princípios conceituais nos quais os alunos baseiam suas teorias sobre forças e movimento.

Vejamos o exemplo de uma pedra que é lançada verticalmente para cima, sobe até que sua velocidade se anula e começa a cair cada vez mais depressa até que bate contra o chão. Os alunos podem interpretar o fenômeno de diferentes maneiras. Em uma primeira fase, eles supõem que, ao lançar a pedra com a mão, foi transmitida a ela uma propriedade: a força. Portanto, enquanto tiver força, a pedra continuará subindo. Se cada vez sobe mais devagar é porque perde parte dessa propriedade que a faz se mover – a força vai se gastando. Quando gasta completamente a força, a pedra para. Mas como a Terra atrai a pedra, ela começa a cair e a se mover cada vez mais depressa, recupera a propriedade que a faz se mover, vai ganhando força, e quanto mais cai, mais força possui. Ou seja, o corpo sofre uma mudança e não há conservação em suas propriedades, o estado de movimento muda porque muda a força que o provoca. Mas interpretar o movimento da pedra dentro do marco da mecânica newtoniana implica assumir que, ainda que mude o valor numérico da velocidade e o sentido do movimento, a força que atua sobre a pedra

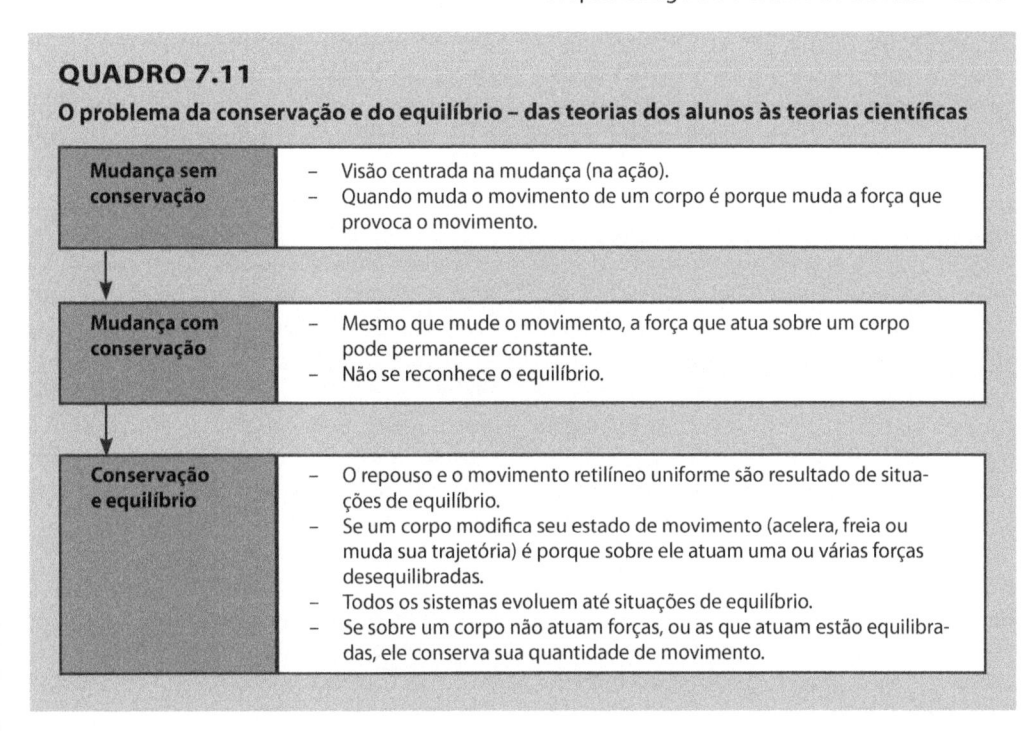

QUADRO 7.11
O problema da conservação e do equilíbrio – das teorias dos alunos às teorias científicas

Mudança sem conservação	– Visão centrada na mudança (na ação). – Quando muda o movimento de um corpo é porque muda a força que provoca o movimento.
Mudança com conservação	– Mesmo que mude o movimento, a força que atua sobre um corpo pode permanecer constante. – Não se reconhece o equilíbrio.
Conservação e equilíbrio	– O repouso e o movimento retilíneo uniforme são resultado de situações de equilíbrio. – Se um corpo modifica seu estado de movimento (acelera, freia ou muda sua trajetória) é porque sobre ele atuam uma ou várias forças desequilibradas. – Todos os sistemas evoluem até situações de equilíbrio. – Se sobre um corpo não atuam forças, ou as que atuam estão equilibradas, ele conserva sua quantidade de movimento.

não muda nem de valor nem de sentido, é constante. Isso exige compreender que há algo que permanece, apesar das mudanças aparentes que possam ocorrer no sistema.

Compreender que quando existe uma força constante atuando sobre um corpo sua velocidade muda é um passo importante na análise do movimento dos corpos; mas o que acontece quando o corpo se movimenta com velocidade constante, ou quando está em repouso? Para muitos alunos, capazes de compreender a constância da força no caso da pedra que sobe e desce, movimento retilíneo uniforme e repouso implicam ausência de forças. É uma forma parcialmente correta de interpretar o princípio da inércia, dado que estes são casos particulares desse princípio. E os alunos serão capazes, na maioria das vezes, de fazer previsões e resolver questões sobre movimento de maneira correta. Contudo, compreender o princípio da inércia até suas últimas consequências exige interpretar o movimento retilíneo uniforme e o repouso como resultados de uma situação de equilíbrio, reconhecendo que um corpo sobre o qual aparentemente não atuam forças pode estar sofrendo a ação simultânea de várias forças que, apesar de tudo, estão equilibradas.

Aceitar o equilíbrio de forças é relativamente fácil, mas o compreender traz muitas dificuldades derivadas, na maioria das vezes, do problema de que essas forças surgem da interação entre dois ou mais corpos, e os alunos enfrentam dificuldades para entender qual corpo experimenta cada uma delas. Tudo está relacionado, por sua vez, com as dificuldades inerentes ao princípio da ação e da reação. Assim, por exemplo, em um caso simples, quando temos uma caixa em repouso sobre uma mesa, existe um equilíbrio de forças (Figura 7.7). Sobre a caixa atuam duas forças: uma é o peso, resultante da interação com a Terra, e outra igual, mas em sentido contrário, que é a reação da mesa, resultante da interação da caixa com a mesa. Compreender, portanto, o equilíbrio de forças significa assumir um sistema de interações mais ou menos complexo, dependendo do caso, em que é alcançado o equilíbrio entre forças que atuam sobre o mesmo corpo, porém resultantes de interações diferentes. Pelo contrário, no exemplo hipotético das pessoas que se empurram em ausência de outras forças (Figura 7.7), mesmo que as forças que atuam sobre os dois corpos sejam iguais e de sentido contrário (princípio da ação e da reação) não há equilíbrio, porque atuam sobre corpos diferentes. Portanto, as duas pessoas sairiam disparadas em sentido contrário.

O problema do equilíbrio pode tornar-se ainda mais complexo quando além das forças é necessário levar em consideração outras variáveis com as quais, de modo geral, são estabelecidas relações multiplicativas. É o caso, por exemplo, do equilíbrio de pressões, no qual, além da força, é necessário considerar a superfície sobre a qual atuam, ou o equilíbrio em uma balança, em que é preciso considerar a distância com respeito ao eixo de giro em que atua cada força. Mas isso está relacionado com os problemas de quantificação de que falaremos a seguir.

O problema da quantificação e o princípio fundamental da dinâmica

Compreender o movimento dos corpos e sua relação com as forças que nele intervêm exige, no marco teórico proporcionado pela física, estabelecer relações quantitativas entre as diferentes variáveis que definem as diversas situações. Mas, conforme já assinalávamos no Capítulo 4, as teorias dos alunos estruturam-se em torno de princípios diferentes (regras qualitativas e heurísticas) daqueles que regem as teorias científicas (proporção, correlação e probabilidade), que no caso que nos ocupa – as forças e os movimentos nos ensinos fundamental e médio – teriam seu foco na utilização do esquema de proporcionalidade.

Sobre as dificuldades dos alunos para utilizar as proporções na compreensão da ciência já falamos no capítulo anterior, dedicado à aprendizagem da química. Na física surgem problemas análogos, e os alunos tendem a utilizar estratégias que, com diferentes graus de elaboração, vão da qualitativa à proporcional, como já assinalávamos. Podemos ilustrar isso com um exemplo concreto em que é preciso utilizar o cálculo proporcional para realizar uma atividade em que se pede aos alunos que pesquisem, de forma dirigida e em pequenos grupos, o comportamento

Figura 7.7
Dois exemplos de interação.

de uma balança e tentem chegar a uma expressão quantitativa da lei do equilíbrio (Figura 7.8).

O acompanhamento do trabalho dos diferentes grupos mostra como os alunos vão chegando a soluções para o problema com diferentes graus de elaboração – leis quantitativas – que são soluções para casos particulares concretos (em geral, os que foram sendo propostos em cada experiência). Desse modo, em geral, as soluções dos alunos passam pelas seguintes fases:

– Lei da igualdade. A igual distância, igual massa.
– Lei do dobro-metade. Quando se duplica a distância, a massa tem de ser a metade.

EQUILÍBRIO NA BALANÇA

O objetivo desta atividade é que você tente descobrir qual é a lei matemática que explica o funcionamento de uma balança. Realize as seguintes experiências e todas as que você ache necessárias. Em todos os casos, antes de comprovar qual é a massa que equilibra a balança, tente prever qual você acha que seria preciso colocar.

1ª experiência

- Situe uma massa de 20g (suporte + peso) na posição 15 do braço esquerdo. Que massa é preciso colocar na posição 15 do braço direito para que ambos os braços fiquem equilibrados?
- Faça um desenho como o da figura indicando o valor da massa.
- Repita o experimento na posição 10. Faça outro desenho como o anterior.

2º experiência

- Situe uma massa de 20g na posição 25 do braço esquerdo. Que massa é preciso colocar na posição 25 do braço direito para que se equilibrem? Faça um desenho.
- Repita o processo nas posições 20, 5 e 3 da direita. Faça um desenho em cada caso.

3º experiência

- Situe uma massa de 30g na posição 10 do braço esquerdo. Calcule a massa que é preciso colocar na posição 5 do braço direito para que a balança fique em equilíbrio. Faça um desenho.
- Se adicionarmos 10g ao suporte do braço esquerdo, que massa você acha que deverá ser acrescentada à direita para que a balança volte a estar em equilíbrio?
- Comprove experimentalmente. Qual foi o resultado obtido? Por que você acredita que obteve esse resultado e não outro diferente?

4ª experiência

- Coloque 60g na posição 25 do braço esquerdo e 100g na posição 15 do braço direito. Comprove que o equilíbrio se mantém.
- Empurre cada um dos suportes cinco posições para o centro. O que acontece?
- Que massa deverá ser colocada no braço da direita? Por que você acha que isso acontece?

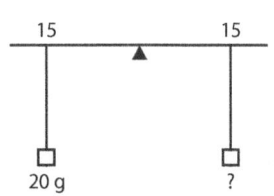

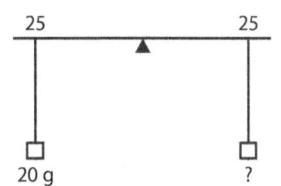

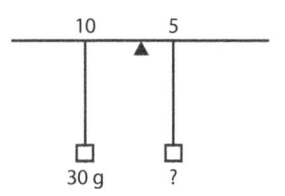

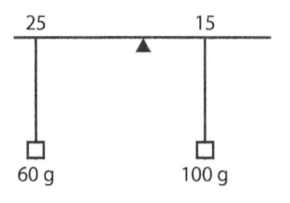

Figura 7.8
Resumo de uma atividade escolar em que é proposta uma pequena pesquisa.

- Leis dos números inteiros (3, 4, etc.). Igual ao caso anterior, mas com números inteiros maiores.
- Lei de proporcionalidade. Expressada em termos de produtos de massas por distância até o ponto de equilíbrio ou de relações de proporcionalidade entre massas e distâncias.

É possível observar que o grau de elaboração das diferentes leis obtidas pelos alunos é diversificado e vai de uma primeira expressão quase qualitativa até uma lei proporcional. Trata-se de um exemplo que reproduz uma situação muito concreta e limitada, dado que é uma atividade que se desenvolve em uma única sessão e apresenta uma pesquisa de caráter dirigido em que o roteiro ou se for o caso, o professor forçam o aluno a procurar as falhas de sua própria teoria e, portanto, a encontrar outra mais elaborada. Contudo, pode ser uma boa ilustração de como evoluem as representações proporcionais na mente dos alunos.

No estudo das forças e do movimento dos corpos, são muitas as leis quantitativas que é possível estabelecer, portanto, aqui só poderemos revisar alguns casos concretos. Contudo, da perspectiva dos ensinos fundamental e médio e dentro do marco da mecânica newtoniana, talvez a relação mais importante seja a que nos proporciona o chamado *princípio fundamental da dinâmica* (conhecido também como segunda lei de Newton), cuja conhecidíssima expressão matemática é:

$$F = m \cdot a$$

Compreender esta lei significa estabelecer relações entre a força que atua sobre um corpo e a aceleração que ele experimenta, reconhecendo que nem todos os corpos experimentam a mesma aceleração quando atua uma mesma força sobre eles. A aceleração dependerá da massa do corpo.

Essa lei da dinâmica estabelece que força e aceleração são diretamente proporcionais, sempre que a massa permaneça constante. Ou seja, quando muda o corpo, e portanto sua massa, muda a constante de proporcionalidade. Por conseguinte, ao tentar compreender essa lei surgirão os problemas tradicionais relacionados com o cálculo proporcional, que já foi discutido com mais amplitude na seção correspondente do capítulo anterior. Os postulados gerais sobre o cálculo proporcional que ali foram apresentados para a química também são válidos nesse caso.

Porém, igualmente ao que ocorria na química, não basta que o aluno compreenda o cálculo proporcional; ele precisa aplicá-lo a conteúdos concretos, neste caso físicos. Ou seja, o que se pretende é que ele compreenda as relações quantitativas entre magnitudes muito concretas: força, massa e aceleração. Por isso, no caso da lei fundamental da dinâmica, aos problemas relacionados com a proporcionalidade somam-se as dificuldades de compreensão e diferenciação entre as magnitudes força e aceleração, além de outras relacionadas, por exemplo, com a velocidade. Assim, vamos encontrar que, mesmo que o aluno seja capaz de aplicar corretamente a relação matemática e calcular valores numéricos para a aceleração, continuará interpretando o movimento dos corpos no marco de uma teoria a que atribui uma relação diretamente proporcional à força e à velocidade, como já vimos em seções anteriores. Portanto, a aplicação de um algoritmo matemático, a habilidade no cálculo e a utilização correta da fórmula $F = m.a$ não garantem que o aluno compreenda a relação entre força e aceleração no marco da teoria newtoniana sobre o movimento. Provavelmente esse seja um passo necessário, mas não é suficiente. A mudança conceitual exigiria, portanto, além da aplicação matemática das fórmulas físicas, uma compreensão inserida no marco da teoria científica das relações que foram quantificadas.

Porém, compreender o movimento dos corpos no marco da teoria física que é ensinada nos ensinos fundamental e médio implica utilizar também as chamadas leis do movimento, que relacionam a posição de um corpo, o tempo, a velocidade e a aceleração. Do ponto de vista das proporções envolvidas, devemos observar que aparecem relações entre mais de duas variáveis, por exemplo,

$$s = v.t \quad \text{ou} \quad v = a.t$$

e, às vezes, essa relação chega a ser quadrática:

$$s = \tfrac{1}{2} a.t^2$$

Compreender a relação de proporcionalidade nesses e em outros casos torna-se muito mais complexo para os alunos e, apesar de que se tenta facilitar a tarefa por meio da representação gráfica das funções matemáticas correspondentes, para a maioria deles isso não faz mais sentido do que as *fórmulas* que permitem obter determinados valores numéricos. Isso influencia nas dificuldades para compreender conceitos como, por exemplo, o de velocidade.

Compreender o conceito de velocidade exige estabelecer uma relação diretamente proporcional com o deslocamento do objeto que se move e inversamente proporcional com o tempo empregado nesse deslocamento. Essa dupla relação encontra uma oposição forte por parte de muitos alunos que, assim como fazem em outros casos (ver, no capítulo anterior, o que ocorre com a concentração de uma dissolução), tendem a focar-se na relação entre a velocidade e apenas uma das variáveis de que ela depende, que, neste caso, é o deslocamento (a mais simples, dado que a relação é direta). Assim, muitos alunos têm uma noção intuitiva de velocidade, segundo a qual o objeto mais rápido é aquele que alcança uma determinada posição em primeiro lugar ("o que chega primeiro"), independentemente do tempo empregado. De modo similar, confundem velocidade e aceleração, associando a maior aceleração com o objeto que alcança a maior velocidade, independentemente da variável tempo. Assim, é fácil encontrar respostas e comentários entre alunos do ensino médio do tipo "o veículo A tem a máxima aceleração nesse instante porque é quando está andando mais depressa".

Entender o movimento dos corpos no marco da teoria física também exige introduzir elementos de cálculo vetorial, mais ou menos explícitos dependendo das idades, que na sua forma mais simples supõe reconhecer as diferenças entre os diversos sentidos da mesma magnitude – por exemplo, distinguir entre deslocamentos opostos, entre sentidos de movimento, entre aceleração e desaceleração, etc. – ou entre diferentes sentidos de diferentes magnitudes que definem o mesmo movimento – por exemplo, deslocamento, velocidade e aceleração. Tudo isso exige ter muito bem entendido o conceito de sistema de referência e compreender que o valor de cada magnitude depende desse sistema de referência. Assim, os alunos encontram numerosas dificuldades para compreender e estabelecer os valores das diferentes magnitudes nas equações do movimento quando, por exemplo, um carro desloca-se para a direita e, apesar disso, a aceleração atua para a esquerda; não concebem que um carro possa ter velocidade positiva e, ao mesmo tempo, aceleração negativa, embora muito mais incompreensível seja o caso contrário, quando um objeto que se movimenta tem aceleração positiva, mas velocidade negativa.

Tudo isso faz parte do marco em que estão configuradas as teorias intuitivas dos alunos sobre o movimento e as forças, de modo que os problemas com a quantificação não são algo isolado dos problemas relacionados com os outros princípios conceituais que discutimos anteriormente. Assim, as dificuldades para reconhecer que uma velocidade positiva pode estar acompanhada por uma aceleração negativa quando um carro se desloca são os mesmos que eles encontram para reconhecer que quando lançamos uma pedra para cima, a força que atua sobre a pedra aponta para baixo.

Em suma, os problemas de aprendizagem relacionados com a quantificação podem ser muito numerosos no estudo da física, uma disciplina que baseia sua potência e grande parte de seu desenvolvimento justamente no estudo quantitativo das leis da natureza. Mas, em qualquer caso, esses problemas não devem nos levar a esquecer que o sentido da física, para além da quantificação, é ajudar a compreender as leis que regem a natureza.

ELETRICIDADE E MAGNETISMO: OS CIRCUITOS ELÉTRICOS

Os fenômenos elétricos e magnéticos são conhecidos desde a Antiguidade, mas seu estudo não se desenvolveu em profundidade até o século passado. Na atualidade, dada a importância desses fenômenos no desenvolvimento de todo tipo de dispositivos tecnológicos, são habituais na vida diária de qualquer pessoa. De fato, não há um dia em que não utilizemos uma porção de aparelhos elétricos. Podemos dizer, portanto, que a eletricidade é algo totalmente familiar para os estudantes dos ensinos fundamental e médio. Não é esse o caso do magnetismo, embora também não seja estranho para eles. Contudo, assim como assinalávamos nas seções anteriores, também neste bloco de conteúdos aparecem numerosas ideias de alunos que diferem daquelas que se pretende transmitir por meio do ensino das ciências da natureza e que provocam dificuldades de aprendizagem no contexto escolar. Essas ideias e dificuldades de aprendizagem também foram estudadas amplamente na literatura especializada (ver, por exemplo, Hierrezuelo e Montero, 1991; Driver, Guesne e Tiberghien, 1985; Driver et al., 1994), e as mais importantes delas estão resumidas no Quadro 7.12.

A maioria dessas ideias, assim como ocorre nos outros blocos de conteúdos trabalhados anteriormente, surge da observação da realidade cotidiana a partir do marco de suas teorias implícitas. Elas permitem que o aluno faça previsões e organize suas ações de maneira medianamente razoável sobre muitos fatos que ocorrem à sua volta: é necessário ligar a lâmpada para que se produza luz, o rádio não funciona quando as pilhas estão gastas, se o fio da torradeira for cortado ela não funciona, se a voltagem é muito alta o motor queima, etc. Apesar de a maioria deles serem incapazes de desenhar um circuito para conseguir acender uma lâmpada com uma pilha, é muito provável que pudessem acendê-la quando lhes fornecem o material necessário, assim como manejam com grande facilidade e sucesso todos os aparelhos elétricos que há à sua volta. Com o ensino da eletricidade no ensino médio, pretende-se que o aluno seja capaz não só de manejar esses aparelhos, mas também de poder compreender de uma forma básica seu funcionamento no marco da teoria científica sobre o comportamento elétrico da matéria.

Se considerarmos uma lâmpada conectada a uma pilha, que acende e nos ilumina, teríamos um exemplo familiar para a maioria das pessoas, mas não tão simples de explicar do ponto de vista físico para muitas delas. Durante o ensino médio, os estudantes deveriam ser capazes de compreender e explicar que a pi-

QUADRO 7.12
Algumas das ideias e dificuldades de aprendizagem relacionadas com a eletricidade e o magnetismo

Utilização dos termos envolvidos no estudo dos fenômenos elétricos
Aparecem dificuldades para distinguir e utilizar termos como "diferença de potencial", "voltagem", "corrente", "energia", "potência", etc. Os termos "corrente elétrica", "eletricidade" e "voltagem" são utilizados como sinônimos.

A corrente elétrica como fluido material
A corrente elétrica é concebida como um fluido material que está armazenado na pilha e é consumido pela lâmpada; os fios seriam apenas o veículo que permite levar a corrente de um lugar para o outro.

Problemas com os circuitos
Os alunos não veem a necessidade de fechar um circuito para que haja uma corrente elétrica. Quando se pede que desenhem as conexões de uma pilha e de uma lâmpada para que ligue, propõem modelos nos quais há somente um fio que une os dois dispositivos, ou dois fios, indicando que a corrente viaja da pilha para a lâmpada pelos dois fios ao mesmo tempo. Às vezes, pelo segundo fio sequer passa corrente.

A função das pilhas
As pilhas são concebidas como armazenadores do fluido (energia, carga elétrica, voltagem, eletricidade, corrente, etc.) que é necessário transportar para a lâmpada. Para muitos, seria um armazenador de eletricidade que, através dos pólos, encarrega-se de injetá-la nos cabos. As pilhas proporcionam uma corrente constante, independente do circuito a que estejam conectadas.

O circuito como sistema de interação
Uma vez aceita – mesmo que não necessariamente compreendida – a necessidade de um circuito fechado para que circule a corrente elétrica, os alunos não aceitam que o circuito seja um sistema de interação no qual qualquer mudança afeta globalmente todo o circuito. Eles tendem a analisar localmente e em separado cada uma das partes do circuito, de modo que interpretam que a corrente vai se gastando ou debilitando segundo atravessa os diferentes elementos que compõem o circuito, de maneira que volta para a pilha menos corrente do que a fornecida inicialmente. É o que tem sido chamado de *raciocínio sequencial*.

A utilização do termo "voltagem"
Os termos "voltagem" e "diferença de potencial" são muito pouco utilizados nas explicações que os alunos dão para os fenômenos elétricos e os circuitos, e quando os utilizam muitas vezes é como sinônimo de corrente elétrica. Outras vezes, tendem a interpretar a voltagem ou a diferença de potencial como sendo uma propriedade da corrente ou uma consequência desta, em vez de considerar a corrente elétrica como uma consequência da diferença de potencial entre dois pontos de um condutor.

Dificuldades na interpretação dos diagramas que representam um circuito
Os alunos enfrentam dificuldades para interpretar as representações gráficas dos circuitos. Não são capazes de associar os circuitos reais com suas representações gráficas, mesmo quando se trata de montagens simples. Se no diagrama for mudada a posição de algum dos elementos auxiliares, ainda que representem situações fisicamente idênticas, interpretam que se obtêm circuitos diferentes.

Magnetismo
Com respeito às ideias sobre os ímãs e as propriedades magnéticas existe pouca informação. Contudo, foi detectado que os alunos tendem a interpretar da mesma maneira a atração gravitacional e a atração magnética, de modo que precisam de um meio material que permita a transmissão da força a distância: o ar. Muitos alunos interpretam que, na ausência de ar, não haveria forças magnéticas.

lha contém uma determinada energia que transfere para os elétrons que se movem pelo circuito e estes, por sua vez, transferem energia para a lâmpada. Na lâmpada ocorre um aumento de temperatura do filamento, o que faz com que emita energia para o exterior e se ilumine. Em todo o processo, a quantidade de energia presente no sistema formado pela pilha, a lâmpada e o recinto é constante – conserva-se. Por outro lado, os elétrons movem-se pelo circuito em um ciclo fechado, o que faz com que sempre haja o mesmo número deles e, portanto, que a carga se conserve. Compreender as diferentes interações que ocorrem no sistema, junto com a conservação da energia e da carga, é uma condição necessária para entender como funciona um circuito elétrico. Contudo, tal como assinalávamos, a bibliografia sobre o tema mostra que os alunos não compreendem isso, pelo menos não como nós queremos que eles compreendam. Suas ideias sobre a eletricidade, tal como propomos no Capítulo 4, estão estruturadas em torno de princípios conceituais diferentes daqueles das teorias que são transmitidas ao longo do ensino da física.

O problema da interação nos circuitos elétricos

Igualmente ao que ocorria com os outros conteúdos da física estudados nas seções anteriores, a familiaridade que o aluno tem com o manejo de todo tipo de aparelhos elétricos, o conhecimento de seu funcionamento e o bombardeio de informação que recebe por diversos meios ajudam a que ele assuma determinadas crenças sobre o comportamento elétrico da matéria. Isso leva a que, diante da ideia de múltiplas interações dentro do sistema formado pelo aparelho, o gerador e os fios condutores, os alunos oponham um raciocínio causal simples, no qual sempre há um agente necessário para que ocorra uma mudança. No Quadro 7.13 são resumidas algumas das características dos princípios causais nos quais os estudantes baseiam suas teorias sobre a eletricidade.

Em geral, as crenças que os alunos mantêm sobre o funcionamento dos circuitos e os aparelhos elétricos podem ser resumidas em algumas ideias muito simples: o que faz com que um aparelho funcione é a "eletricidade" que se consome ou se gasta nele, as pilhas e tomadas elétricas são fontes ou armazenadores de eletricidade e, portanto, é necessário transportar essa eletricidade até o aparelho. A ideia fundamental subjacente na maioria das interpretações dos estudantes é considerar a eletricidade como substância material, que se armazena, se gasta e que é necessário transportar de um lugar para outro. Analogamente ao que ocorria com a energia, os estudantes "substancializam" o conceito, atribuindo à eletricidade propriedades materiais, e consideram-na, também, como uma espécie de combustível que pode ser armazenado em determinados dispositivos (por exemplo, as pilhas) e que é necessário repor de alguma maneira quando se gasta (por exemplo, mudando as pilhas ou recarregando-as com um dispositivo adequado), mas que, inclusive, pode chegar a se autorrepor, por exemplo, colocando as pilhas na geladeira ou deixando-as descansar alguns dias. É algo muito similar ao que já comentamos na seção dedicada à energia.

Podemos tomar como referência um exemplo muito simples: o de uma pilha, uma lâmpada e uns fios. Para explicar como e por que a lâmpada acende quando é ligada à pilha, os alunos recorrem a uma série de relações causais nas quais "a eletricidade" seria o agente que provoca a mudança (a lâmpada acender). Para consegui-lo, é preciso apenas transportar a eletricidade que está armazenada na pilha até a lâmpada e, para isso, é necessário o veículo adequado – os fios condutores.

Há uma abundante bibliografia sobre como os alunos interpretam a forma

QUADRO 7.13
O problema da interação no estudo dos circuitos elétricos

Fatos e dados dos quais o aluno parte e que o levam a adotar determinadas crenças	Crenças do aluno – Para que um aparelho funcione é necessário transportar algo desde o gerador: "eletricidade". – A eletricidade é vista como algo material, uma substância. Uma espécie de combustível que pode se gastar e é necessário repor. – Pilhas e tomadas elétricas são fontes ou armazenadores de eletricidade. – Os aparelhos gastam ou consomem eletricidade.
Causalidade linear e unidirecional	Relações causais que o aluno estabelece – A eletricidade é o agente que faz o aparelho funcionar. – É necessário algo que ajude a transportar e que canalize a eletricidade: os fios. – Basta com um condutor (fio) para que a eletricidade chegue ao aparelho. – Ao ir passando por diferentes aparelhos, a eletricidade (o agente) vai se gastando. – A carga elétrica se desloca em um circuito porque nos polos das pilhas existem cargas do mesmo sinal que a repelem, em um, e de diferente sinal que a atraem, no outro.
Interação e sistemas O objetivo do ensino médio	Interação entre corpos e sistemas – A interação entre o gerador e o aparelho ocorre por meio de uma corrente de elétrons que circula em circuito fechado. – O gerador transfere energia para os elétrons e estes a transferem para o aparelho. – Os elétrons movimentam-se entre dois pontos porque existe uma diferença de potencial entre eles.

como devem ser conectadas a lâmpada e a pilha para conseguir que acenda, ou seja, sobre como deve ser construído o "circuito" elétrico. Na Figura 7.9 são mostrados vários exemplos dos modelos de conexão que muitos alunos do ensino médio propõem, chegando a porcentagens relativamente importantes (Shipstone, 1985; Varela et al., 1993). Quando se pergunta como ocorre a circulação da corrente elétrica entre a pilha e a lâmpada, surgem diversos tipos de respostas que Osborne e Freyberg (1985) classificaram em quatro modelos diferentes, que são representados na Figura 7.10.

Contudo, uma vez que o aluno sabe que é necessário fechar o circuito para que a corrente elétrica circule, ele não aceita, necessariamente, que seja um sistema de interação no qual toda mudança pode afetar globalmente. Parece que os estudantes, em vez disso, tendem a analisar localmente e em separado cada uma das partes do circuito, de modo que interpretam que

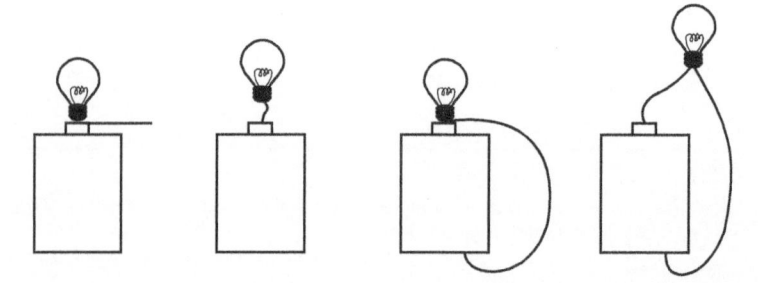

Figura 7.9
Exemplos de formas de conexão propostas pelos alunos do ensino médio para conseguir acender uma lâmpada com uma pilha.
Driver e colaboradores., 1994.

a energia ou a corrente, dependendo do caso, vai se gastando ou debilitando ao atravessar os diferentes elementos que o compõem. Em resumo, isso se traduziria em que retorna menos corrente para a pilha do que aquela que fornece inicialmente, porque uma parte foi gasta na lâmpada (ver o *modelo de gasto de corrente* proposto na Figura 7.10). Da mesma maneira, quando os circuitos se tornam mais complicados e há mais de uma lâmpada intercalada (por exemplo, no circuito da Figura 7.11), os alunos interpretam que a segunda lâmpada (B) brilharia menos

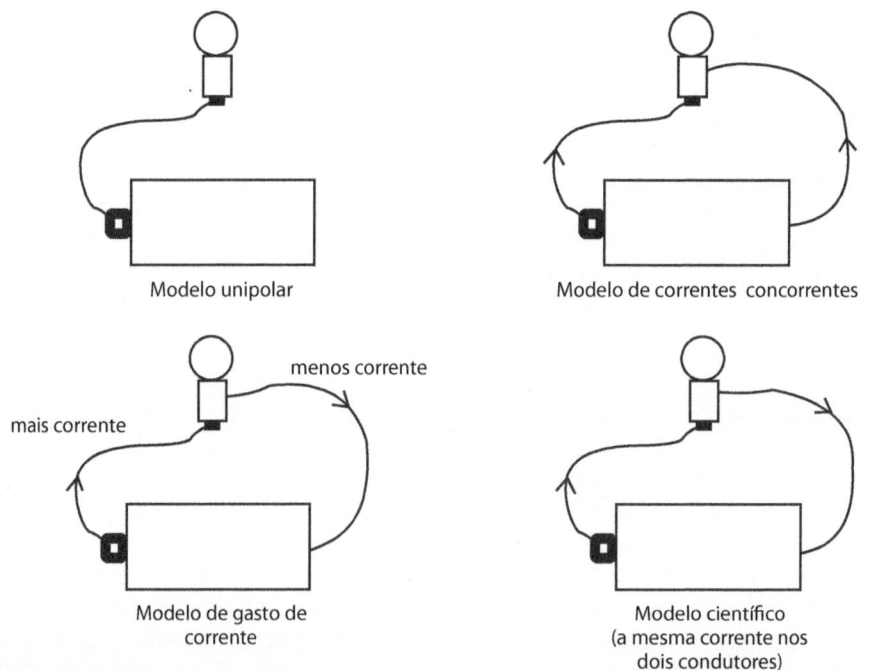

Modelo unipolar

Modelo de correntes concorrentes

Modelo de gasto de corrente

Modelo científico
(a mesma corrente nos dois condutores)

Figura 7.10
Quatro modelos diferentes para representar como circula a corrente elétrica quando são conectadas uma lâmpada e uma pilha.
Driver e colaboradores, 1994

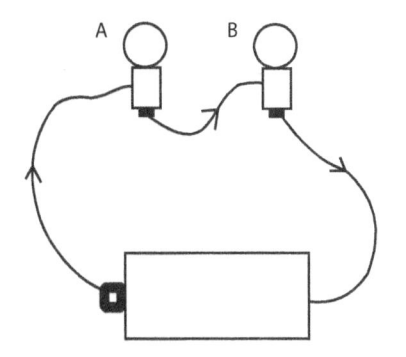

Figura 7.11
Circuito com duas lâmpadas conectadas em série a uma pilha.

do que a primeira (A). Parte da corrente teria sido gasta na lâmpada A e, portanto, chega menos até a B. É o que tem sido chamado de *raciocínio sequencial*.

Por trás dessas e de outras muitas ideias similares está, como já comentávamos, uma visão material da corrente elétrica. A "eletricidade" é simplesmente um fluido que é necessário levar de um lugar para outro. Para muitos alunos, frente à noção de sistema em interação no qual se transfere energia, o circuito elétrico é mais um sistema de partilha e distribuição da "eletricidade" que, por meio dos fios, permite transportá-la do gerador para os aparelhos em que ela é consumida. É possível fazer diversos tipos de representações e obter diferentes respostas (ver as Figuras 7.9 e 7.10), mas por trás delas existe uma teoria comum na mente do aluno: para que a lâmpada brilhe é necessário transportar a eletricidade (com todas as suas características materiais) da pilha para a lâmpada. Os fios, sejam dois ou apenas um, representam apenas o veículo de transporte. Para a maioria dos alunos, os fios comportam-se como uma *mangueira* que permite transportar a eletricidade. Essa teoria, em função dos dados, da informação que o aluno possui, ou do que ele pensa que o professor quer que ele responda, adota diferentes modelos. Assim, os estudantes podem saber que sempre são necessários dois fios, ou ouviram falar (coisa frequente) da polaridade, tanto na pilha quanto na lâmpada. Se lhes for pedido, vão incorporar o sentido da corrente aos seus dispositivos: desenharão uma flecha que indique como ela se move. Mas também encontraremos algumas das representações da Figura 7.9, que voltam a ter por trás a ideia do transporte do fluido material chamado eletricidade do armazém (pilha) para o aparelho em que será gasto (lâmpada), seja por um único condutor ou por dois.

Segundo obtenha novas informações, o aluno irá adicionando elementos diferentes aos seus dispositivos e produzirá outras representações. Assim, pode aceitar a ideia de corrente em um circuito fechado, mas continua concebendo-a como um fluido material que vai se gastando ao passar pelos diferentes dispositivos que encontra em seu caminho. Por trás do raciocínio sequencial está a concepção da corrente elétrica como um fluido material e os raciocínios causais que permitem explicar como o agente que provoca a mudança se gasta nos diversos aparelhos.

Quando os alunos, no final do ensino médio (16-18 anos), aceitam a existência de uma corrente de elétrons no circuito, o problema surge ao buscar uma interpretação do mecanismo que produz o movimento desses elétrons. A teoria física explica que esse movimento das cargas ocorre a partir de uma diferença de potencial entre dois pontos, mas o conceito de potencial não é fácil, de fato é bastante obscuro, e os alunos precisam encontrar um mecanismo causal que explique esse movimento. E o encontram em algo muito mais simples: sabem que as cargas elétricas se movem quando são repelidas por uma carga do mesmo sinal ou quando atraídas por outra de sinal contrário. A partir disso, tendem a atribuir cargas elétricas aos polos das pilhas. Assim, quando conectamos a lâmpada com a pilha por meio dos fios, ficaria estabelecida a corrente, porque no polo negativo existem cargas negativas que repelem os elétrons e no polo positivo há cargas positivas que atraem os elétrons (por exemplo, Viennot, 1996). E o que acontece no interior da pilha? Para muitos, como consequência disso, no interior da pilha não haveria corrente. Algo muito similar ocorre com os alunos que finalizam o ensino médio quando tentam explicar o movimento de uma carga no interior de um campo elétrico. Para explicar, por exemplo, que uma carga positiva se move espontaneamente entre dois pontos A e B de um campo, atribuem uma carga positiva ao ponto A e uma negativa ao ponto B.

Encontrou-se que os termos "voltagem" e "diferença de potencial" são muito pouco utilizados nas explicações dos alunos para os fenômenos elétricos e dos circuitos e, quando são utilizados, muitas vezes é como sinônimo de corrente elétrica. O problema surge quando os alunos começam a se aproximar da utilização correta deste conceito. Nesse caso, tendem a interpretar a voltagem como uma propriedade da corrente ou como uma consequência dela, em vez de considerar a corrente elétrica como uma consequência da diferença de potencial entre dois pontos de um condutor.

Os alunos estão familiarizados com numerosos termos que geralmente são utilizados, tanto na escola como na vida cotidiana, para falar – ou para estudar – dos fenômenos elétricos (diferença de potencial, corrente elétrica, intensidade, voltagem, etc.), os quais são de uso comum. Contudo, além das dificuldades intrínsecas a cada um, que não são poucas (por exemplo, para poder compreender o conceito de potencial o aluno deve compreender algo tão abstrato como o conceito de campo), não devemos esquecer que cada conceito ou magnitude se define e se mede – ou seja, adquire sentido – no marco de uma teoria. A teoria do aluno é bastante diferente da teoria científica e está baseada naquilo que observa diretamente. Assim, ele vê que é necessário ligar os diferentes aparelhos a uma tomada na parede, à pilha ou à tomada elétrica do carro (o isqueiro). Ou, no caso do típico exemplo escolar, conectar uma lâmpada com uma pilha por meio de fios. O que percebe é que para que haja um efeito (a lâmpada acender) tem de haver algo que chega da pilha para a lâmpada através do fio ou fios. Esse algo recebe o nome, na linguagem coloquial e familiar, de eletricidade. No marco de sua teoria inicialmente não cabem diferenças e todos os conceitos são incorporados como sinônimos de "eletricidade", esse algo que é necessário transportar da pilha para a lâmpada. Para que possa compreender e diferenciar entre esses conceitos, para que não os utilize de forma algorítmica e mecânica (como, por exemplo, quando se aplica a lei de Ohm e se calcula intensidade ou diferenças de potencial), é necessário que ocorra uma profunda mudança conceitual.

O problema da conservação nos circuitos elétricos

Se retomarmos o exemplo da lâmpada que é conectada a uma pilha, que acende e ilumina, do ponto de vista da conservação das propriedades da matéria, os estudantes do ensino médio deveriam ser capazes de compreender e explicar que a pilha tem uma determinada energia, que é transferida para os elétrons que se movimentam pelo circuito e estes, por sua vez, transferem energia para a lâmpada. Na lâmpada ocorre um aumento de temperatura do filamento, o que faz com que ela emita energia para o exterior e ilumine. Durante todo o processo, a quantidade de energia presente no *sistema* formado pela pilha, a lâmpada e o recinto é constante, conserva-se. Além disso, os elétrons movem-se pelo circuito em um ciclo fechado, o que faz com que sempre haja o mesmo número deles e, portanto, que a carga se conserve. Compreender a conservação da energia e da carga é uma condição necessária para entender como funciona um circuito elétrico. Contudo, tal como assinalávamos no início do capítulo, a bibliografia sobre o tema mostra que os alunos não o compreendem. Ao problema da interação que acabamos de tratar – materializado nas interpretações da corrente elétrica como uma substância e na necessidade de uma "mangueira" que transporte a "eletricidade" da pilha para lâmpada – somam-se as dificuldades para compreender as conservações não observáveis da matéria dentro de um *sistema*. Os alunos interpretam que os fios transportam a "eletricidade" da pilha para a lâmpada, onde ela é consumida. O Quadro 7.14 esquematiza a forma como os alunos veem a conservação no estudo dos circuitos elétricos.

As dificuldades que os alunos encontram estão muito relacionadas com as que já foram descritas no caso da energia. São dois problemas diferentes, ainda que relacionados, nos quais, embora o objeto de aprendizagem não seja o mesmo, os pontos de partida dos alunos são muito similares. No estudo dos circuitos elétricos, assim como o que ocorria com a energia, as interpretações dos alunos novamente estão baseadas na percepção que eles têm do problema. Mais uma vez é determinante a tendência a prestar atenção naquilo que muda e não no que permanece. Esta tendência a concentrar-se nas mudanças e não nos estados representa uma limitação importante para compreender as conservações e os estados de equilíbrio, que

---

QUADRO 7.14
As conservações no estudo dos circuitos elétricos

Mudança sem conservação	– O gerador é um armazenador de eletricidade. Pode esgotar-se, no caso da pilha, ou é quase inesgotável, no caso das tomadas. – O gerador proporciona eletricidade. O aparelho consome e gasta eletricidade. – A eletricidade vai se gastando ao longo do circuito segundo vai passando por diferentes aparelhos.
Mudança com conservação	– Os elétrons circulam em um circuito fechado sem que haja perdas nem ganhos. Há conservação da carga. – Considerando o sistema gerador/aparelho como isolado, a energia se conserva.
Conservação e equilíbrio	– A corrente circula entre dois pontos de um circuito devido à existência de uma diferença de potencial. – Quando a diferença de potencial entre dois pontos é zero, não há corrente elétrica entre esses pontos. Existe um equilíbrio e não se transfere energia para o exterior.

também são necessários para interpretar o que ocorre em um circuito. Os alunos veem que quando se acende uma lanterna, ela brilha e ilumina à sua volta, mas pouco a pouco, com o tempo, a intensidade luminosa vai diminuindo até que, no final, a lanterna acaba apagando. O mesmo ocorre com o motor de um carrinho, que gira cada vez mais devagar até parar, ou com o rádio, que cada vez fica mais baixo até que não se ouve nada. Em todos esses casos, e em muitos outros, a observação que o aluno faz é que os diferentes aparelhos consomem algo que habitualmente é chamado de "eletricidade". Além disso, ele sabe que esse algo está armazenado na pilha e que, por isso, é necessário trocá-la. O fenômeno é facilmente assimilável em termos energéticos. O aluno pode aceitar muito facilmente que se consome "energia", que é uma outra forma de chamar essa "substância" ou "combustível".

Compreender o que ocorre em um circuito elétrico implica compreender a conservação e transferência de energia entre o gerador e o aparelho, o que, por sua vez, implica todas as limitações que já foram descritas na seção dedicada à energia. Mas isso não é suficiente; é necessário também assumir a conservação da carga. Em ambos os casos, é condição prévia compreender o mecanismo microscópico do processo, entender que uma corrente de elétrons em um circuito fechado é o que permite essa transferência de energia sem que haja transferência de carga nem de matéria. Mas isso não é fácil nem evidente. Assim como ocorria com a química, quando falávamos do mecanismo envolvido nas mudanças da matéria (ver o Capítulo 6), é necessário explicar as mudanças macroscópicas a partir de modelos microscópicos, recorrendo a partículas que não podemos ver nem imaginar, embora os alunos aceitem sua existência. Os problemas atrelados à compreensão do mecanismo microscópico do funcionamento de um circuito elétrico estão muito pouco estudados e não existem dados sobre as ideias e dificuldades concretas que eles apresentam aos alunos, embora seja de esperar que tenham muitos pontos em comum com aqueles que descrevíamos no Capítulo 6, quando falávamos de química (por exemplo, relacionados com o problema da agitação e do movimento nos sólidos).

Para descrever o funcionamento dos circuitos elétricos, a física recorre ao uso de uma série de magnitudes (resistência, intensidade, potencial, etc.) que facilitam sua compreensão e ganham sentido no marco da teoria elétrica da matéria. Assim, da mesma maneira que se explica que a energia se transfere entre dois corpos que estão a diferentes temperaturas até que o equilíbrio é alcançado, também se explica que existe corrente elétrica entre dois pontos de um circuito enquanto existir uma diferença de potencial entre esses pontos, o que dentro de um circuito implica uma transferência de energia que se realiza em qualquer aparelho elétrico. Quando a diferença de potencial é zero, não há corrente. Compreender o funcionamento de um circuito em termos de conservação e equilíbrio no marco da teoria física implica compreender, entre outros, conceitos como o de potencial e diferença de potencial, o que é extremamente difícil, quando não impossível, para os alunos do ensino médio.

O problema da quantificação no estudo dos circuitos elétricos

Compreender os circuitos elétricos exige, também, compreender as relações quantitativas entre as diversas magnitudes que ajudam a defini-los no marco da teoria física. Assim, os alunos do ensino médio devem compreender e saber interpretar, entre outras, as leis de Ohm e de Joule para os circuitos simples. Mas compreender essas leis, que estabelecem as relações quantitativas em um circuito, apresenta aos alunos dois tipos de dificuldades: as derivadas do cálculo proporcional e as derivadas das magnitudes utilizadas.

Do ponto de vista do cálculo proporcional, aparecem as dificuldades típicas que já foram descritas em seções anteriores (ver, para uma informação mais ampla, o Capítulo 6). A lei de Ohm, em sua forma mais simples,

$$(V_A - V_B) = I.R$$

estabelece uma relação de proporcionalidade direta entre a diferença de potencial nos terminais de uma resistência e a intensidade da corrente que circula por ela, sendo a constante de proporcionalidade uma propriedade do dispositivo, a resistência. Compreender essa lei do ponto de vista matemático é relativamente simples, apesar de que apresenta algumas das limitações que já descrevemos para a proporcionalidade no Capítulo 6. Contudo, a lei de Ohm pode resultar mais complicada se for apresentada como:

$$R = \frac{(V_A - V_B)}{I}$$

Apesar de, de um ponto de vista matemático, as duas expressões representarem a mesma coisa, para muitos alunos é muito mais difícil compreender que a resistência (por exemplo, de uma lâmpada) seja uma relação entre a diferença de potencial entre os terminais da lâmpada e a intensidade que por ela circula. Aparece, além disso, uma relação inversa entre R e I. Duas representações diferentes da mesma lei podem derivar em dificuldades conceituais diferentes para os alunos.

A outra lei a que nos referimos é a de Joule, que em uma de suas expressões mais simples, aplicada a uma resistência, seria apresentada como

$$\Delta E = I^2.R.\Delta t$$

que expressa a troca energética que ocorre em uma resistência em função da intensidade da corrente, do valor da resistência e do tempo durante o qual está funcionando. Novamente aparecem relações de proporcionalidade direta entre a energia e o resto das variáveis. Os problemas fundamentais que os alunos vão encontrar, do ponto de vista da proporcionalidade, além dos descritos no exemplo anterior, estarão relacionados com a interdependência entre mais de duas variáveis. Eles encontram muitas dificuldades para compreender esta dependência múltipla quando não se determina previamente alguma das variáveis.

Essas duas leis são exemplos representativos das relações quantitativas no estudo dos circuitos elétricos. Podem aparecer outras diferentes, podem tornar-se mais complicadas, mas as dificuldades básicas serão as mesmas. Vamos encontrar que os alunos são capazes de utilizá-las praticamente sem dificuldades quando se trata de fazer cálculos, de modo mecânico e algorítmico, mas terão problemas na hora de interpretar as relações quantitativas entre as diferentes variáveis envolvidas. Ou seja, o sucesso nos cálculos em exercícios numéricos não garante a compreensão das leis quantitativas dos circuitos elétricos.

Como já dizíamos anteriormente, existe outro foco de dificuldades na compreensão quantitativa dos circuitos elétricos: a natureza dos conceitos envolvidos. Para compreender a teoria física sobre os circuitos não basta compreender as relações de proporcionalidade entre as diversas magnitudes. É necessário, também, integrar o significado das diferentes magnitudes dentro dessas relações. E isso, conforme temos repetido ao longo de toda a seção dedicada aos circuitos elétricos, não é tão simples quanto parece. Compreender conceitos como intensidade de corrente, resistência, diferença de potencial, etc. resulta muito complexo para os alunos. Como já foi dito, esses conceitos adquirem sentido no marco de uma teoria. Portanto, o fato de os alunos os utilizarem no marco de sua própria teoria faz com que, muitas vezes, sejam tratados como conceitos muito pouco diferenciados entre si e, na maioria dos casos, como sinônimos desse algo mais geral que entendem por "eletricidade". Soma-se a isso o fato de que, muito antes de que sejam capazes de aproximar-se deles a partir de um ponto de vista conceitual, são obrigados a utilizá-los de modo numérico, fazendo muitos cálculos puramente mecânicos, que enfrentam facilmente com sucesso. Se também levarmos em consideração que a maioria dos livros didáticos mais utilizados – e, portanto, provavelmente muitos professores – fomentam um tratamento puramente numérico, para não dizer quantitativo, bastante afastado dos mecanismos explicativos do que ocorre em um circuito, provavelmente estejamos estabelecendo bases que dificultam a compreensão do que verdadeiramente são os circuitos elétricos.

OS PROCEDIMENTOS PARA FAZER E APRENDER FÍSICA

Como já foi dito no Capítulo 3, aprender ciências exige não apenas aprender conceitos, mas também aprender procedimentos de trabalho. Portanto, prosseguindo com a análise que estamos fazendo das dificuldades dos alunos na aprendizagem da física, vamos examinar nesta seção aquelas relacionadas com os procedimentos que se devem utilizar em seu aprendizado dessa disciplina.

No ensino da física, conforme já assinalamos para a química no capítulo anterior, tradicionalmente foi considerado como um objetivo importante que os alunos possam utilizar seus conhecimentos na solução de problemas e, de fato, eles representam um dos recursos didáticos mais utilizados na sala de aula para ensinar e consolidar os diferentes conhecimentos. Por isso, da mesma maneira que fizemos com a química, vamos tomar a resolução de problemas como ponto de referência para a análise das dificuldades de aprendizagem de procedimentos no ensino da física nos ensinos fundamental e médio.

Apesar de a solução de problemas, como dizíamos, ser um dos recursos mais utilizados no ensino da física, no trabalho na sala de aula existe uma certa confusão quanto ao significado do conceito de problema. Assim, muitas vezes são englobados sob este termo atividades que, contudo, não passam de simples exercícios. Esses dois tipos de atividades, exercícios e problemas, apesar de estarem muito relacionadas entre si, envolvem o uso de procedimentos de trabalho diferentes. Nesta seção nosso foco estará na solução de problemas na aula de física e, para isso, como no capítulo anterior, retomaremos a classificação (Pozo e Gómez Crespo, 1994) em problemas qualitativos, problemas quantitativos e pequenas pesquisas. Essa é uma classificação que, como já foi assinalado, é útil na hora de analisar as atividades da sala de aula. É bastante ajustada ao tipo de atividades mais utilizadas no ensino, embora muitas vezes seja possível encontrar atividades mais complexas que podem chegar a exigir a resolução dos três tipos de problemas.

Problemas qualitativos

Prosseguindo com a definição já estabelecida, entendemos como problemas qualitativos aqueles que o aluno pode resolver a partir de seus conhecimentos, por meio de raciocínios teóricos, sem a necessidade de recorrer a cálculos numéricos ou manipulações experimentais. No Quadro 7.15 mostramos alguns exemplos de problemas qualitativos em física.

Em geral, esses modelos de atividades estão dirigidas a estabelecer relações entre os conteúdos específicos da disciplina estudada e os fenômenos que elas permitem explicar. Ajudam a que o aluno reflita sobre seus conhecimentos pessoais e sobre suas próprias teorias, ao fazer com que ele as aplique à análise de fenômenos concretos. Por isso, são um bom instrumento para trabalhar os conceitos que foram desenvolvidos na sala de aula e possuem um alto valor formativo, especialmente quando são trabalhadas e discutidas em grupo.

Quando os alunos enfrentam esse tipo de atividade em física, as principais dificuldades que terão são, como assinalávamos no capítulo anterior, reconhecer o problema e compreender os conceitos que estão envolvidos. Vamos encontrar casos em que o problema pode resultar excessivamente aberto, ao ponto de que o aluno, às vezes, pode não entender o que está sendo perguntado. As respostas, nestes casos, serão vagas e carentes de precisão e, em algumas ocasiões, sequer terão qualquer relação com aquilo que o professor havia se proposto a trabalhar. Assim, no exemplo 1 do Quadro 7.15, podemos encontrar respostas que em nada estão relacionadas com os conhecimentos de eletricidade do aluno: "porque está quebrada", "porque estragou", etc. Isso faz com que o problema perca todo seu potencial didático.

Por isso, o papel do professor ao utilizar esse tipo de problema como instrumento didático deveria estar focado em levar os alunos ao terreno da discussão em termos de eletricidade e da necessidade de um circuito fechado. No exemplo 2, o próprio enunciado já tenta dirigir o aluno para o terreno energético, embora normalmente isso também não seja suficiente e, portanto, é necessário que o professor, com perguntas ou sugestões, ajude o aluno a enfocar corretamente o problema.

O outro tipo de dificuldade que será encontrado guarda relação com a com-

---

QUADRO 7.15
Alguns exemplos de problemas qualitativos

Exemplo 1
Em que são diferentes uma lâmpada que funciona e outra que está queimada? Por que uma funciona e a outra não?

Exemplo 2
Se deixarmos cair da mesma altura duas pedras, uma grande e outra pequena, qual você acha que chegará antes ao chão? (Pozo e Gómez Crespo, 1997b)

Exemplo 3
Como você já sabe, mudamos a hora dos nossos relógios duas vezes por ano. O que talvez você não saiba é que isso obedece a medidas de economia energética. Tente explicar por quê. (Gómez Crespo et al., 1995)

Exemplo 4
Por que se realiza mais trabalho quando se aquece um gás a uma pressão constante do que quando se faz a um volume constante? (Provas de Acesso à Universidade 1996/97)

preensão dos conceitos físicos envolvidos no problema. Assim, por exemplo, no segundo caso do Quadro 7.15, o mais provável é que as respostas dos alunos estejam relacionadas com as teorias que eles mantêm sobre as forças e o movimento, de modo que a maioria das respostas são orientadas a explicar que "a pedra grande chega antes ao chão porque, sendo maior, possui mais força". Sobre como surgem e se estruturam essas teorias dos alunos já falamos nas seções anteriores deste capítulo.

Esse tipo de problema, no caso da física, também pode chegar a um grau de dificuldade elevado do ponto de vista da estratégia que o aluno deve desenvolver para chegar à solução. Como amostra disso podemos nos valer do exemplo 4 do Quadro 7.15. Resolvê-lo como um problema, não como um exercício no qual se repita uma resposta elaborada anteriormente, pode ser extremamente complexo para os alunos aos quais está destinado (17 e 18 anos). Para conseguir chegar a uma solução eles vão precisar estabelecer uma sequência de passos que permitam que se aproximem da resposta estabelecendo múltiplas relações entre os conceitos envolvidos. Um exemplo de uma possível sequência para resolver o problema poderia ser a seguinte:

- Diferenciar entre processos a uma pressão constante e processos em volume constante.
- Imaginar uma situação na qual ocorra o aquecimento do gás (por exemplo, no interior de um cilindro dotado de um êmbolo).
- Reinterpretar o enunciado do problema e decidir, dada sua ambiguidade, se a pergunta refere-se à energia necessária para o processo ou ao trabalho mecânico que o sistema é capaz de realizar.
- Estabelecer variáveis, por exemplo, igualdade de temperatura inicial e igualdade de temperatura final para os dois casos.
- Reconhecer que em um caso há deslocamento do êmbolo e no outro não.
- Estabelecer as equações que relacionam as variáveis envolvidas no problema.
- Elaborar a resposta raciocinada.

Como vemos, elaborar uma resposta, tanto se for seguida essa estratégia ou qualquer outra, não é simples para os alunos, sobretudo levando em consideração que para eles nem sequer está claro o que está sendo perguntado, salvo que seja um exercício no qual tenham que se limitar a reproduzir uma resposta previamente elaborada.

Em resumo, vimos diferentes exemplos do que são os problemas qualitativos em física. Todos eles têm algo em comum, assim como ocorria em química: a necessidade de que o aluno utilize os conceitos, modelos e teorias que aprendeu para tentar encontrar uma resposta. Mas o grau de abertura dos enunciados pode fazer com que isso não seja simples e com que o aluno tenha dificuldades não apenas para estabelecer uma relação com os conceitos de que precisa para resolver o problema, mas também para compreender a própria tarefa. Isto faz com que, em algumas ocasiões, perca o interesse por resolvê-lo e tente se livrar do problema de forma rápida, por exemplo, com respostas que guardam pouca relação com as teorias trabalhadas. No outro extremo, o perigo estaria em facilitar tantas pistas que o problema se transforme em um exercício no qual o aluno só precise reconhecer enunciados e emitir respostas já elaboradas. Um exemplo desse extremo seria o de um livro didático, já antigo, que, após fazer uma pergunta concreta, chegava a propor ao aluno que copiasse a resposta que se dava na página 24. Sem ir tão longe, é necessário graduar as dificuldades com perguntas mais concretas ou pistas que sirvam como ajuda para que os alunos conectem com os conceitos e teorias que se deseja trabalhar, mas sem chegar ao extremo de que o problema desapareça.

Problemas quantitativos

Os problemas quantitativos, tal como assinalamos no Capítulo 3, seriam aqueles nos quais o aluno deve manipular e trabalhar com informação quantitativa e dados numéricos para alcançar uma solução, mesmo que o resultado possa não ser quantitativo. Isso faz com que as estratégias de trabalho que o aluno precisa desenvolver estejam enfocadas fundamentalmente nos cálculos matemáticos, na utilização de fórmulas ou na comparação de dados. No Quadro 7.16 são apresentados alguns exemplos desse tipo de problema em física.

QUADRO 7.16

Alguns exemplos de problemas quantitativos em física

Exemplo 1

Uma estufa indica em sua etiqueta os seguintes dados: 2.000W e 220V. É possível ligá-la a uma voltagem de 125V? Qual será sua potência nessas condições?

Exemplo 2

Um depósito fechado contém ar a pressão atmosférica. Suas grossas paredes podem suportar pressões elevadas, mas não superiores a 20atm. Por meio de uma bomba adequada se injeta ar uniformemente, com o que a pressão no interior aumenta segundo a seguinte tabela:

t(s)	0	1	2	3	4	5	6	7
P(atm)	1,0	1,5	2,0	2,5	3,0	3,5	4,0	4,5

Se a bomba funciona durante 40 segundos, as paredes do depósito poderão aguentar? Determine a lei que relaciona o tempo com a pressão e expresse-a em linguagem científica.

Exemplo 3

Uma pedra cai de uma janela situada a 4m de altura. Quanto tempo demora em chegar ao chão?

Exemplo 4

O gráfico mostra como varia a energia cinética de um carrinho com a velocidade.

a) Existe alguma lei física que nos permita explicar o comportamento do carrinho? Alguma constante intervém nessa lei? Calcule-a e indique em que unidades se mediria.
b) Deduza-a a partir dos dados do gráfico. Quanto vale a energia cinética quando se move a uma velocidade de 37m/s? Que velocidade o carrinho teria de ter para que a energia fosse 13J?

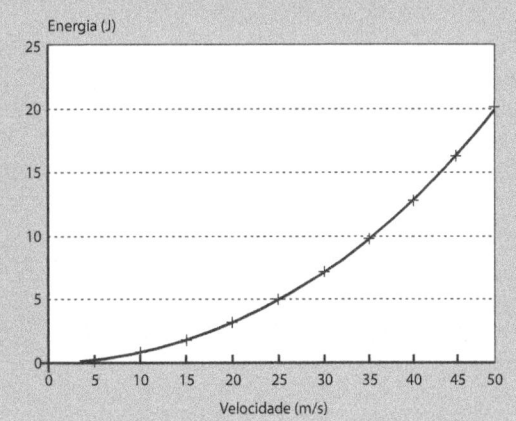

Os problemas quantitativos são úteis para o aprendizado da física e servem fundamentalmente para treinar o aluno no uso de técnicas e algoritmos que permitam abordar problemas mais complexos, ao mesmo tempo em que facilitam a compreensão das leis da natureza. Esses problemas são muito frequentes no ensino da física, ao ponto de que alguns professores chegam a conceber grande parte do ensino desta disciplina como um treinamento para resolver esse tipo de atividade e, consequentemente, concentram a avaliação na resolução de problemas, ou mesmo exercícios, quantitativos. Contudo, em física, contrastando com o que comentávamos para a química, existe uma tradição maior de complementar esse tipo de problema com exemplos mais qualitativos.

No capítulo anterior, quando falávamos dos problemas quantitativos em química, dizíamos que a maior dificuldade que eles apresentavam para os alunos era a necessidade de estabelecer uma estratégia de resolução que encadeasse as diversas proporções sucessivas que eles precisavam realizar. Em física, o panorama é bastante diferente, e as principais dificuldades estarão centradas em reconhecer as diferentes magnitudes envolvidas no problema, converter as unidades para um sistema homogêneo e estabelecer uma equação ou sistema de equações que levem à solução, que deve ser interpretada dentro do contexto em que se está trabalhando. Geralmente, as estratégias de solução são mais curtas do que nos problemas de química e, além disso, o aluno recebe o apoio "visual" da "fórmula", que permite que ele tenha presentes quais variáveis são as que precisa levar em consideração e como elas se relacionam entre si. O exemplo 3 do Quadro 7.16 apresenta um caso típico de cinemática no qual, uma vez determinados o sistema de referência e as variáveis necessárias para resolver o problema, a principal dificuldade para o aluno é encontrar o caminho que permita chegar das magnitudes iniciais ao espaço percorrido. Contudo, para isso, ao contrário do que ocorre nos problemas de química, dispõe de uma série de equações que o ajudam a visualizar a relação entre as diferentes magnitudes e a possível estratégia. Neste sentido, no ensino médio os problemas de física chegam a ser mais simples de resolver para os alunos que os problemas de química.

Contudo, o perigo que esse tipo de atividade apresenta é que, muitas vezes, o problema matemático mascara o problema de física. A excessiva importância que geralmente se concede à solução numérica faz com que, muitas vezes, tanto o professor quanto o aluno se conformem com que este último aprenda uma "técnica", limitando-se a identificar o tipo de problema e estabelecer a correspondência com um determinado algoritmo de resolução que o leve à solução correta. Assim, o problema transforma-se em um exercício sem significado físico e desaparece a necessidade de qualquer estratégia de atuação. É um método cômodo e eficaz, que leva a um êxito relativamente fácil e ajuda a alcançar um objetivo, ou a dotar o aluno de determinadas técnicas de trabalho que, por outro lado, são muito fáceis de avaliar (é o caso do exemplo 3 do Quadro 7.16, em que o aluno poderia automatizar a técnica para calcular o tempo de queda de um objeto a partir de uma determinada altura). Contudo, apesar de útil, se for utilizado como único elemento de aprendizagem pode ser um obstáculo para alcançar objetivos mais amplos; pode impedir, pelo menos em parte, que o aluno desenvolva hábitos e destrezas necessários para a solução de verdadeiros problemas.

Assim, no exemplo que comentamos (exemplo 3 do Quadro 7.16), se for proporcionada ao aluno a seguinte fórmula que relaciona o tempo com a altura,

$$t = \sqrt{2h/g}$$

bastará que ele faça as substituições na fórmula e, na maioria das vezes, conseguirá obter um resultado correto sem grande esforço. Quando for proposto outro problema com um enunciado diferente, bastará que ele identifique o tipo de problema e aplique a fórmula novamente. O aluno terá aprendido a utilizar um instrumento útil, mas muito específico, que não é generalizável para outras situações. Provavelmente não será capaz de utilizá-lo se forem mudadas as coordenadas ou o contexto de aplicação. Contudo, esse mesmo problema pode ser um bom treinamento para aprender a desenvolver estratégias de solução de problemas e praticar os diferentes procedimentos envolvidos. Bastaria focar na solução do problema, fazendo com que o aluno identifique as magnitudes envolvidas, fixe um sistema de referência, estabeleça as equações do movimento, determine as condições iniciais e finais do experimento e, por último, calcule o tempo que o objeto demora em cair. Enfocando o problema dessa maneira, muitos alunos encontrarão dificuldades iniciais para desenvolver sua estratégia e será necessário um esforço maior, deles e do professor, para dar sentido às dificuldades encontradas. Contudo, os procedimentos que forem seguidos serão generalizáveis para a resolução de problemas mais complexos e irão ajudá-los a aprofundar em sua compreensão da física.

Por um lado, o uso dos procedimentos mais específicos ajudará a conseguir que eles o dominem o suficiente para generalizá-los para outros problemas. Por outro, o fato de ter que desenvolver uma estratégia de resolução ajudará a estender esses procedimentos para outros âmbitos, como a química ou os problemas de sua vida cotidiana.

O mesmo pode ocorrer em todos aqueles casos em que o exercício numérico prevaleça sobre o científico. Isso não quer dizer que não sejam úteis e convenientes as atividades nas quais o aluno deve exercitar técnicas de cálculo. Também são necessárias e ajudam a praticar e automatizar essas técnicas. O perigo reside em que passem a ser a atividade prioritária, impedindo que o aluno desenvolva outras técnicas e destrezas também necessárias para facilitar o aprendizado da física. Assim, no exemplo 1 do Quadro 7.16 é possível ver um exercício que requer uma estratégia relativamente complexa para estabelecer as relações entre as diferentes variáveis e que, além disso, exige perceber que a única que se conserva ao mudar a voltagem de conexão da estufa é a que está definida pelas características do aparelho: a resistência. Dito dessa maneira, o problema fica mais difícil de resolver e vai exigir um esforço maior, tanto por parte dos alunos quanto do professor. Contudo, terá um alto potencial didático para ajudar a compreender o funcionamento do aparelho. Mas esse potencial didático seria perdido se a resolução fosse focada exclusivamente em um tipo de resolução algorítmica, em que o aluno aplica uma ou várias fórmulas encadeadas que o levam a um resultado correto. O problema, ou, melhor dizendo, o exercício, enfocado desta última maneira, resultaria mais simples e provavelmente por esta via se obteria uma porcentagem de êxito maior quando a atividade fosse reproduzida na hora da avaliação. Contudo, provavelmente os alunos teriam aprendido pouco sobre eletricidade e, quando a atividade mudasse, o aluno precisaria de outra "receita" específica adequada para a nova situação.

Nesse tipo de problema muitas vezes é de suma importância a utilização de representações gráficas que ajudem a organizar a informação e facilitem a interpretação dos dados; é esse o caso do exemplo 2 do Quadro 7.16. Nesse exemplo – que, evidentemente, pode ser resolvido sem necessidade de desenhar graficamente – a representação dos dados pode ajudar a ter uma visão mais clara do que ocorre e, sobretudo, a discutir o resultado do problema. Mas o trabalho com as representações gráficas não é algo que resulte simples para os alunos, nem que eles aprendam por si sós; exige, também, um aprendizado e, portanto, um ensino adequado. O aluno precisa de treinamento tanto nas técnicas de representação de dados como nas de interpretação dessas representações, e isso faz com que sejam necessárias atividades que, além de trabalhar determinados conceitos físicos, estejam enfocadas a conseguir esse objetivo concreto. Um exemplo desse tipo de atividade pode ser o apresentado no exemplo 4 do Quadro 7.16.

Pequenas pesquisas

Segundo vimos em seu momento, entendemos como pequenas pesquisas aqueles problemas nos quais se apresenta uma pergunta cuja resposta necessariamente requer a realização de um trabalho prático por parte dos alunos, tanto no laboratório escolar como fora da sala de aula. São problemas que, com suas limitações, constituem uma aproximação ao trabalho científico, ajudando a relacionar os conceitos teóricos com algumas de suas aplicações práticas e a transferir os conhecimentos escolares para âmbitos mais cotidianos.

Esse tipo de atividade é identificado tradicionalmente com as chamadas práticas de laboratório, que sempre foram consideradas como um pilar fundamental do ensino da ciência. Como dizíamos no capítulo anterior, quando falávamos da química, esse tipo de problema se propõe a aproximar o aluno, de um jeito mais simples, daquilo que a pesquisa científica representa, utilizando para isso a observação e a formulação de hipóteses. Mas a pergunta é: os alunos dos ensinos fundamental e médio são capazes de utilizar o método científico? Tal como tentamos mostrar no Capítulo 3, os alunos têm sérias dificuldades para utilizar as estratégias de pensamento formal relacionadas com o trabalho científico. Contudo, nas aulas e nos livros de ciências, especialmente de física, aparecem atividades que pretendem alcançar esse objetivo. Um exemplo disso é a atividade apresentada no Quadro 7.17. Trata-se de uma atividade clássica nas aulas e nos livros didáticos de física para o ensino médio, que frequentemente é colocada como exemplo do que é o método científico e, em muitos livros, é proposta como atividade para que o aluno pratique esse método. Contudo, apenas representa uma aproximação fictícia e forçada do que se passou a se chamar de método científico. De fato, a atividade é bastante limitada, e os diversos pontos que os alunos precisam desenvolver não correspondem aos passos do método científico; mais do que isso, trata-se da demonstração de uma lei física na qual se proporcionam instruções que o aluno deve seguir passo a passo, e as conclusões são explicitamente induzidas.

Isso não quer dizer que essa atividade e outras similares, que são utilizadas habitualmente nas aulas de física, não sejam úteis, somente quer dizer que não servem para o que se diz que servem. Embora a atividade do exemplo não seja pertinente para ensinar a utilizar o método científico, é uma tarefa bastante boa para desenvolver diferentes procedimentos comuns no trabalho científico: realização de medidas, tabulação e representação gráfica de dados numéricos, interpretação de resultados, etc. O problema reside em que um aluno dos ensinos fundamental e médio não pode trabalhar como um cientista, não dispõe da formação, dos meios

QUADRO 7.17
Exemplo de uma atividade de laboratório em que se propõe que os alunos pesquisem a lei de Hooke

Um exemplo de método científico: a lei de Hooke

Objetivo

Quando aplicamos uma força sobre uma mola, ela experimenta um aumento em seu comprimento. Nesta experiência se tentará encontrar a relação que existe entre o *aumento no comprimento* da mola e a força a que ela é submetida.

Método de trabalho
- Prenda a mola a um suporte.
- Pendure sucessivamente massas de 50, 100, 150, 200 e 250 g.
- Meça com uma régua quanto a mola se alongou com cada massa. O que se quer medir é o aumento no comprimento, e não o comprimento da mola.
- Anote o resultado obtido.

Questões
1. Classifique os resultados em uma tabela.
2. Represente graficamente o aumento de comprimento referente ao peso.
3. Escreva uma equação que relacione o aumento de comprimento e o peso (lei de Hooke).
4. Calcule a constante que aparece na lei de Hooke.
5. Comprove se esta expressão se cumpre com outras molas.

ou do tempo necessários para desenvolver uma pesquisa. Contudo, é possível (e é o que deve ser feito), treinar os alunos no uso de procedimentos próprios do trabalho científico, como os que acabamos de enumerar. Para isso, podem ser mais úteis atividades que o aproximem pouco a pouco da prática dos diferentes procedimentos de trabalho.

O outro problema dessas atividades está relacionado com a elaboração de estratégias de resolução. No Quadro

QUADRO 7.18
Alguns exemplos de pequenas pesquisas

Exemplo 1
Com certeza você deve ter observado que nos rádio-gravadores as fitas cassete precisam avançar com uma velocidade adequada para obter um bom som. Se a fita se move mais depressa ou mais devagar, o som é ruim. O problema apresentado nesta atividade é que você pesquise e responda qual é a velocidade com que se move a fita de um cassete? Meça-a experimentalmente. Sempre se movimenta com a mesma velocidade?

Exemplo 2
Projete uma experiência que permita comparar os conteúdos energéticos de várias substâncias combustíveis e averiguar qual é a mais eficaz e a mais barata na hora de aquecer um objeto (por exemplo, um recipiente com água). As substâncias que você vai utilizar são álcool etílico (de farmácia), parafina (velas) e gás butano (bico de Bunsen). Qual é a mais econômica? Qual é a mais rápida? Qual tem maior conteúdo energético?

Gómez Crespo e colaboradores, 1995

7.18 são apresentados alguns exemplos de pequenas pesquisas nas quais o aluno precisa elaborar estratégias mais ou menos complexas para resolver o problema. A dificuldade que irão encontrar para resolver esses problemas estará, na maioria dos casos, em que as tarefas podem resultar abertas demais ou ambíguas, e muitos alunos pedirão instruções mais precisas para poder transformá-las em exercícios. Assim, o exemplo 2 apresenta uma atividade bastante aberta na qual os alunos podem ficar perdidos e, entre outras coisas, não saberão como relacionar um combustível com outro. Nesses casos, o professor pode ajudar proporcionando informação ou formulando perguntas que ajudem a limitar a tarefa, sem permitir que cheguem a transformá-la em um exercício – por exemplo, proporcionando dados como o calor específico da água ou fazendo ver que é preciso utilizar quantidades iguais de cada combustível para poder compará-los, que é necessário considerar a mesma quantidade de água e que o aumento de temperatura deve ser o mesmo. O exemplo 1 propõe uma atividade em que o enunciado já dirige o aluno para a medida da velocidade da fita. Suas dificuldades estarão centradas em como medir essa velocidade.

As pequenas pesquisas, portanto, estão dirigidas ao trabalho com procedimentos específicos e concretos, que podem ser mais ou menos amplos para cada atividade. O tipo de procedimentos que queremos que os alunos pratiquem será determinante na forma de apresentar a atividade e nas pistas e ajudas que o professor proporcione. Assim, na atividade da Figura 7.8 deste capítulo, é apresentada uma tarefa que propõe uma pequena pesquisa por parte do aluno para descobrir a lei da balança. Essa atividade está nitidamente dirigida a evitar que a atenção do aluno se perca em problemas acessórios e, portanto, em conseguir que ele se concentre no objetivo marcado e desenvolva estratégias que lhe permitam relacionar de forma quantitativa duas variáveis e comprove suas soluções. O perigo, ao limitar muito a tarefa, está no outro extremo: proporcionar instruções tão detalhadas (como ocorre em algumas propostas de atividades de laboratório) que o verdadeiro problema do aluno seja ser escrupulosamente fiel às instruções recebidas, perdendo a perspectiva de qual é o problema de física.

Em muitas dessas ocasiões o aluno deve dedicar tanta atenção à manipulação do instrumento ou às dificuldades que encontra para conseguir o valor exato (que muitas vezes é apenas orientativo, mesmo que o estudante não seja capaz de perceber isso) que o problema científico fica relegado a um segundo plano. A atividade não serve, neste caso, para aprender física. Isso não quer dizer que não seja importante fomentar atitudes próprias do trabalho científico, como o rigor ou o cuidado nas medições, mas que é preciso centrar a tarefa no trabalho com os procedimentos que tenham sido definidos como objetivo.

Outro problema relacionado com o que acabamos de dizer, e que ocorre com bastante frequência nos trabalhos práticos de física, é a necessidade de utilizar montagens relativamente sofisticadas nas quais aparecem numerosas peças e aparelhos (por exemplo, eixos de giro unidos a molas, cronovibradores, portas fotoelétricas, carris, osciloscópios, etc.) com um certo ar misterioso ou mágico para muitos alunos, que, por si só, atraem mais atenção do que o problema estudado. O verdadeiro problema do aluno está em conseguir montar as peças adequadamente (mais uma vez, em seguir as instruções), em ver se a luzinha vermelha acende ou em averiguar o que acontece se ele aperta o botão da direita, e não em compreender os conceitos físicos. Na maioria destes casos, encontrar a solução requer um tratamento numérico que normalmente é complexo e que, no final, é resumido em uma fórmula na qual, ao substituir os dados obtidos, obtém-se o valor procurado. O que se está procurando? Para muitos alunos apenas uma letra estranha (ξ, β ou φ). O que isso tem a ver com as leis ou com os princípios estudados? Afinal, em que contribui para a compreensão da física ou o aprendizado de procedimentos de trabalho? É muito importante levar em consideração os objetivos que se pretende alcançar com as tarefas, assim como as dificuldades dos alunos, quando forem selecionadas as atividades que terão de realizar, e adequá-las aos procedimentos com os quais se quer trabalhar.

Contudo, como assinalamos no capítulo anterior ao falar da química, a aprendizagem da ciência, e neste caso da física, requer dominar não apenas estratégias específicas, que podem ser desenvolvidas por meio da solução de problemas, mas também certas capacidades e habilidades de aprendizado mais gerais, mas nem por isso menos determinantes para a compreensão dos conteúdos científicos. Compreender um texto ou uma exposição, interpretar um gráfico ou ser capaz de argumentar a própria opinião são aspectos tão relevantes para o aprendizado da física quanto projetar um experimento controlando variáveis, fazer uma medição adequada ou resolver complexos cálculos matemáticos.

Dado que na seção final do capítulo anterior analisamos, ou pelo menos assinalamos, a importância desses procedimentos mais gerais, e dado que todos os argumentos ali expostos para o ensino da química são válidos *mutatis mutandis* para o aprendizado e o ensino da física, não cansaremos o leitor, que imaginamos já com certa fadiga, reiterando-os aqui, senão que o remetemos àquelas páginas.

Em suma, ensinar e aprender ciência (física, química, biologia, etc.) envolve uma relação especial ou específica com o conhecimento ou com o próprio objeto de estudo, mas ao mesmo tempo compartilha com outras disciplinas os formatos culturais da aprendizagem escolar, que exigem dos alunos capacidades, procedimentos, atitudes, etc., que são comuns a essas diversas disciplinas e cuja mudança requer, também, uma mudança conjunta, ou pelo menos coordenada. A necessidade de situar o ensino da ciência no contexto da cultura educacional que o torna necessário é uma característica que diferencia alguns dos enfoques para a educação científica que foram desenvolvidos nas últimas décadas e a cuja análise é dedicado o último capítulo desta obra.

PARTE III
O ensino de ciências

8
ENFOQUES PARA O ENSINO DE CIÊNCIAS

> Estive na escola de matemática, onde o professor ensinava os discípulos por um método que nunca teríamos imaginado na Europa. Escreviam a proposição e a demonstração em uma obreia fina, com tinta composta por um corante cefálico. O estudante tinha que engolir isso em jejum e não comer, durante os três dias seguintes, nada além de pão e água. Quando a obreia é digerida, o corante sobe para o cérebro, levando a proposição. Mas o sucesso não corresponde ainda ao que se esperava, em parte por algum erro na composição ou na dose e em parte pela perversidade dos meninos, que acham de tal modo nauseabundas aquelas bolinhas que geralmente as dissimulam na boca e cospem-nas para o alto antes que possam operar. E também não foi possível persuadi-los, até agora, a praticarem a longa abstinência que requer a prescrição.
>
> Jonathan Swift,
> *As viagens de Guliver*

Como vimos nos capítulos anteriores, conseguir que os alunos aprendam ciência e que o façam de um modo significativo e relevante requer superar não poucas dificuldades. A partir das análises que acabamos de apresentar, aplicadas à aprendizagem da química (Capítulo 6) e da física (Capítulo 7), é possível afirmar que a aquisição do conhecimento científico exige uma mudança profunda das estruturas conceituais e das estratégias geralmente utilizadas na vida cotidiana, e que essa mudança, longe de ser linear e automática, deve ser o produto laborioso de um longo processo de instrução. Em outras palavras, parece que a aquisição do conhecimento científico, longe de ser um produto espontâneo e natural de nossa interação com o mundo dos objetos, é uma laboriosa construção social ou, melhor ainda, uma "reconstrução", que somente poderá ser alcançada por meio de um ensino eficaz que saiba enfrentar as dificuldades desse aprendizado. Para isso, neste último capítulo vamos retomar as relações entre aprendizagem e ensino com as quais abrimos o livro. Se no Capítulo 1 assinalávamos a necessidade de diferenciar entre o currículo que os professores ensinam e aquilo que os alunos aprendem, nestas páginas finais tentaremos reconciliar os processos de ensino e aprendizagem. Ou, dito em outras palavras, trata-se de analisar quais estratégias e enfoques de ensino tornam mais provável a aprendizagem da ciência, tal como definimos em capítulos anteriores. Frente à habitual separação entre o que os professores ensinam – muito, complexo e elaborado demais – e o que os alunos aprendem – não tanto, bastante simplificado e pouco elaborado –, tentamos identificar estratégias que aproximem o que professores e alunos fazem na sala de aula.

Partindo do conceito vygotskiano de *zona de desenvolvimento próximal*, assumimos que o trabalho da educação científica é conseguir que os alunos construam, nas salas de aula, atitudes, procedimentos e conceitos que não conseguiriam elaborar sozinhos em contextos cotidianos e que, sempre que esses conhecimentos sejam funcionais, saibam transferi-los para novos contextos e situações. Dessa forma, o currículo de ciências, desenvolvido por meio das atividades de aprendizagem e ensino, deve servir como uma autêntica *ajuda pedagógica*, uma via para que o aluno tenha acesso a formas de conhecimento que por si mesmas seriam alheias a ele ou, pelo menos, muito distantes. Essa redução da distância entre a mente do aluno e o discurso científico – ou, dito de outro modo, retomando as análises apresentadas no Capítulo 5, entre o conhecimento cotidiano e o científico – requer a adoção de estratégias didáticas específicas dirigidas a essa meta. O objetivo deste capítulo é refletir sobre os diversos enfoques que foram propostos e desenvolvidos nos últimos anos no âmbito do ensino da ciência para atingir esse objetivo.

Não é nossa intenção fazer uma apresentação detalhada dessas diversas propostas de ensino, nem revisar novas propostas para a renovação do currículo de ciências. O que nos propomos é refletir sobre o modelo de educação científica, as metas para as quais essas propostas estão dirigidas e o grau em que podem ajudar a superar algumas das dificuldades essenciais da aprendizagem da ciência. Não se trata, portanto, de apresentar um modelo único, acabado, de educação científica; trata-se de, em sintonia com a própria concepção que temos defendido, contrastar diversas alternativas ou perspectivas, cada uma das quais respondendo a uma concepção e a um enfoque concreto da educação científica. Embora, obviamente, alguns desses enfoques estejam mais próximos da posição defendida nestas páginas, nossa ideia é que não existem "boas" ou "más" formas de ensinar, senão formas adequadas ou não para determinadas metas e em certas condições dadas e que, portanto, cada professor – ou cada leitor – deve assumir a responsabilidade do enfoque educacional que for mais adequado à sua concepção do aprendizado da ciência.

Assim, nas próximas páginas analisaremos as implicações educacionais de diversos enfoques ou tradições no ensino da ciência, que responderam não apenas a formatos educacionais assentados em nossa cultura do aprendizado (Pozo, 1996a), mas também a tentativas de renovação dessa cultura baseadas na pesquisa recente. Tomaremos como eixo de nossa exposição a própria evolução desses enfoques nos últimos 30 anos de pesquisa e inovação do ensino da ciência, das concepções mais tradicionais, próximas à chamada pedagogia por objetivos, até as propostas mais recentes de ensino mediante pesquisa ou de instrução por meio de modelos, passando pelo ensino por descoberta, o ensino expositivo ausubeliano ou os modelos de mudança conceitual. Para não perder o norte nesta breve viagem, analisaremos cada uma dessas propostas a partir de um esquema de perguntas que podem ser feitas para todo currículo de ciências (Pozo e Gómez Crespo, 1996), que neste caso serão referentes fundamentalmente:

1. aos pressupostos epistemológicos e à concepção de aprendizagem subjacente ao enfoque e às metas que se propõem;
2. aos critérios de seleção e organização dos conteúdos;
3. às atividades de ensino e avaliação nas quais está baseado;
4. às dificuldades mais previsíveis que, a partir das análises desenvolvidas em capítulos anteriores, derivam da aplicação desse enfoque tanto para os professores como para os alunos.

É importante compreender não só as implicações últimas de cada proposta curricular, na medida em que se apoie em um ou em outro enfoque do ensino da ciência, mas, para além delas, a necessidade de que os diferentes agentes educacionais – os professores, os alunos, a administração educacional, os pesquisadores, etc. – compartilhem, ou pelo menos negociem, a mesma concepção educacional. Com frequência, professores e alunos – para citar apenas os agentes que diariamente estão mais próximos – têm metas e concepções diferentes quanto ao que devem fazer na sala de aula, que nunca chegam a ser explicitadas. Um professor que acredita estar ensinando seus alunos a representar graficamente os diferentes alongamentos de uma mola *em função* da massa que é pendurada nela pode não saber que, na verdade, seus alunos estão brincando de esticar molas para ver qual chega mais embaixo. Com muita frequência, as metas dos professores – ensinar os conceitos e princípios básicos da ciência – ficam reduzidas, na mente dos estudantes, à lembrança de certos fatos e acontecimentos chocantes ou anedóticos. É necessário fazer com que os alunos sejam partícipes das metas, ou, caso se prefira, da *função educativa* do ensino da ciência. Mas, para isso, primeiro é preciso tomar consciência de quais são as metas e os supostos – com frequência mais implícitos do que explícitos – desse ensino, em suas diferentes variantes ou enfoques.

Assim, retomando as diferentes formas de conceber as relações entre o conhecimento, desenvolvidas em detalhe no Capítulo 5, é válido pensar que – a julgar pelos critérios de organização, sequenciamento e avaliação que ainda regem muitos currículos de ciências – muitos *professores* aceitam, mesmo se for de modo implícito, a hipótese da *compatibilidade*, segundo a qual a meta da educação científica é completar ou encher a mente dos alunos, mais do que mudar sua organização. Essa concepção educacional, que está de acordo com uma cultura de aprendizagem tradicional, dirigida à transmissão de conhecimentos mais do que à sua reestruturação, choca-se, contudo, com as novas necessidades educacionais e de formação (tal como vimos no Capítulo 1), que, no campo do ensino da ciência, tem levado, em tempos recentes, pesquisadores e mesmo alguns *administradores e gestores educacionais* a defenderem propostas mais próximas da hipótese da *incompatibilidade*, estabelecendo como meta mais ou menos explícita do currículo de ciências a de alcançar a mudança conceitual.

Por sua vez, os *alunos*, alheios a tanta reflexão e projeto curricular, continuam sendo os que vivem mais de perto o currículo de ciências e suas metas. Ou seja, por pouca visão estratégica que tenham, provavelmente serão partidários da hipótese da *independência*, e vão separar ao máximo o que aprendem na sala de aula de seus conhecimentos cotidianos, uma vez que, geralmente, é tão perigoso utilizar seus conhecimentos cotidianos nas aulas de ciências quanto inútil pretender dar sentido à sua vida cotidiana com o que aprendem na sala de aula.

Sendo assim, não é estranho que o currículo de ciências seja um autêntico diálogo de surdos em que cada um tem suas próprias metas, com o qual quase ninguém as alcança, dado que o sucesso depende dos demais, com a conseguinte frustração mútua. Os professores *precisam* que seus alunos se esforcem para aprender, e os alunos precisam que seus professores atendam suas necessidades educacionais cada vez mais especiais; os pesquisadores e administradores precisam que os professores adotem seus pontos de vista, e os próprios professores precisam que a administração educacional, mas também a pesquisa, sejam adequadas à sua realidade diária. Se queremos superar essa frustração e essa sensação de fracasso que mencionávamos no começo do livro, é necessário que todos estejamos no mesmo currículo, que adotemos todos o mesmo enfoque ou, se isso não for possível, porque aqui também é preciso considerar a diversidade de pontos de vista, que pelo menos saibamos qual é o enfoque que cada um de nós tem e como podemos torná-los compatíveis. Para isso, precisamos conhecer quais são os principais enfoques a partir dos quais foi abordado o ensino da ciência.

O ENSINO TRADICIONAL DA CIÊNCIA

Embora sempre seja arriscado identificar um enfoque como "tradicional" em um âmbito tão complexo quanto a educação científica, dado que, sem dúvida alguma, em todo momento coexistem diferentes tradições, podemos assumir que a forma *prototípica* de ensinar ciência nos anos finais do ensino fundamental e no ensino médio teve, até agora, alguns traços característicos, derivados tanto da formação recebida pelos professores quanto da própria *cultura educacional* destas etapas, tão diferente da imperante nos anos iniciais do ensino fundamental (Gimeno Sacristán, 1996). Assim, a formação quase exclusivamente disciplinar do professores de ciências, com muito escassa bagagem didática prévia à própria experiência docente, junto com o caráter fortemente *seletivo* que o ensino médio tem tido tradicionalmente, por estar dirigido mais a preparar para a universidade do que a proporcionar uma formação substantiva, tem marcado um enfoque dirigido sobretudo à *transmissão de conhecimentos conceituais*, em que a lógica das disciplinas científicas impôs-se sobre qualquer outro critério educacional e em que foi atribuído aos alunos um papel meramente reprodutivo.

Nesse modelo, o professor é um mero *provedor* de conhecimentos já elaborados, prontos para o consumo (Pozo, 1996a), e o aluno, no melhor dos casos, é o *consumidor* desses conhecimentos acabados, que são apresentados quase como *fatos*, algo dado e aceito por todos aqueles que se incomodaram em pensar sobre o tema, não deixando ao aluno outra opção a não ser aceitar também esses conhecimentos como algo que faz parte de uma realidade imperceptível, mas nem por isso menos material, consolidando a indiferenciação entre fatos e modelos que caracteriza a posição *realista* mais ou menos elaborada que, segundo já vimos, costuma ser própria do conhecimento cotidiano (ver Capítulo 4).

Embora essa concepção educacional seja pouco sustentável, à luz de todos os recentes desenvolvimentos sobre a aprendizagem da ciência apresentados em capítulos precedentes, continua sendo um modelo muito vigente em nossas salas de aula, uma vez que muitos dos seus supostos são explícita ou implicitamente assumidos por numerosos professores de ciências, que na sua época também aprenderam a ciência desta maneira. Quais são esses supostos sobre a educação científica, os critérios de organização dos conteúdos, as atividades da sala de aula e, em suma, as limitações deste enfoque para a aprendizagem da ciência pelos alunos?

Pressupostos e metas da educação científica

Retomando as hipóteses desenvolvidas no Capítulo 5 sobre as relações entre o conhecimento cotidiano e o conhecimento científico, poderíamos dizer que o ensino da ciência, assim como ocorre em outras áreas, assumiu tradicionalmente a ideia de que ambas as formas de conhecimento são perfeitamente compatíveis, de modo que a mente dos alunos está formatada para seguir a lógica do discurso científico e que, portanto, a meta da educação científica é encher essa mente com os produtos típicos da ciência: seus saberes conceituais.

De fato, aqueles alunos que não tenham a mente formatada deste modo – e não são poucos – não podem seguir o discurso científico, e idealmente, segundo esse enfoque, deveriam ser excluídos da educação científica, uma vez que, afinal de contas, é sabido que nem todo mundo tem as capacidades necessárias. O conhecimento científico é assumido, a partir dessa postura, como um saber absoluto ou, no mínimo, como o conhecimento mais verdadeiro possível, o produto mais acabado da exploração humana sobre a natureza, e, portanto, aprender ciência requer impregnar-se desse conhecimento, reproduzindo-o da maneira mais fiel possível. Essa postura, próxima ao que temos chamado de *realismo interpretativo*, assumiria que a ciência nos permite conhecer como é realmente a natureza e o mundo e que, portanto, aprender ciência é saber o que os cientistas sabem sobre a natureza. Tudo o que o aluno precisa fazer é reproduzir esse conhecimento, ou, caso se prefira, incorporá-lo na memória. E a via mais direta para conseguir isso será apresentar ao aluno, mediante uma exposição o mais clara e rigorosa possível, esse conhecimento que ele deve aprender. Para isso, é preciso seguir o roteiro, a lógica marcada pelos próprios saberes disciplinares, tanto na formação dos professores – que também deve ser baseada na apresentação dos últimos avanços científicos – como no próprio desenvolvimento do currículo.

Critérios para selecionar e organizar os conteúdos

Nesse enfoque, o único critério utilizado para determinar os conteúdos que são relevantes e como devem ser organizados no currículo é o *conhecimento disciplinar*, entendido como o corpo de conhecimentos aceitos em uma comunidade científica. O calor, a energia ou a ionização são ensinados não pelo seu valor formativo para os alunos, mas porque são conteúdos essenciais da ciência, sem os quais ela não tem sentido.

Nesse enfoque, os currículos para os ensinos fundamental e médio, e com eles os materiais e as atividades didáticas, imitam até onde for possível o formato do ensino dessas mesmas disciplinas na universidade. A própria formação *disciplinar* dos professores dos anos finais do ensino fundamental e do ensino médio promove esta concepção: o que se tenta é ensinar aquilo que se aprendeu e exatamente como se aprendeu. Um currículo será melhor quanto mais científico for, ou seja, quanto mais acadêmico resulte. A eliminação ou redução de conteúdos disciplinares – ou seja, dos tradicionais conteúdos conceituais – considera-se como uma trivialização ou redução da própria educação científica. Além disso, os conhecimentos geralmente são apresentados como saberes acabados, estabelecidos, passando aos alunos uma visão estática, absoluta, do saber científico, de maneira que as teorias já superadas ou não são ensinadas, ou são apresentadas como saberes abandonados, conhecimentos obsoletos que, em suma, deixaram de ser científicos e, portanto, não é necessário aprendê-los.

Mas se o critério para organizar e sequenciar os conteúdos no currículo deve ser exclusivamente a lógica da disciplina científica correspondente, algumas teorias da aprendizagem podem ajudar a formular critérios disciplinares mais eficazes para estabelecer essas sequências. Assim, a teoria institucional de Gagné (1985; ver também Araújo e Chadwick, 1975; ou, aplicada à aprendizagem da ciência, Gutiérrez, 1989; Pozo, 1987) ajuda a hierarquizar os conteúdos disciplinares

A aprendizagem e o ensino de ciências **249**

seguindo um processo indutivo – indo do simples para o complexo – baseado na *análise das tarefas de aprendizagem*. Por exemplo, a Figura 8.1 apresenta uma hierarquia para ensinar os alunos a organizar dados numéricos em uma tabela de

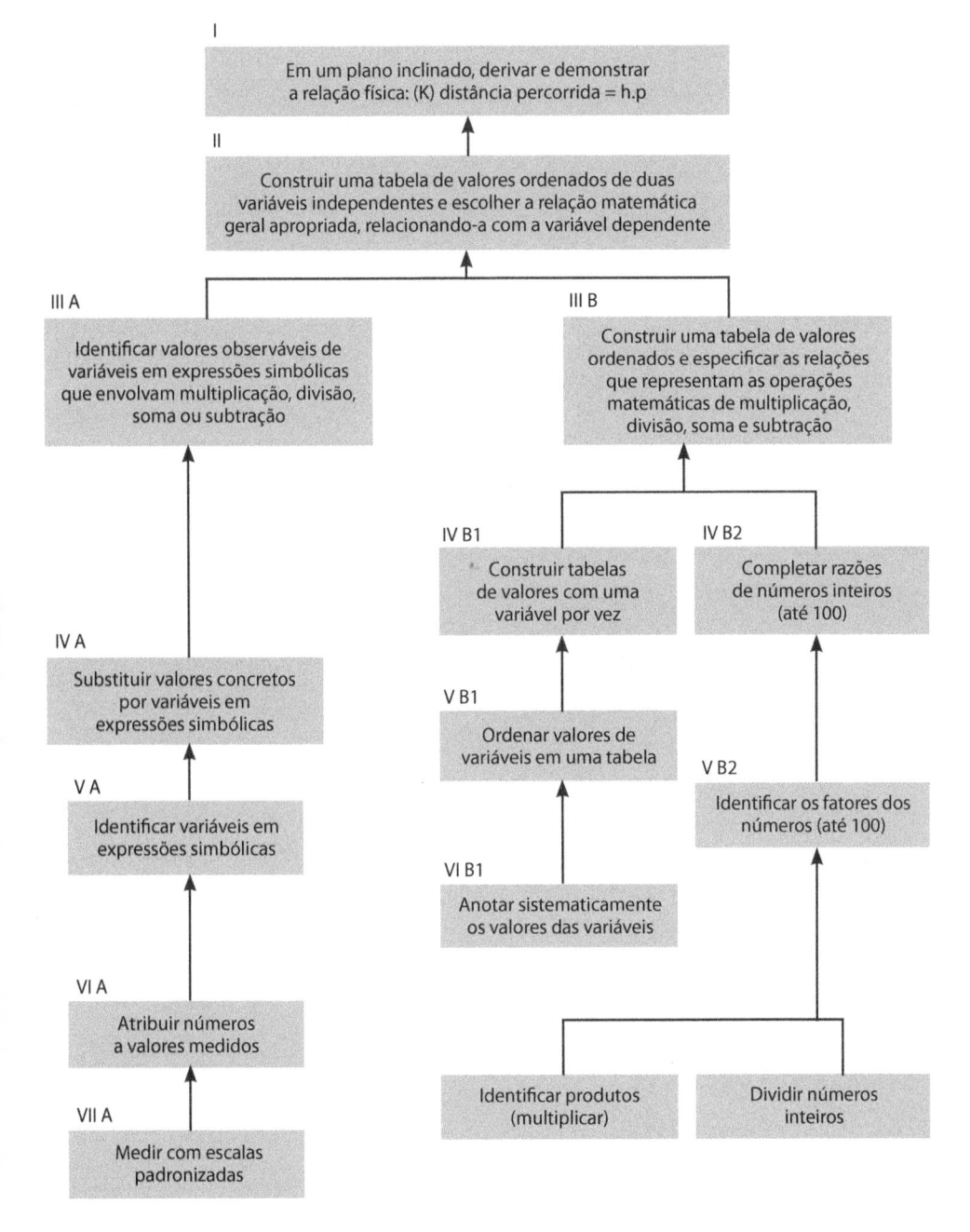

I — Em um plano inclinado, derivar e demonstrar a relação física: (K) distância percorrida = h.p

II — Construir uma tabela de valores ordenados de duas variáveis independentes e escolher a relação matemática geral apropriada, relacionando-a com a variável dependente

III A — Identificar valores observáveis de variáveis em expressões simbólicas que envolvam multiplicação, divisão, soma ou subtração

III B — Construir uma tabela de valores ordenados e especificar as relações que representam as operações matemáticas de multiplicação, divisão, soma e subtração

IV A — Substituir valores concretos por variáveis em expressões simbólicas

IV B1 — Construir tabelas de valores com uma variável por vez

IV B2 — Completar razões de números inteiros (até 100)

V A — Identificar variáveis em expressões simbólicas

V B1 — Ordenar valores de variáveis em uma tabela

V B2 — Identificar os fatores dos números (até 100)

VI A — Atribuir números a valores medidos

VI B1 — Anotar sistematicamente os valores das variáveis

VII A — Medir com escalas padronizadas

Identificar produtos (multiplicar)

Dividir números inteiros

Figura 8.1
Um modelo de hierarquia para ensinar os alunos a organizar dados numéricos.
Araújo e Chadwick, 1975

dupla entrada. O ensino e o aprendizado dessa habilidade deveria ser de baixo para cima nessa figura. Como se pode ver, cada um dos conhecimentos que está na parte superior da figura tem como requisito o domínio de outros conhecimentos subordinados, sem os quais não será possível ensiná-los. Da mesma maneira, os critérios de sequenciamento estão baseados em uma análise do conteúdo disciplinar, neste caso matemático.

Atividades de ensino e avaliação

Se a ciência transmite um saber verdadeiro, avaliado pelas autoridades acadêmicas, o professor é seu porta-voz e sua função é apresentar aos alunos os produtos do conhecimento científico da forma mais rigorosa e compreensível possível. O que define a atividade profissional de muitos professores é, ainda hoje, *explicar* a ciência aos seus alunos; e o que define o que seus alunos fazem costuma ser *copiar e repetir*. As "aulas magistrais" são baseadas em exposições do professor ante uma audiência mais ou menos interessada que tenta tomar nota do que esse professor diz, e são acompanhadas por alguns exercícios e demonstrações que servem para ilustrar ou apoiar as explicações. Assim, apesar de cada professor desenvolver, de modo mais ou menos intuitivo, suas próprias rotinas didáticas, este tipo de ensino envolve, idealmente, uma sequência de atividades como a que mostra o Quadro 8.1, a partir da própria teoria de Gagné (1985) antes mencionada. É possível observar nesse quadro que toda a dinâmica da sessão didática está dirigida e controlada pelo professor, que vai levando o aluno, passo a passo, durante sua aprendizagem.

Esse tipo de ensino leva a avaliações em que os alunos devem, por sua vez, devolver ao professor o conhecimento que

QUADRO 8.1
Exemplo de sequência de atividades

Fase	Atividade educacional
1. Atenção	Anunciar à turma que é hora de começar
2. Expectativas	Informar a turma sobre os objetivos da lição e da aula, e o tipo e montante do rendimento esperado
3. Recuperação	Pedir à turma que lembre as regras e os conceitos subordinados
4. Percepção seletiva	Apresentar exemplos do novo conceito ou regra
5. Codificação semântica	Oferecer chaves para lembrar a informação
6. Recuperação e resposta	Pedir aos alunos que apliquem o conceito ou a regra a novos exemplos
7. Reforço	Confirmar a exatidão das respostas dos estudantes
8. Chave para a recuperação	Aplicar provas breves sobre o material novo
9. Generalização	Oferecer revisões especiais

Schunk, 1991

lhes foi dado por ele, da forma mais precisa – ou seja, reprodutiva – possível. Quanto mais o que o aluno diz ou escreve for parecido com o que, em seu momento, o professor ou o livro didático disse, melhor conceituado será o aprendizado. Também são utilizados na avaliação os exercícios repetitivos ("problemas padrão"), nos quais se tenta comprovar o grau em que o aluno domina uma rotina ou um sistema de resolução previamente "explicado" pelo professor. Cada passo do quadro anterior pode ser avaliado independentemente e, de fato, este enfoque tende a avaliações muito específicas ou pontuais do conhecimento. A função da avaliação, de acordo com as próprias metas educacionais deste enfoque, é mais seletiva, ou somatória, do que formativa. O que se tenta é determinar por meio da avaliação quais alunos superam o nível mínimo exigido, que guarda relação com o grau em que são capazes de replicar ou reproduzir o conhecimento científico estabelecido, tal como o receberam.

Dificuldades previsíveis de aprendizagem e ensino

Essa concepção educacional responde a uma longa tradição que remonta às próprias origens dos sistemas educacionais formais, que sempre tiveram como uma de suas funções básicas conseguir que os alunos e futuros cidadãos reproduzam e, portanto, perpetuem os conhecimentos, valores e destrezas próprios de uma cultura. Contudo, esse modelo tradicional é pouco funcional no contexto das novas demandas e cenários de aprendizagem que caracterizam a sociedade de hoje (ver o Capítulo 1; também Pozo, 1996a).

Parece que essas novas demandas não podem ser satisfeitas com um modelo educacional meramente transmissivo, unidirecional, em que o professor atua unicamente como *provedor* de um saber cultural acabado e no qual os alunos se limitam a ser apenas receptores mais ou menos passivos. Em uma sociedade que, cada vez mais, exige dos alunos e futuros cidadãos que usem seus conhecimentos de modo flexível diante de tarefas e demandas novas, que interpretem novos problemas a partir dos conhecimentos adquiridos e que vinculem seus conhecimentos escolares com a sociedade da informação na qual estão imersos, não basta *encher* a cabeça dos alunos: é preciso ensiná-los a enfrentar os problemas de um modo mais ativo e autônomo, o que requer não só novas atitudes, contrárias às geradas por esse modelo tradicional baseado em um saber externo e autoritário, mas sobretudo destrezas e estratégias para ativar adequadamente os conhecimentos.

O modelo tradicional, baseado na transmissão de saberes conceituais estabelecidos, não assegura um uso dinâmico e flexível desses conhecimentos fora da sala de aula e, além disso, gera numerosos problemas e dificuldades dentro dela. Com muita frequência há um notório divórcio entre as metas e os motivos do professor e os dos alunos, fazendo com que estes se sintam desconectados e desinteressados, enquanto o professor se sente cada vez mais frustrado. É comum escutar dos professores que cada vez menos alunos os *acompanham*, entre outras coisas, porque possivelmente cada vez é menor o número de alunos que entendem para *onde vai* o professor com sua ciência e, menos ainda, os que se sentem com forças ou com vontade de ir com ele. Como vimos no Capítulo 3, o problema da motivação, de caminhar rumo à ciência junto com o professor, não é apenas um problema de falta de disposição prévia por parte dos alunos; é também uma questão de compartilhamento de metas e destinos, de aprendizagem e interação na sala de aula. Assim, abordar este problema cada vez mais comum nas salas de aula do final do ensino fundamental e ensino médio – dado o caráter cada vez menos seletivo desta etapa educacional – requer adotar enfoques educacionais que entendam melhor as características e disposições dos alunos que realmente frequentam as aulas, ou seja, que centrem o trabalho educativo mais nos próprios estudantes. Um dos enfoques desenvolvidos com esta finalidade foi, e ainda é, o ensino por descoberta.

O ENSINO POR DESCOBERTA

Frente à ideia de que a melhor forma de ensinar ciência é transmitir aos alunos os produtos da atividade científica – ou seja, os conhecimentos científicos –, outra corrente importante na educação científica, com menos partidários, sem dúvida, mas não com menor tradição, é a de assumir que a melhor maneira para os alunos aprenderem ciência é fazendo ciência, e que o ensino deve ser baseado em experiências que permitam a eles investigar e reconstruir as principais descobertas científicas. Este enfoque está baseado no suposto de que a metodologia didática mais potente é, de fato, a própria metodologia da pesquisa científica.

Nada melhor para aprender ciência do que seguir os passos dos cientistas, enfrentar os mesmos problemas que eles para encontrar as mesmas soluções. Ou, nas palavras de um cientista reconhecido:

> o método que favorece a transmissão do conhecimento é o mesmo que favorece sua criação .... Não há necessidade alguma de trapacear, de disfarçar, de acrescentar... Todo conhecimento, por rigoroso e complexo que seja, é transmissível usando o próprio método científico, com as mesmas dúvidas, os mesmos erros e as mesmas inquietações. E isso é válido independentemente da idade e da formação dos destinatários do conhecimento. (Wagensberg, 1993, p. 94-95)

Em outras palavras, a melhor maneira de aprender algo é descobri-lo ou criá-lo por você mesmo, em vez de outra pessoa ser intermediária entre você e o conhecimento. Como já disse Piaget (1970, p. 28-29) em uma frase que se tornou célebre, "cada vez que se ensina prematuramente a uma criança algo que ela pode descobrir sozinha se está impedindo essa criança inventá-lo e, consequentemente, entendê-lo completamente". Deste ponto de vista, o ensino da ciência deve estar dirigido a facilitar essa descoberta.

Pressupostos e metas da educação científica

A ideia de que os alunos podem ter acesso aos conhecimentos científicos mais relevantes por meio de uma descoberta mais ou menos pessoal parte do pressuposto de que eles estão dotados de capacidades intelectuais similares às dos cientistas, ou seja, que em termos das posturas analisadas no Capítulo 5 há uma *compatibilidade* básica entre a forma como os cientistas abordam as tarefas e a forma como elas são abordadas pelas crianças, ou que, pelo menos, as crianças quando expostas às mesmas tarefas e situações que os cientistas acabarão desenvolvendo as estratégias próprias do método científico e terão acesso às mesmas conclusões e elaborações teóricas que eles. A mente dos alunos estaria *formatada* para fazer ciência, que seria, de fato, um produto natural do desenvolvimento dessa mente. As maneiras de pensar de alunos e cientistas não diferiríam no essencial quando estivessem diante do mesmo problema e vivenciassem as mesmas experiências. Tudo o que é preciso fazer, que não é pouco, é conseguir que os alunos vivam e ajam como pequenos cientistas.

Além desse pressuposto de compatibilidade, o ensino por descoberta em sua versão mais tradicional (uma vez que há formas de aprendizagem por investigação próximas desse enfoque, mas com supostos diferentes, que analisaremos algumas páginas adiante) assume também que esse *método científico*, a aplicação rigorosa de determinadas estratégias de pesquisa, leva necessariamente à descoberta da estrutura da realidade. Se enfrentamos uma situação com rigor científico, acabaremos por descobrir os mesmos princípios que nela encontraram os cientistas, dado que o que eles fazem é desentranhar a estrutura do mundo, que, se não pode ser diretamente percebida, é acessível recorrendo-se a certos métodos. Trata-se de uma concepção que pode ser incluída no realismo interpretativo, tal como foi caracterizado no Capítulo 4, ou, caso se prefira, de uma concepção indutivista da ciência, segundo a qual o que diferencia e identifica o conhecimento científico é apenas o método ou a forma de aceder a ele (Wagensberg, 1993). Os produtos da ciência – seus modelos e teorias – são uma consequência direta e necessária do diálogo entre o método e a natureza. Portanto, se o aluno defrontar-se com a natureza *da mesma forma* que os cientistas, fará as mesmas descobertas. "A ideia fundamental para a transmissão do conhecimento consiste na tendência a colocar o destinatário da transmissão literalmente na pele de quem elaborou esse conhecimento" (Wagensberg, 1993, p. 95). Mas não há razão para que essa descoberta tenha de ser necessariamente autônoma, senão que pode e deve ser guiada pelo professor por meio do planejamento das experiências e atividades didáticas.

Critérios para selecionar e organizar os conteúdos

Os critérios para selecionar e organizar os conteúdos continuam sendo, como no enfoque anterior, exclusivamente disciplinares, se bem que, neste caso, esses conhecimentos disciplinares não constituem saberes estáticos, acabados, senão problemas que é preciso enfrentar na busca de uma solução. O currículo é organizado em torno de perguntas mais do que de respostas. Por isso, é válido pensar que a própria história das ciências deve desempenhar um papel essencial na organização e no sequenciamento dos conteúdos. O que se tentará é reproduzir certos *experimentos cruciais* e situar o aluno no papel do cientista.

Da mesma maneira, o ensino e a aplicação do "método científico" deve constituir um dos eixos vertebrais do currículo. Do ponto de vista psicológico, isso exige que os currículos assumam, em boa medida, o desenvolvimento de um pensamento científico ou formal nos alunos, tal como foi definido no Capítulo 3, uma vez que é isso que vai garantir o acesso aos conteúdos conceituais mais relevantes. A ciência não seria tanto um conjunto ou sistema de teorias para interpretar o mundo, mas um método, uma *forma* de aproximar-se do mundo e indagar sobre ele, de modo que, do ponto de vista dos conteúdos do currículo, assume-se que a ciência é, antes de mais nada, um processo (Wellington, 1989). Igualmente, esse enfoque, diferentemente da concepção mais tradicional, estará orientado também a estimular nos alunos as atitudes próprias dos cientistas, dado que os estímulos ou motivos que favorecem a aprendizagem da ciência devem ser os mesmos que movem os cientistas (Wagensberg, 1993). Não se trata de fazer dos alunos passivos receptores de informação, senão de transformá-los em investigadores ativos da natureza.

Atividades de ensino e avaliação

Como se pode prever, as atividades de ensino devem ser semelhantes, segundo essa concepção, às próprias atividades de pesquisa. Uma vez que o método científico também é o método de ensino, trata-se é de projetar cenários para a descoberta e de fazer com que o papel do professor e da didática seja o menos visível possível. Fazer ciência e aprender ciência é a mesma coisa. O professor deve facilitar a descoberta dos alunos a partir de certas atividades mais ou menos guiadas. Embora existam diferentes propostas para o desenvolvimento dessas atividades de descoberta, uma possível sequência poderia ser a que é apresentada na Figura 8.2, a partir das análises de Joyce e Weil (1978).

A atividade começaria confrontando os alunos com uma situação-problema, entendendo como tal um fato surpreendente ou inesperado. A seguir, os alunos deveriam colher a maior quantidade de informação possível sobre esse fato, observando, medindo e identificando as variáveis relevantes. Uma vez identificadas essas variáveis, o passo seguinte seria experimentar com elas, separando e controlando seus efeitos e medindo sua influência, o que permitiria interpretar e organizar a informação colhida, relacionando os dados encontrados com diversas hipóteses explicativas. Finalmente, os alunos teriam de refletir não apenas sobre os resultados obtidos e suas implicações teóricas, mas também sobre o método seguido.

Uma sequência desse tipo, muito similar às que são postuladas em diversos modelos de ensino baseados na solução de problemas, envolve um trabalho docente muito diferente do que é exigido no

Fases de uma atividade de descoberta

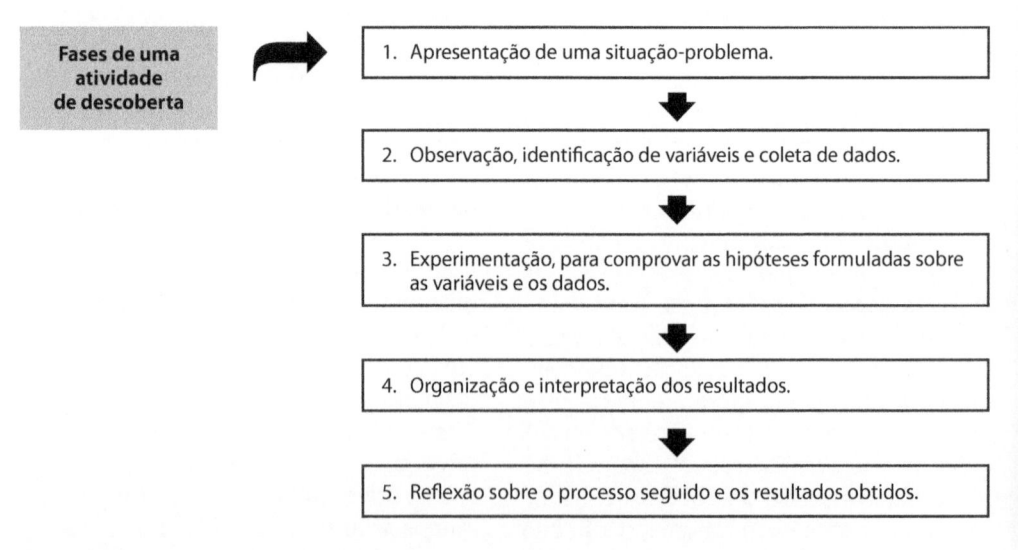

1. Apresentação de uma situação-problema.
2. Observação, identificação de variáveis e coleta de dados.
3. Experimentação, para comprovar as hipóteses formuladas sobre as variáveis e os dados.
4. Organização e interpretação dos resultados.
5. Reflexão sobre o processo seguido e os resultados obtidos.

Figura 8.2
Fases de uma atividade de descoberta segundo Joyce e Weil (1978).

enfoque anterior. O professor não provê o aluno de respostas pré-definidas; pelo contrário, nutre-o com problemas e deixa que ele mesmo busque suas respostas. O trabalho do professor está mais próximo ao de um coordenador de pesquisa (Pozo, 1996a). O professor pode suscitar conflitos ou perguntas, mas são os alunos que devem resolvê-los. Sua função não é dar respostas, mas fazer perguntas.

A avaliação a partir da estratégia didática é mais completa e complexa do que no modelo tradicional anterior. Não apenas é preciso levar em consideração o conhecimento conceitual alcançado, mas também a forma como ele se alcança, ou seja, os procedimentos e as atitudes mostrados pelos alunos. Ao concentrar a atividade didática no próprio trabalho dos alunos, a avaliação deverá apoiar-se também em situações desse tipo. Porém, apesar de esse enfoque se concentrar principalmente no ensino e na avaliação dos processos da ciência, não significa que renuncia aos seus produtos. Dado que a aplicação rigorosa do método leva necessariamente a certas descobertas, também assume que subsidiariamente o aluno deve alcançar níveis adequados de compreensão dos objetos que investiga. Contudo, é frequente que isso não ocorra.

Dificuldades previsíveis de aprendizagem e ensino

O ensino por descoberta, seja autônomo ou guiado, foi criticado por numerosas razões, porque, apesar de aparentemente ajudar a superar algumas das dificuldades mais comuns no ensino tradicional, gera muitos outros problemas não menos importantes. Talvez a crítica mais completa e sistemática à "epistemologia da descoberta" seja, ainda hoje, a que Ausubel, Novak e Hanesian (1978) fizeram para justificar seu modelo de ensino expositivo, do qual iremos nos ocupar algumas páginas mais adiante. O Quadro 8.2 resume as 12 críticas que estes autores fizeram ao que, segundo eles, eram os 12 princípios básicos do ensino por descoberta (outras análises críticas deste enfoque aplicado à educação científica podem ser encontradas em Pozo, 1987; Wellington, 1989).

Para efeitos dessa exposição, no Quadro 8.2 são destacadas quatro dificuldades essenciais de aprendizagem e ensino na aplicação deste método. Em primeiro lugar, ao assumir a compatibilidade básica entre a mente dos alunos e a dos cientistas, parte-se do suposto de que os alunos podem aprender e atuar como pequenos cientistas em múltiplos contextos. Contudo, por desejável que seja este propósito, parece estar muito afastado das reais capacidades mostradas pelos alunos. Embora desde uma idade precoce as crianças possam utilizar formas incipientes de pensamento próximo ao dos cientistas – por exemplo, em contextos muito restritos a crianças de 4-5 anos podem chegar a submeter à comprovação determinadas hipóteses (Carey et al., 1989; Tschirgi, 1980) –, hoje em dia parece ser algo aceito que o raciocínio científico não é a forma usual que adotamos para resolver nossos problemas cotidianos. Nosso pensamento seria baseado em numerosos vieses e regras heurísticas que se desviam bastante da aplicação canônica do método científico (ver Capítulo 3).

Da mesma maneira, quando se analisa o uso que os alunos fazem do chamado pensamento formal quando enfrentam tarefas com conteúdo científico (ver Capítulo 3), os dados não são muito animadores. Se para aprender ciência for condição necessária aplicar os métodos do "pensamento científico" em contextos de investigação e solução de problemas, a maior parte dos alunos dos ensinos fundamental e médio teria graves dificuldades para ter acesso ao conhecimento científico.

QUADRO 8.2
Ideias em que está baseado o ensino por descoberta e críticas de Ausubel, Novak e Hanesian (1978)

Ideias básicas	Limitações
- Todo conhecimento real é descoberto pelo próprio indivíduo.	- A maior parte do que cada um sabe consiste em ideias que foram descobertas por outros e posteriormente comunicadas significativamente.
- O significado é um produto exclusivo da descoberta criativa, não verbal.	- Confundem-se os eixos horizontal e vertical da aprendizagem. A descoberta não é a única alternativa para a memorização.
- O conhecimento subverbal é a chave da transferência.	- Os conhecimentos científicos estão constituídos em redes semânticas e somente são acessíveis verbalmente.
- O método de descoberta constitui o principal método para a transmissão do conteúdo das disciplinas de estudo.	- O método de descoberta é muito lento e, sobretudo, apoia-se em um indutivismo ingênuo.
- A capacidade de resolver problemas constitui a meta primária da educação.	- A capacidade de resolver problemas científicos novos de um modo autônomo não está ao alcance da maior parte dos alunos.
- O adestramento na "heurística" da descoberta é mais importante do que o treinamento na disciplina de estudo.	- Não é possível resolver problemas científicos a menos que se disponha de uma ampla bagagem de conhecimentos relacionados com a área temática em questão.
- Toda criança deve ser uma pensadora criativa e crítica.	- O pensamento teórico criativo só está presente em algumas crianças excepcionais, e não é "democrático" estruturar todo o currículo de acordo com as necessidades dessas poucas crianças.
- O ensino baseado em exposições é autoritário.	- Não há nada inerentemente autoritário em apresentar ou explicar ideias a outros, sempre que eles não sejam obrigados, explícita ou tacitamente, a aceitá-las como dogmas.
- A descoberta organiza o aprendizado de modo efetivo para seu uso posterior.	- O método de descoberta não leva necessariamente a uma organização, transformação e utilização do conhecimento que sejam mais ordenadas, integradoras e viáveis.
- A descoberta é uma singular geradora de motivação e confiança em si próprio.	- A motivação e a confiança em si próprio serão alcançadas somente se a descoberta conclui em sucesso, coisa que não se deve esperar de um modo generalizado.
- A descoberta constitui uma fonte primária de motivação intrínseca.	- A motivação intrínseca está relacionada com o nível de autoestima da criança, não com a estratégia didática utilizada.
- A descoberta garante a "conservação da memória".	- Não há provas de que o método por descoberta leve a um aprendizado mais eficaz e duradouro do que o ensino receptivo significativo.

Ou, como assinalavam Ausubel, Novak e Hanesian (1978), um ensino baseado na descoberta seria acessível para bem poucos alunos e dificilmente poderia cumprir com os objetivos da educação científica nos ensinos fundamental e médio, que deve se adequar às capacidades e condições da maioria dos alunos aos quais está dirigida.

Em parte, o problema que acabamos de mencionar é derivado do suposto, mantido pelos defensores deste enfoque, segundo o qual o domínio de certas regras formais de pensamento – vagamente definidas como método científico – leva necessariamente à descoberta das regras e leis que regem o funcionamento da natureza. Este indutivismo ingênuo (Ausubel, Novak e Hanesian, 1978; Pozo, 1987) não se ajusta em absoluto aos modelos desenvolvidos a partir da própria epistemologia das ciências, que destacam cada vez mais a importância dos modelos e das teorias como guia da pesquisa científica (Duchsl, 1994; Estany, 1990; Lakatos, 1978), nem aos dados procedentes da pesquisa psicológica, que mostram que sem um domínio dos sistemas conceituais envolvidos a eficácia das regras formais de pensamento é muito limitada.

Adultos universitários capazes de utilizar formas de pensamento muito sofisticadas em seu domínio de conhecimento mostram-se, contudo, muito limitados em seus raciocínios e inferências quando enfrentam tarefas de outros domínios (Pozo e Carretero, 1989, 1992). Em suma, as regras formais do pensamento não são alheias ao conteúdo da tarefa, como mostram os estudos sobre solução de problemas e raciocínio em domínios muito diversos, incluídas diferentes áreas da ciência (Pérez Echeverría e Pozo, 1994). O pensamento formal, ou o domínio das habilidades do método científico, seria, no melhor dos casos, uma competência necessária, mas não suficiente, para ter acesso ao conhecimento científico (Pozo e Carretero, 1987).

Um terceiro problema desse enfoque educacional, sem dúvida relacionado com o que acabamos de assinalar, é não diferenciar adequadamente entre processos de ciência, procedimentos de aprendizagem dos alunos e métodos de ensino (Wellington, 1989). Assumir que os processos da ciência se transformam automaticamente em procedimentos para aprendê-los e em atividades de ensino supõe não apenas confundir aprendizagem e ensino, como apontam Ausubel, Novak e Hanesian (1978) nas críticas do Quadro 8.2, mas também confundir a diferente natureza e função social de contextos de pesquisa científica e contextos educacionais. Como víamos no final do Capítulo 3 (ver Pozo, Postigo e Gómez Crespo, 1995), tornar equivalentes os procedimentos – como conteúdo da educação científica – e os processos de elaboração do conhecimento científico supõe reduzir os conteúdos procedimentais àqueles que estão envolvidos em fazer ciência, em detrimento de outros procedimentos que, se bem podem não ser próprios da atividade dos cientistas, resultam imprescindíveis para aprender ciência (ver Capítulo 3).

Como veremos mais adiante, essa confusão não está presente apenas no ensino por descoberta, mas em outros enfoques educacionais que também são baseados na pesquisa e que estabelecem um grande paralelismo entre a atividade dos cientistas e a das crianças. Se o ensino tradicional situava os alunos em um papel oposto ao dos cientistas – uns produzem conhecimento e os outros consomem-no com a intermediação do professor –, o enfoque da descoberta faz dos alunos seus próprios produtores de conhecimento, com o qual o trabalho do professor fica esvaziado de sentido ou, pelo menos, acaba sendo notoriamente ambíguo (Coll, 1983), o que na nossa opinião traz um quarto problema não menos importante. Se os alunos devem descobrir o conhecimento por si mesmos, qual é o trabalho do professor? No melhor dos casos, ele pode ser um facilitador, mas com frequência pode transformar-se em um obstaculizador, caso pretenda ser excessivamente diretivo para os supostos deste enfoque. É o dilema surgido há alguns anos, quando se tratava de aplicar a teoria de Piaget à educação partindo do enfoque da descoberta: ou ensinamos muito cedo e eles não conseguem entender, ou ensinamos tarde demais e eles já sabem (Duckworth, 1979). O enfoque da descoberta *desenfoca* completamente o professor, e com ele, como se pode imaginar, o próprio trabalho educacional, que perde boa parte de sua função social de *transmitir* cultura aos futuros cidadãos, deixando que sejam eles próprios que, de modo mais ou menos autônomo, descubram a cultura. Não é estranho que os mais firmes detratores deste enfoque tenham sido, ao mesmo tempo, firmes defensores de um ensino mais dirigido, de caráter expositivo, no qual a figura do professor recupere o centro do cenário educacional. Esse é o caso do enfoque de ensino expositivo ausubeliano (Ausubel, Novak e Hanesian, 1978).

O ENSINO EXPOSITIVO

Segundo Ausubel, os problemas gerados pelo ensino tradicional não se deveriam tanto a seu enfoque *expositivo* quanto ao inadequado manejo que fazia dos processos de aprendizagem dos alunos, ou seja, para fomentar a compreensão ou, em sua terminologia, uma *aprendizagem significativa*, não é necessário recorrer tanto à descoberta, senão melhorar a eficácia das exposições. Para isso, é preciso considerar não só a lógica das disciplinas, mas também a lógica dos alunos. De fato, para Ausubel (1973, p. 214) o aprendizado da ciência consiste em "transformar o significado lógico em significado psicológico", ou seja, em conseguir que os alunos assumam como próprios os significados científicos. Para isso, a estratégia didática deverá consistir em uma aproximação progressiva das ideias dos alunos aos conceitos científicos, que constituiriam o núcleo dos currículos de ciências.

Pressupostos e metas da educação científica

A meta essencial da educação científica, do ponto de vista desse enfoque, é transmitir aos alunos a estrutura conceitual das disciplinas científicas, que é o que constitui seu "significado lógico": "Qualquer currículo de ciências digno de tal nome deve ocupar-se da apresentação sistemática de um corpo organizado de conhecimentos como um fim explícito em si mesmo" (Ausubel, Novak e Hanesian, 1978, p. 466). Assim, o resto dos conteúdos do currículo de ciências, tal como as atitudes e os procedimentos, fica relegado a um segundo plano. O importante é que os alunos acabem compartilhando os significados da ciência. Essa ênfase em um conhecimento externo ao aluno, que ele deve receber com a maior precisão possível, é complementada com a suposição de que os alunos possuem uma lógica própria que é preciso ter como ponto de partida e que se expressa na mais conhecida máxima ausubeliana: "se eu tivesse que reduzir toda a psicologia educacional a um único princípio, enunciaria isto: o fator isolado mais importante que influencia a aprendizagem é aquilo que o aluno já sabe; identifique isso e ensine-o de acordo" (Ausubel, Novak e Hanesian, 1978, p. 1).

A necessidade de partir dos conhecimentos prévios dos alunos, mas também de apoiar-se na lógica das disciplinas, levou a certas interpretações opostas sobre os pressupostos epistemológicos dos quais parte a teoria de Ausubel. Apesar de que seus partidários se situaram claramente dentro do marco das teorias construtivistas (Moreira e Novak, 1988; Novak, 1977; 1985; 1995; Novak e Gowin, 1984), segundo outros autores, ao transformar o aprendizado na assimilação de um conhecimento externamente elaborado, ficaria mais próximo de posturas positivistas ou empiristas (Gutiérrez, 1987; Strike e Posner, 1992). Embora a teoria da aprendizagem significativa de Ausubel conceda um importante papel à atividade cognitiva do sujeito, o que, sem dúvidas, aproxima esta teoria de uma concepção construtivista (ver a exposição sobre a aprendizagem significativa no Capítulo 4; e García Madruga, 1990; Pozo, 1989), também parece assumir que essa aproximação entre o significado psicológico e o lógico requer um certo paralelismo entre as estruturas conceituais do aluno e as estruturas do conhecimento científico, de modo que sua aproximação progressiva por meio do aprendizado significativo exigiria uma *compatibilidade* básica entre ambos os sistemas de conhecimento. De fato, o próprio Ausubel (Ausubel, Novak e Hanesian, 1978) assume que sua proposta é válida somente com alunos que tenham alcançado um determinado nível de desenvolvimento cognitivo e de domínio da terminologia científica e, portanto, seria eficaz somente a partir da adolescência. Assim, os processos de aprendizagem envolvidos não suporiam uma reestruturação dos princípios do conhecimento cotidiano – desenvolvidos no Capítulo 4 – e, portanto, o tipo de mecanismo construtivo postulado consistiria em processos de diferenciação e integração conceitual, também compatíveis com as teorias associativas do aprendizado (Pozo, 1989), o que justificaria o ambíguo "estatuto epistemológico" da teoria de Ausubel.

Critérios para selecionar e organizar os conteúdos

Se a meta da educação científica é levar aos alunos esses "corpos organizados de conhecimento" que constituem as disciplinas científicas, o critério básico para organizar e sequenciar os conteúdos do currículo de ciências deve ser a própria estrutura conceitual dessas disciplinas. Ausubel considera, também, que tanto o conhecimento disciplinar como seu aprendizado estão estruturados de acordo com um princípio de diferenciação progressiva que deve reger a organização do currículo. Segundo este princípio, "a organização do conteúdo de uma disciplina em particular na mente de um indivíduo consiste em uma estrutura hierárquica em que as ideias mais inclusivas ocupam o ápice e incluem as proposições, os conceitos e os dados fácticos progressivamente menos inclusivos e mais finamente diferenciados" (Ausubel, Novak e Hanesian, 1978).

Em suma, o currículo deveria ir do geral ao específico, mediante processos de diferenciação conceitual progressiva. Segundo Ausubel, é mais fácil aprender por diferenciação conceitual do que pelo processo inverso, mediante integração hierárquica. Assim, seria necessário partir de noções mais gerais para depois proceder à sua diferenciação, em vez de partir de conceitos mais específicos pretendendo sua "reconciliação integradora" em uma noção mais inclusiva. Em termos de sua teoria, a aprendizagem subordinada é mais fácil que a aprendizagem superordenada. Além disso, cada novo conteúdo conceitual deveria se apoiar nos conteúdos anteriores e se relacionar explicitamente com eles. A organização explícita dos conteúdos em forma de uma estrutura hierárquica é necessária para evitar a desagregação dos conteúdos, sua mera acumulação em forma de compartimentos isolados. Essa necessidade de conectar uns conteúdos com outros afeta não só a estrutura geral do currículo, mas a própria organização das atividades de ensino.

Atividades de ensino e avaliação

Para que uma explicação ou exposição, seja oral ou escrita, seja eficaz, é necessário, segundo Ausubel, que estabeleça de modo explícito relações entre a nova informação que será apresentada e certos conhecimentos que já estejam presentes na estrutura conceitual do aluno. De fato, como vimos no Capítulo 4, ao explicar os processos do aprendizado significativo, a compreensão implica, para Ausubel, uma assimilação da nova informação a certas *ideias inclusivas* presentes na mente do aluno. Quando não existem essas ideias inclusivas ou sua ativação direta for improvável, é preciso recorrer a um *organizador prévio*, o que geralmente constitui a primeira fase em uma sequência de ensino baseada na teoria de Ausubel (ver Quadro 8.3).

Esse organizador prévio, que antecede o material de aprendizagem propriamente dito, tem como função "estender uma ponte cognitiva entre aquilo que o aluno sabe e o que precisa saber antes de aprender significativamente a tarefa em questão" (Ausubel, Novak e Hanesian, 1978, p. 158). É preciso, além disso, seguindo o princípio de diferenciação progressiva antes estabelecido, que os organizadores prévios tenham um nível de generalização maior do que as ideias cujo aprendizado pretendem introduzir. Como mostra o Quadro 8.3, a própria apresentação do organizador exige, por sua vez, vários passos e deve conduzir a uma segunda fase em que será apresentado o material de aprendizagem em si, ou seja, o conteúdo conceitual da atividade de ensino. Apesar de poderem ser utilizados

---

QUADRO 8.3

Fases do ensino expositivo baseado no uso de organizadores prévios, segundo Joyce e Weil (1978, p. 99)

Primeira fase	Segunda fase
Apresentação do organizador	*Apresentação do material de trabalho*
Esclarecer os objetivos da lição.	Explicitar a organização.
Apresentar o organizador.	Ordenar logicamente o aprendizado.
Isolar as propriedades definidoras.	Manter a atenção.
Dar exemplos.	Apresentar o material.
Proporcionar um contexto.	
Repetir.	
Incitar o conhecimento e experiência do indivíduo.	

Terceira fase
Potencializar a organização cognoscitiva
Utilizar os princípios de reconciliação integradora.
Promover um aprendizado de recepção ativa.
Suscitar um enfoque crítico.
Explicar.

recursos muito diferentes para a apresentação desse material (leituras, discussões, experiências, exposições, etc.), em qualquer caso a organização sempre deverá ser explícita e o professor deve dirigir e guiar a atenção dos alunos de modo que eles captem essa organização. O recurso mais usual para conseguir essa explicitação é a explicação por parte do professor, que deverá se completar com uma terceira fase, em que serão reforçados todos os laços e relações conceituais estendidos, não apenas entre o organizador prévio e o material de aprendizagem, mas também com outros conhecimentos anteriormente apresentados, de modo a tornar explícita, mais uma vez, a estrutura conceitual do currículo.

Quanto às atividades de avaliação, concentram-se quase exclusivamente no conhecimento conceitual e devem consistir em tarefas que tornem explícita a estrutura conceitual adotada pelo aluno, sua capacidade de relacionar uns conceitos com outros, dando especial ênfase à diferenciação entre conceitos conexos. Embora originalmente Ausubel tenha concedido menos importância em seu modelo à avaliação do que às estratégias de ensino, sua concepção educacional torna necessário dispor de técnicas que permitam avaliar com a maior precisão possível as relações conceituais estabelecidas pelos alunos, evitando a confusão com aprendizados meramente repetitivos. No Quadro 4.3 já sugerimos alguns critérios que podem ajudar a diferenciar a compreensão da repetição. Além deles, há diferentes técnicas desenvolvidas com a finalidade de avaliar "as representações" dos alunos, entre as quais se destaca a proposta de Novak e Gowin (1984), baseada em treinar os alunos na elaboração de mapas conceituais que permitam explicitar as relações estabelecidas pelos alunos dentro de um determinado campo semântico. Os mapas conceituais, exemplificados nas Figuras 8.3 e 8.4, servem não só como instrumento de avaliação, mas também como recurso metacognitivo para fomentar um

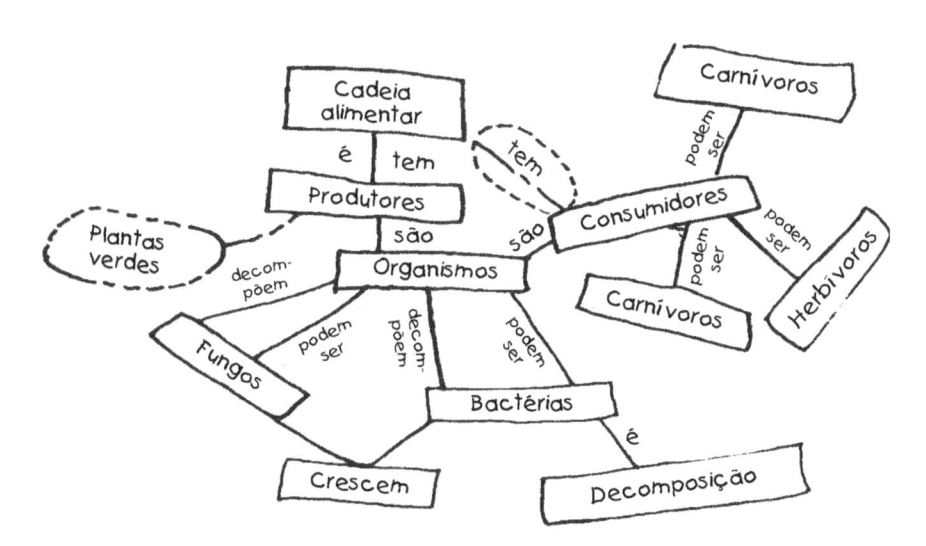

Figura 8.3
Exemplo de mapa conceitual preparado por um aluno que demonstra manter proposições erradas ou em que estão faltando conceitos-chave – acrescentados com linhas pontilhadas.
Novak e Gowin, 1984

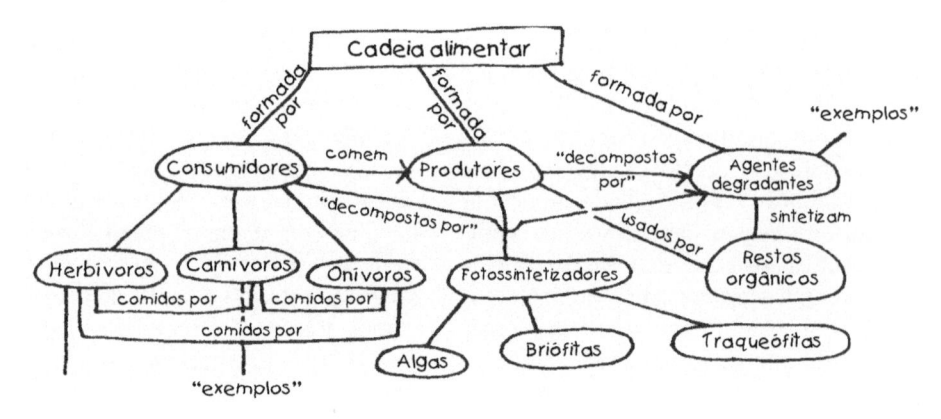

Figura 8.4
Exemplo de mapa conceitual elaborado por um especialista para planejar entrevistas com estudantes sobre a cadeia alimentar.
Novak e Gowin, 1984

maior aprendizado conceitual nos alunos. Nessas figuras são mostrados dois mapas conceituais sobre o mesmo tema, um deles feito por um especialista e o outro por um aluno. Como se pode observar, não diferem apenas na quantidade de informação – no mapa do aluno, representado na Figura 8.3, faltam alguns conceitos essenciais, mas sobretudo há diferença na rede de relações, que está mais hierarquizada, diferenciada e interligada no caso do mapa feito pelo especialista (Figura 8.4). A aprendizagem da ciência, tal como se evidencia na elaboração de um mapa conceitual, implicaria não só aumentar o número de relações entre conceitos, mas sobretudo explicitar o significado dessas relações por meio das etiquetas verbais usadas para qualificá-las, criando uma rede de conceitos que seja a mais complexa e organizada possível.

Dificuldades previsíveis de aprendizagem e ensino

O modelo de ensino expositivo elaborado por Ausubel tem a virtude de ser bastante semelhante ao que muitos professores especialistas tentam desenvolver em suas turmas: estabelecer conexões explícitas entre diferentes partes do currículo, ajudar o aluno a ativar os conhecimentos pertinentes em cada caso, levar em consideração o ponto de vista do aluno e conectar, junto com ele, os novos aprendizados, etc. (veja Sánchez, 1998a). Além disso, trata-se de uma concepção próxima da que podem manter muitos professores de ciências nos ensinos fundamental e médio: transmitir corpos de conhecimento fechados de uma maneira inteligível, baseados em uma forte organização disciplinar e apoiados principalmente em um ensino expositivo que, contudo, tenha também, como ponto de partida, alguns traços do aprendizado dos alunos para levá-los, finalmente, ao único saber possível: a estrutura lógica da disciplina.

Nesse sentido, trata-se de uma proposta interessante, uma vez que pode ajudar a tornar mais eficaz a prática docente de muitos professores que compartilham esses critérios. No entanto, é uma concepção cujo desenvolvimento coloca limites ao aprendizado da ciência. Apesar de o ensino expositivo poder ser útil para conseguir que os alunos compreendam algumas noções científicas quando dispõem de conhecimentos prévios aos quais possam assimilar essas noções, sua eficácia é mais duvidosa quando se trata de *mudar* de modo radical esses conhecimentos prévios. Em outras palavras, é um modelo eficaz para conseguir um ajuste progressivo das concepções dos alunos ao conhecimento científico, mas insuficiente para conseguir a *reestruturação* dessas concepções (ver Pozo, 1989, 1996; também o Capítulo 4).

Ao assumir que os novos conhecimentos devem estar ancorados nos já existentes e que o processo de instrução deve ser guiado por uma diferenciação progressiva, somente quando existam conceitos inclusivos ou *pontes cognitivas* entre o conhecimento cotidiano e o científico será possível chegar ao aprendizado significativo, ou seja, quando ambos os tipos de conhecimento diferem, mas são compatíveis. Ao contrário, sempre que existir uma incompatibilidade, no sentido em que foi definida no Capítulo 5, não será possível conseguir a conexão e, portanto, o aprendizado. Trata-se, em suma, de uma teoria da compreensão mais do que de uma teoria do aprendizado construtivo. E como teoria da compreensão é um modelo já superado, transcendido pelos mais recentes desenvolvimentos neste campo (por exemplo, Kintsch, 1998). A eficácia do ensino expositivo, no modelo de Ausubel, é limitada a que os alunos já dominem a terminologia e os princípios do saber científico. Mas, tal como analisamos na Parte II deste livro, os alunos possuem teorias implícitas sobre a matéria e seu funcionamento, cujos princípios são incompatíveis com as teorias científicas.

De fato, a própria ideia de que o aprendizado significativo deve ocorrer essencialmente mediante processos de diferenciação, de cima para baixo, é muito discutível do ponto de vista do desenvolvimento conceitual e está muito ligada ao problema que acabamos de assinalar (Pozo, 1989). Tanto os estudos sobre o desenvolvimento dos conceitos nas crianças (por exemplo, Carey, 1985; Keil, 1992; 1994; Rosch, 1978) como os trabalhos que comparam a compreensão que especialistas e iniciantes têm de um determinado domínio (por exemplo, Chi, Glaser e Farr, 1988; Glaser, 1992; Ericsson, 1996) mostram que o desenvolvimento e a aprendizagem de conceitos ocorre tanto mediante processos de diferenciação como de integração hierárquica, a partir de conceitos de "nível intermediário", estabelecidos em nossa experiência cotidiana *mesocósmica*, na aparência do real. Os especialistas não só têm noções mais específicas que os iniciantes (diferenciam entre fenômenos que para os iniciantes são semelhantes), mas também contam com princípios mais gerais (por exemplo, conservação da energia) que permitem a detecção do que há de comum entre situações aparentemente diferentes.

É muito verdadeiro, como já sugeriu o próprio Vygotsky (1934), que os processos de integração resultam mais complexos e difíceis do que os processos de diferenciação. A própria aplicação do ensino expositivo corrobora isso: serve para diferenciar conceitos, mas dificilmente é possível conseguir uma "reconciliação integradora" entre eles, na terminologia de Ausubel. Ou seja, por esta via, dificilmente é possível conseguir que o aluno construa os princípios gerais (epistemológicos, ontológicos e conceituais) que dão significado aos diferentes conceitos científicos estudados. Somente se a teoria científica e a mantida pelo aluno compartilham os mesmos princípios, ou seja, se são compatíveis, ele vai poder conseguir "de cima para baixo" a diferenciação progressiva de seus conceitos. Contudo, dado o papel basicamente passivo concedido aos conhecimentos prévios dos alunos, é difícil conseguir, por meio desse tipo de ensino, a sua reestruturação. De fato, parte dessas críticas levaram a um novo enfoque do ensino da ciência, baseado justamente na ativação e na mudança dos conhecimentos prévios dos alunos pela via de expô-los sistematicamente a situações de conflito cognitivo.

O ENSINO POR MEIO DO CONFLITO COGNITIVO

Frente à ideia de que o aprendizado da ciência deve ser alcançado por meio de uma descoberta pessoal dos alunos ou de instrução direta por parte dos professores, os modelos baseados no conflito cognitivo adotam uma posição intermediária ou, dito de outro modo, neutral (Strike e Posner, 1992). O que se tenta é partir das concepções alternativas dos alunos para, confrontando-as com situações conflitivas, conseguir uma mudança conceitual, entendida como sua substituição por outras teorias mais potentes, ou seja, mais próximas do conhecimento científico. Apesar de o próprio aluno dever tomar consciência desse conflito e resolvê-lo, os professores podem utilizar todos os recursos, expositivos e não-expositivos, ao seu alcance para fazer com que ele veja as insuficiências de suas próprias concepções.

Pressupostos e metas da educação científica

O ensino baseado no conflito cognitivo assume a ideia de que é o aluno que elabora e constrói seu próprio conhecimento e que deve tomar consciência de suas limitações e resolvê-las. Nesse enfoque, as concepções alternativas ocupam um lugar central, de maneira que a meta fundamental da educação científica será mudar essas concepções intuitivas dos alunos e substituí-las pelo conhecimento científico. Como foi assinalado no Capítulo 4, há formas muito diferentes de interpretar a natureza dessas concepções e seu papel na aprendizagem, o que faz com que não seja fácil extrair os pressupostos comuns a todas essas posturas, levando em consideração que, além disso, em muitos casos sejam mais implícitas do que explícitas. Não obstante, é claro que esse enfoque adota uma postura claramente construtivista quanto à natureza do conhecimento e sua aquisição (Driver, Guesne e Tiberghien, 1985; Posner et al., 1982; Strike e Posner, 1992). Quanto às relações entre o conhecimento cotidiano e o científico, normalmente assume o suposto da *incompatibilidade* entre ambas as formas de conhecimento e, portanto, que as teorias implícitas dos alunos *devem ser substituídas* pelo conhecimento científico. A forma de conseguir essa substituição, como meta fundamental da educação científica, é fazer com que o aluno perceba os limites de suas próprias concepções alternativas, sentindo-se insatisfeito com elas e disposto a adotar outros modelos mais potentes ou convincentes. Atingir essa meta condiciona a forma como é proposta a organização do currículo.

Critérios para selecionar e organizar os conteúdos

Os defensores desse enfoque não costumam ser muito explícitos quanto aos critérios que estabelecem para organizar os conteúdos no currículo de ciências, além de dizer que, por estar dirigido à mudança conceitual, deve adotar uma organização igualmente conceitual. São os núcleos conceituais da ciência que constituem o eixo do currículo. Os conteúdos procedimentais e atitudinais não desempenham praticamente papel algum na organização do currículo. Assim, essa proposta não difere muito dos critérios adotados pelo ensino tradicional e pelo ensino expositivo, na medida em que compartilha a ideia de que a meta do currículo de ciências deve ser que os alunos dominem e compreendam os sistemas conceituais nos quais está baseado o conhecimento científico, se bem que, neste caso, se assume que para conseguir isso é preciso produzir uma verdadeira "revolução conceitual" na mente dos alunos.

Alguns autores (por exemplo, Strike e Posner, 1992) destacam a necessidade de dotar esses conteúdos científicos de uma certa organização hierárquica, de modo que o currículo esteja dirigido a mudar os princípios básicos em que se sustentam essas concepções alternativas, que desempenhariam um papel similar ao dos paradigmas de Kuhn (1962) ou ao dos programas de investigação de Lakatos (1978) na própria elaboração do conhecimento científico. Contudo, a maior parte dos desenvolvimentos instrutivos deste enfoque têm estado dirigidos sobretudo a combater todas e cada uma das concepções alternativas identificadas nos alunos, sem estabelecer critérios hierárquicos entre elas. A diferença entre ambas as posturas reside no que é tomado como unidade de análise e mudança no conhecimento cotidiano: cada uma das ideias mantidas pelos alunos ou as teorias ou modelos nas quais elas se englobam. Habitualmente foram adotadas como critério de análise dessas concepções e de organização do próprio currículo as ideias mantidas pelos alunos sobre diversos âmbitos da ciência (densidade, eletromagnetismo, calor, força e movimento, etc.), em vez das teorias de domínio nas quais estavam englobadas ou dos princípios nos quais elas se sustentavam (para ver a diferença entre esses níveis de análise, remetemos o leitor à Figura 4.2). Assim, apesar de seus pressupostos epistemológicos serem opostos aos do ensino tradicional, este enfoque adota currículos organizados de maneira muito similar aos desse ensino tradicional, o que afeta, sem dúvida, a forma como são interpretadas e aplicadas as atividades de aprendizagem e avaliação propostas.

Atividades de ensino e avaliação

A ideia básica desses modelos é que a mudança conceitual, ou substituição dos conhecimentos prévios do aluno, ocorrerá como consequência de submeter esses conhecimentos a um conflito empírico ou teórico que obrigue o aluno a abandoná-los em benefício de uma teoria mais explicativa. Assim, se colocarmos um aluno que acredita que os objetos pesados caem mais rápido do que os mais leves (uma ideia comum em nossa física intuitiva, como vimos no Capítulo 7), em uma situação em que ele possa comprovar que a velocidade de queda é independente da massa dos objetos, ele será obrigado a reestruturar seu conhecimento para assimilar a nova informação.

Obviamente, a partir desses modelos não se espera que a simples apresentação da situação conflitiva provoque uma mudança conceitual, senão que será necessário, assim como ocorre na história das ciências, uma acumulação de conflitos que provoquem mudanças cada vez mais radicais na estrutura de conhecimentos dos alunos. Para isso, são elaboradas sequências educacionais programadas com a finalidade de dirigir ou orientar as respostas dos alunos diante desses conflitos. Segundo o modelo estabelecido por Posner e colaboradores (1982), que durante bastante tempo dirigiu as pesquisas e inovações produzidas a partir deste enfoque, provocar e resolver esses conflitos de maneira adequada requer, como já assinalamos no Capítulo 5, que a situação didática reúna certas condições:

a) O aluno deve sentir-se insatisfeito com suas próprias concepções.
b) Deve haver uma concepção que seja inteligível para o aluno.
c) Essa concepção deve ser, também, verossímil para o aluno.
d) Para o aluno, a nova concepção deve parecer mais potente que suas próprias ideias.

Com a finalidade de atingir esses propósitos ou outros similares, foram propostas diversas sequências de ensino baseadas no conflito cognitivo. A Figura 8.5 resume algumas delas. Como se pode ver, para além de suas diferenças esses modelos compartilham uma sequência de instrução comum, que poderíamos resumir, de modo muito esquemático, em três fases principais:

1. Em um primeiro momento, são utilizadas tarefas que por meio de inferências preditivas ou solução de problemas ativem os conhecimentos ou a teoria prévia dos alunos. A função dessas tarefas é não apenas que o professor conheça as diferentes concepções alternativas mantidas pelos alunos, mas que os próprios alunos tomem consciência de suas representações, inicialmente implícitas, tal como vimos no Capítulo 4.
2. A seguir, os conhecimentos assim ativados são confrontados com as situações conflitivas, por meio da apresentação de dados ou da realização de experiências. Uma vez que frequentemente os alunos não serão capazes de resolver de maneira produtiva esses conflitos, alguns dos modelos propõem apresentar teorias ou conceitos alternativos que permitam integrar os conhecimentos prévios dos alunos com a nova informação apresentada. O grau de assimilação dessas novas teorias dependerá da capacidade de explicar novos exemplos e resolver os conflitos apresentados pelos anteriores. Nessa fase, é preciso tentar que o aluno tome consciência não só de sua concepção alternativa, mas dos limites dessa concepção e suas diferenças com o conhecimento cientificamente aceito. É a fase crucial, uma vez que nela é preciso conseguir não só a insatisfação com a própria concepção, mas que a nova concepção, mais próxima do saber científico e das metas do currículo, resulte inteligível e verossímil.
3. Em uma última fase, o que se tenta é consolidar os conhecimentos adquiridos e compreender seu maior poder explicativo em relação à teoria anterior. O aluno abandonará sua concepção prévia na medida em que perceba que dispõe de uma teoria melhor, que permite prever e compreender situações para as quais sua teoria alternativa resultava insuficiente. Para isso, deverá generalizar ou aplicar os conhecimentos científicos a novas situações e tarefas, comprovando sua eficácia.

Derivadas desse esquema comum existem, contudo, diversas estratégias didáticas baseadas no conflito cognitivo, que diferem entre si em alguns aspectos essenciais. Em sua maior parte, esses modelos insistem na necessidade de provocar conflitos empíricos, ou seja, entre uma concepção e um fato. Por exemplo, tal como vimos no Capítulo 7, contrariamente à concepção intuitiva dos alunos, os objetos mais pesados *não* caem mais rápido. Em compensação, outros autores destacam com maior ênfase a importância dos conflitos conceituais entre duas teorias ou modelos, como, por exemplo, comparar os diversos modelos de átomo entre si (Mortimer, 1995), uma ideia que é próxima ao ensino por meio de modelos, à qual voltaremos mais adiante.

Igualmente, são consideradas de modo diferente as possíveis respostas que

A aprendizagem e o ensino de ciências **267**

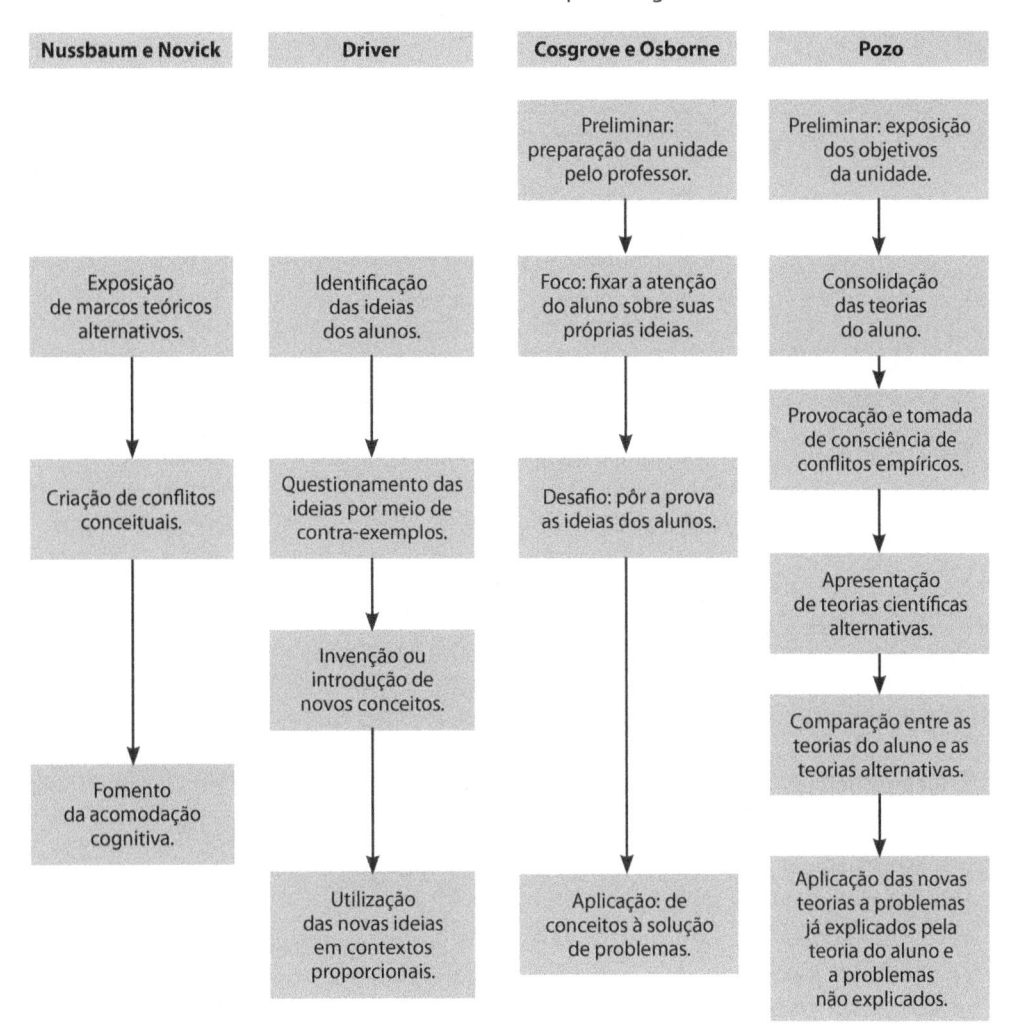

Nussbaum e Novick	Driver	Cosgrove e Osborne	Pozo
		Preliminar: preparação da unidade pelo professor.	Preliminar: exposição dos objetivos da unidade.
Exposição de marcos teóricos alternativos.	Identificação das ideias dos alunos.	Foco: fixar a atenção do aluno sobre suas próprias ideias.	Consolidação das teorias do aluno.
			Provocação e tomada de consciência de conflitos empíricos.
Criação de conflitos conceituais.	Questionamento das ideias por meio de contra-exemplos.	Desafio: pôr a prova as ideias dos alunos.	Apresentação de teorias científicas alternativas.
	Invenção ou introdução de novos conceitos.		Comparação entre as teorias do aluno e as teorias alternativas.
Fomento da acomodação cognitiva.	Utilização das novas ideias em contextos proporcionais.	Aplicação: de conceitos à solução de problemas.	Aplicação das novas teorias a problemas já explicados pela teoria do aluno e a problemas não explicados.

Figura 8.5
Algumas sequências de instrução para a mudança conceitual.
Pozo, 1989

o aluno pode dar em conflito apresentado (para uma análise detalhada dessas respostas ao conflito, ver Pozo, 1987, 1989). Piaget (1975) propôs uma análise bastante detalhada das respostas que as crianças dão quando confrontadas, em sua terminologia, com desequilíbrios cognitivos. A resposta mais elementar, e que menor mudança provoca nos conhecimentos, seria não perceber o conflito apresentado (por exemplo, acreditar que os resultados se ajustam às previsões feitas quando não é esse o caso). Quando o sujeito toma consciência do conflito e o transforma em uma contradição, a resposta mais simples seria considerá-lo como um contra-exemplo excepcional ou como um caso anômalo que não afeta a teoria, que, portanto, mantém-se intocada, dando lugar, como máximo, a uma revisão de crenças, a uma acumulação de mais informação sobre a teoria, tal como vimos no Capítulo 5 ao definir o processo de *crescimento* na mudança conceitual.

Uma resposta cognitivamente mais complexa, e que produziria maior mudança na estrutura de conhecimento, seria estabelecer certas diferenciações ou generalizações conceituais dentro da própria teoria para resolver o conflito. Essas respostas seriam equivalentes aos processos de *ajuste* na mudança conceitual, descritos também no Capítulo 5. Por último, a resposta mais radical seria a *reestruturação* profunda da própria teoria, dando lugar a uma mudança conceitual radical que afete os princípios que a sustentam (ver os processos de reestruturação no Capítulo 5). Esta última resposta é muito infrequente e normalmente só ocorrerá após enfrentar numerosos conflitos que tenham sido resolvidos provisoriamente mediante respostas mais simples.

Assim, vemos que o ensino baseado no conflito cognitivo requer um cuidadoso planejamento das atividades de ensino, o que implica, também, ajudar o aluno a resolver seus próprios conflitos, no que difere claramente do ensino por descoberta. O aluno deve tomar consciência, por meio de um processo de *explicitação* – ao que também se fez referência no Capítulo 5 –, dos *erros* cometidos por sua teoria, para acabar assumindo a superioridade das teorias científicas. Nesse sentido, os critérios de avaliação, apesar de não serem tão explicitados como as atividades de ensino, tendem a ser próximos dos defendidos pelo ensino tradicional ou expositivo. Afinal, trata-se de que os alunos compartilhem e tornem suas as teorias científicas e abandonem suas concepções alternativas. Essas teorias devem ser o ponto de partida do ensino, mas não sua meta. Embora no processo de ensino não devam ser penalizadas as concepções alternativas dos alunos – pelo contrário, é preciso promover sua ativação e discussão –, na avaliação final essas concepções devem desaparecer, dado que essa é a meta da educação científica.

Contudo, mesmo que compartilhe certos critérios de avaliação com o ensino tradicional, este enfoque recorre a tarefas e técnicas de avaliação diferentes, similares às utilizadas para avaliar o conhecimento prévio. Não se trata tanto de avaliar o grau em que os alunos verbalizam os conceitos científicos, como ocorre nos modelos mais usados, como de comprovar em que medida aplicam esses conhecimentos para resolver problemas e enfrentar situações novas. O aluno terá aprendido ciência na medida em que aplique as teorias científicas a novos contextos e situações. Contudo, como assinala Duit (1999), a aplicação desses modelos de ensino, embora sem dúvida tenha tido efeitos muito benéficos na renovação da didática da ciência, não parece ter conseguido esse objetivo básico de que os alunos abandonem suas concepções alternativas.

Dificuldades previsíveis de aprendizagem e ensino

A persistência das concepções alternativas, depois de terem sido submetidas de modo sistemático a conflitos cognitivos, constitui um sério problema para esse enfoque educacional, como já reconheceram os próprios Strike e Posner (1992) ao tentarem fazer uma revisão de seu modelo. Existem várias causas possíveis desse fracasso relativo. Uma primeira causa, que talvez só possa ser atribuída indiretamente ao próprio enfoque, é a forma como habitualmente foi interpretada – pelos professores e mesmo pelos pesquisadores – a proposta da mudança conceitual por meio do conflito cognitivo. Em nossa opinião, a aceitação acrítica desse modelo em muitos ambientes educacionais se deve em boa medida à imprecisão de suas propostas, que deixam implícitos muitos de seus pressupostos (Pozo et al., 1991) e que, ao mesmo tempo, permitem que seja interpretado de uma forma que se desvia notavelmente dos pressupostos construtivistas do modelo. As semelhanças que já apontamos entre esse enfoque e o ensino mais tradicional quanto às suas metas, organização e avaliação do currículo – três de seus componentes mais básicos – levou a uma assimilação da proposta da mudança conceitual a esses modelos mais tradicionais, de modo que foi interpretado não como uma forma diferente de conceber o currículo de ciências, senão como uma estratégia diferente para ensinar ciência. A partir de uma concepção do currículo mais próxima daquilo que temos optado por chamar de "realismo interpretativo" – ou, dito de outro modo, a partir de um certo positivismo –, foi assumido que a contribuição deste enfoque era a necessidade de levar em consideração as concepções alternativas dos alunos e tê-las como *ponto de partida*, mas sem modificar as metas, nem a organização do currículo, nem, muito menos, a avaliação, que define o sentido social da educação científica, tal como assinalamos no Capítulo 1. Assim, a importância das "ideias prévias" dos alunos para o ensino da ciência foi facilmente aceita, e integrada, nos currículos tradicionais em uso, uma vez que, como mostram alguns livros didáticos recentes, tudo se reduz a incluir certos testes iniciais para detectar essas ideias prévias, sem que, depois, os resultados desses testes incidam o mínimo no desenvolvimento posterior da atividade na sala de aula, que continua centrada na explicação por parte do professor e na conseguinte avaliação do grau em que os alunos *absorveram* essa exposição.

O enfoque da mudança conceitual, sob a aparência de uma aceitação dos seus pressupostos construtivistas, fica tingido, assim, de positivismo (Pozo et al., 1998). Muda-se a forma de ensinar – agora é preciso ativar as concepções alternativas dos alunos –, mas não a forma de avaliar, nem as metas do currículo. É preciso ativar as concepções dos alunos, mas para *erradicá-las*, para fazer com que desapareçam para sempre e sejam substituídas pelo conhecimento verdadeiro e aceito: o saber científico positivo. Os alunos também absorvem este espírito e aprendem a suprimir, ou esconder, suas *ideias errôneas* quando estão em contextos escolares, mas essas ideias reflorescem imediatamente assim que a tarefa é apresentada em um contexto menos acadêmico (Pozo, Gómez Crespo e Sanz, 1999).

Essa aplicação desviada do modelo de mudança conceitual por conflito cognitivo não é, contudo, completamente alheia à própria natureza e supostos do modelo. Como assinalávamos no Capítulo 5, ao referir-nos ao suposto da incompatibilidade em que se sustenta este enfoque, e segundo o qual as concepções alternativas devem ser substituídas pelo conhecimento científico, essa eliminação ou erradicação do conhecimento intuitivo possivelmente não seja apenas difícil, mas impossível e inconveniente em numerosos domínios. Tal como argumentamos nos Capítulos 4 e 5, o conhecimento intuitivo tem uma *lógica cognitiva* que o torna insubstituível. A função do currículo de ciências não deveria ser substituí-lo, mas transcendê-lo, redescrevê-lo em modelos mais complexos. A mecânica newtoniana não é necessária para mover eficazmente os objetos do mundo (senão, que perguntem isso para Michael Jordan ou Ronaldo). Mas esse conhecimento também não é abandonado quando se compreendem os princípios da mecânica relativista ou mesmo da quântica. Os *princípios* que regem nossa interação diária com os objetos do mundo continuam presentes, mas podem ser reinterpretados, ou redescritos, em termos dos novos modelos aprendidos. Em vez de substituir esses princípios, em muitos casos será necessário integrá-los hierarquicamente nas teorias científicas.

Em suma, uma parte dos problemas do enfoque educacional baseado na mudança conceitual pode ser derivada de sua concepção da *mudança* como substituição. Outra parte dos problemas pode ser devida à sua concepção da mudança como *conceitual*. Alguns autores criticam os modelos de conflito cognitivo por sua concepção reducionista da mudança como um processo meramente racional e conceitual, uma *mudança conceitual fria* de reestruturação individual do conhecimento, na qual não se considera a intervenção de outros processos motivacionais, afetivos, sociais, etc., que seriam os componentes da *mudança conceitual quente* (Pintrich, Marx e Boyle, 1993). De fato, os próprios Strike e Posner (1992), em sua revisão do modelo, consideram necessário introduzir esses elementos ao projetar os cenários educacionais dirigidos à mudança conceitual. De outro ponto de vista, também é insuficiente a ideia de que tudo o que é preciso mudar é o sistema de conceitos, deixando de lado outros conteúdos do currículo. Como defende Gil (1993; também Duchsl e Gitomer, 1991), a mudança conceitual, para ser efetiva, deve ser acompanhada por uma *mudança metodológica e atitudinal* paralela. De fato, se a mudança conceitual for entendida como uma mudança dos princípios e metas que regem o conhecimento, tal como foi assinalado no Capítulo 4, e não apenas como uma mudança de concepções, estamos falando não só de mudar conceitos, mas também procedimentos e atitudes. Assim, os processos de mudança conceitual inscrevem-se no marco de uma proposta educacional mais ampla, para a qual o conflito cognitivo já não é um motor suficiente. É necessário um outro tipo de atividades para desenvolver de modo conjunto essas mudanças conceituais, atitudinais e metodológicas. É necessário situar o aluno em um contexto de pesquisa dirigida.

O ENSINO POR MEIO DA PESQUISA DIRIGIDA

Para além da mudança conceitual, os modelos de ensino da ciência por meio da pesquisa dirigida assumem que para conseguir essas mudanças profundas na mente dos alunos, não só conceituais, mas também metodológicas e atitudinais, é preciso situá-los em um contexto de atividade similar ao que vive um cientista, mas sob a atenta direção do professor que, assim como ocorria no enfoque do ensino por descoberta, atuaria como "coordenador de pesquisas" (Gil, 1993). De fato, essa proposta recupera alguns dos pressupostos subjacentes ao modelo de descoberta anteriormente analisado – como sua aceitação do paralelismo entre a aprendizagem da ciência e a pesquisa científica –, mas partindo de novas colocações epistemológicas e didáticas, que se afastam de certas crenças indutivistas subjacentes ao modelo de descoberta. Poderíamos dizer que o que muda de um enfoque para outro é a própria concepção da pesquisa científica – que nesse novo postulado é concebida como um processo de construção social – e com ela a forma de levar essa pesquisa para a sala de aula como guia do trabalho didático.

Pressupostos e metas da educação científica

Apesar de se considerar que a aprendizagem da ciência deve seguir, como no ensino por descoberta, os passos da pesquisa científica, nos modelos de pesquisa dirigida não se assume que o componente único ou essencial do trabalho científico é a aplicação rigorosa de um método. De acordo com as orientações atuais na própria epistemologia da ciência, considera-se que a pesquisa que os alunos devem imitar consiste, antes de mais nada, em um trabalhoso processo de construção social de teorias e modelos, apoiado não só em certos recursos metodológicos, mas também no desdobramento de atitudes que se afastam bastante das que cotidianamente os alunos mostram, postulando, portanto, que a meta dessa pesquisa dirigida deve ser promover nos alunos mudanças não só em seus sistemas de conceitos, mas também em seus procedimentos e atitudes (Duchsl e Gitomer, 1991; Gil, 1994; Gil e Carrascosa, 1985; Gil et al., 1991).

Assume-se, portanto, segundo a análise desenvolvida no Capítulo 5, a hipótese da *incompatibilidade* entre o conhecimento cotidiano e o científico, não apenas em seus sistemas de conceitos, mas também em seus métodos e em seus valores. Ao mesmo tempo, diferentemente das estratégias de ensino baseadas na descoberta, é adotada uma clara postura *construtivista*, ao considerar que os modelos e teorias elaborados pela ciência, mas também seus métodos e seus valores, são produto de uma construção social e que, portanto, para reproduzi-los na sala de aula é necessário situar o aluno em contextos sociais de construção do conhecimento similares àqueles que vive um cientista. Dado que a pesquisa científica se baseia na geração e na resolução de problemas teóricos e práticos, o próprio ensino da ciência também deverá ser organizado em torno da resolução de problemas.

Critérios para selecionar e organizar os conteúdos

O eixo sobre o qual se articula o currículo de ciências é a resolução de problemas gerados a partir da análise do conhecimento disciplinar. Dado que a pesquisa científica sempre é realizada no marco de disciplinas específicas, que delimitam o tipo de problemas relevantes, a mesma coisa deveria ocorrer com o ensino da ciência, que deve estar baseado em problemas gerados a partir do conhecimento disciplinar (Gil, 1994). Portanto, a seleção de conteúdos, mesmo que leve em consideração as características dos alunos e o contexto social do currículo, apoia-se, mais uma vez, nos conteúdos conceituais da ciência. Em algumas das propostas, contudo, o currículo é organizado não tanto em torno dos conceitos específicos da ciência, mas de certas estruturas conceituais que são subjacentes ou dão sentido a eles, como a "busca de regularidades e atenção à mudança" como fio condutor da análise das relações em diversos domínios da ciência – os seres vivos, as substâncias, os movimentos dos astros, etc. (Gil et al., 1991). Este fio condutor, que atuaria como um eixo estruturador do currículo (Del Carmen, 1996), traduz-se em uma sequência de conteúdos disciplinarmente organizados e em cuja estruturação desempenha um papel importante a própria história da ciência, uma vez que se assume que o aprendizado desses conteúdos pelos alunos deve ser isomórfico ao próprio processo de construção científica desses conteúdos (Gil et al., 1991).

Atividades de ensino e avaliação

O desenvolvimento dessa sequência de conteúdos deverá apoiar-se na proposição e resolução conjunta de *problemas* por parte do professor e dos alunos. Esses problemas devem consistir em situações abertas, que exijam a busca de novas respostas por parte dos alunos sob a supervisão do professor, e corresponderão, portanto, dentro da resolução de problemas, à realização de pequenas pesquisas (ver Capítulo 3; também Pozo e Gómez Crespo,

1994) que tanto quanto possível devem integrar aspectos qualitativos e quantitativos. O trabalho do professor será não apenas orientar a pesquisa dos alunos, como faz o coordenador de qualquer projeto de pesquisa, mas também reforçar, sugerir vieses ou questionar as conclusões obtidas pelos alunos à luz das contribuições feitas previamente pelos cientistas na resolução desses mesmos problemas. O desenvolvimento dessa proposta didática materializa-se em um programa-guia de atividades de ensino que, de modo aproximado, seria baseado nos seguintes passos (Ramírez, Gil e Martínez Torregrosa, 1994):

1. Despertar o interesse dos alunos pelo problema que será abordado, previamente selecionado pelo professor/coordenador de pesquisa.
2. Realizar um estudo qualitativo da situação, tentando definir da maneira mais precisa o problema, identificando as variáveis mais relevantes que o restringem, etc.
3. Emitir hipóteses sobre os fatores que podem estar determinando o possível resultado do problema e sobre a forma como esses fatores o condicionam.
4. Elaborar e explicitar possíveis estratégias de solução do problema, fazendo um planejamento para realizá-las, em vez de agir por tentativa e erro. Buscar vias alternativas para a resolução do problema.
5. Pôr em marcha a estratégia ou estratégias selecionadas, explicitando e fundamentando o máximo possível o que vai sendo feito.
6. Analisar os resultados obtidos à luz das hipóteses previamente explicitadas.
7. Refletir sobre as novas perspectivas abertas pela resolução realizada, repensando ou redefinindo o problema em um novo nível de análise, em relação com outros conteúdos teóricos ou em novas situações práticas. Idealizar novas situações ou problemas que mereçam ser investigados a partir do processo realizado.
8. Elaborar uma memória final na qual se analisem não só os resultados obtidos em relação ao problema apresentado, mas também o próprio processo de resolução realizado.

Como se pode ver, essa sequência didática não é muito diferente da que era seguida no enfoque de descoberta, dado que, de fato, apoia-se nos passos normais dos modelos de resolução de problemas ou de pensamento científico (desenvolvidos com mais detalhe no Capítulo 3). O que muda com respeito ao enfoque anterior é o *espírito* com que esses passos são dados, ou, dito de outro modo, seu sentido didático, uma vez que nesta concepção se destaca o caráter *social* do processo de resolução, promovendo a comunicação e o diálogo não só entre os alunos, mas também entre eles e o professor, o que ajudará, sem dúvida, a explicitação de procedimentos, atitudes e conceitos, tão relevante nesse modelo.

Essas atividades de ensino são concebidas, em si, como atividades de avaliação, uma vez que nesse modelo se assume uma concepção *construtiva* da avaliação, segundo a qual esta deve ser mais um instrumento a serviço do aprendizado e não tanto um critério de seleção (Gil et al., 1991). A avaliação será baseada, em grande medida, no trabalho diário dos alunos, na pesquisa que eles fizerem, embora possa ser completada com outro tipo de tarefas mais pontuais. É importante que as atividades de avaliação retroalimentem o aluno, proporcionando-lhe informação não sobre seu sucesso ou fracasso, mas, sobretudo, sobre as causas desse sucesso ou fracasso (Duchsl, 1998). Isso envolve uma profunda reavaliação da finalidade da avaliação na mentalidade da maior parte dos professores, uma verdadeira mudança conceitual sobre sua função didática, que costuma apresentar dificuldades ainda maiores do que a própria mudança nas atividades de aprendizagem/ensino e que, sem dúvida, constitui uma das principais dificuldades para executar esse modelo (Alonso, Gil e Martínez Torregrosa, 1995).

Dificuldades previsíveis de aprendizagem e ensino

Um dos problemas mais importantes que esse enfoque da educação científica costuma apresentar é, sem dúvida, seu alto nível de exigência ao professorado, o que torna difícil sua generalização. Ensinar a ciência como um processo de pesquisa dirigida requer uma determinada concepção da ciência e de seu ensino, a qual não costuma estar muito estendida entre os professores (Gil et al., 1991). Requer uma mudança radical na forma de conceber o currículo de ciências e suas metas, que afeta não apenas a concepção da ciência, mas também os métodos de ensino utilizados e as próprias atitudes que o professor deve adotar na aula de ciências. Em suma, exige do professor uma mudança conceitual, procedimental e atitudinal paralela à mudança que deve tentar promover em seus alunos. E não há dúvida de que essa mudança nas teorias implícitas de aprendizagem e ensino dos professores está sujeita a problemas similares aos apresentados pela mudança conceitual nos próprios alunos (Pozo et al., 1998), correndo-se o risco de que os aspectos inovadores desse enfoque fiquem diluídos ou deformados se são postos em prática com um *espírito* diferente, que traga consigo um sentido didático muito diferente. Apesar de que este não é um impedimento para a adoção do enfoque da educação científica, não há dúvida de que, ao afastar-se dos supostos nos quais se apoia a tradição dominante na educação científica, requer um esforço adicional de mudança por parte dos professores, o qual, embora seja necessário para enfrentar as novas demandas de aprendizagem comentadas no Capítulo 1, geralmente não é favorecido pelas próprias estruturas organizativas das escolas e da tradição educacional em que estão imersos.

Contudo, além dessa dificuldade que devem enfrentar todos os enfoques que adotem posturas realmente construtivistas, e cuja superação requer a prática de modelos de formação permanente de professores coerentes com essa mesma concepção educacional, há outro problema intrínseco ao modelo de ensino por meio de pesquisa dirigida. Mesmo que se afaste dos supostos indutivistas em que estava baseado o ensino por descoberta, o fato de assumir o isomorfismo entre pesquisa e aprendizagem da ciência não deixa de apresentar dificuldades conceituais e práticas. Mesmo que esse isomorfismo seja adotado em um sentido débil, como um certo paralelismo mais do que como uma identidade (Gil et al., 1991), é duvidoso que os próprios processos construtivos no aprendizado dos conteúdos científicos devam ser similares aos que os cientistas usam para elaborar ou construir esses mesmos conteúdos. E isso não se deve tanto a razões psicológicas, que não há dúvida de que elas podem existir (Pozo, 1997a), mas, sobretudo, ocorre pelas diferenças entre os contextos sociais em que alunos e cientistas constroem seus conhecimentos.

Se aceitamos, como parece fazer este enfoque, o suposto de que a construção de conhecimento se define no marco de certas interações sociais e está *situada em um contexto social* (Kirshner e Whiston, 1997) que define suas metas, parece bastante duvidoso que os alunos possam empreender processos de construção de conhecimento que compartilhem as metas e os contextos sociais (de descoberta, mas também de justificação) próprios do trabalho científico. Para começar, os cientistas tendem a ser pessoas especialistas em um domínio restrito de conhecimento, ao que dedicam, como todo especialista, uma grande quantidade de horas de trabalho, cujo conteúdo e orientação está em boa medida determinado por sua própria comunidade de prática científica. Por sua vez, os alunos são obrigados a distribuir sua perícia e seu esforço entre as cada vez mais numerosas e variadas disciplinas que devem estudar, sem estar em condições nem de adotar nem de interiorizar as regras e as metas que definem cada uma dessas comunidades de prática (a dos físicos, a dos filólogos, a dos matemáticos, a dos geógrafos, a dos esportistas, etc.). Nem tudo o que um cientista faz tem sentido para os alunos, e vice-versa, dado que os mundos em que vivem – e que tão ativamente ajudam a construir – são muito diferentes e, inclusive, estão regidos por metas diferentes; até mesmo a definição de um problema pode não ser a mesma para uns e outros. Os problemas dos cientistas com frequência não são verdadeiros problemas para os alunos. De fato, para além dos problemas científicos e dos problemas cotidianos que uns e outros enfrentam parece necessário definir um âmbito específico, intermediário, para os problemas educativos (Pozo e Gómez Crespo, 1994), um cenário próprio da atividade didática que não se reduza nem ao conhecimento científico, nem ao cotidiano (Rodrigo, 1997; García, 1995).

Os alunos, pelo menos até o ensino médio, dificilmente poderão agir como pequenos cientistas, historiadores, linguistas, etc. De fato, os próprios professores limitam sua definição *profissional* ao seu âmbito de perícia, e no resto dos domínios comportam-se como verdadeiros iniciantes (Pozo, 1987). Embora uma aproximação à pesquisa científica deva ser, sem dúvida, um objetivo do ensino médio, basear todo o aprendizado da ciência na capacidade de pesquisar dos alunos significa, até certo ponto, esquecer a própria especificidade dos cenários educativos. O ensino não pode se apoiar somente em atividades de pesquisa, uma vez que deve conseguir resultados mais rápidos e generalizados do que a própria pesquisa científica – aplicada em contextos mais ricos e pela elite especializada dos cientistas – conseguiu. O risco de transformar o ensino em *pesquisa condensada* é confundir, mais uma vez, os processos de pesquisa com os métodos de ensino e o aprendizado de procedimentos (Pozo, Postigo e Gómez Crespo, 1995; Wellington, 1989).

Por outro lado, o próprio trabalho de *coordenador de pesquisas* é mais simulado e, portanto, mais ambíguo do que real. O coordenador de um projeto de pesquisa frequentemente ignora para onde se dirige seu projeto, em que águas vai navegar. Poderíamos dizer, utilizando a terminologia vygotskiana, que uma pesquisa real serve para abrir novas zonas de exploração, novos caminhos; por sua vez, o uso didático da pesquisa deve abrir novas zonas, novos territórios para os alunos, mas deve ocorrer em terreno conhecido para o professor, que precisa saber para onde deve levar essa pesquisa, evitando que se desvie de suas metas. Nesse sentido, essas supostas pesquisas devem constituir problemas abertos para os alunos, mas muito mais delimitados para os professores. Somente quando o professor domina em profundidade o terreno em que pisa ou, seguindo com a metáfora, as águas pelas quais navega, pode ajudar os alunos a avançar e estender seus domínios de conhecimento. De fato, um ensino desse tipo é muito exigente para os professores não apenas do ponto de vista pedagógico – uma vez que, assim como ocorria com o ensino por descoberta, exige deles desempenhar um papel muito mais ambíguo – mas também, como assinalamos antes, do ponto de vista dos conhecimentos disciplinares. Somente se o professor se sentir seguro em seus conhecimentos disciplinares, somente se navega por águas conhecidas, ousará navegar. O professor não pode ser um membro a mais da "equipe de pesquisa", nem sequer pode ser o pesquisador principal, porque se ele quiser ajudar os alunos a chegarem a bom porto pesquisando, precisa saber, desde o início, para onde deve dirigir a nave. Deve conhecer quais modelos e interpretações precisam ser executados pelos alunos, quais perguntas são mais produtivas e quais mais vãs, mas também quais modelos, perguntas e reformulações dificilmente serão feitas pelos alunos e que, contudo, é necessário que conheçam para enriquecer, ou redefinir, suas pesquisas. Essa é a proposta do último enfoque que queremos analisar, que, de certo modo, é complementar ao ensino mediante pesquisa, baseado no contraste de modelos.

O ENSINO POR EXPLICAÇÃO E CONTRASTE DE MODELOS

Frente ao enfoque que assume que a aprendizagem da ciência deve percorrer os mesmos passos que a pesquisa científica e que o aluno deve imitar a atividade dos cientistas para aproximar-se dos seus resultados, esse enfoque assume que a educação científica constitui um cenário de aquisição do conhecimento completamente diferente da pesquisa e, portanto, é dirigido a metas diferentes e requer atividades de ensino e avaliação diferentes. O aluno não pode enfrentar os mesmos problemas que em seu momento os cientistas tentaram resolver, uma vez que terá de abordar esses problemas em um contexto diferente, no qual, entre outras coisas, vai dispor, como elemento de reflexão e de redescrição representacional, dos modelos e teorias elaborados por esses mesmos cientistas. O professor também não pode ser equiparado a um coordenador de pesquisas, uma vez que sua função social é muito diferente da função de um cientista, dado que não precisa produzir conhecimentos novos nem enfrentar problemas novos, senão que deve ajudar seus alunos a *reconstruir* o conhecimento científico.

Se Newton dizia que suas descobertas foram possíveis porque estava "em pé sobre ombros de gigantes" em alusão a todas as contribuições dos cientistas que o precederam, a função social do professor é ajudar seus alunos a subir nos ombros desses mesmos gigantes, assimilando e reconstruindo, em nível social e individual, o acervo da cultura científica. Para isso, o professor deve expor aos seus alunos diversos modelos alternativos, que eles devem contrastar para compreender as diferenças conceituais que há entre eles e, desse modo, poder ser capazes de relacioná-los e integrá-los metacognitivamente. Não há razão para que o aluno siga os mesmos passos que seguiram os cientistas, nem para que chegue ao conhecimento pela mesma via pela qual um dia o conhecimento foi elaborado; ele deve reconstruir e integrar os valores, os métodos e os sistemas conceituais produzidos pela ciência com a ajuda pedagógica de seu professor, que deve, mediante suas explicações, tornar compreensíveis e contrastáveis esses conhecimentos.

Pressupostos e metas da educação científica

Como no caso anterior, esse enfoque assume uma postura claramente construtivista com respeito à aprendizagem da ciência, embora, como acabamos de ver, não aceite, necessariamente, o isomorfismo entre a construção do conhecimento científico e seu aprendizado por parte dos alunos. A construção do conhecimento científico e escolar envolve cenários sociais claramente diferenciados por suas metas e pela organização de suas atividades (Rodrigo e Arnay, 1997).

Por outro lado, a ideia de que o aprendizado da ciência implica um contínuo contraste entre modelos, mais do que a superação empírica de um modelo por outro (Pozo, 1994), é mais próxima da hipótese da independência entre esses diversos modelos ou da sua *integração hierárquica* do que do suposto da substituição de uns por outros. Enquanto alguns defensores deste enfoque adotam os supostos da cognição situada (Caravita e Hallden, 1994; Kirshner e Whiston, 1997) e, com eles, a hipótese da independência contextual entre diversas formas de conhecimento, outros assumem a possibilidade de integrar hierarquicamente algumas formas de conhecimento em outras, tal como temos defendido aqui (ver o Capítulo 5).

Em qualquer um dos casos, a partir desse enfoque se assume que a meta da educação científica deve ser que o aluno conheça a existência de diversos modelos alternativos para a interpretação e compreensão da natureza e que a exposição e o contraste desses modelos irão ajudá-lo não só a compreender melhor os fenômenos estudados, mas, sobretudo, a natureza do conhecimento científico elaborado para interpretá-los. A educação científica deve ajudar o aluno a construir seus próprios modelos, mas também a interrogá-los e redescrevê-los a partir dos modelos elaborados por outros, sejam seus próprios colegas ou cientistas eminentes (Glynn e Duit, 1995b; Ogborn et al., 1996).

Critérios para selecionar e organizar os conteúdos

O núcleo organizador desse enfoque didático são os modelos, ou seja, a forma como se representa o conhecimento existente em um domínio dado. Nesse sentido, diferentemente do enfoque anterior, há um interesse explícito pelos conteúdos conceituais, mas estes seriam organizados não tanto a partir dos conteúdos específicos (densidade, calor, movimento, etc.), mas das estruturas conceituais ou modelos que dão sentido a eles (por exemplo, na análise desenvolvida em capítulos precedentes, interação, conservação, etc.). Trata-se de aprofundar e enriquecer os modelos elaborados pelos alunos, que devem ir integrando não só cada vez mais informação, mas também outros modelos e perspectivas. Também se trata de que o aluno possa interpretar as diferenças e semelhanças entre os diversos modelos. Assim, por exemplo, as estruturas conceituais descritas no Capítulo 4, e exemplificadas ao falar da aprendizagem da química e da física nos Capítulos 6 e 7, podem atuar como critério estruturador do currículo, dirigindo o processo de construção dos modelos elaborados pelos alunos, que devem ir integrando essas características estruturais (interação, equilíbrio, conservação). Contudo, se essa é a meta e a estrutura *implícita* do currículo, possivelmente não deve constituir sua estrutura ou discurso explícito. Nesse sentido, é importante não confundir a meta do currículo com seu método (Pozo, 1999a). A maneira de ter acesso a essas estruturas subjacentes – ou implícitas – e à rede conceitual dos alunos é por meio dos conteúdos conceituais mais convencionais, por exemplo, os conceitos específicos da física e da química que analisamos em capítulos anteriores, que, contudo, não deveriam ser concebidos como um fim em si mesmos, mas como um meio para ter acesso à construção dessas estruturas conceituais que são as que dão sentido a esses conceitos, que, por sua vez, constituiriam os objetivos a curto prazo, as metas intermediárias, para ter acesso a outras metas mais profundas e gerais.

Atividades de ensino e avaliação

Frente à homogeneidade de alguns dos enfoques precedentes, as propostas baseadas no ensino por meio de modelos são mais heterogêneas e iriam do treinamento direto nos modelos e estruturas conceituais (por exemplo, interação) à sua aplicação posterior aos diferentes conteúdos específicos (energia, calor, etc.) (Chi, 1992; Pozo, 1994), ao enriquecimento dos modelos elaborados pelos próprios alunos a partir das discussões com seus colegas, às explicações do professor e às avaliações recebidas (Arcá e Guidoni, 1989), à apresentação e contraste dos modelos no contexto da solução de problemas (Pozo e Gómez Crespo, 1994), ou à explicação desses modelos por parte do professor e sua discussão com os alunos (Ogborn et al., 1996).

De fato, Glynn e Duit (1995b) acabam elaborando uma proposta suficientemente ampla para integrar os mais diferentes tipos de atividades de aprendizagem e ensino, que se declara explicitamente herdeira de todos os enfoques antes mencionados (descoberta, exposição ausubeliana, conflito cognitivo, etc.). Embora essa amplitude metodológica não deva ser confundida nunca com um ecletismo metodológico (uma certa sensação de que na sala de aula "vale tudo"), é consistente com a própria ideia integradora da qual se nutre, não apenas do ponto de vista conceitual, mas também metodológico.

Fugindo de ambos os extremos (o do "método didático" único e onipotente, que guia todas as atividades de ensino, e o do relativismo vazio, segundo o qual vale tudo), aqui se tenta assumir a complexidade e diversidade das situações didáticas que não permitem estabelecer sequências de aprendizagem únicas *urbi et orbi*. Contudo, há uma certa lógica interna nas atividades de ensino que regem ou guiam esse modelo, que está ilustrada no exemplo apresentado no Quadro 8.4. Como se pode ver, é preciso partir de que os alunos enfrentem, como no modelo anterior, problemas que despertem neles a necessidade de encontrar respostas, que devem ser modeladas, explicitadas – mas também enriquecidas – por meio da multiplicação de modelos alternativos. O professor deve exercer, em diferentes momentos da atividade didática, papéis diversos, alguns dos quais foram aparecendo ao analisar os enfoques anteriores: deve guiar as indagações do aluno, mas também expor alternativas, induzir ou gerar contra-argumentos, promover a explicitação dos conhecimentos, sua redescrição em linguagens ou códigos mais elaborados, etc.

Entre os papéis que o professor deve desempenhar, surge como uma de suas tarefas mais relevantes e complexas a necessidade de explicar aos seus alunos esses diversos modelos alternativos (Ogborn et al., 1996), mas no entendimento dessas posturas, a explicação não mais seria um monólogo, um discurso unívoco por parte do professor, senão um diálogo (Mortimer e Machado, 1997, 1998), uma conversação mais ou menos encoberta (Sánchez, 1998, 1999), na qual o professor cria diversos cenários explicativos para fazer com que os diversos modelos e interpretações possíveis dos fenômenos estudados dialoguem, contrastando-os entre si e redescrevendo uns e outros, ou seja, fazendo com que se expliquem mutuamente com a finalidade de integrar umas explicações nas outras. Esses diálogos ou explicações mútuas entre modelos podem

QUADRO 8.4
Um exemplo de como trabalhar a queda dos corpos na sala de aula por meio da explicação e do contraste de modelos

A QUEDA LIVRE DOS CORPOS

De maneira intuitiva, todos nós, e não só os alunos, tendemos a acreditar que, se comparamos a queda de dois corpos com massas diferentes, mesmo soltando-os ao mesmo tempo, sempre chegará antes ao chão o objeto mais pesado. Uma proposta de como se pode trabalhar essa ideia com alunos do final do ensino fundamental e do ensino médio é descrita a seguir:

1. Ativação e avaliação dos conhecimentos prévios

Trata-se de selecionar uma ou várias tarefas que sejam relevantes para os alunos e que sirvam para trazer à luz essas ideias implícitas. Por exemplo:

"Se deixarmos cair duas pedras a partir da mesma altura, uma grande e outra pequena, qual delas você acredita que chegará antes ao chão?"

Provavelmente serão obtidas respostas em termos de: "porque sim", "porque é mais pesada", etc. Mas o debate entre os alunos leva a que pouco a pouco eles tornem explícitas suas teorias. O que se tenta é promover uma reflexão sobre o próprio conhecimento, que se estende e aprofunda quando esse conhecimento é contrastado com o dos colegas e com alguns dados relevantes que possam ser colhidos sobre o fenômeno estudado.

2. Contraste de modelos e pontos de vista

Uma vez que o debate tenha facilitado a explicitação de vários pontos de vista alternativos, o professor pode induzir a realização de uma experiência que permita comprovar o que ocorre na prática. A queda dos corpos pode abrir caminho para experiências simples que os alunos podem realizar fora da aula, na medida do possível em "pequenos grupos de pesquisa", de maneira consciente e planejada: o que foi feito, por que foi feito e quais são os resultados obtidos. Geralmente os resultados obtidos são contraditórios, dependendo do material utilizado. Por exemplo:

- "Quando fizemos a experiência com uma bola de tênis vazia e outra cheia de terra, a que estava cheia chegou antes."
- "Com uma borracha e um livro, a borracha chegou antes."
- "Quando comparamos um papel e um lápis, o lápis chegou antes."
- "O papel e o lápis chegaram ao mesmo tempo". O papel tinha sido comprimido formando uma bola.
- "O livro chega ao mesmo tempo que a borracha se for deixado cair de canto."

O professor deverá retomar esses resultados e usá-los como contra-exemplos para a discussão no grande grupo. Em caso de que não tenham surgido na experiência realizada, ele mesmo poderá propor esses exemplos.

3. Introdução de novos modelos

Provavelmente, a discussão no grande grupo dos resultados obtidos em cada uma dessas investigações gere novas concepções que superem as que os alunos tinham, de modo implícito, inicialmente. Mas pode ser, também, que isso não ocorra. Nesse caso, dependendo dos objetivos estabelecidos inicialmente, pode ser necessária uma exposição da teoria científica por parte do professor.

4. Integração de modelos

"Como é possível que em muitos dos resultados obtidos as previsões da teoria científica aparentemente não tenham se cumprido?" Os alunos são capazes de chegar a diferentes conclusões, comparando seus resultados a partir dos efeitos das variáveis que intervêm na situação real (forma do objeto, atrito do ar, densidade, etc.) frente à previsão da ciência para os casos ideais. Evidentemente, o nível de análise a que cheguem dependerá do nível educacional e dos objetivos concretos que tenham sido especificados.

adotar, segundo Ogborn e colaboradores (1996), diferentes formatos:

a) "Vamos pensar nisso juntos": o professor redescreve as ideias geradas pelos próprios alunos, tentando explicitá-las e conectá-las com os modelos científicos.
b) "O contador de histórias": o professor transforma a explicação em uma narrativa, um relato no qual integra os diferentes argumentos explicativos.
c) "Diga do meu jeito": os alunos devem redescrever suas próprias ideias e interpretações, reinterpretá-las, em termos de outro modelo, idealmente fornecido pelo professor, utilizando com precisão a linguagem e os códigos explicativos desse modelo.
d) "Veja do meu jeito": os alunos devem partir de uma teoria ou modelo determinado para interpretar os problemas ou fenômenos estudados, devem tentar colocar-se no ponto de vista de outro, preferivelmente de um modelo científico, mas também da concepção alternativa de um colega, para compreender as diferenças entre diferentes perspectivas.

Essa multiplicação e integração de modelos deve aparecer não só nas atividades de aprendizagem, mas também na avaliação, onde com frequência os alunos percebem que essas múltiplas vozes acabam reduzindo-se a uma: a do professor e o saber estabelecido. É importante que o perspectivismo conceitual, necessário para a aprendizagem da ciência, esteja presente também nos critérios de avaliação. Trata-se não tanto de exigir do aluno que se aproxime de um modelo "correto" previamente estabelecido, mas de promover a reflexão, o metaconhecimento conceitual e o contraste de modelos. A questão seria utilizar tarefas e critérios de avaliação que fomentem nos alunos a capacidade de explicitar, redescrever e argumentar sobre seus modelos e os dos demais. Seguindo Kuhn (1991), entre esses critérios estariam:

a) a capacidade de definir ou explicitar várias teorias alternativas para uma situação, utilizando com precisão a linguagem de cada uma delas e discriminando entre suas diferentes interpretações;
b) a capacidade de encontrar argumentos contra uma teoria (incluída a própria);
c) a capacidade de explicar uma teoria diferente daquela em que ele próprio acredita, diferenciando entre conhecimento e crenças (Rodrigo, 1993);
d) a capacidade de procurar dados a favor de diferentes modelos e teorias;
e) finalmente, a capacidade de integrar ou relacionar metacognitivamente diferentes explicações.

Mais que aprender uma teoria como verdadeira, trata-se de que o aluno compreenda o que há de verdadeiro em diversos modelos ou teorias. Por exemplo, não se trata de que aprenda um modelo de átomo como a teoria cientificamente aceita, mas de confrontá-lo com diferentes modelos de átomo com a finalidade de que compreenda suas diferenças, mas também suas relações e a própria evolução do conhecimento científico, que faz com que esses diferentes modelos tenham contextos de uso diferentes (Mortimer, 1995; 1998). Um dos riscos desta multiplicação de representações é que os alunos acabem por interpretá-la mais como uma divisão de opiniões, na qual todas as interpretações (incluída sua própria explicação espontânea) são igualmente válidas. Embora esse risco seja ainda maior quando se assume a hipótese da independência entre representações do que quando se adota o suposto da integração hierárquica, é, sem dúvida, um dos problemas que afeta essa forma de entender o ensino da ciência.

Dificuldades previsíveis de aprendizagem e ensino

Algumas das dificuldades que se podem esperar da execução dessa forma de ensino são similares às que assinalávamos ao analisar o ensino por pesquisa dirigida, uma vez que são derivadas das exigências que as concepções construtivistas subjacentes apresentam aos professores. Mas o ensino por meio de modelos também gera problemas próprios, um dos quais, como acabamos de destacar, é induzir nos alunos um certo relativismo ou ceticismo com respeito a toda forma de conhecimento, que esvazie de sentido a própria educação científica. Se todos os modelos ou teorias valem, para que estudar os modelos científicos? Do nosso ponto de vista, que já expusemos no Capítulo 5 ao criticar a hipótese da independência em favor da integração hierárquica entre teorias, para evitar esse relativismo é necessário ensinar os alunos a explicar ou redescrever umas teorias em outras, uma vez que assim compreenderão como os modelos mais complexos podem integrar os mais simples, mas não o contrário. O ecletismo teórico é um risco real quando a diferenciação entre as diversas teorias se apoia em seu contexto situacional, em uma identificação de via baixa, *low road*, dos contextos em que cada uma deve ser utilizada. Por outro lado, essa diferenciação pode levar a uma integração hierárquica dos diferentes modelos quando se apoia no contexto metacognitivo, que implica uma compreensão de via alta, *high road*, das semelhanças e diferenças conceituais entre os diversos modelos, que permita redescrever uns em outros e identificar aqueles que têm uma capacidade maior de generalização, maior poder argumentativo ou explicativo e estruturas conceituais mais complexas e integradoras. Isso vai requerer a utilização de processos de reestruturação teórica, explicitação metacognitiva e integração hierárquica como os descritos no Capítulo 5.

Outro problema suscitado por este enfoque é a possível generalização ou transferência relativa dos modelos aprendidos para novos domínios ou conceitos. Essa possível generalização de estruturas conceituais para novos domínios é limitada e insuficiente se não for acompanhada por conhecimento conceitual nesse domínio. A instrução por meio de modelos provavelmente vai requerer que esses modelos ou estruturas conceituais mais gerais sejam adquiridos nos domínios específicos, com um conteúdo conceitual específico, de modo que depois possam ser transferidos ou generalizados para novos domínios (Ceci e Nightingale, 1990). O fato de o currículo ser organizado a partir de certas estruturas conceituais subjacentes não deve implicar que essas estruturas componham o conteúdo básico do currículo, senão que ele deve ser apresentado a partir de conteúdos específicos que sirvam para contrastar diversos modelos e estruturas conceituais, tal como tentamos mostrar na Parte II deste livro, quando analisamos as relações entre essas estruturas conceituais e os conteúdos conceituais específicos da física e da química.

Outro problema do ensino da ciência como explicação e contraste de modelos é que, mais uma vez, parece restringir a instrução científica ao âmbito do conhecimento conceitual, relegando a um segundo plano os conteúdos procedimentais e atitudinais. Apesar de o uso e contraste de diversos modelos conceituais implicar não só um domínio conceitual deles, mas também atitudes (relativismo, rigor, etc.) e procedimentos específicos (de argumentação, contraste empírico, etc.), é verdade que esse enfoque educacional está mais concentrado na construção de modelos conceituais. Por isso, segundo esse enfoque será preciso destacar a importância dos procedimentos necessários para realizar essa construção, tanto os especificamente relacionados com fazer ciência, como aqueles outros, de caráter mais geral, necessários para aprendê-la.

Para isso, como propõem Glynn e Duit (1995a), é preciso que nesse enfoque sejam integradas algumas contribuições desenvolvidas por outras posturas anteriores, que resultam compatíveis com ele. De fato, uma boa maneira de concluir este livro pode ser tentar uma última integração hierárquica, a dos múltiplos papéis e métodos que um professor deve desenvolver para ajudar seus alunos a aprender ciência por meio do contraste entre as exigências destes diversos enfoques de educação científica que estivemos apresentando.

A INTEGRAÇÃO DOS DIFERENTES ENFOQUES OU OS MÚLTIPLOS PAPÉIS DO PROFESSOR

Nas páginas anteriores deste capítulo tentamos resumir, e ao mesmo tempo ordenar, os diversos enfoques ou aproximações ao ensino da ciência que foram tentados tanto nas salas de aula como nos laboratórios de pesquisa didática. Além de nos proporcionar uma visão de cada um deles, essa exposição, como não podia deixar de ser em um livro como este, tem como meta ajudar para que ocorra uma integração ou compreensão mútua dos diferentes casos. Assim, se analisarmos o Quadro 8.5 – que serve como resumo de todo este capítulo, uma vez que sintetiza as principais características dos enfoques desenvolvidos em páginas anteriores –, observaremos que, ao mesmo tempo em que há uma aceitação crescente dos pressupostos e metas construtivistas, também é possível observar uma pauta mais vacilante em sua evolução, um contínuo ir e vir de propostas de ensino expositivo e propostas de ensino por pesquisa ou descoberta.

Os supostos e metas do currículo evoluíram da compatibilidade e um certo realismo mais ou menos interpretativo (segundo o qual aprender é adquirir um conhecimento verdadeiro, seja por exposição ou por descoberta) para posições mais próximas ao construtivismo. Também evoluiu a forma de conceber as relações entre o conhecimento cotidiano e o científico, da compatibilidade inicial para a incompatibilidade e, mais recentemente, para modelos mais complexos, baseados na independência contextual ou na integração hierárquica entre ambas as formas de conhecimento. Por outro lado, se analisarmos o Quadro 8.5, as atividades de ensino e aprendizagem, e com elas o trabalho de professores e alunos, mostram uma evolução menos clara. O que na verdade se observa é um vai e vem entre os enfoques expositivos, aparentemente mais centrados no trabalho do professor (ensino tradicional, expositivo), e aqueles centrados no trabalho de pesquisa e descoberta por parte dos alunos (ensino por descoberta e por pesquisa dirigida). A verdade é que ambas as formas de entender o ensino não devem ser incompatíveis. De fato, o ideal seria integrar essas duas aproximações didáticas em enfoques que se centrem tanto no professor como nos alunos, tal como propõem o ensino mediante conflito cognitivo e o enfoque de explicação e contraste de modelos.

Contudo, essas posturas integradoras exigem dos professores desenvolver trabalhos bem diferentes (provedor de informação, modelo, treinador, coordenador de pesquisas, tutor, além de educador em valores e outros papéis que ainda estão para ser inventados). E, se isso fosse

QUADRO 8.5
Principais características de cada um dos enfoques do ensino da ciência analisados neste capítulo

	Pressupostos	Critérios de sequenciamento	Atividades de ensino	Papel do professor	Papel do aluno
Tradicional	Compatibilidade, realismo, interpretativo.	A lógica da disciplina como um conjunto de fatos.	Transmissão verbal.	Proporcionar conhecimentos conceituais.	Receber os conhecimentos e reproduzi-los.
Descoberta	Compatibilidade, realismo interpretativo.	A metodologia científica como lógica da disciplina.	Pesquisa e descoberta.	Dirigir a pesquisa.	Pesquisar e procurar suas próprias respostas.
Expositivo	Compatibilidade, construtivismo (?).	A lógica da disciplina como sistema conceitual.	Ensino por exposição.	Proporcionar conhecimentos conceituais.	Receber e assimilar os conhecimentos.
Conflito cognitivo	Incompatibilidade, construtivismo.	Os conhecimentos prévios e a lógica da disciplina.	Ativação e mudança de conhecimentos prévios.	Apresentar os conflitos e guiar para a solução.	Ativar seus conhecimentos e construir outros.
Pesquisa	Incompatibilidade, construtivismo.	A lógica da disciplina como solução de problemas.	Ensino por meio de resolução guiada de problemas.	Apresentar os problemas e dirigir sua solução.	Construir seu conhecimento por meio da pesquisa.
Modelos	Independência ou integração hierárquica, construtivismo.	Os conteúdos disciplinares como meio para ter acesso às estruturas conceituais e modelos.	Ensino por meio de explicação e contraste de modelos.	Proporcionar conhecimentos, explicar e guiar o contraste de modelos.	Diferenciar e integrar os diferentes tipos de conhecimentos e modelos.

pouco, os professores são obrigados a desempenhar muitos desses papéis ao mesmo tempo, algo difícil de gerenciar nesta nova e estranha forma de *pluriemprego* simultâneo que afeta a profissão docente (Pozo, 1996a). Mas esse é um sinal dos tempos no trabalho docente, que ao complicar o próprio conceito de conteúdo, multiplicando suas diferentes naturezas (atitudes, procedimentos e conceitos), e diversificar, também, os contextos e metas educacionais, torna-se a cada dia mais complexo e multifacetado. Atualmente, os professores devem exercer, como os cômicos ambulantes, vários papéis diferentes no cenário educativo, em função do tipo de conteúdo que estejam trabalhando, das metas que estabelecem para esse conteúdo e dos alunos concretos que têm. Alguns desses papéis são mostrados na tabela anterior. Enquanto as concepções educacionais mais tradicionais requeriam um papel mais monolítico, ou monótono, como o de provedor ou administrador de conhecimentos no ensino tradicional, ou o de coordenador de pesquisas no ensino por descoberta, os enfoques mais recentes, atendendo a essa complexidade, requerem de nós professores um exercício quase transformista, de contínua mudança de atividades didáticas e, por conseguinte, de trabalhos docentes. Mais uma vez, para que essa multiplicação não se traduza em confusão, é necessária uma integração hierárquica, que, por meio da reflexão e do contraste de modelos, neste caso didáticos, permita aos professores assumir aquele papel ou papéis que estejam mais de acordo com sua própria concepção da educação. Apesar de estarmos convencidos de que algumas destas formas de conceber o ensino de ciências estão mais próximas de dar resposta às novas necessidades educacionais que a cada dia surgem nas salas de aula, como mencionamos nas primeiras páginas deste livro, finalmente em um currículo verdadeiramente construtivista cada professor ou, melhor ainda, cada equipe de professores, deve determinar suas próprias metas, decidir seus critérios para selecionar e organizar os conteúdos no currículo e selecionar as atividades de ensino e de avaliação para desenvolvê-lo. A probabilidade de êxito será maior quando as decisões sobre cada um desses aspectos se apoiem mutuamente e sejam coerentes com os supostos desse professor ou grupo de professores sobre a natureza do conhecimento científico e sua aprendizagem, a cuja explicitação, reestruturação e integração hierárquica esperamos que este livro tenha contribuído, uma vez que, em última análise, aprender a ensinar ciência requer dos professores uma mudança conceitual, procedimental e atitudinal não menos complexa do que aquela que a própria aprendizagem da ciência exige dos alunos.

REFERÊNCIAS

ALONSO, M.; GIL, D. y MARTÍNEZ TORREGROSA, J. (1995) "Concepciones docentes sobre la evaluación en la enseñanza de las ciencias". *Alambique*, 4, 6-15.

ALONSO TAPIA, J. (1995) *Orientación educativa. Teoría, evaluación e intervención*. Madrid: Síntesis.

ALONSO TAPIA, J. (1997) *Motivar para el aprendizaje*. Barcelona: Edebé.

ANDERSON, J. R. (1983) *The architecture of cognition*, Cambridge, Mass. Harvard University Press.

ANDERSSON, B. (1986) "Pupils' explanations of some aspects of chemical reactions". *Science Education*, 70(5), 549-563.

ANDERSSON, B. (1990) "Pupils' conceptions of matter and its transformations (age 12-16)". *Studies in Science Education, 18, 53-*85.

ARAÚJO, J. y CHADWICK, C. (1975) *Tecnologia educacional. Teorias da instrução*. Petrópolis, Brasil: Vozes. (Trad. cast. de S. RODRÍGUEZ y P. AGUILERA: *Tecnología educacional. Teorías de instrucción*. Barcelona: Paidós, 1988).

ARCÁ, M. (1995) "La biologia come approccio alla complessità". En: F. Alfieri, M. Arcá y P. Guidoni (eds.) *Il senso di fare scienze*. Turín: Bollati Boringhieri.

ARCÁ, M. y GUIDONI, P. (1989) "Modelos infantiles y modelos científicos sobre la morfología de los seres vivos". *Enseñanza de las Ciencias*, 7 (2), 162-167.

AUSUBEL, D.P. (1973) "Some psychological aspects of the structure of Knowledge". En S. Elam (ed.) *Education and the structure of knowledge.* III: Rand Macmillan. (Trad. cast: *La educación y la estructura del conocimiento.* Buenos Aires: El Ateneo, 1973).

AUSUBEL, D.P.; NOVAK, J.D. y HANESIAN, H. (1978) *Educational Psychology. A Cognitive View*, 2ª ed. Nueva York: Holt, Rinehart & Winston (Trad. Cast. de M. Sandoval: *Psicología Educativa,* México: Trillas, 1983).

BACAS, P. (1997). "Detección de las ideas del profesorado acerca de los conceptos de calor y temperatura". *Alambique*, 13, 109-116.

BACAS, P. y MARTÍN-DÍAZ, M.J. (1992) *Distintas motivaciones para aprender ciencias*. Madrid: Narcea.

BADDELEY, A. (1994) *Human memory*. (2ª Ed) Hillsdale, N.J.: Erlbaum.

BARDANCA, M.; NIETO, M. y RODRÍGUEZ, M.C. (1993) "Evolución de los conceptos ácido-base a lo largo de la enseñanza media". *Enseñanza de las Ciencias* 11 (2),125-129.

BENLLOCH, M. (1992) *Ciencias en el parvulario. Una propuesta psicopedagógica para el ámbito de experimentación*. Barcelona: Paidós.

BENLLOCH, M. (1997) *Desarrollo cognitivo y teorías implícitas en el aprendizaje de las ciencias*. Madrid: Visor.

BENLLOCH, M. y POZO, J.I. (1996) "What changes in conceptual change? From ideas to theories". En: G. Welford; J. Osborne & P. Scott (eds.) *Research in Science and Education in Europe*. Londres: Falmer Press

BERRY, D.C. (ed.) (1997) *How implicit is implicit learning?* Oxford: Oxford University Press.

BLACK, P. y LUCAS, A. M. (eds) (1993) *Children's informal ideas in science*. Londres: Routledge & Kegan Paul.

BLISS, J. (1993) "The relevance of Piaget to research into children's conceptions". En: P.J. Black y A.M. Lucas (eds.) *Children's informal ideas in science*. Londres: Routledge and Kegan Paul.

BROOK, A.; BRIGGS, H.; BELL, B. y DRIVER, R. (1984) *Aspects of secondary students' understanding of heat: Summary Report*. Children's Learning in Science Project. Centre for Studies in Science and Mathematics Education: The University of Leeds.

BRUNER, J.S. (1972) "Nature and uses of inmadurity". American *Psychologist*, 27, 8, 1-22. (Trad. cast. de I. Enesco en: J.S. Bruner: *Acción, pensamiento y lenguaje* (compilación de J. Linaza) Madrid: Alianza, 1984).

BRUNER, J. (1997) *The culture of education*. (Trad. cast. de Félix Diaz: *La educación puerta de la cultura.* Madrid: Visor, 1997).

BYBEE, R.W. e DEBOER, G.E. (1994) "Research on goals for the science curriculum". En D. Gabel (ed.) *Handbook of research on science teaching and learning.* Nueva York: Macmillan.

CAAMAÑO, A. (1994) "Estructura y evolución de los proyectos de ciencias experimentales". *Alambique*, 1,8-20.

CABALLER, M.J. y OÑORBE, A. (1997) "Resolución de problemas y actividades de laboratorio". En L. del Carmen (ed.) *Cuadernos de Formación del Profesorado de Educación Secundaria: Ciencias de la Naturaleza*. Barcelona: Horsori.

CALVET, M. (1997) " La comunicación escrita en el trabajo experimental". *Alambique*, 12, 51-62.

CARAVITA, S. y HALLDEN, O. (1994) "Re-framing the problem of conceptual change". *Learning and Instruction*, 4 (1), 89-111

CAREY, S. (1985) *Conceptual change in childhood*. Cambridge, Mass: M.I.T. Press.

CAREY, S. (1991) "Knowledge acquisition: enrichment or conceptual change?" En: S. Carey y R. Gelman (eds.) *The epigenesis of mind: essays on biology and cognition*. Hillsdale, N.J.: Erlbaum

CAREY, S.; EVANS, R.; HONDA, M.; JAY, E. y UNGER, C. (1989) "An experiment is when you try it and see if it works: A study of junior high students' understanding of the construction of scientific knowledge". *International Journal of Science Education*, 11, 514-529.

CAREY, S. y SPELKE, E. (1994) "Domain specific knowledge and conceptual change". En: L. Hirschfeld y S. Gelman (eds.). *Mapping the mind*. Cambridge, Ma.: Cambridge University Press.

CARRETERO, M. (1985) "El desarrollo cognitivo en la adolescencia y la juventud: las operaciones formales". En: M. Carretero; J. Palacios y A. Marchesi (Eds.) *Psicología Evolutiva 3. Adolescencia, madurez y senectud*. Madrid: Alianza.

CARRETERO, M. (1993) *Constructivismo y educación*. Madrid: Edelvives.

CARRETERO, M.; POZO J.I. y ASENSIO, M. (eds.) (1989) *La enseñanza de las ciencias sociales*. Madrid: Visor.

CARRETERO, M. y VOSS, J.F. (eds.) (1994) *Cognitive and instructional processes in History and Social Sciences*. Hillsdale, N.J.: Erlbaum.

CECI, S.J. y NIGHTINGALE, N.N. (1990) "The entanglement of knowledge and process in development." En: W. Schneider y F.E. Weinert (eds.) *Interactions among aptitudes, strategies and knowledge in cognitive performance*. N. York: Springer-Verlag.

CERUTI, M. (1991) El mito de la omnisciencia y el ojo del observador. En: P. Watzlawick y P. Krieg, (eds.) *El ojo del observador. Contribuciones al constructivismo*. Barcelona: Gedisa, 1994.

CHI, M.T.H. (1992) "Conceptual change within and across ontological categories: examples from learning and discovery in science". En: A. Giere (ed.), *Cognitive models of science. Minnesota Studies in the Philosophy of Science*. Minneapolis: University of Minnesota Press.

CHI, M.T.H.; GLASER, R. y FARR, M. (eds.) (1988) *The nature of expertise*. Hillsdale, N.J: Erlbaum.

CHI, M.T.H.; SLOTTA, J. y LEEUW, W. (1994) "From things to processes: a theory of conceptual change for learning science concepts". *Learning and Instruction*, 4 (1), 27-43.

CLAXTON, G. (1984) Live and learn. Londres: Harper & Row. (Trad. cast. de González, *Vivir y aprender* Madrid: Alianza, 1987).

CLAXTON, G. (1991) *Educating the inquiring mind. The challenge for school science*. Londres: Harvester. (Trad. cast. de G. Sánchez: *Educar mentes curiosas. El reto de la ciencia en la escuela*. Madrid: Visor, 1994).

COLL, C. (1983) "La construcción de esquemas de conocimiento en el proceso de enseñanza/aprendizaje". En C. Coll (ed.) *Psicología genética y aprendizajes escolares*. Madrid: Siglo XXI.

COLL, C. (1986) *Marc curricular per a l'ensenyament obligatori*. Barcelona: Departament d'Ensenyament, Generalitat de Catalunya.

COLL, C. (1996) "Constructivismo y educación escolar: ni hablamos siempre de lo mismo ni lo hacemos siempre desde la misma perspectiva epistemológica". *Anuario de Psicología*, 69 (2), 153-179.

COLL, C. y VALLS, E. (1992) "El aprendizaje y enseñanza de los procedimientos". En: C. Coll; J.I. Pozo; B. Sarabia y E. Valls: *Los contenidos en la reforma. Enseñanza y aprendizaje de conceptos, procedimientos y actitudes*. Madrid: Santillana.

CROS, D.; CHASTRETTE, M. y FAYOL, M. (1988). "Conceptions of second year university students of some fundamental notions in chemistry". *International Journal of Science Education*, 10 (3), 331-336.

DE MANUEL, J. y GRAU, R. (1996). "Concepciones y dificultades comunes en la construcción del pensamiento biológico". *Alambique*, 7, 53-63.

DE POSADA, J. M. (1996). "Hacia una teoría sobre las ideas científicas de los alumnos: influencia del contexto". *Enseñanza de las Ciencias*, 14 (3), 303-314.

DEL CARMEN, L. (1996). *El análisis y secuenciación de los contenidos educativos*. Barcelona: Horsori.

DELVAL J. (1994) *El desarrollo humano*. Madrid: Siglo XXI.

DISESSA, A. (1983) "Phenomenology and the evolution of intuition". En: D. Gentner y A.L. Stevens (eds.) *Mental models*. Hillsdale, N.J.: Erlbaum.

DISESSA, A. (1993) "Towards an epistemology of physics". *Cognition and Instruction*, 10 (2-3), 105-225.

DRIVER, A. (1985) "Beyond Appearances: The conservation of matter under physical and chemical transformations". En: R. Driver; E. Guesne y A. Tiberghien (eds.). *Children's ideas in science*. Milton Keynes: Open University Press. (Trad. cast. de P. Manzano: *Ideas científicas en la infancia y la adolescencia*. Madrid: Morata, 1990).

DRIVER, R.; GUESNE, E. y TIBERGHIEN, A. (eds.) (1985) *Children's ideas in science*. Milton Keynes: Open University Press. (Trad. cast. de P. Manzano: *Ideas científicas en la infancia y la adolescencia*. Madrid: Morata, 1990).

DRIVER, R.; SQUIRES, A.; RUSHWORTH, P.; y WOOD-ROBINSON, V. (1994). *Making sense of secondary school*. Londres: Routledge.

DUCHSL, R.A. (1994) "Research on the history and philosophy of science". En D. Gabel (ed.) *Handbook of research on science teaching and learning*. N. York: Macmillan.

DUCHSL, R.A. (1998) "La valoración de argumentaciones y explicaciones: promover estrategias de retroalimentación". *Enseñanza de las Ciencias*, 16 (1), 3-20.

DUCHSL., R.A. y GITOMER, D. (1991) "Epistemological perspectives on conceptual change: implications for educational practice". *Journal of Research in Science Teaching*, 28 (9), 839-858.

DUCHSL, R.A. y HAMILTON, R.J. (eds) (1992) *Philosophy of science, cognitive psychology and educational practice*. Albany, N. Y.: State University of New York Press.

DUCKWORTH, E. (1979) "Either we're too early and they can't learn it or we're to late and they know it already: the dilemma of applying Piaget". *Harvard Educational Review*, 49 (3), 297-312. (Trad. cast de J.I. Pozo en *Monografías de Infancia y Aprendizaje*, 1981, 2, 163-176).

DUCKWORTH, E. (1987) *The having of wonderful ideas*. Nueva York: Columbia University. (Trad. cast: *Tener ideas maravillosas*. Madrid: Visor, 1988)

DUIT, R. (1999) "Conceptual change. Approaches in science education". En: W. Schnotz; S. Vosniadou e M. Carretero (eds.) *New perspectives on conceptual change*. Oxford: Elsevier.

ECHEBARRÍA, A. (ed.) (1991) *Psicología social cognitiva*. Bilbao: Desclée de Brower.

EISER, J.R. (1994) *Attitudes, Chaos and the connectionist mind*. Oxford: Blackwell.

EISNER, E. (1985) "Aesthetic models of knowing". En: E. Eisner (ad.) *Learning and teaching the ways of knowing*. Chicago: Chicago University Press.

ENGEL CLOUGH, E. y DRIVER, R. (1986) "A study of consistency in the use of students' conceptual frameworks across different task contexts". *Science Education*, 70 (4), 473-496.

ERICSSON, K.A. (ed.) (1996) *Road to excellence*. Hillsdale, N.J.: Erlbaum.

ESTANY, A. (1990) *Modelos de cambio científico*. Barcelona: Ed. Crítica.

FARR, F. y MOSCOVICI, S. (eds.) (1984) *Social representations*. Cambridge, Ma.: Cambridge University Press.

FESTINGER, L. (1957) *A theory of cognitive dissonance*. Nueva York: Harper.

FEYERABEND, P. (1970) *Against the method*. Minnesotta Studies on Philosophy. Vol. IV. (Trad. cast: Contra el método. Barcelona: Ariel).

FLAVELL, J.H. (1985) *Cognitive development* 2ª ed. Englewood, N.J.: Prentice-Hall. (Trad. cast. de J.I. Pozo y M.J. Pozo: *Desarrollo cognitivo*. Madrid: Visor, 1993).

FURIÓ, C. (1996). "Las concepciones alternativas del alumnado en ciencias: dos décadas de investigación. Resultados y tendencias". *Alambique*, 7, 7-17.

GABEL, D. y BUNCE, D. (1994) "Research on problem solving: Chemistry". En D. Gabel (ed.) *Handbook of research on science teaching and learning*. Nueva York: Macmillan.

GAGNÉ, R.M. (1985) *The conditions of learning of instruction*. 4ª ed. Nueva York: Holt, Rinehart & Winston. (Trad. cast. de R. Elizondo. *Las condiciones del aprendizaje*. México, D.F.: Trillas, 1987).

GAILIUNAS, P. (1987) "Proportionality in Science Education". *School Science Review*, 68 (245), 744-748.

GARCÍA, J.E. (1995) *Epistemología de la complejidad y enseñanza de la ecología*. Tesis Doctoral inédita. Facultad de Ciencias de la Educación, Universidad de Sevilla.

GARCÍA MADRUGA, J.A. (1990) "Aprendizaje por descubrimiento frente a aprendizaje por recepción: la teoría del aprendizaje verbal significativo". En: C. Coll; J. Palacios y A. Marchesi (eds) *Desarrollo psicológico y educación, II. Psicología y Educación*. Madrid: Alianza.

GARCÍA MADRUGA, J.A. y CORRAL, A. (1997) "El pensamiento operatorio formal". En: J.A. García Madruga y P. Pardo (eds.) *Psicología Evolutiva*. Madrid: Universidad Nacional de Educación a Distancia.

GARDNER, H. (1982) *Art, mind and brain*. N. York: Basic Books. (Trad. cast. de G.G.M. de Vitale: *Arte, mente y cerebro*. Buenos Aires: Paidós, 1987).

GIERE, R.N. (1988) *Explaining science: a cognitive approach*. Chicago: The University of Chicago Press.

GIL, D. (1993) "Psicología Educativa y Didáctica de las Ciencias. Los procesos de enseñanza/aprendizaje como lugar de encuentro". *Infancia y Aprendizaje*, 62-63,171-186.

GIL, D. (1994) "El currículo de ciencias en la educación obligatoria: ¿Área o disciplinas? ¡Ni lo uno ni lo otro!" *Infancia y aprendizaje*, 65, 7-17

GIL, D. y CARRASCOSA, J. (1985) "Science learning as a conceptual and methodological change." *European Journal Science Education* 7 (3), (231-236).

GIL, D.; CARRASCOSA, J.; FURIÓ, C. y MARTÍNEZ TORREGROSA, J. (1991*) La enseñanza de las ciencias en la educación secundaria*. Barcelona: Horsori.

GIMENO SACRISTÁN, J. (1996) *La transición a la educación secundaria*. Madrid: Morata.

GIORDAN, A. y DE VECCHI, G. (1987) *Los orígenes del saber*. Sevilla: Diada, 1988.

GLASER, R. (1992) "Expert knowledge and processes of thinking". En: D.F. Halpern (ed.) *Enhancing thinking skills in the sciences and mathematics*. Hillsdale, N.J.: Erlbaum

GLYNN, S.M. y DUIT, R. (eds.) (1995a) *Learning science in schools*. Hillsdale, N.J.: Erlbaum.

GLYNN, S.M. y DUIT, R. (1995b) "Learning science meaningfully: constructing conceptual models". En: S. M. Glynn y R. Duit (eds.) *Learning science in schools*. Hillsdale, N.J.: Erlbaum.

GÓMEZ CRESPO, M.A. (1993). *Materiales didácticos. Química, Bachillerato*. Madrid. MEC.

GÓMEZ CRESPO, M.A. (1996) Ideas y dificultades en el aprendizaje de la química". *Alambique*, 7, 37-44.

GÓMEZ CRESPO, M.A.; HERRERO, F.; MARTÍN-DÍAZ, M.J.; REDONDO, M.F. y SALVÁN, E. (1995) *La energía: transferencia, transformación y conservación*. I.C.E. Universidad de Zaragoza.

GÓMEZ CRESPO, M.A.; POZO, J.I. y SANZ, A. (1995) "Students' ideas on conservation of matter: effects of expertise and context variables". *Science Education*, 79 (1), 77-93.

GÓMEZ CRESPO, M.A.; POZO, J.I; SANZ, A. y LIMÓN, M. (1992) "La estructura de los conocimientos previos en química: una propuesta de núcleos conceptuales". *Investigación en la Escuela.* 18, 23-40.

GUTIERREZ, R. (1987) "Psicología y aprendizaje de las ciencias: el modelo de Ausubel". *Enseñanza de las Ciencias*, 5 (2), 118-128.

GUTIERREZ, R. (1989) "Psicología y aprendizaje de las ciencias: el modelo de Gagné". *Enseñanza de las Ciencias*, 7(2), 147-157.

HALPERN, D.F. (ed.) (1992) *Enhancing thinking skills in the sciences and mathematics.* Hillsdale, N.J.: Erlbaum.

HESSE, J. y ANDERSON, Ch.W. (1992) "Students' conceptions of chemical change". *Journal of Research in Science Teaching.* 29 (3), 277-299.

HIERREZUELO, J. y MONTERO, A. (1991) *La ciencia de los alumnos.* Editorial Elzevir. Málaga.

HIRSCHFELD, L. y GELMAN, S. (eds) (1994) *Mapping the mind.* Cambridge, Ma.: Cambridge University Press.

HUERTAS, J.A. (ad) (1997) *Motivación. Querer aprender.* Buenos Aires: Aique.

INHELDER, B. y PIAGET, J. (1955) *De la logique de l'enfant a la logique de l'adolescent.* París: PUF (Trad. cast. de M.C. Cevasco: *De la lógica del niño a la lógica del adolescente.* Buenos Aires: Paidós, 1972).

JIMÉNEZ, J.D.; HOCES, R. y PERALES, F.J. (1997) "Análisis de los modelos y los grafismos utilizados en los libros de texto". *Alambique*, 11, 75-86.

JIMÉNEZ ALEIXANDRE, M.P y SANMARTÍ, N. (1997). "¿Qué ciencia enseñar?: Objetivos y contenidos de la educación secundaria". En L. del Carmen (ad.) *Cuadernos de Formación del Profesorado de Educación Secundaria: Ciencias de la Naturaleza.* Barcelona: Horsori.

JOYCE, B. y WEIL, M. (1978) *Models of teaching.* Englewood Cliffs, N.J.: Prentice Hall. (Trad. cast. de R. Sánchez: *Modelos de enseñanza.* Madrid: Anaya, 1985).

JUANDÓ, J.; TRABAL, M.; BUSQUETS, P. y GELI, A.M. (1997) "Enseñar y aprender estrategias en las ciencias experimentales". En M.L. Pérez Cabaní (ed.) *La enseñanza y aprendizaje de estrategias desde el currículum.* Barcelona: Horsori.

KAHNEMAN, D.; SLOVIC, P. y TVERSKY, A. (eds.) (1982) *Judgment under uncertainly: heuristics, and biases.* Cambridge Mass.: Cambridge University Press.

KAMII, C. y DEVRIES, R. (1983) *El conocimiento físico en la educación preescolar.* Madrid: Siglo XXI.

KARMILOFF-SMITH, A. (1992) *Beyond modularity.* Cambridge, Mass.: Cambridge University Press. (Trad. cast. de J.C. Gómez y María Nuñez: *Más allá de la modularidad.* Madrid: Alianza, 1994).

KARPLUS, R. y KARPLUS, E.F. (1972) "Ratio: a longitudinal, study". En R. Karplus y E.F. Karplus: *Intellectual development beyond elementary school III: ratio, a longitudinal survey.* Berkeley: Lawrence Hall of Science, Universidad de California.

KARPLUS, R. y PETERSON, R.W. (1970) "Intellectual development beyond elementary school II: ratio, a survey". *School Science and Mathematics* 70 (9), 813-820.

KEIL, F. (1992) *Concepts, kinds and cognitive development.* Cambridge, Mass.: MIT Press.

KEIL, F. (1994) "The birth and nurturance of concepts by domains: the origins of concepts of living things". En: L. Hirschfeld y S. Gelman (eds.). *Mapping the mind.* Cambridge, Ma.: Cambridge University Press.

KELLEY, H.H. (1972) "Causal schemata and the attribution process". En: E.E. Jones y cols. *Attribution: perceiving the causes of behavior.* Morristown, N.J.: General Learning Press.

KELLY, G.A. (1955) *The psychology of personal constructs.* Nueva York: Norton.

KELMAN, H.C. (1978) *A social interactional theory of emotions.* Nueva York: Wiley.

KINTSCH, W. (1998) *Comprehension. A paradigm for cognition.* Cambridge Mass.: Cambridge University Press.

KIRSHNER, D. y WHISTON, J.A. (eds.) (1997) *Situated cognition. Social, semiotic and psychological perspectives.* Hillsdale, Erlbaum.

KOBALLA, T.R. (1995) "Children's attitudes toward learning science". En: S. M. Glynn y R. Duit (eds.) *Learning science in schools.* Hillsdale, N.J.: Erlbaum.

KUHN, D. (1991) *The Skills of Argument.* Cambridge: Cambridge University Press.

KUHN, D.; AMSEL E. y O'LOUGHLIN, M. (1988) *The development of scientific thinking.* Londres: Academic Press.

KUHN, T.S. (1962) *The structure of scientific revolutions.* Chicago: University of Chicago Press. (Trad. cast. de A. Contín: *La estructura de las revoluciones científicas.* México: FCE, 1971).

LAKATOS, I. (1978) *The methodology of scientific research programmes-philosophical papers* Vol. I Ed. de J. Worall y G. Currie: Cambridge University Press. (Trad. cast. de J.C. Zapatero: *La metodología de los programas de investigación científica.* Madrid: Alianza, 1983).

LANGLEY, P; SIMON, H.A.; BRADSHAW, G.L y ZYTKOW, J.M. (1987) *Scientific discovery: computational explorations of the creative processes.* Cambridge, Mass.: Cambridge University Press.

LAWSON, (1994) "Research on the acquisition of science knowledge: epistemological foundations of cognition". En D. Gabel (ed.) *Handbook of research on science teaching and learning.* Nueva York: Macmillan.

LEMKE, J.L. (1993) *Talking science: language, learning and values.* Norwood, N.J.: Ablex. (Trad. cast.: *Aprender a hablar ciencia.* Barcelona: Paidós, 1997).

LEÓN, J.A. (1999) "Mejorar la comprensión y el aprendizaje del discurso escrito: estrategias del lector y estilos de escritura". En: J.I. Pozo y C. Monereo (eds.) *El aprendizaje estratégico.* Madrid: Santillana.

LLORENS, J.A. (1991) *Comenzando a aprender química. De las ideas alternativas a las actividades de aprendizaje.* Madrid: Visor.

MARIANI, M.C. y OGBORN, J. (1990) "Common-sense reasoning about conservation: the role of action". *International Journal of Science Education*, 12 (1), 51-66.

MARTÍN SERRANO, M. (1994) *Historia de los cambios de mentalidades de los jóvenes entre 1960 e 1990.* Madrid: Ministerio de Asuntos Sociales, Instituto de la Juventud.

MEHEUT, M.; SALTIEL, E. y TIBERGHIEN, A. (1985) "Pupils' (11-12 years old) conceptions of combustion". *European Journal of Science Education*, 7 (1), 83-93.

MEHLER, J. y DUPOUX, E. (1990) Naitre humain. París: Odile Jacob. (Trad. cast. de N. Sebastián: *Nacer sabiendo*. Madrid: Alianza, 1992).

MILLAR, R. y LUBBEN, F. (1996) "Knowledge and action: students' understanding of the procedures of the scientific enquiry". En G. Welford; J. Osborne & P. Scott (eds.) *Research in Science and Education in Europe*. Londres: Falmer Press.

MONEREO, C. (1995) "Ser o no ser constructivista, ésa no es la cuestión". *Substratum*, 6, 35-53.

MONEREO, C.; CARRETERO, R.; CASTELLÓ, M.; GÓMEZ, I. y PÉREZ CABANÍ, M.L. (1999) "Toma de apuntes en estudiantes universitarios: descripción de las condiciones de un escenario específico." En: J.I. Pozo y C. Monereo (eds.). *El aprendizaje estratégico*. Madrid: Santillana

MONEREO, C.; CASTELLÓ, M.; CLARIANA, M.; PALMA, M. y PÉREZ CABANÍ, M.L. (1994) *Estrategias de enseñanza y aprendizaje. Formación del profesorado y aplicación en el aula*. Barcelona: Grao.

MOREIRA, M. y NOVAK, J.D. (1988) "Investigación en enseñanza de las ciencias en la universidad de Cornell". *Enseñanza de las Ciencias*, 6 (1), 3-18.

MORIN, E. (1980) *La méthode II: La vie de la vie*. París: Editions du Seuil. (Trad. cast.: *El método II. La vida de la vida*. Barcelona: Cátedra).

MORTIMER, E. (1995) "Conceptual change or conceptual profile change?" *Science & Education*, 4, 267-285.

MORTIMER, E. (1998) "Multivoicedness and univocality in classroom discourse: an example from theory of matter". *International Journal of Science Education*, 20 (1), 67-82.

MORTIMER, E. y MACHADO, A. (1997) "Multiplos olhares sobre um episódio de ensino: por que o gelo flutua na água?" En: *Encontro sobre teoria e pesquisa em ensino de ciências*. Belo Horizonte, Brasil: Faculdade de Educação.

MORTIMER, E. y MACHADO, A. (1998) "Algumas questões sobre o processo de ensino-aprendizagem nas salas de aula de ciências". Comunicación presentada en el *Seminario Cambio Conceptual y cambio en la Cultura Educativa*. Red Alfa: San Carlos de Bariloche, Argentina, abril 1998.

MOSCOVICI, S. (1976) *Le psychanalyse, son image et son public*. París: PUF. (trad. cast: *El psicoanálisis, su imagen y su público*. B. Aires: Huemul, 1979).

MOSCOVICI, S.; MUGNY, G. y PÉREZ J.A. (1991) *La Influencia social inconsciente*. Barcelona: Anthropos.

NISBET, J. y SHUCKSMITH, J. (1986) *Learning strategies* Londres: Routledge and Kegan Paul. (Trad. cast. de Bermejo, A.: *Estrategias de aprendizaje*. Madrid: Santillana, 1987).

NISBETT, R.E. (Ed.) (1993) *Rules for reasoning*. Hillsdale, N.J. Erlbaum.

NOELTHING, G. (1980) "The development of proportional reasoning and the ratio concept. Part 1: differentiation of stages." *Educational Studies in Mathematics*. 11 (2), 217-253.

NORMAN, D. (1988) *The psychology of everyday things*. Nueva York: Basic Books. (Trad. cast. de S. Santos: *La psicología de los objetos cotidianos* Madrid: Nerea, 1990).

NOVAK, J.D. (1977) *A theory of education*. Cornell: Cornell University Press. (Trad. cast. de C. del Barrio y C. González: *Teoría y práctica de la educación*. Madrid: Alianza, 1982).

NOVAK, J.D. (1985) "Metalearning and metaknowledge strategies to help students learn how to learn". En L.H.T. West y A.L Pines (eds) *Cognitive structure and conceptual change*. Orlando: Academic Press.

NOVAK, J.D. (1995) "Concept mapping a strategy for organizing knowledge." En S.M. Glynn y R. Duit (eds.*) Learning science in schools*. Hillsdale, N.J.: Erlbaum.

NOVAK, J.D. y GOWIN, B.D. (1984) *Learning to learn*. Cambridge University Press. (Trad. cast. de J.M. Campanario y E. Campanario: *Aprendiendo a aprender*. Barcelona: Martínez Roca, 1988).

O'BRIEN-MALONE, A. y MAYBERY, M. (1998) "Implicit learning". En: K. Kirsner y cols. (eds.) *Implicit and explicit mental processes*. Mahwah, N.J.: Erlbaum

OGBORN, J.; Kress, G.; MARTINS, I. y MCGILLIKUDAY, K. (1996) *Explaining science in the classroom*. Londres: Open University Press. (Trad. cast. De R. Llavori: *Formas de explicar*. Madrid: Santillana, 1998).

OLIVA, J.M. (1996) "Estudios sobre consistencia en las ideas de los alumnos en ciencias". *Enseñanza de las Ciencias*, 14 (1), 87-92.

OSBORNE, R.J. y FREYBERG, P. (eds.) (1985) *Learning in science: the implications of "children's science*. Nueva Zelanda: Heinemann Educational. (Trad. cast. de T. Serrano: *El aprendizaje de las Ciencias: implicaciones de la ciencia de los alumnos*. Madrid: Narcea, 1991).

OTERO, J. (1997) "El conocimiento de la falta de conocimiento de un texto científico". *Alambique*, 11, 15-23.

PAÉZ, D. y cols. (1987) *Pensamiento, individuo y sociedad. Cognición y representación social*. Madrid: Fundamentos.

PEDRINACI, E. (1996) "Sobre la persistencia o no de las ideas del alumnado en geología". *Alambique*, 7, 27-36.

PÉREZ CABANÍ, M.L. (ed.) (1997) *La enseñanza y aprendizaje de estrategias desde el curriculum*. Barcelona: Horsori.

PÉREZ ECHEVERRÍA, M. P. (1990) *Psicología del razonamiento probabilístico*. Madrid: Ediciones de la Universidad Autónoma de Madrid.

PÉREZ ECHEVERRÍA, M. P. (1994) "La solución de problemas en matemáticas". En: J.I. Pozo (ed.) *Solución de problemas*. Madrid: Santillana/Aula XXI.

PÉREZ ECHEVERRÍA, M.P.; CARRETERO, M. y POZO, J.I. (1986) "Los adolescentes ante las matemáticas: proporción y probabilidad". *Cuadernos de pedagogía*, 133, (9-33).

PÉREZ ECHEVERRÍA, M.P. y POZO, J.I. (1994) "Aprender a resolver problemas y resolver problemas para aprender". En: J.I. Pozo (ed.) *Solución de problemas*. Madrid: Santillana/Aula XXI.

PERKINS, D.N. y SALOMON, G. (1989) "Are cognitive skills context-bound?" *Educational Researcher*, 18, (16-25)

PFUNDT, H. y DUIT, R.A. (1994) *Bibliography: student' alternative frameworks and science education (4th edition)*, Kiel, Institute for Science Education.

PIAGET, J. (1970) *L'épistemologie génétique*. París: PUF. (Trad. cast.: *La epistemología genética*. Barcelona: A. Redondo, 1970).

PIAGET, J. (1975) *L'equilibration des structures cognitives*. París: PUF. (Trad. cast. de E. Bustos: *La equilibración de las estructuras cognitivas*. Madrid: Siglo XXI, 1978).

PIAGET, J. e INHELDER, B. (1941) *Le développement des quantités chez l'enfant*. Neuchatel: Delachaux et Niestlé. (Trad. cast. de G. Sastre: *El desarrollo de las cantidades en el niño*. Barcelona: Gedisa, 1983).

PINTRICH, P.R.; MARX, R.W. y BOYLE, R.A. (1993) "Beyond cold conceptual change. The role of motivational beliefs and classroom conceptual factors in the process of conceptual change". *Review of the Educational Research*. 63, 167-199.

POSNER, F.J.; STRIKE, K.A.; HEWSON, P.W. y GERTZOG, W.A. (1982) "Accommodation of a scientific conception: toward a theory of conceptual change". *Science Education*. 66 (2), 211-227.

POSTIGO, Y. y POZO, J.I. (1999) "Hacia una nueva alfabetización: el aprendizaje de información gráfica". En: J.I. Pozo y C. Monereo (eds.) *El aprendizaje estratégico*. Madrid: Santillana.

POZO, J.I. (1987) *Aprendizaje de la ciencia y pensamiento causal*. Madrid: Visor.

POZO, J.I. (1989) *Teorías cognitivas del aprendizaje*. Madrid: Morata (5ª ed., 1997).

POZO, J.I. (1992) "El aprendizaje y la enseñanza de hechos y conceptos". En: C. Coll; J.I. Pozo; B. Sarabia y E. Valls: *Los contenidos en la reforma. Enseñanza y aprendizaje de conceptos, procedimientos y actitudes*. Madrid: Santillana.

POZO, J.I. (1994) "El cambio conceptual en el conocimiento físico y social: del desarrollo a la instrucción". En: M.J. Rodrigo (ed.) *Contexto y Desarrollo Social*. Madrid: Síntesis.

POZO, J.I. (1996a) *Aprendices y maestros*. Madrid: Alianza/Psicología Minor.

POZO, J.I. (1996b) "No es oro todo lo que reluce, ni se construye (igual) todo lo que se aprende. Contra el reduccionismo constructivista". *Anuario de Psicología*, 69 (2), 127-139.

POZO, J.I. (1997a) "El cambio sobre el cambio: hacia una nueva concepción del cambio conceptual en la construcción del conocimiento científico". En: M.J. Rodrigo y J. Arnay (eds.) *La construcción del conocimiento escolar*. Barcelona: Paidós.

POZO, J.I. (1997b) "La crisis de la educación científica, ¿volver a lo básico o volver al constructivismo?" *Alambique*, 14, 91-104.

POZO, J.I. (1999a) "Aprendizaje de contenidos y desarrollo de capacidades en la Educación Secundaria." En C. Coll (ed.) *Psicología de la instrucción: la enseñanza y el aprendizaje en la Educación Secundaria*. Barcelona: Horsori.

POZO, J.I. (1999b) "Sobre las relaciones entre el conocimiento cotidiano de los alumnos y el conocimiento científico: del cambio conceptual a la integración jerárquica". *Enseñanza de las Ciencias* nº extra, 15-29.

POZO. J.I. y CARRETERO, M. (1987) "Del pensamiento formal a las concepciones espontáneas, ¿qué cambia en la enseñanza de la ciencia?" *Infancia y aprendizaje*, 38, 35-52.

POZO, J.I. y CARRETERO, M. (1989) "Las explicaciones causales de expertos y novatos en historia". En: M. Carretero; J.I. Pozo y M. Asensio (eds.) *La enseñanza de las ciencias sociales*. Madrid: Visor.

POZO, J.I. y CARRETERO, M. (1992) "Causal theories and reasoning strategies by experts and novices in Mechanics". En: A. Demetriou, M. Shayer y A. Efklides (eds.) *Neopiagetian theories of cognitive development: implications and applications*, Londres: Routledge Kegan Paul.

POZO, J.I. y GÓMEZ CRESPO, M.A. (1994) "La solución de problemas en Ciencias de la Naturaleza". En: J.I. Pozo (ed.) *Solución de problemas*, Madrid: Santillana/Aula XXI.

POZO, J.I. y GÓMEZ CRESPO, M.A. (1996) "El asesoramiento curricular en Ciencias de la Naturaleza". En: Monereo, C. y Solé, I. (eds.) *El asesoramiento psicopedagógico: una perspectiva profesional y constructivista*. Madrid. Alianza Editorial.

POZO, J.I. y GÓMEZ CRESPO, M.A. (1997a). *Cambio conceptual en Química*. Memoria de investigación no publicada. Facultad de Psicología de la Universidad Autónoma de Madrid.

POZO, J.I. y GÓMEZ CRESPO, M.A. (1997b) "¿Qué es lo que hace difícil la comprensión de la ciencia? Algunas explicaciones y propuestas para la enseñanza". En L. del Carmen (ed.) *Cuadernos de Formación del Profesorado de Educación Secundaria: Ciencias de la Naturaleza*. Barcelona: Horsori.

POZO, J.I.; GÓMEZ CRESPO, M.A.; LIMÓN, M. y SANZ, A. (1991) *Procesos cognitivos en la comprensión de la ciencia: ideas de los alumnos sobre la química*. Madrid: Servicio de Publicaciones del MEC.

POZO, J.I.; GÓMEZ CRESPO, M.A. y SANZ, A. (1993) *La comprensión de la química en la adolescencia*. Memoria de Investigación no publicada. Facultad de Psicología de la Universidad Autónoma de Madrid.

POZO, J.I.; GÓMEZ CRESPO, M.A. y SANZ, A. (1999) "When conceptual change does not mean replacement: different representations for different contexts". En: W. Schnotz; S. Vosniadou y M. Carretero (eds.) *New perspectives on conceptual change*. Oxford: Elsevier.

POZO, J.I. y MONEREO, C. (eds.) (1999) *El aprendizaje estratégico*. Madrid: Santillana.

POZO, J.I.; PÉREZ ECHEVERRÍA, M.P.; SANZ, A. y LIMÓN, M. (1992) "Las ideas de los alumnos sobre la ciencia como teorías implícitas". *Infancia y aprendizaje*, 57, (3-22).

POZO, J.I. y POSTIGO, Y. (1994) "La solución de problemas como contenido procedimental en la Educación Obligatoria". En: J.I. Pozo (ed.) *Solución de problemas*. Madrid: Santillana/Aula XXI.

POZO, J.I. y POSTIGO, Y. (1997) "Las estrategias de aprendizaje en las diferentes áreas del curriculum". En M.L Pérez Cabaní (ed.) *La enseñanza y aprendizaje de estrategias desde el curriculum*. Barcelona: Horsori.

POZO, J.I.; POTIGO, Y. y GÓMEZ CRESPO, M.A. (1995). "Aprendizaje de estrategias para la solución de problemas en ciencias". *Alambique*, 5, 16-26.

POZO, J.I. e SCHEUER, N. (1999) "Las concepciones sobre el aprendizaje como teorías implícitas". En: J.I. Pozo y C. Monereo (eds.) *El aprendizaje estratégico*. Madrid: Santillana.

POZO, J.I.; SCHEUER, N.; MATEOS, M. y PÉREZ ECHEVERRÍA, M.P. (1998) *Las concepciones sobre el aprendizaje como teorías implícitas*. Informe de investigación no publicado. Proyecto Alfa, Comisión Europea. Facultad de Psicología de la Universidad Autónoma de Madrid.

RAMÍREZ, J.L.; GIL, D. y MARTÍNEZ TORREGROSA, J. (1994) *La resolución de problemas de física y de química como investigación*. Madrid: Servicio de Publicaciones del MEC.

REBER, A.S. (1993) *Implicit learning and tacit knowledge*. Nueva York: Oxford University Press.

RESNICK, L. y FORD, W. (1981) *The psychology of mathematics for instruction*. Hillsdale, N.J.: Erlbaum. (Trad. cast: *La enseñanza de las matemáticas*. Barcelona: Paidós, 1991).

RIVIÈRE, A, (1991) *Objetos con mente*. Madrid: Alianza.

RIVIÈRE, A. (1997) "Teoría de la mente y meta-representación". Informe no publicado. *Facultad de Psicología*, Universidad Autónoma de Madrid.

RODRIGO, M.J. (1993) "Representaciones y procesos en las teorías implícitas". En M. J. Rodrigo; A. Rodríguez y J. Marrero (eds.) *Las teorías implícitas una aproximación al conocimiento cotidiano*. Madrid: Visor.

RODRIGO, M.J. (ed.) (1994) *Contexto y Desarrollo Social*. Madrid: Síntesis.

RODRIGO, M.J. (1997) "Del escenario sociocultural al constructivismo episódico: un viaje al conocimiento escolar de la mano de las teorías implícitas". En: M.J. Rodrigo y J. Arnay (eds.) *La construcción del conocimiento escolar*. Barcelona: Paidós.

RODRIGO, M.J. y ARNAY, J. (eds.) (1997) *La construcción del conocimiento escolar*. Barcelona, Paidós.

RODRIGO, M.J. y CORREA, N. (1999) "Teorías implícitas, modelos mentales y cambio educativo". En: J.I. Pozo y C. Monereo (eds.) *El aprendizaje estratégico*. Madrid: Santillana.

RODRIGO, M.J.; RODRÍGUEZ, A. y MARRERO, J. (eds.) (1993) *Las teorías implícitas una aproximación al conocimiento cotidiano*. Madrid: Visor.

ROGERS, C. (1982) *A social psychology of schooling*. Londres: Routledge. (Trad. cast. de M.P. Pérez Echeverría y J.I. Pozo: *Psicología social de la educación*. Madrid: Visor, 1992).

ROSCH, E. (1978) "Principles of categorization". En: E. Rosch y B. Lloyd (eds.), *Cognition and categorization*. Hillsdale, N.J.: Erlbaum.

RUSSELL, T. (1993) "An alternative conception: representing representations". En: P.J. Black y A.M. Lucas (eds.) *Children's informal ideas in science*. Londres: Routledge and Kegan Paul.

SÁNCHEZ, E. (1998) *Comprensión y redacción de textos*. Barcelona: Edebé.

SÁNCHEZ, E. (1999) "Texto y conversación: de como ayudar al lector a conversar con los textos". En: J.I. Pozo y C. Monereo (eds.) *Un curriculum para aprender. Las estrategias de aprendizaje como contenido educativo*. Madrid: Santillana.

SANMARTÍ, N. (1997) "Enseñar a elaborar textos científicos en las clases de ciencias". *Alambique*, 12, 51-62.

SANZ, A.; POZO, J.I.; PÉREZ ECHEVERRÍA, M.P. y Gómez Crespo, M.A. (1996) "Razonamiento proporcional: influencia del contenido y de la instrucción". *Revista de Psicología General y Aplicada*, 49 (2), 337-352.

SARABIA, B. (1992) "El aprendizaje y la enseñanza de actitudes". En: C. Coll; J.I. Pozo; B. Sarabia y E. Valls: *Los contenidos en la reforma. Enseñanza y aprendizaje de conceptos, procedimientos y actitudes*. Madrid: Santillana.

SCHMIDT, H.J. (1986) "Watch out 'Red Herrings': pupils misunderstanding of concepts (chemical) stoichiometry diagnosed by incorrect responses to multiple choice questions". *The School Science Review*, 57 (241), 759-762.

SCHRAW, G. y MOSHMAN, D. (1995) "Metacognitive theories". *Educational Psychology Review*, 7 (4), 351-371.

SCHUNK, D.H. (1991) *Learning theories. An educational perspective*. Nueva York: Macmillan. (Trad. cast. de J.F. Davila: *Teorías del aprendizaje*. México: Prentice-Hall, 1997).

SERÉ, M. (1985) "The gaseous state". En R. Driver, E. Guesne y A. Tiberghien (eds.) *Children's ideas in science*. Milton Keynes: Open University Press, 1985. (Trad. cast. de P. Manzano: *Ideas científicas en la infancia y la adolescencia*. Madrid: Morata, 1990).

SERRA, R. y CABALLER, M.J. (1997) "El profesor de ciencias también es profesor de lengua". *Alambique*, 12, 43-50.

SERRANO, T. y BLANCO, A. (1988) *Las ideas de los alumnos en el aprendizaje de las ciencias*. Madrid: Narcea.

SHAYER, M. y ADEY, P. (1981) *Towards a science of science teaching*. Londres: Heineman. (Trad. cast. de A. Cameno: *La ciencia de enseñar ciencias. Desarrollo cognoscitivo y exigencias del currículo*). Madrid: Narcea, 1984.

SHIPSTONE, D. (1985) "Electricity in simple circuits". En: R. Driver; E. Guesne y A. Tiberghien (eds.). *Children's ideas in science*. Milton Keynes: Open University Press. (Trad. cast. de P. Manzano: *Ideas científicas en la infancia y la adolescencia*. Madrid: Morata/MEC, 1990).

SIMPSON, R.D.; KOBALLA, T.R.; Oliver, J.S. y Crawley III, J.E. (1994) "Research on the Affective Dimension of Science Learning." En D. Gabel (ed.) *Handbook of research on science teaching and learning*. Nueva York: Macmillan.

SPELKE, E. (1991) "Physical knowledge in infancy: reflections on Piaget's theory". En: S. Carey y R. Gelman (eds.) *The epigenesis of mind: essays on biology and cognition*. Hillsdale, N.J.: Erlbaum.

STAVY, R. (1988). "Children's conception of gas". *International Journal of Science Education*, 10 (5), 533-560.

STAVY, R. (1990) "Pupils' problems in understanding conservation of matter". *International Journal of Science Education*, 12 (5), 501-512.

STAVY, R. (1995) "Conceptual development of basic ideas in Chemistry". En: S. M. Glynn y R. Duit (eds.) *Learning science in schools*. Hillsdale, N.J.: Erlbaum.

STEVENSON, R.J. y PALMER, J.A. (1994) *Learning: principles, processes and practices*. Londres: Cassell.

STRAUSS, S. y SHILONY, T. (1994) "Teachers' models of children's minds and learning". En: L. Hirschfeld y S. Gelman (eds.). *Mapping the mind*. Cambridge, Ma.: Cambridge University Press.

STRIKE, K. y POSNER, G. (1992) "A revisionist theory of conceptual change". En R.A. Duchsl y R.J. Hamilton (eds.) *Philosophy of science, cognitive psychology and educational practice*. Albany, Nueva York: State University of New York Press.

THAGARD, P.R. (1992) *Conceptual revolutions*. Princeton, N. J.: Princeton University Press.

TIROSH, D. (ed.) (1994) *Implicit and explicit knowledge: an educational approach*. Norwood. N. J.: Abblex.

TOURNIAIRE, F. y PULOS, S. (1985) "Proportional reasoning: A review of the literature". *Educational Studies in Mathematics*, 16, 181-204.

TSCHIRGI, J.E. (1980) "Sensible reasoning: a hypothesis about hypotheses". *Child, Development*, 51, 1-10.

TWENEY, R.D.; DOHERTY, M.E. y MYNATT, C.R. (eds.) (1981) *On scientific thinking*. Nueva York: Columbia University Press.

VALCARCEL, M. V. y SÁNCHEZ BLANCO, G. (1990). "Ideas de los alumnos de diferentes niveles educativos sobre el proceso de disolución". *Investigación en la Escuela* (11), 51-60.

VALLS, E. (1993) *Los procedimientos: aprendizaje, enseñanza y evaluación*. Barcelona: ICE (Universidad de Barcelona)/Horsori.

VARELA, P. (1996) "Las ideas del alumnado en física". *Alambique*, 7, 45-52.

VARELA, P.; FAVIERES, A.; MANRIQUE, Mª J. y PÉREZ DE LANDAZABAL Mª C. (1993) *Iniciación a la Física en el marco de la teoría constructivista*. Madrid: CIDE.

VÁZQUEZ, A. y MANASSERO, M.A. (1995) "Actitudes relacionadas con la ciencia. Una revisión conceptual". *Enseñanza de las Ciencias*, 13 (3), 337-346.

VIENNOT, L. (1996) *Raisonner en physique*. Bruxelles: De Boeck & Larcier.

VOSNIADOU, S. (1994a) "Capturing and modeling the process of conceptual change". *Learning and Instruction*, 4 (1), 45-69.

VOSNIADOU, S. (1994b) "Universal and culture-specific properties of children's mental models of the earth". En: L. Hirschfeld y S. Gelman (eds.). *Mapping the mind*. Cambridge, Ma.: Cambridge University Press.

VYGOTSKI, L.S. (1934) *Myshlenie i rech*. (Trad. cast. de M.M. Rotger: *Pensamiento y lenguaje*. Buenos Aires: La Pléyade, 1977).

VYGOTSKI, L.S. (1978) *Mind and society. The development of higher psychological processes*. Cambridge, Ma: Harvard University Press. (Trad. cast. de S. Furió: *El desarrollo de los procesos psicológicos superiores*. Barcelona: Crítica, 1979).

WANDERSEE, J.H.; MINTZES, J.J. y NOVAK, J.D. (1994) "Research on alternative conceptions in science". En D. Gabel (ed.) *Handbook of research on science teaching and learning*. Nueva York: Macmillan.

WAGENSBERG, J. (1993) "Sobre la transmisión del conocimiento científico y otras pedagogías" *Substratum*, 1 (2), 87-95.

WELLINGTON, J. (ed.) (1989) *Skills and processes in science education*. Londres: Routledge.

WHITE, R. (1994) "Conceptual and conceptional change". *Learning and Instruction*, 4 (1).117-121.

YARROCH, W.L. (1985) "Student understanding of chemical equation balancing". *Journal of Research in Science Teaching*, 22 (5), 449-459.

ÍNDICE ONOMÁSTICO*

Adey, P., 72-73.
Alonso, M., 26, 272-273.
Alonso Tapia, J., 41-44, 85-86.
Amsel, E., 68-69, 133-135.
Anderson, Ch.W., 157-158.
Anderson, J.R., 47-49.
Andersson, B., 106-107, 115-116, 153-154, 166-169
Araújo, J., 248-250, 249.
Arcá, M., 116-117, 277.
Arnay, J., 19-20, 275-276.
Asensio, M., 89-90.
Ausubel, D.P., 84-86, 255-260, 262-264.
Bacas, P., 15-16, 43-44, 204-205.
Baddeley, A., 55-56.
Bardanca, M., 161-162.
Bell, B., 202.
Benlloch, M., 68-69, 96-97, 105, 116-117, 125-126, 202.
Berry, D.C., 90-91.
Black, P., 87-88.
Blanco, A., 175-176.
Bliss, J., 73-75.
Borges, J.L., 113-114.
Boyle, R.A., 269-270.
Bradshaw, G.L., 68-69, 123-124.
Briggs, H., 202.
Brook, A., 202.
Bruner, J.S., 22.
Bunce, D., 141, 151-152, 155-157.
Busquets, P., 58-59, 63-64.
Bybee, R.W., 25.
Caamaño, A., 77.
Caballer, M.J., 16-17, 188.
Calvet, M., 188.
Caravita, S., 119-120, 126-127, 275-276.
Carey, S., 77-78, 98-99, 105, 120-121, 126-127, 153-154, 255, 262-263.
Carrascosa, J., 270-271.
Carretero, M., 19-20, 51, 68-69, 72-76, 89-90, 99-100, 123-124, 172-175, 255-257.
Carretero, R., 187-188.
Castelló, M., 48-50, 52-54, 58-59, 187-188.
Ceci, S.J., 279-280.

Ceruti, M., 24.
Chadwick, C., 248-250.
Chastrette, M., 143-144, 161-162.
Chi, M.T.H., 87-88, 99-100, 102-108, 114-115, 123-124, 131-132, 168-169, 262-263, 277.
Clariana, M., 48-50, 52-54, 58-59.
Claxton, G., 14, 20-22, 36-38, 40-41, 43-44, 68-69, 81-82, 99-100, 117, 126-129.
Coll, C., 19-20, 48-49, 52-54, 77-78, 257-258.
Corral, A., 73-75.
Correa, N., 95-97, 99-100, 131-132.
Crawley III, J.E., 18-19, 35-36.
Cros, D., 143, 144, 161-162.
De Manuel, J., 15-16.
De Posada, J.M., 127-128.
De Vecchi, G., 17-18, 28, 39, 88-89.
DeBoer, G.E., 25.
DeVries, R., 68-69.
Del Carmen, L., 121-122, 271-272.
Delval. J., 116-117, 121-122.
Descartes, R., 138, 145-147, 153-154.
diSessa, A., 126-127.
Doherty, M.E., 123-124.
Driver, R., 87-88, 97-98, 107-108, 116-117, 127-128, 141, 151-158, 160-161, 164, 166-169, 193-194, 197-199, 202, 210, 221-222, 224-227, 264-265.
Duchsl, R.A., 21-22, 27-28, 47, 255-257, 269-273.
Duckworth, E., 68-69, 257-258.
Duit, R., 87-88, 124-125, 131-132, 267-268, 276-277, 280-281.
Dupoux, E., 90-91.
Echebarría, A., 31-32, 34-36.
Eiser, J.R., 31-32.
Eisner, E., 39, 89-90, 123-124.
Engel Clough, E., 127-128.
Ericsson, K.A., 123-124, 262-263.
Estany, A., 96-97, 153-154, 255-257.
Evans, R., 255.
Farr, F., 91, 93.
Farr, M., 123-124, 262-263.
Favieres, A., 197-199, 224-227.

---

* No caso de obras coletivas, estão incluídos neste índice todos os seus autores, embora na página correspondente do livro tenha sido colocado somente o primeiro. (N. do E.)

Índice onomástico

Fayol, M., 143-144, 161-162.
Festinger, L. 35-36.
Feyerabend, P., 123-124.
Feynman, R.P., 77, 138-140.
Flavell, J.H., 69-70, 116-117, 121-122.
Ford, W., 89-90.
Frazer, J.G., 77.
Freyberg, P., 87-88, 224-227.
Furió, C., 270-274.
Furió, C., 87-88.
Gabel, D., 141, 151-152, 155-157.
Gagné, R.M., 248-250.
Gailiunas, P., 170, 182-183.
Gamov, G., 189, 192-193.
García, J.E., 274-275.
García Madruga, J.A., 73-75, 82-83, 258-259.
Gardner, H., 89-90, 123-124.
Geli, A.M., 58-59, 63-64.
Gelman, S., 97-98.
Gertzog, W.A., 124-125, 264-266.
Giere, R.N., 47, 123-124.
Gil, D., 26, 63-64, 269-274.
Gimeno Sacristán, J., 26, 246-247.
Giordan, A., 17-18, 28, 39, 88-89.
Gitomer, D., 269-271.
Glaser, R., 123-124, 262-263.
Glynn, S.M., 131-132, 276-277, 280-281.
Gómez, I., 187-188.
Gowin, D.B., 43-44, 85-86, 258-259, 261-262.
Grau, R., 15-16.
Guesne, E., 87-88, 107-108, 116-117, 160-161, 223, 264-265.
Guidoni, P., 116-117, 277.
Gutierrez, R., 248-250, 258-259.
Hallden, O., 119-120, 126-127, 275-276.
Halpern, D.F., 69-70.
Hamilton, R.J., 27-28.
Hanesian, H., 84-85, 255-260.
Hawking, S., 85-86.
Herrero, F., 116-117, 166-167, 197-199, 240.
Hesse, J., 157-158.
Hewson, P.W., 124-125, 264-266.
Hierrezuelo, J., 15-16, 87-88, 97-98, 197-199, 208-210, 221-222.
Hirschfeld, L., 97-98.
Hoces, R., 187-188.
Honda, M., 255.
Huertas, J.A., 41-44.
Inhelder, B., 71-75, 105-108, 121-122, 166-167, 172-174.
Jay, E., 255.
Jiménez, J.D., 187-188.
Jiménez Aleixandre, M.P., 27-28.
Joyce, B., 254-255, 261-262.
Juandó, J.M., 58-59, 63-64.
Kahneman, D., 89-90.
Kamii, C., 68-69.
Karmiloff-Smith, A., 90-91, 97-98, 115-116, 133.
Karplus, E.F., 173-174.
Karplus, R., 173-174.
Keil, F., 102-103, 262-263.
Kelley, H.H., 121-122.
Kelly, G.A., 121-122.
Kelman, H.C., 34-35.
Kintsch, W., 84-85, 187-188, 262-263.
Kirshner, D., 128-129, 273-274, 276-277.
Koballa, T.R., 18-19, 35-36.
Kress, G., 134, 188, 277, 279.
Kuhn, D., 68-69, 133-135, 279.
Kuhn, T.S., 100-101, 124-125, 264-265.

Lakatos, I., 100-101, 130-131, 255-257, 264-265.
Langley, P., 69-70, 123-124.
Lawson, A.E., 58-59, 131-132.
Leeuw, W., 99-100, 102, 105, 107-108, 114-115, 168-169.
Lemke, J.L., 97-98, 134.
León, J.A., 187-188.
Limón, M., 68-69, 87-88, 105-106, 126-127, 155-159.
Llorens, J.A., 141, 144-145, 157-158, 164.
Lubben, F., 69-70.
Lucas, A.M., 87-88.
Lucrecio,T., 138.
Machado, A., 97-98, 134, 277.
Manassero, M.A., 36-37.
Manrique, M.J., 197-199, 224-227.
Mariani, M.C., 157-158.
Marrero, J., 91, 93, 121-122.
Martín Serrano, M., 25.
Martín-Díaz, M.J., 43-44, 116-117, 166-168, 197-199, 232-233, 240.
Martínez Torregrosa, J., 26, 63-64, 270-274.
Martins, I., 134, 188, 277, 279.
Marx, R.W., 269-270.
Mateos, M., 89-90.
Maybery, M., 99-100.
McGillikuday, K., 134, 188, 277-279.
Meheut, M., 166-167.
Mehler, J., 90-91.
Millar, R., 69-70.
Mintzes, J.J., 87-88.
Monereo, C., 19-20, 25, 48-50, 52-54, 58-59, 186-188.
Montero, A., 15-16, 87-88, 97-98, 197-199, 208-210, 221-222.
Moreira, M., 258-259.
Morin, E., 130-131.
Mortimer, E., 97-98, 113-114, 129-130, 134, 175-176, 279.
Moscovici, S., 33-35, 91, 93.
Moshman, D., 133.
Mugny, G., 33-35.
Mynatt, C.R., 123-124.
Nabokov, V., 20-21, 46.
Newton, I., 79-80, 112-113, 145-146, 275-276.
Nieto, M., 161-162.
Nightingale, N.N., 279-280.
Nisbet, J., 48-49, 186-187.
Nisbett, R.E., 122-123.
Noelting, G., 74.
Norman, D., 55-56, 89-90.
Novak, J.D., 43-44, 84-88, 255-262.
O'Brien-Malone, A., 99-100.
O'Loughlin, M., 68-69, 133-135.
Ogborn, J., 134, 157-158, 188, 276-277.
Oliva, J.M., 127-128.
Oliver, J.S., 18-19, 35-36.
Oñorbe, A., 16-17.
Osborne, R.J., 87-88, 224-227.
Otero, J., 187-188.
Paéz, D., 91, 93.
Palma, M., 48-50, 52-54, 58-59.
Palmer, J.A., 43-44.
Pedrinaci, E., 14-15.
Perales, F.J., 187-188.
Pérez, J.A., 33-35.
Pérez Cabaní, M.L., 25, 47, 48-50, 52-54, 58-59, 185-188.
Pérez de Landazabal, M.C., 197-199, 224-227.
Pérez Echeverría, M.P., 47, 51-52, 89-90, 108-109, 117, 122-123, 126-127, 172-176, 255-257.
Perkins, D.N., 134.
Peterson, R.W., 173-174.
Pfundt, H., 87-88.

Piaget, J., 69-76, 105-108, 121-123, 132-133, 158-159, 166-167, 172-174, 252-253, 257-258, 266-267.
Pintrich, P.R., 269-270.
Planck, M., 77.
Posner, G., 258-259, 263-265, 268-270.
Posner, F.J., 124-125, 263-268.
Postigo, Y., 25, 48-53, 57-63, 274-275.
Pulos, S., 174-175.
Ramírez, J.L., 63-64, 271-272.
Reber, A.S., 90-91, 99-100, 134.
Redondo, M.F., 116-117, 165-167, 197-199, 232-233.
Resnick, L., 89-90.
Rivas, M., 29.
Rivière, A., 98-99, 102-103.
Rodrigo, M.J., 19-20, 89-91, 93, 95-100, 121-122, 126-127, 130-133, 274-276, 279.
Rodríguez, M.C., 161-162.
Rodríguez, A., 91, 93, 121-122.
Rogers, C., 43-44.
Rosch, E., 262-263.
Rushworth, P., 87-88, 97-98, 141, 151-157, 193-194, 197-199, 210, 223-227.
Russell, T., 90-91.
Salomon, G., 134.
Saltiel, E., 166-167.
Salván, E., 10, 116-117, 165-168, 197-199, 232-233, 239-240.
Sánchez Blanco, G., 172-173.
Sánchez, E., 187-188, 277.
Sanmartí, N., 27-28, 188.
Sanz, A., 15-16, 87-88, 126-128, 144-145, 148-157, 162-163, 268-269.
Sarabia, B., 30-32, 34-35.
Scheuer, N., 89-90, 98-99, 110, 112.
Schmidt, H.J., 175-176.
Schraw, G., 133.
Schunk, D.H., 250-251.
Seré, M., 105, 166-167.
Serra, R., 188.
Serrano, T., 175-176.
Shayer, M., 72-73.
Shilony, T., 112-113.
Shipstone, D., 224-227.
Shucksmith, J., 48-49, 186-187.

Simon, H.A., 68-69, 123-124.
Simpson, R.D., 18-19, 35-36.
Slotta, J., 100-102, 105, 107-108, 114-115, 168-169.
Slovic, P., 89-90.
Sopeña, A., 46.
Spelke, E., 77-78, 98-99, 120-121.
Squires, A., 87-88, 97-98, 141, 151-157, 193-194, 197-199, 210, 223-227.
Stavy, R., 15-16, 141, 144-145, 151-152, 154-157, 166-169.
Stevenson, R.J., 43-44.
Strauss, S., 112-113.
Strike, K.A., 258-259, 263-270.
Swift, J., 118, 244.
Thagard, P.R., 47, 96-97, 123-124, 132-133, 153-154, 168-169.
Tiberghien, A., 87-88, 107-108, 116-117, 160-161, 166-167, 223, 264-265.
Tirosh, D., 133.
Tourniaire, F., 174-175.
Tschirgi, J.E., 255.
Tversky, A., 89-90.
Tweney, R.D., 123-124.
Unger, C., 255.
Valcarcel, M.V., 172-173.
Valls, E., 48-49, 52-54, 58-59.
Varela, P., 15-16, 197-199, 210, 224-227.
Vazquez, A., 36-37.
Viennot, L., 103-104, 112-113, 116-117, 202-203, 205-206, 215-216, 228.
Voltaire, F.M.A., 189.
Vosniadou, S., 87-88, 98-102, 110, 112, 125-126, 131-133.
Voss, J.F., 89-90, 123-124.
Vygotsky, L.S., 57-58, 123-124, 263-264.
Wagensberg, J., 21-22, 75-76, 122-123, 252-254.
Wandersee, J.H., 87-88.
Watson, J.D., 29.
Weil, M., 254-255, 261-262.
Wellington, J., 58-59, 62-63, 68-69, 253-257, 274-275.
Whiston, J.A., 128-129, 273-274, 276-277.
White, R., 125-126.
Wood-Robinson, V., 87-88, 97-98, 141, 151-157, 193-194, 197-199, 210, 223-227.
Yarroch, W.L., 175-176.
Zytkow, J.M., 69-70, 123-124.

ÍNDICE REMISSIVO

Aprendizagem construtiva, 21-23, 42-43, 84-85, 121-122, 262-263
   implícito, 30-31, 33-34, 90-91, 99-100, 106-107, 126-127, 134
   significativo, 80-81, 132-133, 257-260
   situado, 126-129
Aquisição de atitudes por identificação, 33-35
   modelagem, 32-34
Atitudes. Mudança de, 34-37
   Avaliação e, 29, 255
   científicas, 36-38, 44, 253-254
   como conteúdo, 30-32
   Educação científica e, 27-28, 36-37, 118
   Imagem da ciência e, 16-18, 20-21, 28
   Normas e valores, 31-35
   Tipos de, 36-40
Atividades de ensino, 244-246, 248-251, 253-255, 259-262, 266-267, 271-273, 277-279
Automatização de técnicas, 47-48, 55-57, 237-238
Avaliação da aprendizagem, 29, 30-31, 44, 52-53, 83-84, 248-250, 255, 261-262, 266-269, 272-273, 279
   conceitos, 83-84, 120-121, 124-125
   de atitudes, 29
   procedimentos, 52-53, 57-58
Causalidade linear, 71-72, 90-91, 99-103, 105-109, 111, 115-116, 129-130, 132-133
Conhecimento cotidiano. Origem cultural, 91, 93-94, 199-200
   e conhecimento científico, 100-101, 118-132
      Compatibilidade, 118-124, 245-246, 252-253, 258-259
      Incompatibilidade, 118-119, 124-126, 245-246, 264-265, 270-271
      Independência, 118-119, 125-129, 150, 245-246, 275-276
      Integração hierárquica, 118-119, 129-132, 151-152, 246-247, 275-276
   escolar, 93-95
   sensorial, 90-92, 212-215
Conservação nos circuitos elétricos, 224-225, 229-231
   Falsas leis de, 171-172, 175-176
Conservação, 72-73, 79-80, 107-111, 116-117, 129-130, 196-197, 199-200, 263-264, 277
   da energia, 72-73, 103-104, 116-117, 196-197, 199-200, 202-207
   da matéria, 116-117, 144-145, 150, 152-153, 157-164, 175-176
      massa, 164-166
      substância, 165-169
      propriedades não observáveis, 107-108, 116-117, 143-144, 157-169, 196-197
   no movimento, 216-218
Conteúdos atitudinais, 27-31, 33-37, 58-59, 258-259, 265-266, 280-281. *Ver também*: Atitudes como conteúdo
   Critérios de seleção, 79-81, 83-84, 247-250, 253-254, 258-260, 264-266, 270-276
   e metas educacionais, 27-28, 39-40, 132-133
   Tipos de, 27-30, 52-54, 77-80
Cultura da aprendizagem. Nova, 19-20, 23-25, 27-28
Desenvolvimento cognitivo, 51, 69-71, 112-113, 122-123, 143-144, 157-158, 174-175, 258-259. *Ver também*: Pensamento formal
Dissonância cognitiva, 35-36
Eletricidade. Compreensão da, 221-225
   Conservação e equilíbrio, 229-230
   e interação, 224-228
Energia. Compreensão da, 15-16, 20-22, 94-95, 100-101, 105, 124-126, 194, 196-200
   Conservação da, 72-73, 107-109, 116-117, 202-207
   e interação, 105-106, 116-117, 200-203
Ensino da ciência, 20-22, 25-28, 36-40, 42-43, 46, 51-52, 56-57, 75-77, 118, 123-124, 244-247
   expositivo, 257-264
   mediante conflito cognitivo, 263-270
      explicação de modelos, 274-281
      pesquisa dirigida, 269-275
   por descoberta, 54-55, 121-122, 255-257
   tradicional (transmissiva), 118-119, 120-121, 246-247, 251-252
Equilíbrio, 72-73, 79-80, 87-88, 101-102, 105-109, 115-117, 129-130, 132-133, 158-159, 196-197, 277
   A matéria como sistema em, 143-144, 155-159, 161-162, 165-166
   Conservação e, 107-111, 116-117, 129-130, 202-203, 205-206
   e circuitos elétricos, 229-231
   energético, 199-200, 202-203, 205-207, 230
   mecânico, 71-73, 107-108, 199-200, 211-212, 216-219
   químico, 125-126, 157-160, 177-179, 182-183
Estratégias como conteúdo procedimental, 25, 28, 48-52, 63-64
   Diferenças entre técnicas e, 48-57
   Treinamento em, 57-59
Exercícios como prática repetitiva, 51-52
   Diferenças com problemas, 51-54, 57-58. *Ver também*: Técnicas
Fatos. Aprendizagem de, 77-85
Física. Conteúdos. Ensino da, 190-194
   Dificuldades na aprendizagem do ensino da, 192-199
Heurísticos como causalidade linear frente à interação, 115-116

Índice remissivo

a quantificação, 117, 171-172, 218-219 à
no conhecimento cotidiano, 90-92, 110, 112, 122-124, 255
Integração hierárquica, 118-120, 129-132, 134-135, 151-152, 259-260, 263-264, 276-277, 280-281, 283
Interação, 86-87, 100-105, 108-109, 194, 196
   e causalidade linear, 106-108, 114-117
      conservação, 159-162, 166-169, 204-205, 207-208
      equilíbrio, 100-101, 107-108, 115-116, 158-159, 179, 194, 196-197
   na compreensão da química, 86-87, 143-158, 179
   os circuitos elétricos, 224-228
   sistemas físicos, 86-87, 99-100, 101-102, 114-115, 199-204, 211-218
Mapas conceituais, 261-262
Matéria. Atribuição de propriedades macroscópicas, 14-15, 20-21, 94-95, 99-100, 110, 112, 127-130, 143-144, 148-151, 153-154
   como sistema de interações, 99-100, 103-104, 147-148
   Compreensão da, 116-117, 144-159
   Conservação de propriedades, 157-170
      de massa, 164-166
      Substância, 165-170
   Descontinuidade, 15-16, 99-100, 153-156
   Mecanismos explicativos, 151-154
   Movimento intrínseco, 96-97, 150-152
Metacognitivos. Processos, 129-130, 133-134, 261-262, 276-277, 279-281
Metaconhecimento, 16-17, 49-51, 61-64, 279-280
Metas da educação científica, 25-28, 132-133, 247-248, 252-253, 257-258, 262-263, 270-271, 275-277
Método científico. Ensino do, 18-19, 36-37, 47, 123-124, 182-183, 238-258
Modelos, Aprendizagem de, 20-22, 27-28, 32-34, 60-67, 81-82, 89-91, 93-95, 110, 112, 112-114, 119-120, 124-127, 129-130, 145-146, 150, 153-154, 157-158, 275-276
   Explicação de, 277-282
Motivação. Estilos motivacionais, 42-44
   e avaliação, 44
   extrínseca, 37-38, 41-43
   intrínseca, 16-17, 37-38, 42-44, 51
Movimento como conservação e equilíbrio, 216-219
   Compreensão do, 102, 209-212
   e princípios da dinâmica, 218-222
   sistema de interação, 15-16, 99-100, 211-216
Mudança comportamental, 30-32, 32-37, 39-40, 45, 51, 118, 134-135, 270-274, 281, 283. Ver também: Atitudes. Mudança de
   conceitual, 21-22, 34-35, 75-76, 87-88, 94-105, 115-116, 119-134, 141-145, 244-246, 268-271
   dos professores, 273-274, 281, 283
   em física, 193-194, 196, 220-221, 228
   em química, 141, 150-154, 178, 187-188
   mediante conflito cognitivo, 87-88, 124-126, 263-269
   por processos de explicitação progressiva, 97-98, 115-116, 133-135, 177-178, 188, 267-268, 279-280
   integração hierárquica, 134-135, 279-280

reestruturação, 105-107, 115-116, 123-127, 131-133, 141-142, 262-263, 279-280
Pensamento formal. Características, 69-72
   e aprendizagem da ciência, 68-69, 72-73, 75-76, 105-106, 121-122, 126-127, 238-239, 255-257. Ver também: Desenvolvimento cognitivo
   Esquemas do, 71-73
Princípios, 78-80, 87-88, 98-99, 100-101, 141-142, 193-194, 263-264
   conceituais, 105-109, 111
      Conservação e equilíbrio, 107-108, 111, 114-117, 160-161
      da quantidade de movimento, 216-219
      energia, 202-207
      matéria, 157-158, 169-170
   Quantificação, 111, 117, 207-209
      Correlação, 72-73, 108-109
      Probabilidade, 71-72, 107-108, 207-208
      Proporção, 71-72, 107-108, 169-170. Ver também: Raciocínio proporcional
   Interação, 105-107, 111, 115-116, 201-202, 212-213
      da química, 147-148, 166-169
      na aprendizagem da física, 194, 196-197, 200-202, 211-216, 224-228
   epistemológicos, 20-21, 100-102, 111, 244-245, 257-258
      Construtivismo, 18-19, 21-22, 110, 112-114, 264-265, 270-271, 275-276
      na aprendizagem da física, 194-196, 203-204, 229
      da química, 143-144, 155-158, 160-161
      Realismo, 20-21, 101-102, 110, 112-114, 121-122, 247-248, 252-253
   ontológicos, 102-106, 111-116
      na aprendizagem da física, 194, 196-197
      da química, 143-144, 147
Professor como coordenador de pesquisas, 255, 257-258, 270-275
   Múltiplos papéis do, 277, 279-281, 283
   provedor, 246-247, 250-251
   treinador, 56-58
Proporcional em física. Raciocínio, 196-197, 207-209, 218-221, 230-232
   Estratégias no raciocínio, 74, 108-109, 172-177, 218-219
   química. Raciocínio, 171-177, 180-182, 187-188
   Raciocínio, 72-73, 74, 169-172, 209, 219-221, 230-232
Química. Dificuldades de aprendizagem da, 139-141
   Conteúdos da, 139-140
Representações sociais, 91, 93-94
Solução de problemas, como prática reflexiva, 51-52
   Diferenças com exercícios, 51-54, 57-58, 65, 67-68, 88-89
   Tipos de problemas qualitativos, 63-69, 177-180, 232-236
      Pequenas pesquisas, 68-69, 180-186, 52-54
      Quantitativos, 65, 67-68, 180-183, 234-239
Técnicas, como conteúdo procedimental, 48-49, 51-52, 237-238
   Treinamento em, 54-57
Transferência do controle, 48-50, 54-55, 57-58
Zona de desenvolvimento próximal, 57-58, 244-245